数说中国档案40年丛书

丛书主编 陈忠海 张予宏 吴雁平

说中国档案40年 热点卷

基于数据分析的档案学热点定量研究（1979—2018）

徐朝钦 梁惠聊 张晓培 主编

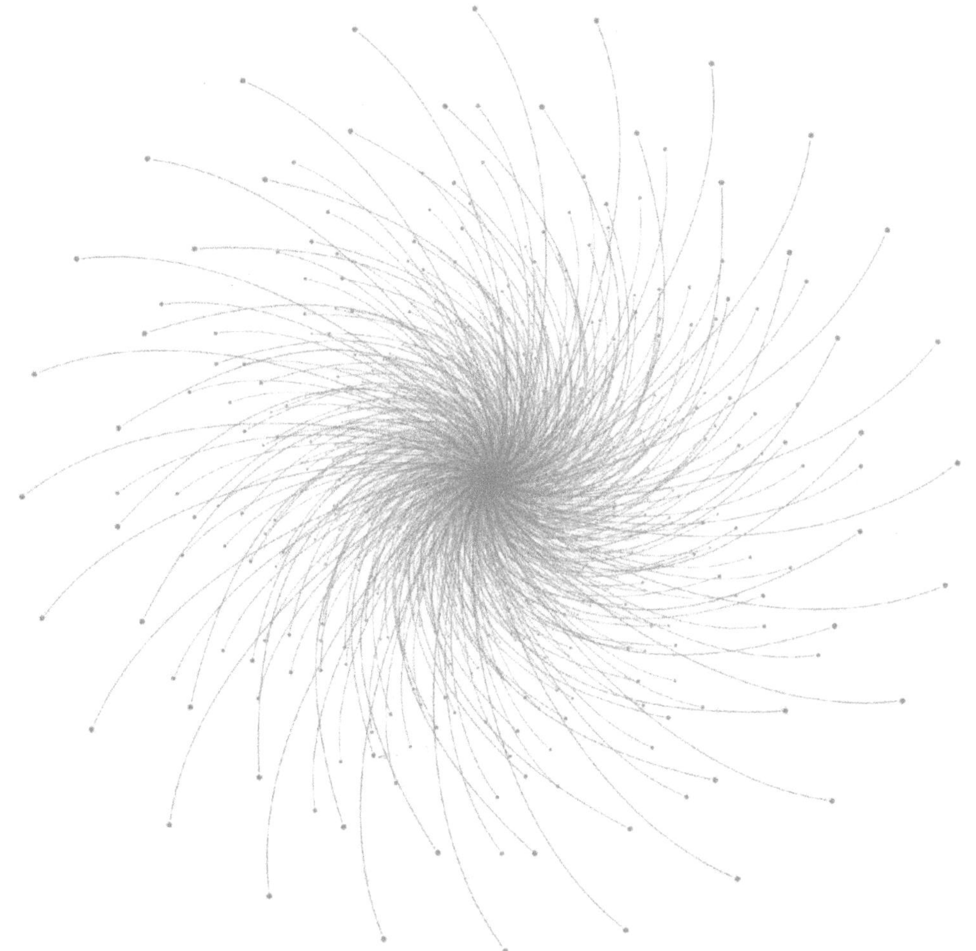

郑州大学出版社

郑州

图书在版编目(CIP)数据

数说中国档案40年.热点卷:基于数据分析的档案学热点定量研究:1979—2018/徐朝钦,梁惠卿,张晓培主编.—郑州:郑州大学出版社,2020.8
ISBN 978-7-5645-7000-2

Ⅰ.①数… Ⅱ.①徐…②梁…③张… Ⅲ.①档案统计-研究-中国-1979-2018 Ⅳ.①G271.4

中国版本图书馆CIP数据核字(2020)第073069号

郑州大学出版社出版发行
郑州市大学路40号
出版人:孙保营
全国新华书店经销
广东虎彩云印刷有限公司印制
开本:889 mm×1 194 mm 1/16
印张:28.75
字数:873千字
版次:2020年8月第1版

邮政编码:450052
发行部电话:0371-66966070
印次:2020年8月第1次印刷

书号:ISBN 978-7-5645-7000-2
定价:138.00元

编 委 会

作者名单

主　编　徐朝钦　梁惠卿　张晓培

副主编　王　进　朱　琨　朱文韬

编　委　（按姓氏笔画排序）

冯淼淼　朱　哲　刘　洋　吴怡娇

沈　姣　张　柯　张一凡　陈　星

陈茜月　邵　欣　庞宇飞　董守霞

前　言

2018 年，是改革开放 40 周年。40 年来，档案事业得到了长足的进步与发展，总结与回顾中国档案事业 40 年来的发展历程，充分展示改革开放给中国档案事业带来的变化，取得的巨大成就和宝贵经验，是时代的要求，历史的期许，人民的企望，更是档案人的责任。本卷共分 24 章，对改革开放 40 年来档案学 24 个热点研究分别进行描述。

本书由河南财经政法大学档案馆馆长徐朝钦、开封市档案馆副研究馆员梁惠卿、郑州大学档案与校史馆副馆长、副研究馆员张晓培共同担任主编；郑州大学档案与校史馆馆员王进、郑州大学学科与重点建设处讲师朱琨、洛阳市第一人民医院馆员朱文韬担任副主编；商丘职业技术学院馆员刘洋、广西民族大学档案学专业硕士研究生张一凡、郑州航空工业管理学院档案学专业硕士研究生庞宇飞、郑州航空工业管理学院本科生吴怡娇、郑州大学档案与校史馆助理馆员沈姣、郑州大学档案与校史馆助理馆员陈茜月、河南大学档案馆馆员张柯、开封市妇产医院助理馆员朱哲、开封市中心医院助理馆员陈星、河南颐城控股有限公司董守霞、郑州大学第一附属医院临床试验机构档案员邵欣、河南省职工医院助理馆员冯淼淼等参编。

具体分工是：第一章、第二章、第三章、第四章由徐朝钦撰写；第五章由张晓培撰写；第六章、第十章由朱文韬撰写；第七章由庞宇飞撰写；第八章由沈姣撰写；第九章由陈茜月撰写；第十一章、第二十四章由刘洋撰写；第十二章由张一凡撰写；第十三章、第二十章由张柯撰写；第十四章、第十五章由王进撰写；第十六章由朱琨撰写；第十七章由董守霞撰写；第十八章由吴怡娇撰写；第十九章由冯淼淼撰写；第二十一章由朱哲撰写；第二十二章由陈星撰写；第二十三章由邵欣撰写。

参与本书编写的同志们在工作十分繁忙的情况下，放弃节假日休息时间，进行资料收集、阅读、甄别、统计、分析、写作，他们一丝不苟、任劳任怨，不计得失，写出了内容丰富、符合学术规范的书稿。他们对工作所投诸的满怀激情与高度的责任心和强烈的事业心，令人感动，在此对他们的辛勤劳动表示诚挚的感谢。

中国高等教育学会档案工作分会副秘书长、河南省档案学会副理事长、河南省档案学会高等学校档案分会会长、研究馆员张予宏为本书的编写、出版做了大量的组织协调工作，郑州大学档案与校史馆张晓培副研究馆员、开封市档案馆梁惠卿副研究馆员为本书的后期统稿做了大量琐碎细致工作，郑州大学出版社张霞为本书的编辑、校对、出版、印刷做了大量工作。在此，向他们致以诚挚的谢意。

各位专家及同仁，我们期望本书能够比较客观地呈现档案学热点话题 40 年来的发展概貌，为读者了解我国改革开放 40 年来档案事业发展历程提供一些帮助。但因阅历、能力、经验、水平和数据获取所限，书中多有不足之处，敬请各位赐教与斧正。

编　者

2019 年 11 月 23 日

目　　录

1　计算机

计算机(computer)俗称电脑,是一种用于高速计算的电子计算机器,可以进行数值计算,又可以进行逻辑计算,还具有存储记忆功能。它是能够按照程序运行,自动、高速处理海量数据的现代化智能电子设备,由硬件系统和软件系统所组成。没有安装任何软件的计算机称为裸机。计算机可分为超级计算机、工业控制计算机、网络计算机、个人计算机、嵌入式计算机5类,较先进的计算机有生物计算机、光子计算机、量子计算机、神经网络计算机、蛋白质计算机等。

计算机具有运算速度快、计算精确度高、具备逻辑判断能力三大特点。

(1)运算速度快。当今计算机系统的运算速度已达到每秒万亿次,微机也可达每秒几亿次以上,使大量复杂的科学计算问题得以解决。例如,卫星轨道的计算、大型水坝的计算、24小时天气预报的计算等,过去人工计算需要几年或几十年,现在用计算机只需几天甚至几分钟就可完成。

(2)计算精确度高。科学技术的发展特别是尖端科学技术的发展,需要高度精确的计算。计算机控制的导弹之所以能准确地击中预定的目标,是与计算机的精确计算分不开的。一般计算机可以有十几位甚至几十位(二进制)有效数字,计算精度可由千分之几到百万分之几,是任何计算工具都望尘莫及的。

(3)具备逻辑判断能力。随着计算机存储容量的不断增大,可存储记忆的信息越来越多。计算机不仅能进行计算,而且能把参加运算的数据、程序以及中间结果和最后结果保存起来,以供用户随时调用;还可以通过编码技术对各种信息(如视频、语言、文字、图形、图像、音乐等)进行算术运算和逻辑运算,甚至进行推理和证明。

随着科技的进步,各种计算机技术、网络技术的飞速发展,计算机的发展进入了一个快速而崭新的时代,计算机已经从功能单一、体积较大发展到了功能复杂、体积微小、资源网络化等。计算机的未来充满了变数,性能的大幅度提高是不容置疑的,而实现性能的飞跃却有多种途径。不过性能的大幅提升并不是计算机发展的唯一出路,计算机的发展还应当变得越来越人性化,同时也要注重环保等。

计算机从出现至今,经历了机器语言、程序语言、简单操作系统和Linux、MacOS、BSD、Windows等现代操作系统四代,运行速度也得到了极大的提升,第四代计算机的运算速度已经达到每秒几十亿次。计算机也由原来的仅供军事科研使用发展到人人拥有。计算机强大的应用功能产生了巨大的市场需要,未来计算机性能应向着微型化、网络化、智能化和巨型化的方向发展。

我国的档案与计算机研究(以下称档案计算机研究)始于1979年。当年,著名科学家钱学森先生在《档案学通讯》上发表了《情报资料、图书、文献和档案工作的现代化及其影响》一文,成为档案计算机研究的开山之作。由此,开启了档案计算机研究的历史进程。

1.1　样本选择

档案计算机研究是指与档案工作、档案管理、档案信息化相关的计算机应用研究，属于档案学科近40年来极为重要的组成部分，同时也是信息社会档案工作与档案事业的重要组成部分。档案计算机研究数据是重要的档案信息化与档案学术资源，对档案计算机研究数据进行定量研究，是用好、用活档案资源，充分展示我国改革开放的历史进程、伟大成就和宝贵经验的一种方式。40年来，档案计算机研究得到了快于档案学科的长足进步与发展。总结、回顾档案计算机研究40年发展历程，不仅是档案信息化建设发展的需要，也是档案工作、档案事业发展的需要。

我们以中国知网为样本来源，检索范围：中国学术期刊网络出版总库，教育期刊，特色期刊，中国博士学位论文全文数据库，中国优秀硕士学位论文全文数据库，中国重要会议论文全文数据库，国际会议论文全文数据库，中国重要报纸全文数据库，中国学术辑刊全文数据库。检索年限：不限。检索时间：2018年10月23日。检索条件：发表时间 between（1979-01-01，2018-10-23）并且（主题＝计算机或者题名＝计算机）（模糊匹配）。专辑导航：档案学、档案事业。数据库：文献跨库检索。样本文献总数：8276篇。

1.2　文献统计分析

本部分采用统计分析的方法，从文献总量、发展速度与年度分布，文献研究层次，文献类型，文献资源类型，文献学科分布5个方面入手，对样本文献进行分析。

1.2.1　文献总量、发展速度与年度分布

从总量上看，40年来，共发表文献8276篇，以1979年2篇的基数计，40年间翻了12番多。年均207篇，最少时（1979年、1980年）2篇，最多时（2014年）489篇，40年间增长了近4137倍。中位数为4138篇。总体趋势见图1.1。

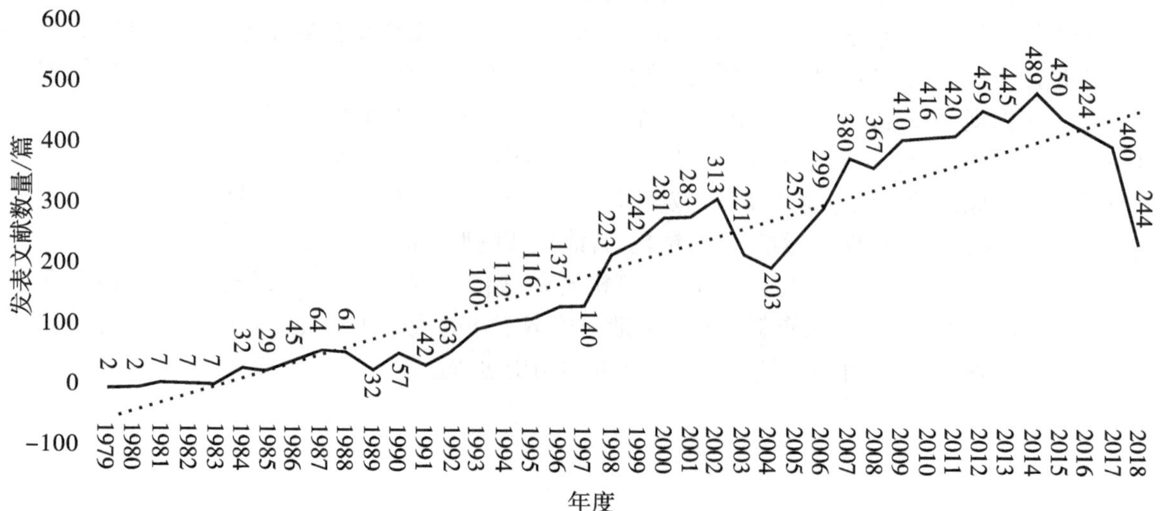

图1.1　1979—2018年档案计算机研究文献发表数量及分布趋势

从年度分布情况看(图 1.1),1979—2018 年档案计算机研究文献发表数量总体上呈现不断上升的趋势。超半数年份(24 年)为上升状态,下降年份(12 年)略少,3 年持平。

大体上可分为四个阶段:

第一阶段(1979—1997 年),年平均增长率为 46.63%,为起步快速增长期,总体体量增长明显。

第二阶段(1998—2004 年),年平均增长率为 8.24%,为首个起伏增长期,总量猛增,涵盖了第一次文献数量的高点。

第三阶段(2005—2014 年),年平均增长率为 9.67%,为波动增长期,一直达到峰值。

第四阶段(2015—2018 年),年平均增长率为 14.60%,为增速下降期。这期间一直处在下降区间,并且下降速度有加快之趋势。

具体的年度分布情况见表 1.1。

表 1.1　1979—2018 年档案计算机研究文献年度分布情况

序号	年度	发表文献数量/篇	占全部样本/%	发展速度	年增速/%
1	1979	2	0.02		
2	1980	2	0.02	1.00	0.00
3	1981	7	0.08	3.50	250.00
4	1982	7	0.08	1.00	0.00
5	1983	7	0.08	1.00	0.00
6	1984	32	0.39	4.57	357.14
7	1985	29	0.35	0.91	-9.38
8	1986	45	0.54	1.55	55.17
9	1987	64	0.77	1.42	42.22
10	1988	61	0.74	0.95	-4.69
11	1989	32	0.39	0.52	-47.54
12	1990	57	0.69	1.78	78.13
13	1991	42	0.51	0.74	-26.32
14	1992	63	0.76	1.50	50.00
15	1993	100	1.21	1.59	58.73
16	1994	112	1.35	1.12	12.00
17	1995	116	1.40	1.04	3.57
18	1996	137	1.66	1.18	18.10
19	1997	140	1.69	1.02	2.19
20	1998	223	2.69	1.59	59.29
21	1999	242	2.92	1.09	8.52
22	2000	281	3.40	1.16	16.12
23	2001	283	3.42	1.01	0.71
24	2002	313	3.78	1.11	10.60
25	2003	221	2.67	0.71	-29.39

续表1.1

序号	年度	发表文献数量/篇	占全部样本/%	发展速度	年增速/%
26	2004	203	2.45	0.92	-8.14
27	2005	252	3.04	1.24	24.14
28	2006	299	3.61	1.19	18.65
29	2007	380	4.59	1.27	27.09
30	2008	367	4.43	0.97	-3.42
31	2009	410	4.95	1.12	11.72
32	2010	416	5.03	1.01	1.46
33	2011	420	5.07	1.01	0.96
34	2012	459	5.55	1.09	9.29
35	2013	445	5.38	0.97	-3.05
36	2014	489	5.91	1.10	9.89
37	2015	450	5.44	0.92	-7.98
38	2016	424	5.12	0.94	-5.78
39	2017	400	4.83	0.94	-5.66
40	2018	244	2.95	0.61	-39.00
合计		8276	100.00	48.35	935.34
最高值		489	5.91	4.57	357.14
最低值		2	0.02	0.52	-47.54
平均值		207	2.50	1.24	23.98

可见,有文献发表的40年间,档案计算机研究文献总量翻了12番多,年均增速23.98%,超过半数年份(24年)是正向增速,40%的年份(16年)增速在两位数以上,其中2年的增速达到了三位数。

1.2.2　文献研究层次

从文献研究层次分布情况看,8276篇样本文献涉及多个学科的20个不同层次。具体分布情况见表1.2。

表1.2　1979—2018年档案计算机研究文献层次分布情况

序号	学科	发表文献数量/篇	占全部样本/%
1	基础研究(社科)	4449	53.76
2	行业指导(社科)	2221	26.84
3	职业指导(社科)	643	7.77
4	工程技术(自科)	410	4.95
5	政策研究(社科)	92	1.11
6	基础与应用基础研究(自科)	73	0.88

续表 1.2

序号	学科	发表文献数量/篇	占全部样本/%
7	大众文化	37	0.45
8	大众科普	33	0.40
9	专业实用技术(自科)	32	0.39
10	高等教育	30	0.36
11	行业技术指导(自科)	25	0.30
12	高级科普(社科)	17	0.21
13	基础教育与中等职业教育	15	0.18
14	经济信息	9	0.11
15	文艺作品	8	0.10
16	政策研究(自科)	1	0.01
17	政报、公报、公告、文告	1	0.01
18	标准与质量控制(自科)	1	0.01
19	党的建设与党员教育	1	0.01
20	其他	178	2.15
合计		8276	100.00

从研究的学科大类看,可分为社会科学、自然科学、教育文化、信息与其他 5 类。其中社会科学 7422 篇,占 89.68%;自然科学 542 篇,占 6.55%;教育文化 124 篇,占 1.50%;信息 10 篇,占 0.12%;其他 178 篇,占 2.15%。研究明显属于社会科学的范畴,同时涉及自然科学、教育文化、信息及其他学科。

从基础理论研究与应用研究的角度看,属于基础理论研究的有 4522 篇,占 54.64%;属于应用研究的有 3754 篇,占 45.36%。研究偏重基础性理论研究。

可见,有文献发表的 40 年间,档案计算机研究涉及社会科学、自然科学、教育文化、信息及其他学科 5 类 20 个不同层次,总体上属于社会科学范畴,同时略偏重基础性理论研究。

1.2.3　文献类型

从文献类型分布情况看,8276 篇样本文献中,涉及综述类、政策研究类和其他 3 个不同类型。具体分布情况见表 1.3。

表 1.3　1979—2018 年档案计算机研究文献类型分布情况

序号	文献类型	发表文献数量/篇	占全部样本/%
1	综述类	33	0.40
2	政策研究类	93	1.12
3	其他	8150	98.48
合计		8276	100.00

从表1.3看,一般性论证(其他)文献是研究文献的绝对主体,政策性(政策研究类)及宏观性(综述类)研究文献则显得单薄。

可见,有文献发表的40年间,在档案计算机研究中,一般性论文占绝对优势,政策性、宏观性研究论文相对薄弱。

1.2.4　文献资源类型

从资源类型分布情况看,8276篇样本文献分布在期刊、国内会议、特色期刊、硕士、学术辑刊、报纸、国际会议、博士8种类型资源上。具体分布情况见表1.4。

表1.4　1979—2018年档案计算机研究文献资源类型分布情况

序号	资源类型	发表文献数量/篇	占全部样本/%
1	期刊	7547	91.19
2	国内会议	327	3.95
3	特色期刊	202	2.44
4	硕士	149	1.80
5	学术辑刊	18	0.22
6	报纸	14	0.17
7	国际会议	14	0.17
8	博士	5	0.06
合计		8276	100.00

有文献发表的40年间,期刊成为档案计算机学术研究最主要的文献来源,档案计算机研究者95%以上的学术交流与沟通,有赖于这个渠道和平台。会议论文、硕博论文在总量上与期刊相差一个数量级,与期刊相比,只起辅助作用。报纸在总量上与期刊相差两个数量级,与期刊相比,只起着点缀作用。

总之,有文献发表的40年间,档案计算机研究已经形成了学术期刊独大,会议论文、硕博论文为辅助,报纸为点缀的研究资源体系。

1.2.5　文献学科分布

从文献学科分布情况看,8276篇样本文献涉及学科超过15个。发表文献最多的15个学科分布情况见表1.5。

表1.5　1979—2018年发表文献最多的15个学科分布情况

序号	学科	发表文献数量/篇	占全部样本/%
1	图书情报档案	7174	86.68
2	教育	313	3.78
3	工商管理	252	3.04
4	公共卫生与预防医学	142	1.72
5	计算机	113	1.37

续表 1.5

序号	学科	发表文献数量/篇	占全部样本/%
6	城市经济	62	0.75
7	工业经济	43	0.52
8	公共管理	39	0.47
9	保险	15	0.18
10	水利工程	15	0.18
11	法学	15	0.18
12	管理学	13	0.16
13	新闻传播	13	0.16
14	农业经济	12	0.14
15	交通运输经济	10	0.12
合计		8231	99.46
总计		8276	100.00

需要说明的是,按 15 个学科统计数为 8231 篇,占实际样本数的 99.46%;而实际样本数为 8276 篇,15 个学科统计数只少于实际文献数 45 篇。但考虑到实际涉及的学科超过 15 个,全部学科文献的数量之和,大概率是接近或超过实际样本的。并且图书情报档案专业文献只有 7174 篇,占全部样本的 86.68%。

由此可以推知,档案计算机研究是一门具有明显学科交叉性的学科,这是因为档案和计算机都与各项社会活动及工作关系密切。除档案学本学科之外,与档案计算机研究相关性最强的 10 个学科分别是:教育、工商管理、公共卫生与预防医学、档案计算机、城市经济、工业经济、公共管理、保险、水利工程、法学。

可以说,有文献发表的 40 年间,档案计算机研究在保持与档案学学科高度相关的同时,具有明显的跨学科特性。

1.3 文献计量分析

本部分采用计量分析的方法,从文献基金资助分布、文献作者分布、文献机构分布和文献来源分布 4 个方面对样本文献进行分析。

1.3.1 文献基金资助分布

从样本文献的基金分布情况看,8276 篇样本文献中有 29 篇得到 10 种基金项目的支持,占全部样本的 0.35%。具体分布情况见表 1.6。

表 1.6 1979—2018 年档案计算机研究文献获得基金资助分布情况

序号	基金名称	发表文献数量/篇	占基金资助文献/%	占全部样本/%
1	国家社会科学基金	18	62.07%	0.22
2	国家自然科学基金	3	10.34%	0.04
3	国家留学基金	1	3.45	0.01
4	上海科技发展基金	1	3.45	0.01
5	教育部基金	1	3.45	0.01
6	湖南省社会科学基金	1	3.45	0.01
7	广西科学基金	1	3.45	0.01
8	湖南省软科学研究计划	1	3.45	0.01
9	四川省教委重点科研基金	1	3.45	0.01
10	河北省科技攻关计划	1	3.45	0.01
合计		29	100.00	0.35
总计		8276		100.000

从基金的层次分布情况看,国家级基金 2 种,共 21 篇,占全部样本的 0.26%,占基金资助文献的 72.41%;地方基金 6 种,共 6 篇,占全部样本的 0.06%,占基金资助文献的 20.69%;部门基金 2 种,共 2 篇,占全部样本的 0.02%,占基金资助文献的 6.90%。国家层面虽然种类少,但资助文献的数量远高于地方、部门基金的资助数量,是地方、部门基金资助数量之和的近 3 倍。

地方资助涉及湖南、上海、广西、四川、河北共 5 个省份。

可以说,有文献发表的 40 年间,档案计算机研究有 29 篇文献获 10 种基金资助,其中国家资助高于地方、部门资助近 2 倍。提供地方资助的有 5 个省份。

1.3.2 文献作者分布

从作者的分布情况看,前 40 位作者共发表文献 209 篇,占全部样本的 2.53%。发表文献最多的 40 位作者分布情况见表 1.7。

表 1.7 发表文献最多的 40 位作者分布情况

序号	作者	发表文献数量/篇	占全部样本/%
1	吴雁平	13	0.16
2	吕筱芬	12	0.14
3	刘家真	11	0.13
4	邱晓威	9	0.11
5	张正强	9	0.11
6	朱大荣	7	0.08
7	周健民	6	0.07
8	于英香	6	0.07

续表 1.7

序号	作者	发表文献数量/篇	占全部样本/%
9	项文新	6	0.07
10	张照余	6	0.07
11	卢正东	5	0.06
12	张大伟	5	0.06
13	麻新纯	5	0.06
14	马绪超	5	0.06
15	吴振国	5	0.06
16	陈竞亚	5	0.06
17	梁惠卿	5	0.06
18	苏新宁	4	0.05
19	吴彦历	4	0.05
20	张健	4	0.05
21	杨巧玲	4	0.05
22	饶永	4	0.05
23	张建华	4	0.05
24	王一凡	4	0.05
25	姬晓鹏	4	0.05
26	赵政戬	4	0.05
27	柴德玉	4	0.05
28	陈作明	4	0.05
29	洪漪	4	0.05
30	张正强	4	0.05
31	刘晓秋	4	0.05
32	王宇晖	4	0.05
33	陈勇	4	0.05
34	周丽	4	0.05
35	傅荣校	4	0.05
36	郎卓然	4	0.05
37	向德才	4	0.05
38	黄霄羽	3	0.04
39	王杰	3	0.04
40	何玲	3	0.04
合计		209	2.53
总计		8276	100.00

按照普赖斯提出的计算公式,核心作者候选人的最低发文数 $M=0.749\sqrt{N_{max}}$,其中 N_{max} 为最高产作者发文数量。有文献发表的40年间,档案计算机研究文献作者中发表文献最多的为13篇,即 $N_{max}=13$,所以 $M=0.749\sqrt{13}\approx2.7$。

因此,凡发表3篇及以上文献的作者均为1979—2018年档案计算机研究的重要作者。故此,发表3篇文献及以上的前40位作者不仅是核心作者,而且是核心作者中的高产作者。有文献发表的40年间,档案计算机研究已经形成了一批核心作者和以核心作者为基础的高产作者群。前40位作者中,吴雁平(13)、吕筱芬(12)、刘家真(11)、邱晓威(9)、张正强(9)位居前五。

可见,有文献发表的40年间,档案计算机研究已经形成以档案行政管理机构作者和高校、企业作者为主的核心作者和以其为基础的高产作者群。

1.3.3　文献机构分布

从研究机构分布情况看,前40个机构发表文献824篇,占全部样本的9.96%。如果使用普赖斯公式计算,核心机构的最低发文数 $M=0.749\sqrt{N_{max}}$,其中 N_{max} 为最高产机构发文数量。这里 $N_{max}=54$,所以 $M=0.749\sqrt{54}\approx5.50$,即发表文献6篇及以上的为核心研究机构。据此,发表文献前40个机构均是核心研究机构中的高产机构。发表文献最多的40个机构分布情况见表1.8。

表1.8　发表文献最多的40个机构分布情况

序号	机构	发表文献数量/篇	占全部样本/%
1	苏州大学	54	0.65
2	中国人民大学	52	0.63
3	国家档案局	46	0.56
4	黑龙江大学	43	0.52
5	武汉大学	42	0.51
6	安徽大学	37	0.45
7	云南大学	30	0.36
8	南京政治学院	29	0.35
9	南京大学	20	0.24
10	辽宁省档案局	20	0.24
11	江苏省档案局	20	0.24
12	国家档案局档案科学技术研究所	20	0.24
13	浙江省档案局	19	0.23
14	辽宁大学	19	0.23
15	四川省档案局	18	0.22
16	上海大学	18	0.22
17	中原油田分公司	17	0.21
18	河南省开封市档案局	17	0.21

续表 1.8

序号	机构	发表文献数量/篇	占全部样本/%
19	河南大学	17	0.21
20	北京市档案局	17	0.21
21	中国第二历史档案馆	16	0.19
22	吉林大学	16	0.19
23	杭州大学	16	0.19
24	广西民族大学	16	0.19
25	山东大学	15	0.18
26	中山大学	15	0.18
27	四川大学	15	0.18
28	哈尔滨锅炉厂有限责任公司	15	0.18
29	浙江大学	14	0.17
30	河北大学	13	0.16
31	中国第一历史档案馆	13	0.16
32	上海市档案局	13	0.16
33	西安交通大学	13	0.16
34	湘潭大学	12	0.14
35	电子科技大学	12	0.14
36	福建师范大学	11	0.13
37	广西民族学院	11	0.13
38	黄冈职业技术学院	11	0.13
39	天津师范大学	11	0.13
40	延长油田股份有限公司	11	0.13
合计		824	9.96
总计		8276	100.00

前40个核心高产机构中,有26个是高校(发表文献562篇,占核心高产研究机构发表文献数的68.2%),表明高校是40年间档案计算机研究极其重要的高产机构群的主体。

从前40个机构中各类机构发表文献的数量及占比情况看,26个高校,占65%;发表文献562篇,占比达到了68.2%。其中前10位中有8个为高校。8个档案局,占20.00%;发表文献170篇,占比达到20.63%。3个档案馆及相关机构,占7.5%;发表文献49篇,占比达到了5.95%。3个企业,占7.5%;发表文献43篇,占比达到了5.22%。

可以说,档案计算机研究已经形成稳定且重要的研究机构。其中高校在机构数量及发表文献的数量上占比均为最高,档案行政管理机关次之,档案馆与企业并列第三。

1.3.4 文献来源分布

从文献来源分布情况看,发表文章数量最多的13种期刊,发表文献2941篇,占全部样本的

35.54%。具体分布情况见表 1.9。

表 1.9　发表文献最多的 13 种期刊发表文献数量及占比情况

序号	期刊	发表文献数量/篇	占全部样本/%
1	《兰台世界》	581	7.02
2	《黑龙江档案》	454	5.49
3	《办公室业务》	250	3.02
4	《兰台内外》	227	2.74
5	《机电兵船档案》	208	2.51
6	《中国档案》	194	2.34
7	《档案学通讯》	185	2.24
8	《浙江档案》	161	1.95
9	《城建档案》	154	1.86
10	《黑龙江史志》	139	1.68
11	《档案学研究》	137	1.66
12	《档案天地》	126	1.52
13	《档案与建设》	125	1.51
合计		2941	35.54
总计		8276	100.00

按照布拉德福定律,全部样本文献可分为核心区、相关区和非相关区,各个区的论文数量相等(约 2758 篇)。故发表论文数量居前 13 位的《兰台世界》《黑龙江档案》《办公室业务》《兰台内外》《机电兵船档案》《中国档案》《档案学通讯》《浙江档案》《城建档案》《黑龙江史志》《档案学研究》《档案天地》《档案与建设》处于核心区之中。它们多为档案学期刊,其中档案学核心期刊 5 种,非核心期刊 6 种,相关期刊 2 种。发表论文数量 125 篇以下的其他期刊处于相关区和非相关区内。

总体上讲,档案学期刊,尤其是地方档案行政管理机关主办的档案学期刊,始终是依法用档案计算机研究成果发布与交流的主渠道、主阵地,承担着档案计算机研究成果发布与交流的主体责任,同时还广泛分布在与档案学相关的其他学科领域。

有文献发表的 40 年间,档案计算机研究总体上已经形成以档案学期刊为主,相关及其他期刊为辅的成果发布与交流体系。

1.4　文献关键词词频及共现分析

本部分采用词频分析的方法,从主题词、高频关键词、关键词共现矩阵、关键词共现网络 4 个方面对样本文献进行分析。

1.4.1 主题词

从主题词使用频率看，档案计算机研究涉及内容广泛，集中在档案计算机、文件、档案事务、档案信息化、档案、档案机构、档案人7个方面。使用频率最高的35个主题词及占比情况见表1.10。

表1.10 使用频率最高的35个主题词及占比情况

序号	主题词	使用频率/次	占全部样本/%
1	档案计算机	3925	47.43
2	电子文件	1368	16.53
3	档案管理	1211	14.63
4	电子档案	923	11.15
5	档案管理工作	698	8.43
6	档案信息	479	5.79
7	文件归档	413	4.99
8	档案工作	375	4.53
9	档案信息化建设	372	4.49
10	档案信息资源	361	4.36
11	档案馆	355	4.29
12	文化机构	345	4.17
13	档案管理现代化	339	4.10
14	纸质文件	316	3.82
15	档案部门	271	3.27
16	纸质档案	254	3.07
17	档案计算机应用	244	2.95
18	档案工作者	241	2.91
19	企业管理	235	2.84
20	档案计算机外围设备	233	2.82
21	档案管理人员	220	2.66
22	档案管理系统	218	2.63
23	档案信息化管理	199	2.40
24	档案信息化	179	2.16
25	档案计算机技术	179	2.16
26	数据库系统	174	2.10
27	档案管理软件	172	2.08
28	档案计算机网络	169	2.04
29	档案室	163	1.97
30	档案计算机管理	161	1.95

续表 1.10

序号	主题词	使用频率/次	占全部样本/%
31	数据库	159	1.92
32	数字档案馆	157	1.90
33	利用者	144	1.74
34	案卷标题	142	1.72
35	案卷题名	141	1.70
合计		15 535	187.71
总计		8276(篇)	100.00
最高频率		3925	47.43
最低频率		141	1.70
平均频率		444	5.36

从涉及的主题词看,使用频率最高的35个主题词共使用15535频次,占全部样本的187.71%。也就是说,上述35个主题词涵盖了全部样本近两遍。其中使用频率最高的是"档案计算机"(3925频次),使用频率最低的是"案卷题名"(141频次),平均使用频率为444频次。

从主题词反映出的研究内容看,40年来,档案计算机研究关注的35个主要问题又可归并为档案计算机、文件、档案事务、档案信息化、档案、档案机构、档案人7个大类。

档案计算机(档案计算机、档案计算机应用、档案计算机外围设备、档案计算机技术、档案计算机网络、档案计算机管理)共使用4911频次,占全部样本的59.34%。它涉及硬件、系统、软件应用及管理各个方面,显示出档案计算机与档案在多个层面的融合,成为档案界档案计算机研究所关注的重点。

文件(电子文件、文件归档、纸质文件)共使用2097频次,占全部样本的25.34%。它主要集中在电子文件与纸质文件两个方面,显示档案计算机的出现给文件造成的变革与变化。同时,也凭对文件归档这一档案与文件衔接关键环节的关注,成为档案界档案计算机研究的关注重点。

档案事务(档案管理、档案工作、企业管理、案卷标题、案卷题名、档案管理工作)共使用2802频次,占全部样本的33.86%。它涵盖了档案事务的多个层面,主要集中在管理层面,也包括对档案实体的管理和具体事务性工作。

档案信息化(档案信息化建设、档案信息资源、档案管理系统、档案信息化管理、档案信息化、数据库系统、档案管理软件、数据库、档案管理现代化)共使用2173频次,占全部样本的26.26%。涵盖了档案信息化的多个层面,主要集中信息与管理两个方面。

档案(电子档案、档案信息、纸质档案)共使用1656频次,占全部样本的20.01%。档案是档案计算机研究的本体,但从涉及的3个主题看,与文件相同,主要集中在电子文件与纸质文件两个方面;与文件研究不同的是,研究关注的另一个重点不是归档,而是信息。

档案机构(档案馆、文化机构、档案部门、档案室、数字档案馆)共使用1291频次,占全部样本的15.6%。它是改革开放40年来与档案事业、档案人关系最为密切的问题,也是档案学界一直关注的重要问题之一。

档案人(档案工作者、档案管理人员、利用者)共使用605频次,占全部样本的7.31%。作为档案工作的主体和档案工作服务的对象,7.31%的占比虽然比较低,但已经足以说明档案界研究的关注点从来没有离开过档案人自身和其服务的对象。

可以说,有文献发表的40年间,档案计算机研究所涉及内容虽然十分广泛,但全部文献均包含在上述 7 类问题中,或者说档案学界 40 年来的档案计算机研究主要是围绕上述 7 个方面展开的。

1.4.2 高频关键词

表 1.11 是使用频率最高的 15 个高频关键词及分布情况。15 个使用频率最高的关键词共使用 4149 频次,占全部样本的 50.13%。也就是说,近半数以上的文献所研究的内容与这 15 个关键词有关。其中,使用频率最高的是"档案管理"(1043 频次),使用频率最低的是"高校"(83 频次),平均使用频率为 277 频次。

表 1.11 使用频率最高的 15 个高频关键词及分布情况

序号	关键词	使用频率/次	占全部样本/%
1	档案管理	1043	12.60
2	档案	410	4.95
3	管理	382	4.62
4	电子文件	323	3.90
5	电子档案	310	3.75
6	信息化	293	3.54
7	档案计算机	289	3.49
8	档案计算机技术	189	2.28
9	对策	170	2.05
10	应用	161	1.95
11	现代化	144	1.74
12	数字化	135	1.63
13	问题	129	1.56
14	人事档案	88	1.06
15	高校	83	1.00
合计		4149	50.13
总计		8276(篇)	100.00
平均		277	3.34

从关键词反映出的研究内容来看,档案计算机研究关注度最高的 15 个问题可以归纳为档案事务、档案、档案计算机、文件、"三化"、机构 6 个方面,占全部样本文献的 50.13%,超过全部研究文献的半数。

居首位的是档案事务(档案管理、管理、对策、问题),使用 1724 频次,占全部样本的 20.83%。它是档案计算机研究关注度最高的问题。简单地说,超过 1/5 的档案计算机研究是围绕"档案事务"进行的。这反映出档案计算机研究具有鲜明的管理性特征,也反映出 40 年来,档案计算机研究关注的重心在"档案事务"上。

居第二的是档案(档案、电子档案、人事档案),使用频率为 808 次,占比 9.76%,次于核心问题"档案事务"。简单地说,大约 1/10 的档案计算机研究是围绕"档案"开展的。这说明"档案"本体研究,一直是档案计算机研究最基本的问题,受到档案计算机研究者的高度重视,是档案计算机研究持续关注度最高的问题之一。

居第三的是档案计算机(档案计算机、档案计算机技术、应用),使用频率为639次,占比7.72%。重点不仅在档案计算机本身,还涉及技术与应用。

居第四的是文件(电子文件),使用频率为323次,占比3.90%。

居第五的是"三化"(信息化、现代化、数字化),使用频率为572次,占比6.91%。

最后是机构(高校),使用频率为83次,占比1.00%。

可以说,40年来,档案计算机研究内容虽然广泛,但半数以上的研究所关注的重点,基本上都集中在档案事务、档案、档案计算机、文件、"三化"、机构6类15个热词所涉及的问题上。

1.4.3 关键词共现矩阵

共现矩阵显示研究主要是在档案与档案管理、档案计算机与档案计算机技术、电子文件与电子档案3个方向上展开,形成了突出的高相关共现关键词群,集中趋势明显。

本部分采用关键词共现分析的方法,对1979—2018年档案计算机研究的8276篇文献,运用关键词共现矩阵进行分析。

矩阵提取使用频率最高的20个关键词,将这20个关键词形成20×20的共词矩阵。如果某两个关键词同时出现在一篇文章中,就表明这两者之间存在相关关系,关键词右侧或下方对应位置的数值表示篇数。

图1.2是1979—2018年档案计算机研究文献使用频率最高的20个高频关键词共现矩阵。

图1.2显示,2017年档案计算机研究的文献关键词共现有96组,共现率为48%。共现次数100次以上的关键词组合有5组,共现率为2.5%。共现次数50~99次的关键词组合有5组,共现率为2.5%。共现次数30~49次的关键词组合有13组,共现率为6.5%。共现次数10~29次的关键词组合有25组,共现率为12.5%。共现次数1~9次的关键词组合有51组,共现率为25.5%。

以横轴为准计:

20组共现关键词中有17组与档案管理直接相关,占共现关键词的8.5%。

20组共现关键词中各有15组与档案、管理直接相关,分别占共现关键词的7.5%。

20组共现关键词中有10组与信息化直接相关,占共现关键词的5%。

20组共现关键词中各有8组与电子文件、电子档案直接相关,分别占共现关键词的4%。

20组共现关键词中有7组与对策直接相关,占共现关键词的3.5%。

20组共现关键词中有6组与计算机直接相关,占共现关键词的3%。

20组共现关键词中有3组与计算机技术直接相关,占共现关键词的1.5%。

20组共现关键词中各有2组与数字化、问题直接相关,分别占共现关键词的1%。

余下的3组分别与现代化、人事档案、互联网3个关键词有关,但共现次数为1组,属于低相差度高频词。

另有应用、高校、档案信息、档案信息化、信息化建设、档案工作6个无共现高频词。

共现次数在100次以上的特高共现高频关键词有5组,分别是:

档案管理与信息化:108次。

档案管理与计算机:112次。

档案管理与计算机技术:100次。

档案管理与现代化:110次。

档案与管理:100次。

共现次数在50~99次的超高共现高频关键词有5组,分别是:

档案管理与电子文件:68次。

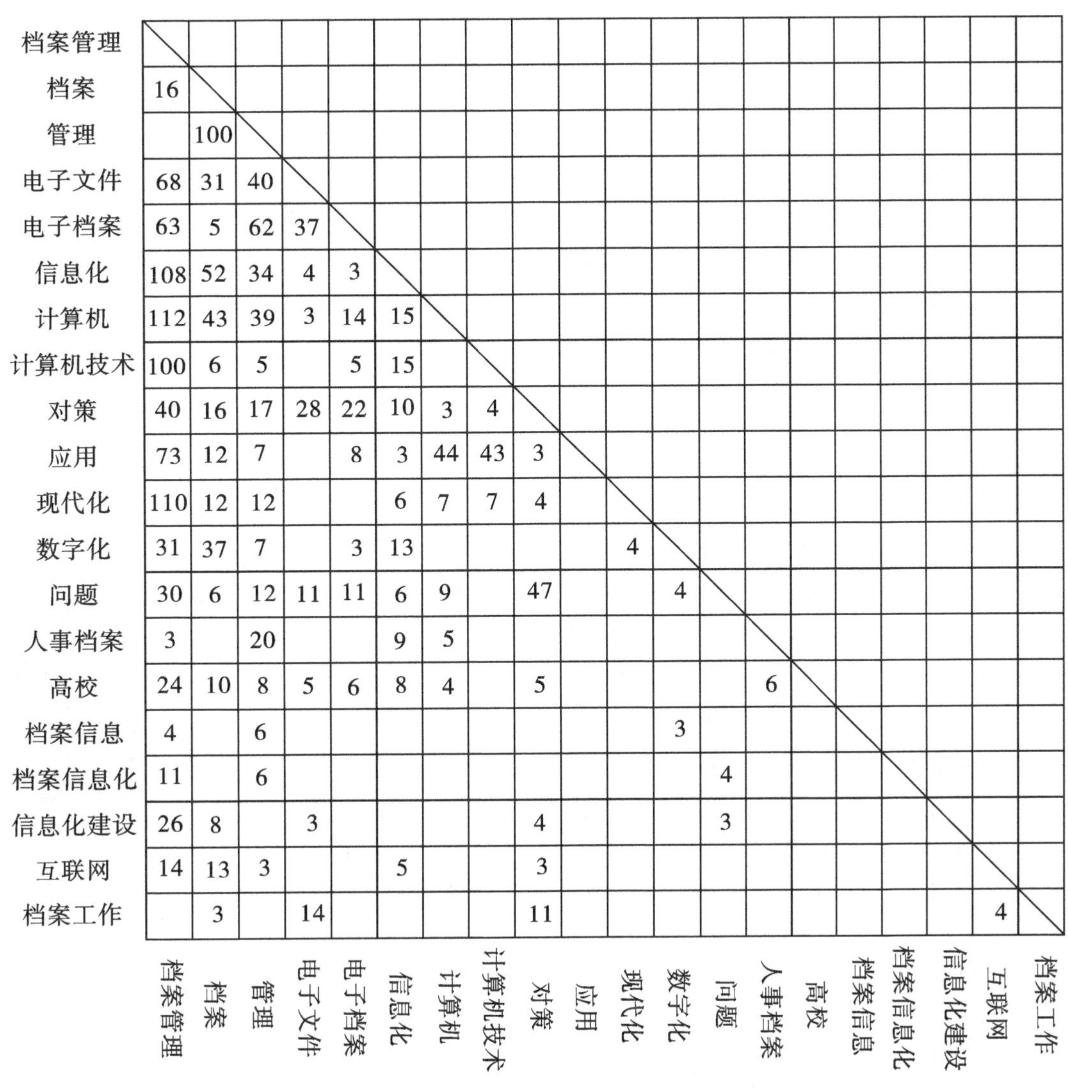

	档案管理	档案	管理	电子文件	电子档案	信息化	计算机	计算机技术	对策	应用	现代化	数字化	问题	人事档案	高校	档案信息	档案信息化	信息化建设	互联网	档案工作
档案管理																				
档案	16																			
管理		100																		
电子文件	68	31	40																	
电子档案	63	5	62	37																
信息化	108	52	34	4	3															
计算机	112	43	39	3	14	15														
计算机技术	100	6	5		5	15														
对策	40	16	17	28	22	10	3	4												
应用	73	12	7		8	3	44	43	3											
现代化	110	12	12			6	7	7	4											
数字化	31	37	7		3	13					4									
问题	30	6	12	11	11	6	9		47			4								
人事档案	3		20			9	5													
高校	24	10	8	5	6	8	4		5					6						
档案信息	4		6									3								
档案信息化	11		6										4							
信息化建设	26	8		3					4				3							
互联网	14	13	3			5			3											
档案工作		3		14					11										4	

图 1.2 1979—2018 年档案计算机研究文献高频关键词共现矩阵

档案管理与电子档案:63 次。

档案管理与应用:73 次。

档案与信息化:52 次。

管理与电子档案:62 次。

共现次数在 30 ~ 49 次的高共现高频关键词有 13 组,分别是:

档案管理与对策:40 次。

档案管理与数字化:31 次。

档案管理与问题:30 次。

档案与电子文件:31 次。

档案与计算机:43 次。

档案与数字化:37 次。

管理与电子文件:40 页。

管理与信息化:34 次。

管理与计算机:39 次。

电子文件与电子档案:37次。

计算机与应用:44次。

计算机技术与应用:43次。

对策与问题:47次。

归纳起来,1979—2018年档案计算机研究的重点方向集中在档案与档案管理、计算机与计算机技术、电子文件与电子档案3个方面。或者说,1979—2018年档案计算机研究主要是在档案与档案管理、计算机与计算机技术、电子文件与电子档案3个主要方向上展开的。

从共现组数看,由于高共现频率的20个高频关键词的共现组数达96组,特高、超高与高共现词有23组,占全部共现组的23.96%。1979—2018年档案计算机研究形成了突出的高相关共现关键词群,研究的集中趋势明显。

1.4.4 关键词共现网络

本部分采用关键词共现网络的方法,对1979—2018年档案计算机研究的8276篇文献进行分析。

在关键词共现网络中,关键词之间的关系可以用连线来表示,连线多少和粗细代表关键词间的亲疏程度,连线越多,代表该关键词与其他关键词共现次数越多,越是研究领域极其重要的和热点研究内容。使用知网提供的工具,可获得1979—2018年档案计算机研究高频词共词网络图谱(扫描二维码)。

从高频词共词网络图谱可以直观地看出:1979—2018年档案计算机研究可分为6个聚类群组。它们分别以"管理"、"档案信息化"、"档案信息"、"信息化建设"、"互联网"与"档案工作"、"人事档案"与"高校"为核心关键词。其中"管理""档案信息化""档案信息""信息化建设"4个为单词群组,"互联网"与"档案工作"、"人事档案"与"高校"为双核心群组。

在以"管理"为核心的群组中,一共有12个相关关键词,除了"管理"之外,还有"档案""信息化""电子档案"3个次核心关键词。三者间的距离,两个相对较近,一个共现率相对较高。距离较近、联系相对较为密切的是"信息化"与"电子档案";联系密切,共现度高的是"档案"。

主群组与"档案信息化"、"档案信息"、"信息化建设"、"互联网"与"档案工作"、"人事档案"与"高校"5个群组均有关联。但多为外围单个关键词间的低频率联系。

"档案信息化"、"档案信息"、"信息化建设"、"互联网"与"档案工作"、"人事档案"与"高校"5个群组间没有关联。

"互联网"与"档案工作"、"人事档案"与"高校"两个双核心群组间没有关联。群组间仅有非常单薄且相对松散的联系。

"档案信息化""档案信息""信息化建设"相对处在整个网络外围的位置,在以档案计算机为核心的研究中规模相对比较小,但一定会成为日后研究的热点。

可见,共现网络表明"管理"是档案计算机研究的核心问题,"档案信息化""档案信息""信息化建设"或将成为日后研究的热点。

1.5 结语

综上,通过对1979—2018年档案计算机研究文献的数据分析,我们可以得出如下结论:

从规模与发展速度上看,有文献发表的40年间,档案计算机研究文献总量翻了12番多,年均增速为 23.98%,总体上呈现不断上升的趋势。

从文献研究层次上看,档案计算机研究总体上属于社会科学范畴,同时研究略偏重基础性理论研究。

从文献类型分布情况看,在档案计算机研究中,一般性论文占绝对优势,政策性、宏观性研究论文相对薄弱。

从文献资源类型分布情况看,档案计算机研究形成了学术期刊独大,会议论文、硕博论文为辅,报纸为点缀的研究资源体系。

从样本文献的学科分布情况看,档案计算机研究在保持与档案学科紧密关联的同时,具备十分明显的跨学科特性。

从样本文献的基金分布情况看,档案计算机研究有 29 篇文献获 10 种基金资助,其中,国家资助高于地方、部门资助之和的 2 倍;提供地方资助的有 5 个省份。

从作者的分布情况看,档案计算机研究已经形成以档案行政管理机构作者和高校、企业作者为主的核心作者和以其为基础的高产作者群。

从研究机构分布情况看,档案计算机研究已经形成稳定且重要的研究机构。其中,高校在机构数量及发表文献数量上均为最高,档案行政管理机关次之,档案馆和企业并列第三位。

从文献来源分布情况看,档案计算机研究总体上已经形成以档案学期刊为主,相关及其他期刊为辅的档案计算机研究成果发布与交流体系。

从主题词使用频率看,档案计算机研究主题集中在档案计算机、文件、档案事务、档案信息化、档案、档案机构、档案人 7 个方面。

从高频率关键词分布情况看,档案计算机研究关注的重点半数以上集中在档案事务、档案、档案计算机、文件、"三化"、机构 6 类 15 个热词所涉及的问题上。

从高频词共现矩阵看,档案计算机研究主要是在档案与档案管理、计算机与计算机技术、电子文件与电子档案 3 个方向上展开,形成了突出的高相关共现关键词群,集中趋势明显。

共现网络表明,档案计算机研究的高频高相关核心问题是"管理"。

2 大数据

“大数据”是指以多元形式，自许多来源搜集而来的庞大数据组，往往具有实时性。在企业对企业销售的情况下，这些数据可能来自社交网络、电子商务网站、顾客来访纪录，还有许多其他来源。这些数据，并非公司顾客关系管理数据库的常态数据组。

从技术上看，大数据与云计算的关系就像一枚硬币的正反面一样，密不可分。大数据必然无法用单台的计算机进行处理，必须采用分布式计算架构。它的特色在于对海量数据的挖掘，但它必须依托云计算的分布式处理、分布式数据库、云存储和虚拟化技术。在维克托·迈尔-舍恩伯格及肯尼斯·库克耶编写的《大数据时代》中，大数据指不用随机分析法（抽样调查）这样的捷径，而采用所有数据的方法。大数据的4大特点：volume（大量）、velocity（高速）、variety（多样）、value（价值）。

大数据是与人类日益普及的网络行为所伴生的，受到相关部门、企业采集的，蕴含数据生产者真实意图、喜好的，非传统结构和意义的数据。大数据就是互联网发展到现今阶段的一种表象或特征而已，没有必要神话它或对它保持敬畏之心。在以云计算为代表的技术创新大幕的衬托下，这些原本很难收集和使用的数据开始容易被利用起来了，通过各行各业的不断创新，大数据会逐步为人类创造更多的价值。2012年，施永利先生撰写的《大数据时代背景下的档案利用服务探讨》一文开始了档案界大数据研究历程。为了全书的整体性，我们仍然用“自1979年起”来表述这个时期，虽然大数据研究只是近期的事情。

大数据已然成为当今最为火热的词汇，大数据研究也成为各学科最为前沿的研究内容之一，大数据应用更是成为各行各业最为时髦的行为，大受追捧。

档案作为小数据时代重要的依据性“数据”，在大数据时代将面临什么？相对传统而谨慎的档案人，如何看待大数据？如何面对大数据？如何认识大数据？如何应用大数据？如何与大数据相处？这是一系列绕不过的必答题。

首先，在档案大数据研究中，还没有形成统一的概念，存在自说自话的种种误读、误解和“鸡鸭不同语”的尴尬。有研究者误以为档案大数据就是体量巨大的档案数据，不大则不能称其为大数据；误以为档案大数据就是档案数字化，将实体档案的数字化视为档案大数据；将数字化与数据化相混淆，把可检索、可计算、可分析、可多次使用的档案数据（数字文本）与档案数字化生成的图像文件混为一谈。因此，有必要对档案大数据的概念进行研究，科学定义，求得共识，消除误读、误解、误区。

其次，档案与大数据之间存在一定的关系，而且是一个丰富又多层次的关系，有同元包含关系，也有同属可转关系，还有同属同用互含关系。档案与大数据的关系实质上集中在两者的属性、作用和外延的归集上。虽然各种观点的表述有所不同，划分标准也不尽相同，但在同为信息、同是社会记忆、同具大数据属性、相互包含方面已经取得共识。然而，这不等于可以据此将二者简单相等同，忽略大数据与档案间存在的本质区别。

再次，大数据是一种方法、一种技术，更是一种理论与思维方式。这种思维具有显著的整体性、发散性和相关性，具体讲，包括网络化思维、信息化思维、技术性思维、共享性思维、商业化思维和与时俱进思维六种。档案大数据工作的方向应当是:制定标准,加强数据源建设,完善保管制度,保障数据安全,做好利用准备,提升业务素质。

最后,大数据对档案行业的影响主要表现在思维模式转变、资源范围扩大、服务方式多样、管理方法多变几个方面。档案工作者应当成为历史卫士、文件审计者、信息经纪人,注册档案管理师的设想并不是空穴来风;主动适应新环境、学习新知识、运用新技术、掌握新技能、创造新方法、解决新问题,才是应对档案职业变革的永恒法则①。

2.1 样本选择

大数据研究是档案信息化研究的重要内容,属于档案学科极其重要的组成部分,同时也是信息社会下档案工作与档案事业的重要组成部分。大数据研究数据是重要的档案信息化与档案学术资源,对大数据研究数据进行定量研究,是用好用活档案资源,充分展示我国改革开放的历史进程、伟大成就和宝贵经验的一种方式。近年来,大数据研究得到了快于档案学科的长足进步与发展。总结、回顾大数据研究发展历程,不仅是档案信息化建设发展的需要,也是档案工作、档案事业发展的需要。

我们以中国知网为样本来源,检索范围:中国学术期刊网络出版总库,教育期刊,特色期刊,中国博士学位论文全文数据库,中国优秀硕士学位论文全文数据库,中国重要会议论文全文数据库,国际会议论文全文数据库,中国重要报纸全文数据库,中国学术辑刊全文数据库。检索年限:不限。检索时间:2018 年 10 月 23 日。检索条件:发表时间 between(1979-01-01,2018-10-24)并且(主题=大数据或者题名=大数据)(模糊匹配)。专辑导航:档案学、档案事业。数据库:文献跨库检索。样本文献总数:1667 篇。

2.2 文献统计分析

本部分采用统计分析的方法,从文献总量、发展速度与年度分布,文献研究层次,文献类型,文献资源类型,文献学科分布 5 个方面入手,对样本文献进行分析。

2.2.1 文献总量、发展速度与年度分布

从总量上看,有文献发表的 7 年间,共发表文献 1667 篇。以 2012 年 1 篇的基数计,7 年间翻了近 9 番。年均 238 篇,最少时(2012 年)1 篇,最多时(2017 年)461 篇,7 年间增长了近 1666 倍。中位数为 833 篇。总体趋势见图 2.1。

从年度分布情况看,2012—2018 年大数据研究文献发表数量总体上呈现快速上升的趋势。大多数年份(5 年)为上升状态,下降年份(1 年)少。

大体上可分为三个阶段:

第一阶段(2012—2013 年),年平均增长率为 3100.00%,为超高速增长期,总体体量不大,增速

① 吴雁平. 2012—2016 年档案与大数据研究文献汇编[EB/OL]. (2016-11-01)[2018-10-31]. http://bianke.cnki.net/Home/Corpus/9755.html.

惊人。

第二阶段(2014—2017 年),年增长率为-9.76%,为低速回落期。

第三阶段(2018 年),年增长率为-10.24%,为波动回落期,一直达到谷底。

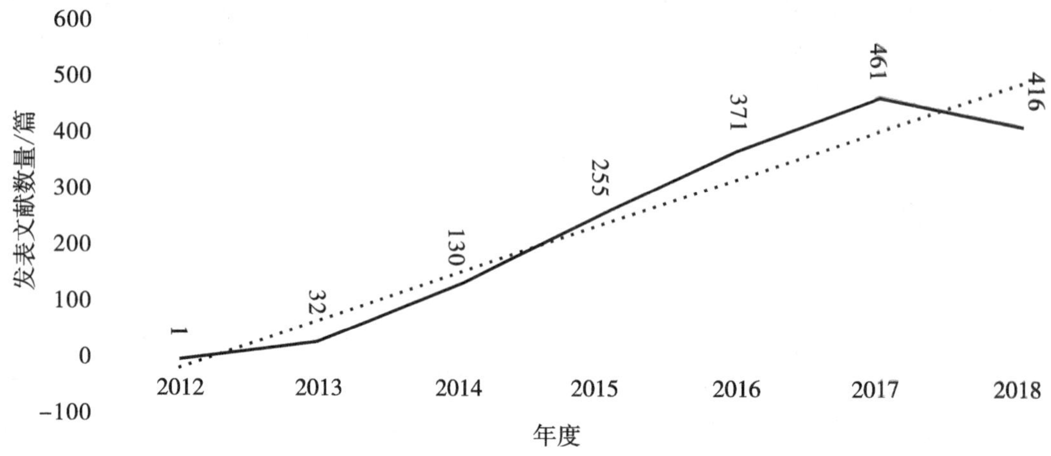

图 2.1　2012—2018 年大数据研究文献发表数量及分布趋势

具体的年度分布情况见表 2.1。

表 2.1　2012—2018 年大数据研究文献年度分布情况

序号	年度	发表文献数量/篇	占全部样本/%	发展速度	年增速/%
1	2012	1	0.06		
2	2013	32	1.92	32.00	3100.00
3	2014	130	7.80	4.06	306.25
4	2015	255	15.30	1.96	96.15
5	2016	371	22.26	1.45	45.49
6	2017	461	27.65	1.24	24.26
7	2018	416	24.96	0.90	-9.76
合计		1667	100.00	41.62	3562.39
最高值		461	27.65	32.00	3100.00
最低值		1	0.06	0.90	-9.76
平均值		238	14.28	6.94	593.73

可见,有文献发表的 7 年间,大数据研究文献总量翻了近 9 番,年均增速为 593.73%,大多数年份(5 年)是正向增速,增速均在两位数以上,其中 1 年的增速达到了三位数,1 年的增速甚至高达四位数。

2.2.2　文献研究层次

从文献研究层次分布情况看,1667 篇样本文献涉及多个学科的 14 个不同层次,具体分布情况见表 2.2。

表 2.2　2012—2018 年大数据研究文献层次分布情况

序号	层次	发表文献数量/篇	占全部样本/%
1	基础研究(社科)	776	46.55
2	行业指导(社科)	357	21.42
3	职业指导(社科)	282	16.92
4	大众文化	57	3.42
5	工程技术(自科)	34	2.04
6	基础与应用基础研究(自科)	21	1.26
7	大众科普	15	0.90
8	文艺作品	14	0.84
9	基础教育与中等职业教育	12	0.72
10	政策研究(社科)	11	0.66
11	专业实用技术(自科)	10	0.60
12	高等教育	9	0.54
13	行业技术指导(自科)	8	0.48
14	其他	61	3.66
合计		1667	100.00

从研究的学科大类看,可分为社会科学、自然科学、教育文化与其他 4 类。其中,社会科学 1426 篇,占 85.54%;自然科学 73 篇,占 4.38%;教育文化 107 篇,占 6.42%;其他 61 篇,占 3.66%。研究明显属于社会科学的范畴,同时涉及自然科学、教育文化及其他学科。

从基础理论研究与应用研究的角度看,属于基础理论研究的有 797 篇,占 47.81%;属于应用研究的有 870 篇,占 52.19%。研究偏重应用性研究。

可见,有文献发表的 7 年间,大数据研究涉及社会科学、自然科学、教育文化及其他 4 类 14 个不同层次,总体上属于社会科学范畴,同时略偏重应用性研究。

2.2.3　文献类型

从文献类型分布情况看,1667 篇样本文献中,涉及综述类、政策研究类和其他 3 个不同类型,具体分布情况见表 2.3。

表 2.3　2012—2018 年大数据研究文献类型分布情况

序号	文献类型	发表文献数量/篇	占全部样本/%
1	综述类	14	0.84
2	政策研究类	11	0.66
3	其他	1642	98.50
合计		1667	100.00

从表 2.3 看,一般性论证(其他)文献是研究文献的绝对主体,政策性(政策研究类)及宏观性(综

述类)研究文献则显得单薄。

总之,大数据研究中一般性论文占绝对优势,政策性、宏观性研究论文相对薄弱。

2.2.4 文献资源类型

从文献资源类型分布情况看,1667 篇样本文献分布在期刊、特色期刊、国内会议、硕士、报纸、学术辑刊、国际会议、博士 8 种类型资源上。具体分布情况见表 2.4。

表 2.4 2012—2018 年大数据研究文献资源类型分布情况

序号	资源类型	发表文献数量/篇	占全部样本/%
1	期刊	1444	86.62
2	特色期刊	117	7.02
3	国内会议	44	2.64
4	硕士	33	1.98
5	报纸	13	0.78
6	学术辑刊	10	0.60
7	国际会议	5	0.30
8	博士	1	0.06
合计		1667	100.00

有文献发表的 7 年间,期刊成为大数据学术研究最主要的文献来源,94.24% 的大数据研究者的学术交流与沟通,有赖于这个渠道和平台。会议论文、硕博论文、报纸在总量上与期刊相差两至三个数量级,与期刊相比,仅仅起点缀作用。

总之,大数据研究已经形成了学术期刊独大,会议论文、硕博论文、报纸为点缀的研究资源体系。

2.2.5 文献学科分布

从文献学科分布情况看,1667 篇样本文献涉及学科超过 15 个。发表文献最多的 15 个学科分布情况见表 2.5。

表 2.5 2012—2018 年发表文献最多的 15 个学科分布情况

序号	学科	发表文献数量/篇	占全部样本/%
1	图书情报档案	1198	71.87
2	教育	102	6.12
3	公共卫生与预防医学	62	3.72
4	工商管理	35	2.10
5	工业经济	23	1.38
6	计算机	19	1.14
7	公共管理	16	0.96

续表 2.5

序号	学科	发表文献数量/篇	占全部样本/%
8	城市经济	10	0.60
9	社会	7	0.42
10	新闻传播	7	0.42
11	城乡规划与市政	6	0.36
12	农业经济	5	0.30
13	国民经济	5	0.30
14	法学	4	0.24
15	政治	3	0.18
合计		1502	90.10
总计		1667	100.00

需要说明的是，按 15 个学科统计的文献数为 1502 篇，占实际样本数的 90.10%；而实际样本数为 1667 篇，15 个学科统计数少于实际文献数 165 篇。但考虑到实际涉及的学科超过 15 个，全部学科文献的数量之和可能接近或超过实际样本数。并且图书情报档案专业文献只有 1198 篇，占全部样本文献的 71.87%。由此可以推知，大数据研究是一门具有明显学科交叉性的学科，这是因为档案与各项社会活动及工作关系密切。除档案学本学科之外，与大数据研究相关性最强的 7 个学科分别是：教育、公共卫生与预防医学、工商管理、工业经济、计算机、公共管理、城市经济。

可以说，大数据研究在保持与档案学学科重相关性的同时，具有明显的跨学科特性。

2.3　文献计量分析

本部分采用计量分析的方法，从文献基金资助分布、文献作者分布、文献机构分布和文献来源分布 4 个方面对样本文献进行分析。

2.3.1　文献基金资助分布

从样本文献的基金分布情况看，1667 篇样本文献中有 53 篇得到 10 种基金项目的支持，占全部样本的 3.18%。具体分布情况见表 2.6。

表 2.6　2012—2018 年大数据研究获得基金资助分布情况

序号	基金名称	发表文献数量/篇	占基金资助文献/%	占全部样本/%
1	国家社会科学基金	38	71.70	2.28
2	江苏省科委社会发展基金	4	7.55	0.24
3	河南省软科学研究计划	2	3.77	0.12
4	湖南省教委科研基金	2	3.77	0.12

续表2.6

序号	基金名称	发表文献数量/篇	占基金资助文献/%	占全部样本/%
5	黑龙江省社会科学基金	2	3.77	0.12
6	福建省科委基金	1	1.89	0.06
7	北京市科技计划项目	1	1.89	0.06
8	湖南省社会科学基金	1	1.89	0.06
9	中国地质调查局地质调查项目经费	1	1.89	0.06
10	国家自然科学基金	1	1.89	0.06
合计		53	100.00	3.18
总计		1667		100.00

从基金的层次分布情况看,国家级基金2种39篇,占全部样本的2.34%,占基金资助文献的73.58%;地方基金7种13篇,占全部样本的0.78%,占基金资助文献的24.53%;部门基金1种1篇,占全部样本的0.06%,占基金资助文献的1.89%。国家层面虽然种类少,但资助文献的数量远高于地方、部门基金的资助数量,是地方、部门基金资助数量之和的2.79倍。

地方资助涉及江苏、河南、湖南、黑龙江、福建、北京6个省份。

总之,大数据研究有53篇文献获10种基金资助,其中国家资助高于地方、部门资助近2倍。提供地方资助的有6个省份。

2.3.2 文献作者分布

从作者的分布情况看,1667篇文献中,前40位作者共发表文献154篇,占全部样本的9.24%。发表文献最多的40位作者分布情况见表2.7。

表2.7 发表文献最多的40位作者分布情况

序号	作者	发表文献数量/篇	占全部样本/%
1	韩海涛	16	0.96
2	田伟	12	0.72
3	张倩	7	0.42
4	席畅	6	0.36
5	杨智勇	5	0.30
6	王兰成	5	0.30
7	周枫	4	0.24
8	李广都	4	0.24
9	戴玲	4	0.24
10	赵彦昌	4	0.24
11	周枫	4	0.24
12	金丹	3	0.18

续表 2.7

序号	作者	发表文献数量/篇	占全部样本/%
13	任越	3	0.18
14	杨文刚	3	0.18
15	付双双	3	0.18
16	胡树煜	3	0.18
17	黄华坤	3	0.18
18	吴薇	3	0.18
19	安小米	3	0.18
20	孙士宏	3	0.18
21	石峻峰	3	0.18
22	朱青梅	3	0.18
23	刘扬	3	0.18
24	马仁杰	3	0.18
25	张勇	3	0.18
26	杨剑云	3	0.18
27	黄少芳	3	0.18
28	倪丽娟	3	0.18
29	陈静	3	0.18
30	于英香	3	0.18
31	谢君	3	0.18
32	张丽娜	3	0.18
33	樊树娟	3	0.18
34	李晓萌	3	0.18
35	陶水龙	3	0.18
36	崔洁	3	0.18
37	卞咸杰	2	0.12
38	马天夫	2	0.12
39	高华	2	0.12
40	欧阳静芝	2	0.12
合计		154	9.24
总计		1667	100.00

按照普赖斯提出的计算公式,核心作者候选人的最低发文数 $M=0.749\sqrt{N_{max}}$,其中 N_{max} 为最高产作者发文数量。有文献发表的 7 年来,大数据研究文献作者中发表文献最多的为 16 篇,即 $N_{max}=16$,所以 $M=0.749\sqrt{16}=2.996$。因此,凡发表 3 篇以上(含 3 篇)文献的作者均为 1979—2018 年大数据研究的重要作者。故发表 3 篇以上(含 3 篇)文献的韩海涛、田伟、张倩、席畅、杨智勇、王兰成、周枫、李广都、戴玲、赵彦昌、周枫、金丹、任越、杨文刚、付双双、胡树煜、黄华坤、吴薇、安小米、孙士宏、石峻

峰、朱青梅、刘扬、马仁杰、张勇、杨剑云、黄少芳、倪丽娟、陈静、于英香、谢君、张丽娜、樊树娟、李晓萌、陶水龙、崔洁36位作者不仅是核心作者,而且是核心作者中的高产作者。可见,大数据研究已经形成了一批核心作者和以核心作者为基础的高产作者群。

另外,从整体上看,无论是作者数量,还是发表文献数量,高校作者都是大数据研究的主力军。

可见,大数据研究已经形成以高校作者为主,辅以其他行业作者的一批核心作者和以其为基础的高产作者群。

2.3.3 文献机构分布

从研究机构分布情况看,1667篇文献中,前40个机构发表文献329篇,占全部样本的19.74%。如果使用普赖斯公式计算,核心机构的最低发文数 $M=0.749\sqrt{N_{max}}$,其中 N_{max} 为最高产机构发文数量。这里 $N_{max}=36$,所以 $M=0.749\sqrt{36}=4.494$,即发表文献5篇及以上的为核心研究机构。据此,发表文献前40个机构中发表文献5篇以上(含5篇)的上海大学、黑龙江大学、辽宁大学、中国人民大学、天津工业大学、河北大学、安徽大学、湘潭大学、辽宁省档案局、南京政治学院、浙江省档案局、北京市档案局、山东大学、南京艺术学院、武汉大学、上海飞机设计研究院、郑州大学、盐城师范学院、辽宁医学院、南昌大学、云南大学、苏州大学、吉林省高速公路管理局、广西民族大学、南京大学25个机构是研究核心机构。发表文献最多的40个机构分布情况见表2.8。

表2.8 发表文献最多的40个机构分布情况

序号	机构	发表文献数量/篇	占全部样本/%
1	上海大学	36	2.16
2	黑龙江大学	32	1.92
3	辽宁大学	23	1.38
4	中国人民大学	20	1.20
5	天津工业大学	16	0.96
6	河北大学	11	0.66
7	安徽大学	11	0.66
8	湘潭大学	10	0.60
9	辽宁省档案局	10	0.60
10	南京政治学院	9	0.54
11	浙江省档案局	9	0.54
12	北京市档案局	7	0.42
13	山东大学	7	0.42
14	南京艺术学院	7	0.42
15	武汉大学	6	0.36
16	上海飞机设计研究院	6	0.36
17	郑州大学	6	0.36
18	盐城师范学院	6	0.36
19	辽宁医学院	6	0.36

续表 2.8

序号	机构	发表文献数量/篇	占全部样本/%
20	南昌大学	6	0.36
21	云南大学	6	0.36
22	苏州大学	5	0.30
23	吉林省高速公路管理局	5	0.30
24	广西民族大学	5	0.30
25	南京大学	5	0.30
26	燕山大学	4	0.24
27	郑州航空工业管理学院	4	0.24
28	中国地质大学(北京)	4	0.24
29	大庆油田有限责任公司	4	0.24
30	天津师范大学	4	0.24
31	南京理工大学	4	0.24
32	湖南农业大学	4	0.24
33	山西大学	4	0.24
34	广东省国土资源档案馆	4	0.24
35	沈阳工程学院	4	0.24
36	重庆日报报业集团	4	0.24
37	贵州大学	4	0.24
38	湖南省档案局	4	0.24
39	湖南师范大学	4	0.24
40	上海市浦东新区档案局	3	0.18
合计		329	19.74
总计		1667	100.00

前 40 个核心高产机构中有 30 个是高校(发表文献 273 篇,占核心高产研究机构发表文献数的 82.98%),充分表明高校是大数据研究极其重要的高产机构群的主体。

从前 40 个机构中各类机构发表文献的数量及占比情况看,30 个高校,占 75%;发表文献 273 篇,占比达到了 82.98%。其中前 8 位均为高校。5 个档案局,占 12.5%;发表文献 33 篇,占比达到了 10.03%。2 个企业,占 5%;发表文献 8 篇,占比达到了 2.43%。1 个事业单位,占 2.5%;发表文献 6 篇,占比达到了 1.82%。1 个其他行政管理机构,占 2.5%;发表文献 5 篇,占比达到了 1.52%。1 个档案馆,占 2.5%;发表文献 4 篇,占比达到了 1.22%。

可见,大数据研究已经形成稳定的研究机构,其中高校在机构数量及发表文献的数量上占比均为最高,档案行政管理机关次之,企业位列第三,其他行政机构、事业单位和档案馆随后。

2.3.4 文献来源分布

从文献来源分布情况看,1667 篇样本文献中,发表文献最多的 10 种期刊,发表文献 657 篇,占全部样本的39.41%。具体分布情况见表2.9。

表2.9　发表文献最多的10种期刊分布情况

序号	期刊	发表文献数量/篇	占全部样本/%
1	《办公室业务》	223	13.38
2	《兰台世界》	163	9.78
3	《山西档案》	58	3.48
4	《城建档案》	56	3.36
5	《黑龙江档案》	42	2.52
6	《档案与建设》	24	1.44
7	《中国档案》	23	1.38
8	《档案管理》	23	1.38
9	《中国管理信息化》	23	1.38
10	《兰台内外》	22	1.32
合计		657	39.41
总计		1667	100.00

按照布拉德福定律,可将1667种文献分为核心区、相关区和非相关区,各个区的论文数量相等(约556篇)。故发表论文数量居前6位的《办公室业务》《兰台世界》《山西档案》《城建档案》《黑龙江档案》《档案与建设》(566篇)处于核心区之中。它们多为档案学期刊,其中档案学核心期刊1种,非核心期刊4种,档案相关期刊1种。

发表论文数量居第7~10位的《中国档案》《档案管理》《中国管理信息化》《兰台内外》4种期刊(91篇)处于相关区。它们多为档案学期刊,包括档案学核心期刊2种,普通档案学期刊1种,档案相关期刊1种。

其他发表论文数量21篇及以下的期刊部分在相关区,部分则在非相关区内。

总体上讲,档案学期刊,尤其是地方档案行政管理机关主办的档案学期刊,始终是大数据研究成果发布与交流的主渠道、主阵地,承担着大数据研究成果发布与交流的主体责任。同时,大数据研究还广泛分布在与档案学相关的其他学科领域的期刊上。

可见,大数据研究总体上已经形成以档案学期刊为主,相关及其他期刊为辅的成果发布与交流体系。

2.4　文献关键词词频及共现分析

本部分采用词频分析的方法,从主题词、高频关键词、关键词共现矩阵、关键词共现网络4个方面对样本文献进行分析。

2.4.1　主题词

从主题词使用频率看,大数据研究涉及内容广泛,集中在大数据、档案事务、档案信息、机构、档案、文件、档案人 7 个方面。使用频率最高的 37 个主题词分布情况见表 2.10。

表 2.10　使用频率最高的 37 个主题词分布情况

序号	主题词	使用频率/次	占全部样本/%
1	大数据时代	624	37.43
2	大数据	476	28.55
3	档案管理	226	13.56
4	档案管理工作	187	11.22
5	档案数据	124	7.44
6	大数据技术	108	6.48
7	档案信息资源	91	5.46
8	数字档案馆	80	4.80
9	档案工作	73	4.38
10	大数据环境	71	4.26
11	档案资源	60	3.60
12	档案信息化建设	58	3.48
13	电子文件	57	3.42
14	档案馆	45	2.70
15	档案信息化管理	42	2.52
16	医院档案管理	41	2.46
17	档案服务	39	2.34
18	电子档案	36	2.16
19	档案信息化	36	2.16
20	文化机构	33	1.98
21	智慧档案馆	33	1.98
22	档案信息	32	1.92
23	档案部门	32	1.92
24	企业管理	32	1.92
25	大数据档案	27	1.62
26	信息化建设	26	1.56
27	企业档案管理	26	1.56
28	高校档案	24	1.44
29	档案数据库	23	1.38
30	档案管理系统	22	1.32
31	人事档案管理	22	1.32
32	档案工作者	20	1.20
33	城建档案	20	1.20

续表2.10

序号	主题词	使用频率/次	占全部样本/%
34	数据处理	19	1.14
35	信息化	18	1.08
36	档案事业	18	1.08
37	数字档案资源	18	1.08
合计		2919	175.10
总计		1667	100.00
最高频率		624	37.43
最低频率		18	1.08
平均频率		79	4.73

从涉及的主题词看,使用频率最高的37个主题词共使用2919频次,占全部样本的175.10%。也就是说,上述37个主题词涵盖了全部样本近两遍。其中使用频率最高的是“大数据时代”(624频次),使用频率最低的是“信息化”“档案事业”“数字档案资源”(各18频次),平均使用频率为79频次。

从主题词反映出的研究内容看,大数据研究关注的37个主要问题又可归并为大数据、档案事务、档案信息、机构、档案、文件、档案人7个大类。

大数据(大数据时代、大数据、大数据技术、大数据环境、大数据档案、数据处理、档案数据)共使用1449频次,占全部样本的86.92%。涵盖了大数据研究的多个方面,主要集中在概念、技术、环境、处理等方面。它是档案学界研究与关注度最高的主题。

档案事务(档案管理、档案管理工作、档案工作、档案服务、档案部门、企业档案管理、人事档案管理、档案事业、医院档案管理、企业管理)共使用696频次,占全部样本的41.75%。涵盖了档案事务的多个方面与层面,主要集中在管理方面,也包括对各种实体档案的管理。它是档案学界研究大数据关注度第二高的主题。

档案信息(档案信息资源、档案信息化建设、档案信息化管理、档案信息化、档案信息、信息化建设、档案数据库、档案管理系统、信息化、数字档案资源)共使用366频次,占全部样本的21.96%。它涵盖了档案信息研究的多个层面,主要集中在信息化和信息资源两个层面,是档案学界研究大数据关注度第三高的主题。

档案机构(数字档案馆、档案馆、文化机构、智慧档案馆)共使用191频次,占全部样本的11.46%。它是改革开放以来与档案事业、档案人关系最为密切的问题,也是档案学界一直关注的重要问题之一。

档案(档案资源、电子档案、高校档案、城建档案)共使用140频次,占全部样本的8.40%。档案是大数据研究的本体,但从涉及的4个主题看,更注重对专业专门实体档案的关注与重视。

文件(电子文件)共使用57频次,占全部样本的3.42%。与“档案”相差近2倍。

档案人(档案工作者)共使用20频次,占全部样本的1.20%。作为档案工作的主体和档案工作服务的对象,档案界研究的关注点从来没有离开过档案人自身,但却没有涉及我们服务的对象。这表明相关研究只注重大数据对档案工作者自身的影响。

可以说,大数据研究所涉及内容虽然十分广泛,但全部样本均包含在大数据、档案事务、档案信息、机构、档案、文件、档案人上述7类问题上。或者说,档案学界的大数据研究主要是围绕上述7个方面展开的。

2.4.2 高频关键词

表2.11是使用频率最高的15个关键词分布情况。15个使用频率最高的关键词共使用1826频次,占全部样本的109.18%。也就是说,全部样本与这15个关键词有关。其中使用频率最高的是“大数据”(681频次),使用频率最低的是“挑战”(32频次),平均使用频率为121频次。

表2.11 使用频率最高的15个关键词分布情况

序号	关键词	使用频率/次	占全部样本/%
1	大数据	681	40.85
2	档案管理	343	20.58
3	大数据时代	230	13.80
4	档案	98	5.88
5	信息化	72	4.32
6	管理	59	3.54
7	信息化建设	45	2.70
8	大数据分析技术	43	2.58
9	档案工作	42	2.52
10	智慧档案馆	38	2.28
11	对策	36	2.16
12	创新	35	2.10
13	高校	33	1.98
14	数字档案馆	33	1.98
15	挑战	32	1.92
合计		1820	109.18
总计		1667	100.00
平均		121	7.28

从关键词反映出的研究内容来看,大数据研究关注度最高的15个问题可以归纳为大数据、档案事务、信息化、机构、档案5个方面。它们占全部样本的109.18%,超过全部研究文献近10%。

大数据(大数据、大数据时代、大数据分析技术)使用频率为954频次,占全部样本的57.23%,居首位。它是大数据研究关注度最高的问题。简单地说,接近60%的大数据研究是围绕上述3个主题进行的。这反映出,大数据研究关注的重心主要集中在大数据概念、环境与技术上。

档案事务(档案管理、管理、档案工作、对策、创新、挑战)使用频率为547频次,占全部样本的32.81%,居次位。它是大数据研究关注度最高的问题。简单地说,接近1/3的大数据研究是围绕“档案事务”进行的。这反映出大数据研究具有鲜明的管理性特征,也反映出大数据研究关注的重心在“档案事务”上。

信息化(信息化、信息化建设)使用频率为117次,占比7.02%,次于“档案事务”。简单地说,大约1/10的大数据研究是围绕“信息化”开展的。这说明“信息化”研究一直是大数据研究最基本的问题之一。

机构(智慧档案馆、高校、数字档案馆)使用频率为104次,占比6.24%。

档案(档案)使用频率为98次,占比5.88%。简单地说,大约1/20的大数据研究是围绕“档案”

开展的。这说明“档案”本体研究一直是大数据研究最基本的问题,受到大数据研究者的重视,是大数据研究持续关注的问题之一。

可以说,大数据研究内容虽然广泛,但所有研究关注的重点都集中在大数据、档案事务、信息化、机构、档案 5 类 15 个热词所涉及的问题上。

2.4.3 关键词共现矩阵

本部分采用关键词共现分析的方法,对 2012—2018 年大数据研究的 1667 篇文献进行分析。

矩阵提取使用频率最高的 20 个关键词,将这 20 个关键词形成 20×20 的共词矩阵。如果某两个关键词同时出现在一篇文章中时,就表明这两者之间存在相关关系,关键词右侧或下方对应位置的数值表示篇数。图 2.2 是 2012—2018 年大数据研究文献使用频率最高的 20 个高频关键词共现矩阵。

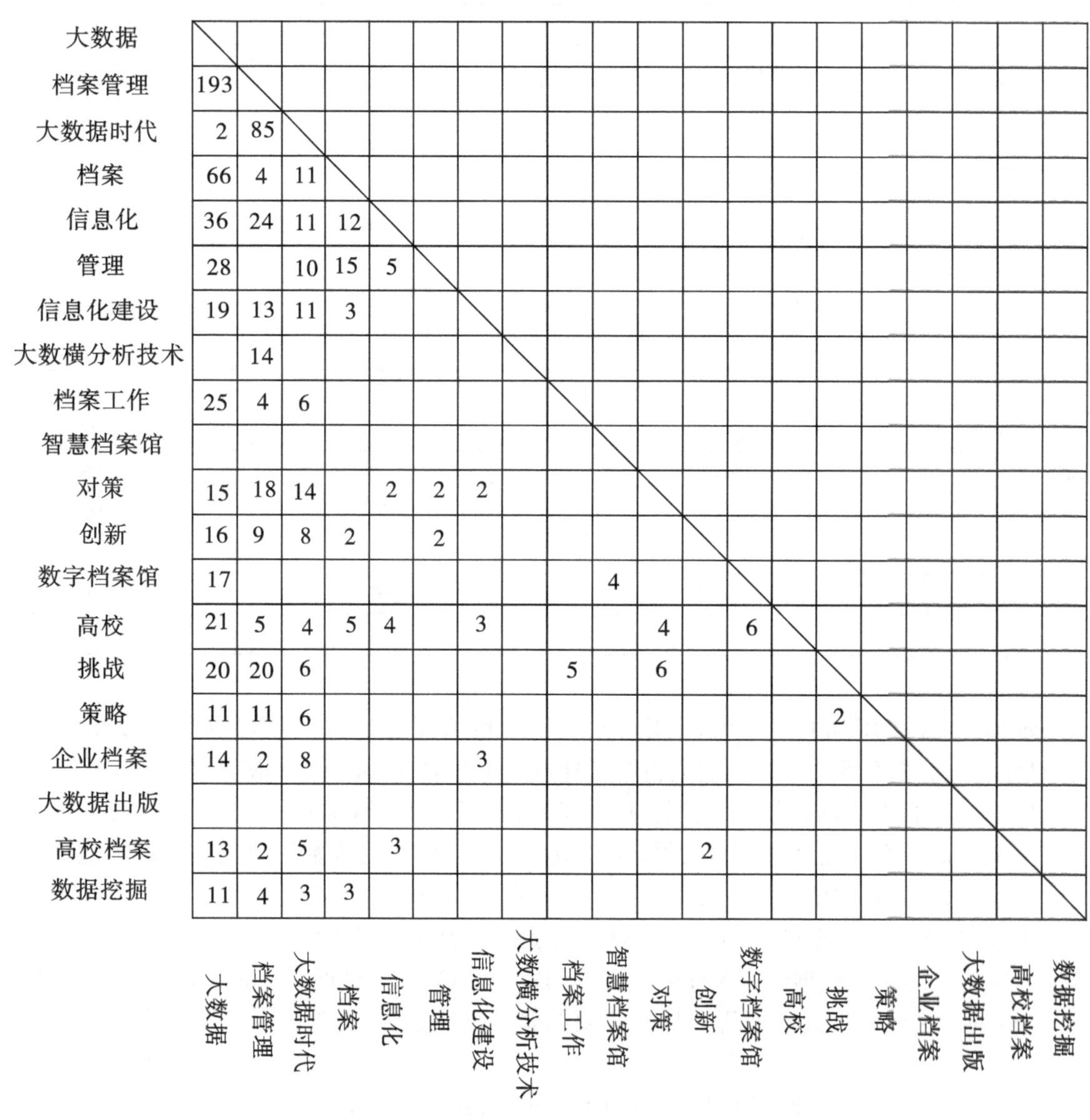

	大数据	档案管理	大数据时代	档案	信息化	管理	信息化建设	大数横分析技术	档案工作	智慧档案馆	对策	创新	数字档案馆	高校	挑战	策略	企业档案	大数据出版	高校档案	数据挖掘
大数据																				
档案管理	193																			
大数据时代	2	85																		
档案	66	4	11																	
信息化	36	24	11	12																
管理	28		10	15	5															
信息化建设	19	13	11	3																
大数横分析技术		14																		
档案工作	25	4	6																	
智慧档案馆																				
对策	15	18	14		2	2	2													
创新	16	9	8	2		2														
数字档案馆	17									4										
高校	21	5	4	5	4		3				4		6							
挑战	20	20	6						5		6									
策略	11	11	6												2					
企业档案	14	2	8				3													
大数据出版																				
高校档案	13	2	5		3							2								
数据挖掘	11	4	3	3																

图 2.2 2012—2018 年大数据研究文献高频关键词共现矩阵

图 2.2 显示,2017 年大数据研究文献关键词共现有 65 组,共现率为 32.5%。共现次数 100 次以上的关键词组合有 1 组,共现率为 0.5%。共现次数 50 ~ 99 次的关键词组合有 2 组,共现率为 1%。

共现次数 20～49 次的关键词组合有 7 组，共现率为 3.5%。

以横轴为准计：

20 组共现关键词中有 16 组与大数据直接相关，占共现关键词的 8%。

20 组共现关键词中有 14 组与档案管理直接相关，占共现关键词的 7%。

20 组共现关键词中有 13 组与大数据时代直接相关，占共现关键词的 6.5%。

20 组共现关键词中有 6 组与档案直接相关，占共现关键词的 3%。

20 组共现关键词中有 4 组与信息化直接相关，占共现关键词的 2%。

20 组共现关键词中有 3 组与信息化建设直接相关，占共现关键词的 1.5%。

20 组共现关键词中各有 2 组与管理、对策直接相关，分别占共现关键词的 1%。

余下的 4 组分别与档案工作、智慧档案馆、创新、数字档案馆、挑战 5 个关键词有关，但共现次数均为 1 组，属于低相差度高频词。

还有大数据分析技术、高校、策略、企业档案、大数据出版、高校档案、数据挖掘 7 个无共现高频词。

共现次数在 100 次以上的特高共现高频关键词有 1 组，即：

大数据与档案管理：193 次。

共现次数在 50～99 次的超高共现高频关键词有 2 组，即：

大数据与档案：66 次。

档案管理与大数据时代：85 次。

共现次数在 20～49 次的高共现高频关键词有 7 组，即：

大数据与信息化：36 次。

大数据与管理：28 次。

大数据与档案工作：25 次。

大数据与高校：21 次。

大数据与挑战：20 次。

档案管理与信息化：24 次。

档案管理与挑战：20 次。

归纳起来，2012—2018 年大数据研究的重点集中在大数据与档案管理两个方向上。或者说，2012—2018 年大数据研究主要是在大数据与档案管理两个主要方向上展开的。

从共现组数看，由于高共现频率的 20 个高频关键词的共现组数达 65 组，特高、超高与高共现词有 10 组，占到了全部共现组的 15.38%。2012—2018 年大数据研究形成了比较突出的高相关共现关键词群，研究的集中趋势明显。

2.4.4 关键词共现网络

本部分采用关键词共现分析的方法，对 2012—2018 年大数据研究的 1667 篇文献进行分析。

在关键词共现网络中，关键词之间的关系可以用连线来表示，连线多少和粗细代表关键词间的亲疏程度，连线越多，代表该关键词与其他关键词共现次数越多，越是研究领域极其重要的和热点研究内容。使用知网提供的工具，可获得 2012—2018 年大数据研究高频词共词网络图谱（扫描二维码）。

从高频词共词网络图谱可以直观地看出：2012—2018 年大数据研究可分为 6 个聚类群组。它们分别以“档案”、“档案管理”与“大数据”、“大数据时代”、“大数据分析技术”、“智慧档案馆”、“大数据出版”为核心关键词。其中 5 个为单词群组，1 个为双核

心双词群组。在以"档案"为核心的群组中一共有14个相关关键词,除了"档案"之外,还有"信息化"与"管理"两个次核心关键词。三者间的距离相对较近,但共现率并不高。整个群组距离较近,但联系相对较为松散,群组内各关键词间关联性强的较少。群组与"档案管理"与"大数据"、"大数据时代"、"大数据分析技术"、"智慧档案馆"有关联,其中和"档案管理"与"大数据"群组联系相对紧密。

"档案管理"与"大数据"群组使用率高,距离近,共现频率高,关联强性。主要与"档案"群组中的多个关键词相关联,并通过"大数据"与"大数据分析技术"相关联,通过"档案管理"与"大数据时代"相关联。

"大数据时代"虽然是单个词的群组,但使用频率位居第三,并与"档案"、"档案管理"与"大数据"两个主要群组高度相关,位置特殊而重要。

在6个群组中,"大数据分析技术"、"智慧档案馆"、"大数据出版"3个群组相对处在整个网络外围的位置,既远离"档案"、"档案管理"与"大数据"、"大数据时代"等群组,也与这些群组少有或没有关联,三者之间也无联系。虽目前的规模相对比较小,但像"档案开放"已经成为目前大数据研究的热点。

共现网络表明"档案"、"档案管理"与"大数据"、"大数据时代"是大数据研究极其重要的问题,"大数据分析技术"、"智慧档案馆"、"大数据出版"则或将成为日后研究的热点。

2.5　结语

综上,通过对2012—2018年大数据研究文献的数据分析,我们可以得出如下结论:

从规模与发展速度上看,有文献发表的7年间,大数据研究文献总量翻了近9番,年均增速为593.73%,大多数年份(5年)是正向增速,增速均在两位数以上,其中1年的增速达到了三位数,1年的增速甚至高达四位数。总体上呈现快速上升的趋势。大多数年份(5年)为上升状态,下降年份(1年)少。

从文献研究层次上看,大数据研究涉及社会科学、自然科学、教育文化及其他4类14个不同层次,总体上属于社会科学范畴,同时研究略偏重应用性研究。

从文献类型分布情况看,在大数据研究中,一般性论文占绝对优势,政策性、宏观性研究论文相对薄弱。

从文献资源类型分布情况看,大数据研究形成了学术期刊独大,会议论文、硕博论文、报纸为点缀的研究资源体系。

从样本文献的学科分布看,大数据研究在保持与档案学学科高相关性的同时,具有明显的跨学科特性。

从样本文献的基金分布情况看,大数据研究有53篇文献获10种基金资助,其中国家资助高于地方、部门资助近2倍。提供地方资助的有6个省份。

从作者的分布情况看,大数据研究已经形成以高校作者为主,辅以其他行业作者的一批核心作者和以其为基础的高产作者群。

从研究机构分布情况看,大数据研究已经形成稳定的研究机构。其中高校在机构数量及发表文献数量上均为最高,档案行政管理机关次之,企业位列第三,其他行政机构、事业单位和档案馆随后。

从文献来源分布看,大数据研究总体上已经形成档案学期刊为主,相关及其他期刊为辅的成果发布与交流体系。

从主题词使用频率看,大数据研究涉及内容广泛,集中在大数据、档案事务、档案信息、机构、档案、文件、档案人7个方面。

从高频率关键词分布情况看，大数据研究关注的重点都集中在大数据、档案事务、信息化、机构、档案 5 类 15 个热词所涉及的问题上。

从高频词共现矩阵看，共现矩阵显示研究主要是在大数据与档案管理两个方向上展开的，形成了比较突出的高相关共现关键词群，集中趋势明显。

共现网络表明，“档案”、“档案管理”与“大数据”、“大数据时代”是大数据研究极其重要的问题，“大数据分析技术”、“智慧档案馆”、“大数据出版”则或将成为日后研究的热点。

3 云计算

云计算(cloud computing)是分布式计算的一种,指的是通过网络“云”将巨大的数据计算处理程序分解成无数个小程序,然后,通过多部服务器组成的系统处理和分析这些小程序,得到结果并返回给用户。云计算早期,简单地说,就是简单的分布式计算,解决任务分发,并进行计算结果的合并。因而,云计算又称为网格计算。通过这项技术,可以在很短的时间内(几秒钟)完成对数以万计的数据的处理,从而达到强大的网络服务。

现阶段所说的云服务已经不单单是一种分布式计算,而是分布式计算、效用计算、负载均衡、并行计算、网络存储、热备份冗杂和虚拟化等计算机技术混合演进并跃升的结果。

“云”实质上就是一个网络。从狭义上讲,云计算就是一种提供资源的网络,使用者可以随时获取“云”上的资源,按需求量使用,并且可以看成是无限扩展的,只要按使用量付费就可以。“云”就像自来水厂一样,我们可以随时接水,并且不限量,按照自己家的用水量,付费给自来水厂就可以。

从广义上说,云计算是与信息技术、软件、互联网相关的一种服务,这种计算资源共享池叫作“云”,云计算把许多计算资源集合起来,通过软件实现自动化管理,只需要很少的人参与,就能让资源被快速提供。也就是说,计算能力作为一种商品,可以在互联网上流通,就像水、电、煤气一样,可以方便地取用,且价格较为低廉。

总之,云计算不是一种全新的网络技术,而是一种全新的网络应用概念。云计算的核心概念就是以互联网为中心,在网站上提供快速且安全的云计算服务与数据存储,让每一个使用互联网的人都可以使用网络上的庞大计算资源与数据中心。

云计算是继互联网、计算机后在信息时代的一种新的革新,云计算是信息时代的一个大飞跃,未来的时代可能是云计算的时代。虽然目前有关云计算的定义有很多,但总体上来说,云计算虽然有许多含义,但概括来说,云计算的基本含义是一致的,即云计算具有很强的扩展性和需要性,可以为用户提供一种全新的体验。云计算的核心是可以将很多的计算机资源协调在一起,因此使用户通过网络就可以获取到无限的资源,同时获取的资源不受时间和空间的限制。

云计算的可贵之处在于高灵活性、可扩展性和高性价比等,与传统的网络应用模式相比,其具有如下优势与特点:

(1)虚拟化技术。虚拟化突破了时间、空间的界限,是云计算最为显著的特点。虚拟化技术包括应用虚拟和资源虚拟两种。众所周知,物理平台与应用部署的环境在空间上是没有任何联系的,正是通过虚拟平台对相应终端操作完成数据备份、迁移和扩展等。

(2)动态可扩展。云计算具有高效的运算能力,在原有服务器基础上增加云计算功能,能够使计算速度迅速提高,最终实现动态扩展虚拟化的层次达到对应用进行扩展的目的。

(3)按需部署。计算机包含了许多应用、程序软件等,不同的应用对应的数据资源库不同,所以用户运行不同的应用需要较强的计算能力对资源进行部署,而云计算平台能够根据用户的需求快速配备计算能力及资源。

(4)灵活性高。目前市场上大多数 IT 资源的软、硬件都支持虚拟化,比如存储网络、操作系统和开发软、硬件等。虚拟化要素统一放在云系统资源虚拟池当中进行管理,可见云计算的兼容性非常强,不仅可以兼容低配置机器、不同厂商的硬件产品,还能够外设获得更高性能计算。

(5)可靠性高。即使服务器故障也不影响计算与应用的正常运行。因为单点服务器出现故障时,可以通过虚拟化技术将分布在不同物理服务器上面的应用进行恢复或利用动态扩展功能部署新的服务器进行计算。

(6)性价比高。将资源放在虚拟资源池中统一管理,在一定程度上优化了物理资源,用户不再需要昂贵、存储空间大的主机,可以选择相对廉价的 PC 组成云,一方面减少费用,另一方面计算性能不逊于大型主机。

(7)可扩展性。用户可以利用应用软件的快速部署条件来更为简单快捷地将自身所需的已有业务以及新业务进行扩展。如计算机云计算系统中出现设备的故障,对于用户来说,无论是在计算机层面上,抑或是在具体运用上均不会受到阻碍,可以利用计算机云计算具有的动态扩展功能对其他服务器开展有效扩展。这样一来,就能够确保任务得以有序完成。在对虚拟化资源进行动态扩展的情况下,同时能够高效扩展应用,提高计算机云计算的操作水平。

对我们档案人来说,云计算是一个集合概念,涉及云计算、云管理、云存贮、云共享、云安全,行业云、系统云、公共云、私有云、混合云等。近两年,随着云计算应用的普及,各种“云”铺天盖地而来。面对这众“云”,档案人如何才能上得“云端”?

若想上“云端”,需得三步:识“云”、腾“云”、驾“云”。

所谓识“云”,就是认识“云”的特性,看清是“祥云”还是“乌云”。云计算作为“互联网+”的重要技术要素,其核心要义是去中心化,以分布式替代集中。这一特性与长期强调集中统一的档案工作,在理念、思维、方式、方法、流程上都明显不同。这些不同之处对档案工作现有各个环节必将产生重要而深远的影响。抱着过去的观念不放,这“云”或许就是“乌云”;运用新的观念,这“云”就能成为“祥云”。

所谓腾“云”,就是学会使用“云”,运用“云”工具,为档案工作服务。目前阶段,对于大多数档案工作者来说,云计算是一个技术问题,而且是一个相当高深的技术问题。如何运用云计算这个工具为档案工作服务,是摆在我们面前的现实任务。对于新事物、新技术,除了通过学习去认识、去掌握、去应用,还有别的办法吗?没有!因此,要想上得“云端”,唯有学会腾“云”。

所谓驾“云”,是指驾驭“云”,亦指胜在“云端”,也就是更高层次上识“云”,腾“云”。面对云计算,档案人不是要不要“云”的问题,而是要如何“云”的问题。这个问题已不是可以慢慢研究的理论问题,而是一个十分紧迫的现实需要;不但需要对此开展深入、系统、全面的研究,更需要积极、有序、稳妥地采取行动。只有这样,我们才能从云计算的必然王国,进入云计算的自由王国。从上得“云端”,到胜在“云端”。

总之,档案人唯有主动识“云”,腾“云”,驾“云”,才能适应新环境、运用新技术开创档案事业新局面。如果害怕“云”,躲着“云”,认为那是“乌云”,那么,档案人不是迷失在“云”里,就是消失在“云”里①。

---

① 吴雁平. 2009—2016 档案与云计算研究文献汇编[EB/OL]. (2016-11-28)[2018-10-31]. http://bianke.cnki.net/Home/Corpus/9755.html.

3.1 概念与样本选择

云计算研究是档案信息化研究的重要内容,属于档案学科极其重要的组成部分,同时也是信息社会下档案工作与档案事业的重要组成部分。云计算研究数据是重要的档案信息化资源与档案学术资源,对云计算研究数据进行定量研究,是用好用活档案资源,充分展示我国改革开放的历史进程、伟大成就和宝贵经验的一种方式。有文献发表的10年间,云计算研究得到了快于档案学科其他方面的长足进步与发展。总结、回顾云计算研究发展历程,不仅是云计算建设发展的需要,也是档案工作、档案事业发展的需要。

我们以中国知网为样本来源,检索范围:中国学术期刊网络出版总库,教育期刊,特色期刊,中国博士学位论文全文数据库,中国优秀硕士学位论文全文数据库,中国重要会议论文全文数据库,国际会议论文全文数据库,中国重要报纸全文数据库,中国学术辑刊全文数据库。检索年限:不限。检索时间:2018年10月23日。发表时间between(1979-01-01,2018-10-23)并且(主题=云计算或者题名=云计算)或者(主题=《云计算》或者题名=《云计算》)(模糊匹配)。专辑导航:档案学、档案事业。数据库:文献跨库检索。样本文献总数:550篇。

3.2 文献统计分析

本部分采用统计分析的方法,从文献总量、发展速度与年度分布,文献研究层次,文献类型,文献资源类型,文献学科分布5个方面入手,对样本文献进行分析。

3.2.1 文献总量、发展速度与年度分布

从总量上看,共发表文献550篇,以2009年2篇的基数计,10年间翻了8番多。年均55篇,最少时(2009年)2篇,最多时(2016年)97篇,10年间增长了近274倍。中位数为275篇。总体趋势见图3.1。

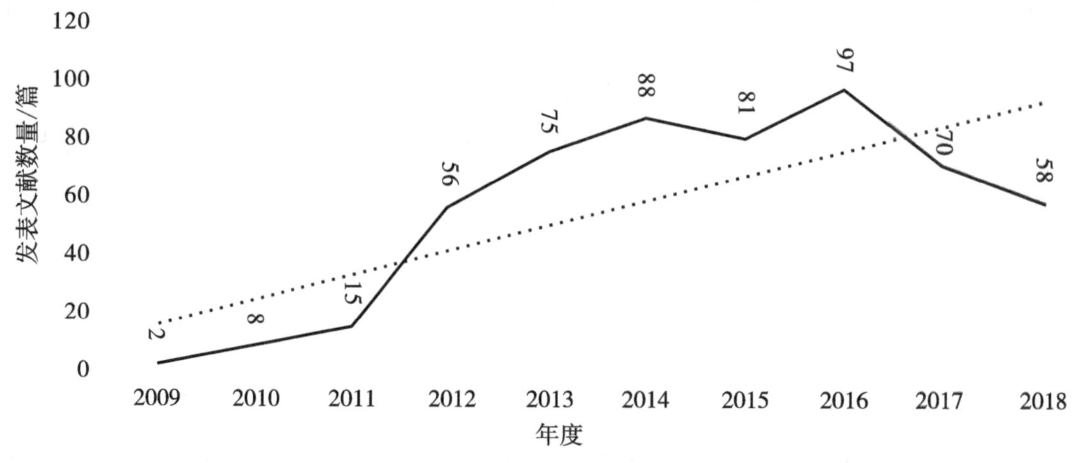

图3.1 2009—2018年云计算研究文献发表数量及分布趋势

从年度分布情况看,2009—2018 年云计算研究文献发表数量总体上呈现不断上升的趋势。近半数年份(6 年)为上升状态,下降年份(3 年)少。

大体上可分为三个阶段:

第一阶段(2009—2011 年),年平均增长率为 193.75%,为低位快速增长期,总体体量不大。

第二阶段(2012—2016 年),年平均增长率为 67.28%,为高位高速波动增长期,总量增大,达到高点。

第三阶段(2017—2018 年),年平均增长率为-22.49%,研究进入持续回落期。

总体上看,云计算研究呈现上升趋势,但目前处于回落区间。具体的年度分布情况见表 3.1。

表 3.1 2009—2018 年云计算研究文献年度分布情况

序号	年度	发表文献数量/篇	占全部样本/%	发展速度	年增速/%
1	2009	2	0.36		
2	2010	8	1.45	4.00	300.00
3	2011	15	2.73	1.88	87.50
4	2012	56	10.18	3.73	273.33
5	2013	75	13.64	1.34	33.93
6	2014	88	16.00	1.17	17.33
7	2015	81	14.73	0.92	-7.95
8	2016	97	17.64	1.20	19.75
9	2017	70	12.73	0.72	-27.84
10	2018	58	10.55	0.83	-17.14
合计		550	100.00	15.79	678.92
最高值		97	17.64	4.00	300.00
最低值		2	0.36	0.72	-27.84
平均值		55	10.00	1.75	75.44

有文献发表的 10 年间,云计算研究文献总量翻了 8 番多,年均增速 75.44%,近半数年份(6 年)是正向增速,增速全部在两位数以上,其中 2 年的增速达到了三位数。

3.2.2 文献研究层次

从文献研究层次分布情况看,550 篇样本文献涉及多个学科的 14 个不同层次。具体分布情况见表 3.2。

表 3.2 2009—2018 年云计算研究文献层次分布情况

序号	层次	发表文献数量/篇	占全部样本/%
1	基础研究(社科)	309	56.18
2	行业指导(社科)	129	23.45
3	职业指导(社科)	50	9.09

续表 3.2

序号	层次	发表文献数量/篇	占全部样本/%
4	工程技术(自科)	12	2.18
5	政策研究(社科)	7	1.27
6	大众文化	5	0.91
7	基础与应用基础研究(自科)	5	0.91
8	专业实用技术(自科)	3	0.55
9	基础教育与中等职业教育	3	0.55
10	大众科普	2	0.36
11	文艺作品	1	0.18
12	高等教育	1	0.18
13	行业技术指导(自科)	1	0.18
14	其他	22	4.00
合计		550	100.00

从研究的学科大类看,可分为社会科学、自然科学、教育文化与其他4类。其中社会科学495篇,占90.00%;自然科学21篇,占3.82%;教育文化12篇,占2.18%;其他22篇,占4.00%。研究明显属于社会科学的范畴,同时涉及自然科学、教育文化及其他学科。

从基础理论研究与应用研究的角度看,属于基础理论研究的有314篇,占57.09%;属于应用研究的有229篇,占42.51%。研究偏重基础性理论研究。

总之,云计算研究涉及社会科学、自然科学、教育文化及其他4类14个不同层次,总体上属于社会科学范畴,同时略偏重基础性理论研究。

3.2.3 文献类型

从文献类型分布情况看,550篇样本文献中,涉及综述类、政策研究类和其他3个不同类型。具体分布情况见表3.3。

表3.3 2009—2018年云计算研究文献类型分布情况

序号	文献类型	发表文献数量/篇	占全部样本/%
1	综述类	11	2.00
2	政策研究类	7	1.27
3	其他	532	96.73
合计		550	100.00

从表3.3看,一般性论证(其他)文献是研究文献的绝对主体,政策性(政策研究类)及宏观性(综述类)研究文献则显得单薄。

总之,在云计算研究中,一般性论文占绝对优势,政策性、宏观性研究论文相对薄弱。

3.2.4　文献资源类型

从文献资源类型分布情况看,550 篇样本文献分布在期刊、硕士、特色期刊、国内会议、学术辑刊、报纸、国际会议、博士 8 种类型资源上。具体分布情况见表 3.4。

表 3.4　2009—2018 年云计算研究文献资源类型分布情况

序号	资源类型	发表文献数量/篇	占全部样本/%
1	期刊	474	86.18
2	硕士论文	28	5.09
3	特色期刊	23	4.18
4	国内会议	19	3.45
5	学术辑刊	2	0.36
6	报纸	2	0.36
7	国际会议	1	0.18
8	博士论文	1	0.18
合计		550	100.00

有文献发表的 10 年间,期刊成为云计算学术研究最主要的文献来源,超过 90% 的云计算研究者的学术交流与沟通,有赖于这个渠道和平台。硕博论文、会议论文、报纸在总量上与期刊相差一到两个数量级,与期刊相比,只起着点缀作用。

总之,云计算研究已经形成了学术期刊独大,硕博论文、会议论文、报纸为点缀的研究资源体系。

3.2.5　文献学科分布

从文献学科分布情况看,550 篇样本文献涉及学科超过 15 个。发表文献最多的 15 个学科分布情况见表 3.5。

表 3.5　2009—2018 年发表文献最多的 15 个学科分布情况

序号	学科	发表文献数量/篇	占全部样本/%
1	图书情报档案	459	83.45
2	计算机	247	44.91
3	教育	39	7.09
4	公共卫生与预防医学	9	1.64
5	城市经济	4	0.73
6	工商管理	3	0.55
7	城乡规划与市政	2	0.36
8	公共管理	2	0.36
9	保险	1	0.18

续表3.5

序号	学科	发表文献数量/篇	占全部样本/%
10	旅游经济	1	0.18
11	基础医学	1	0.18
12	商业经济	1	0.18
13	测绘	1	0.18
14	公安	1	0.18
15	交通运输经济	1	0.18
合计		772	140.36
总计		550	100.00
超出		222	40.36

需要说明的是,按15个学科统计的文献数为772篇,占实际样本数的140.36%;而实际样本数为550篇,15个学科统计数大于实际文献数222篇。但考虑到实际涉及的学科超过15个,全部学科文献的数量之和可能超过实际样本更多。图书情报档案专业文献只有459篇,占全部样本的83.45%。由此可以推知,云计算研究是一门具有明显学科交叉性的学科。除档案学本学科之外,与云计算研究相关性最强的3个学科分别是:计算机、教育、公共卫生与预防医学。

可以说,云计算研究在保持与档案学学科重相关性的同时,具有明显的跨学科特性和学科集中性。

3.3 文献计量分析

本部分采用计量分析的方法,从文献基金资助分布、文献作者分布、文献机构分布和文献来源分布4个方面对样本文献进行分析。

3.3.1 文献基金资助分布

从样本文献的基金分布情况看,550篇样本文献中有49篇,得到14种基金项目的支持,占全部样本的8.91%。具体分布情况见表3.6。

表3.6　2009—2018年云计算获得基金资助分布情况

序号	基金名称	发表文献数量/篇	占基金资助文献/%	占全部样本/%
1	国家社会科学基金	23	46.94	4.18
2	北京市科技计划项目	5	10.20	0.91
3	江苏省科委社会发展基金	4	8.16	0.73
4	国家自然科学基金	4	8.16	0.73
5	河南省软科学研究计划	3	6.12	0.55

续表 3.6

序号	基金名称	发表文献数量/篇	占基金资助文献/%	占全部样本/%
6	陕西省教委基金	2	4.08	0.37
7	陕西省科技攻关计划	1	2.04	0.18
8	辽宁省科委基金	1	2.04	0.18
9	重庆市教委科研基金	1	2.04	0.18
10	江苏省教育厅人文社会科学研究基金	1	2.04	0.18
11	辽宁省科学技术基金	1	2.04	0.18
12	福建省科委基金	1	2.04	0.18
13	福建省教委科研基金	1	2.04	0.18
14	山东省软科学研究计划	1	2.04	0.18
合计		49	100.00	8.91
总计		550		100.000

从基金的层次分布情况看，国家级基金 2 种 27 篇，占全部样本的 4.91%，占基金资助文献的 55.10%；地方基金 12 种 22 篇，占全部样本的 4.00%，占基金资助文献的 44.90%；国家层面虽然种类少，但资助文献的数量高于地方基金的资助数量，但与地方基金资助数量相差不大。

地方资助涉及北京、江苏、河南、陕西、辽宁、重庆、福建、山东 8 个省份，覆盖全国 1/5 以上省份。

总之，云计算研究有 49 篇文献获 14 种基金资助，其中国家资助与地方资助大致相当。提供地方资助的有 8 个省份。

3.3.2 文献作者分布

从作者的分布情况看，550 篇文献中，前 40 位作者共发表文献 111 篇，占全部样本的 20.18%。发表文献最多的 40 位作者分布情况见表 3.7。

表 3.7 发表文献最多的 40 位作者分布情况

序号	作者	发表文献数量/篇	占全部样本/%
1	薛四新	9	1.64
2	徐华	5	0.91
3	程妍妍	5	0.91
4	陶水龙	4	0.73
5	田雷	4	0.73
6	程结晶	4	0.73
7	王玉龙	3	0.55
8	黄新荣	3	0.55
9	杨剑云	3	0.55
10	毕建新	3	0.55

续表3.7

序号	作者	发表文献数量/篇	占全部样本/%
11	祝洁	3	0.55
12	卞昭玲	3	0.55
13	周枫	3	0.55
14	黄新荣	3	0.55
15	沈昊	3	0.55
16	王志宇	3	0.55
17	张倩	3	0.55
18	刘振鹏	3	0.55
19	石于岚	2	0.36
20	李忆江	2	0.36
21	孙红方	2	0.36
22	张正强	2	0.36
23	何振才	2	0.36
24	周向玲	2	0.36
25	马雁云	2	0.36
26	胡亚南	2	0.36
27	刘华	2	0.36
28	施蕊	2	0.36
29	高伟娜	2	0.36
30	秦美峰	2	0.36
31	崔葳	2	0.36
32	方昀	2	0.36
33	廖琼	2	0.36
34	李江瑞	2	0.36
35	彭小芹	2	0.36
36	杨飞	2	0.36
37	杨晓灵	2	0.36
38	王岩	2	0.36
39	杨智勇	2	0.36
40	史辉	2	0.36
合计		111	20.18
总计		550	100.00

按照普赖斯提出的计算公式,核心作者候选人的最低发文数 $M=0.749\sqrt{N_{max}}$,其中 N_{max} 为最高产作者发文数量。有文献发表的10年间,云计算研究文献作者中发表文献最多的为9篇,即 $N_{max}=9$,所

以 $M=0.749\sqrt{9}=2.247$。因此,凡发表 2 篇以上(含 2 篇)文献的作者均为 2009—2018 年云计算研究的重要作者。故发表 2 篇以上(含 2 篇)文献的前 40 位作者不仅是核心作者,而且是核心作者中的高产作者。可见,云计算研究已经形成了一批核心作者和以核心作者为基础的高产作者群。

整体上看,无论是作者数量,还是发表文献数量,高校作者都是云计算研究的主力。

总之,云计算研究已经形成以档案行政管理机构作者为主,辅以高校与企业作者的一批核心作者和以其为基础的高产作者群。

3.3.3 文献机构分布

从研究机构分布情况看,550 篇文献中,前 40 个机构发表文献 203 篇,占全部样本的 36.91%。如果使用普赖斯公式计算,核心机构的最低发文数 $M=0.749\sqrt{N_{max}}$,其中 N_{max} 为最高产机构发文数量。这里 $N_{max}=22$,所以 $M=0.749\sqrt{22}\approx3.513$,即发表文献 4 篇及以上的为核心研究机构。

据此,发表文献 4 篇及以上的上海大学、河北大学、南京政治学院、清华大学、郑州航空工业管理学院、辽宁大学、中国人民大学、北京市档案局、南京大学、南昌大学、武汉大学、浙江省档案局、黑龙江大学、北京联合大学、中原工学院、西北大学、重庆三峡学院、西安交通大学、天津师范大学、辽宁省档案局、浙江大学、广西民族大学 22 个机构是核心研究机构。发表文献最多的 40 个机构分布情况见表 3.8。

表 3.8 发表文献最多的 40 个机构分布情况

序号	机构	发表文献数量/篇	占全部样本/%
1	上海大学	22	4.00
2	河北大学	11	2.00
3	南京政治学院	11	2.00
4	清华大学	10	1.82
5	郑州航空工业管理学院	9	1.64
6	辽宁大学	9	1.64
7	中国人民大学	9	1.64
8	北京市档案局	8	1.45
9	南京大学	7	1.27
10	南昌大学	6	1.09
11	武汉大学	6	1.09
12	浙江省档案局	5	0.91
13	黑龙江大学	5	0.91
14	北京联合大学	5	0.91
15	中原工学院	4	0.73
16	西北大学	4	0.73
17	重庆三峡学院	4	0.73
18	西安交通大学	4	0.73
19	天津师范大学	4	0.73

续表3.8

序号	机构	发表文献数量/篇	占全部样本/%
20	辽宁省档案局	4	0.73
21	浙江大学	4	0.73
22	广西民族大学	4	0.73
23	南京艺术学院	3	0.55
24	苏州大学	3	0.55
25	上海师范大学	3	0.55
26	宁波大红鹰学院	3	0.55
27	东南大学	3	0.55
28	重庆大学	3	0.55
29	南京邮电大学	3	0.55
30	四川大学	3	0.55
31	安徽大学	3	0.55
32	沈阳医学院	3	0.55
33	国家档案局	3	0.55
34	国家档案局档案科学技术研究所	3	0.55
35	黑龙江省大庆市档案局	2	0.36
36	东北石油大学	2	0.36
37	四川省档案局	2	0.36
38	杭州市地下空间建设发展中心	2	0.36
39	广东省深圳市建筑工务局	2	0.36
40	上海市浦东新区档案局	2	0.36
合计		203	36.91
总计		550	100.00

前40个核心高产机构中有30个是高校(发表文献170篇,占核心高产研究机构发表文献数的83.74%),充分表明高校是云计算研究极其重要的高产机构群的主体。

从前40个机构中各类机构发表文献的数量及占比情况看,30个高校,占75%;发表文献170篇,占比达到了83.74%。其中前7位均为高校。7个档案局(馆),占17.5%;发表文献26篇,占比达到了12.81%。2个企业,占5%;发表文献4篇,占比达到了1.97%。1个事业单位,占2.5%;发表文献3篇,占比达到了1.48%。

总之,云计算研究已经形成稳定的研究机构,其中高校在机构数量及发表文献的数量上占比均为最高。档案行政管理机关次之,企业位列第三,事业单位列第四。

3.3.4　文献来源分布

从文献来源分布情况看,550篇样本文献中,发表文献最多的11种期刊,发表文献231篇,占全部样本的56.94%。具体分布情况见表3.9。

表 3.9 发表文献最多的 11 种期刊分布情况

序号	期刊	发表文献数量/篇	占全部样本/%
1	《兰台世界》	70	12.73
2	《办公室业务》	36	6.55
3	《城建档案》	21	3.82
4	《档案学研究》	20	3.64
5	《中国档案》	17	3.09
6	《档案管理》	14	2.55
7	《浙江档案》	14	2.55
8	《档案与建设》	13	2.36
9	《黑龙江档案》	10	1.82
10	《湖北档案》	8	1.45
11	《档案时空》	8	1.45
合计		231	42.00
总计		550	100.00

按照布拉德福定律,550 种文献可分为核心区、相关区和非相关区,各个区的论文数量相等(约 183 篇)。故此,发表论文数量居前 6 位的《兰台世界》《办公室业务》《城建档案》《档案学研究》《中国档案》《档案管理》(178 篇)处于核心区之中。它们多为档案学期刊,其中档案学核心期刊 3 种,非核心期刊 2 种,档案相关期刊 1 种。

发表论文数量居第 7 ~ 11 位的《浙江档案》《档案与建设》《黑龙江档案》《湖北档案》《档案时空》5 种期刊(53 篇)处于相关区。它们均为档案学期刊,包括档案学核心期刊 2 种、普通档案学期刊 3 种。

其他发表论文数量 7 篇及以下的期刊部分处在相关区,部分则在非相关区内。

总体上讲,档案学期刊,尤其是地方档案行政管理机关主办的档案学期刊,是依法用云计算研究成果发布与交流的主渠道、主阵地,承担着云计算研究成果发布与交流的主体责任;同时还涉及与档案学相关的其他期刊。

3.4 文献关键词词频及共现分析

本部分采用词频分析的方法,从主题词、高频关键词、关键词共现矩阵、关键词共现网络 4 个方面对样本文献进行分析。

3.4.1 主题词

从主题词使用频率看,云计算研究涉及内容广泛,集中在云计算、信息化、档案机构、档案事务、新技术、档案、文件 7 个方面。使用频率最高的 39 个主题词分布情况见表 3.10。

表3.10 使用频率最高的39个主题词使用频次及占比

序号	主题词	使用频率/次	占全部样本/%
1	云计算	232	42.18
2	数字档案馆	116	21.09
3	云计算技术	63	11.45
4	档案管理	62	11.27
5	云计算环境	55	10.00
6	档案信息化	51	9.27
7	档案信息资源	50	9.09
8	电子文件	34	6.18
9	档案资源	28	5.09
10	档案信息化建设	26	4.73
11	电子档案	25	4.55
12	档案馆	25	4.55
13	档案管理系统	23	4.18
14	文化机构	23	4.18
15	大数据时代	22	4.00
16	智慧城市	22	4.00
17	大数据	21	3.82
18	智慧档案馆	20	3.64
19	档案数据	18	3.27
20	数字档案	18	3.27
21	档案管理工作	17	3.09
22	云环境	16	2.91
23	云平台	16	2.91
24	云技术	15	2.73
25	智慧城市建设	15	2.73
26	云存储	14	2.55
27	数字档案资源	14	2.55
28	档案服务	13	2.36
29	档案信息化管理	13	2.36
30	档案信息	13	2.36
31	档案领域	11	2.00
32	物联网	11	2.00
33	计算机	11	2.00
34	档案管理服务	11	2.00
35	高校档案	11	2.00

续表 3.10

序号	主题词	使用频率/次	占全部样本/%
36	云计算平台	11	2.00
37	档案行业	10	1.82
38	信息资源共享	10	1.82
39	云档案馆	10	1.82
合计		1176	213.82
总计		550(篇)	100.00
最高频率		232	42.18
最低频率		10	1.82
平均频率		30	5.48

从涉及的主题词看,使用频率最高的39个主题词共使用1176频次,占全部样本的213.82%。也就是说,上述39个主题词涵盖了全部样本两遍以上。其中使用频率最高的是“云计算”(232频次),使用频率最低的是“档案行业”“信息资源共享”“云档案馆”(各10频次),平均使用频率为30频次。

从主题词反映出的研究内容看,云计算研究关注的39个主要问题又可归并为云计算、信息化、档案事务、档案机构、新技术、档案、文件7个大类。

云计算(云计算、云计算技术、云计算环境、云环境、云平台、云技术、云存储、云计算平台、云档案馆)共使用432频次,占全部样本的78.55%。它涵盖了云计算的多个层面,主要集中在技术与平台两个方面,是档案学界研究与关注度最高的主题。

信息化(档案信息化、档案信息资源、档案信息化建设、档案管理系统、档案数据、数字档案、数字档案资源、档案信息化管理、档案信息、计算机、信息资源共享)共使用247频次,占全部样本的44.91%。作为与云计算关联性最强的研究内容,涉及档案信息化的诸多方面,从资源到系统、从数据到信息、再从管理到共享。这表明相关研究关注的面广泛而丰富。

档案机构(数字档案馆、档案馆、文化机构、智慧档案馆)共使用184频次,占全部样本的33.45%。它是改革开放以来与档案事业、档案人关系最为密切的问题,也是档案学界一直关注的重要问题之一;不仅涉及传统档案馆,还涉及现今和将来的档案馆。

档案事务(档案管理、档案管理工作、档案服务、档案领域、档案管理服务、档案行业)共使用124频次,占全部样本的22.55%。它涵盖了档案事务的多个层面,主要集中在管理与服务两个方向。

新技术(大数据时代、智慧城市、大数据、物联网、智慧城市建设)共使用91频次,占全部样本的16.55%。频次不高,内容不少。大数据、物联网、智慧城市均有涉及。

档案(档案资源、电子档案、高校档案)共使用64频次,占全部样本的11.64%。档案本应该是档案云计算研究的本体,但从涉及的3个主题看,重点只涉及资源与电子档案两项。

文件(电子文件)共使用34频次,占全部样本的6.18%。与“档案”相差近一半,显示出其虽然与档案相关,但已经不是档案界档案云计算研究关注的重点。

可以说,档案学界云计算研究所涉及的内容虽然十分广泛,但全部文献均包含在上述7类问题中。或者说,档案学界的云计算研究主要是围绕上述7个方面展开的。

3.4.2 高频关键词

表3.11是使用频率最高的15个关键词分布情况。15个使用频率最高的关键词共使用594频

次,占全部样本文献的108.00%。也就是说,全部样本所研究的内容均与这15个关键词有关。其中使用频率最高的是“云计算”(234频次),使用频率最低的是“信息资源”(12频次),平均使用频率为40频次。

表3.11 使用频率最高的15个关键词及使用词频

序号	关键词	使用频率/次	占全部样本/%
1	云计算	234	42.55
2	档案管理	65	11.82
3	数字档案馆	65	11.82
4	大数据	32	5.82
5	档案信息化	32	5.82
6	智慧档案馆	25	4.55
7	智慧城市	22	4.00
8	电子文件	20	3.64
9	档案	19	3.45
10	信息化	15	2.73
11	云存储	14	2.55
12	应用	13	2.36
13	数字档案	13	2.36
14	档案云	13	2.36
15	信息资源	12	2.18
合计		594	108.00
总计		550(篇)	100.00
平均		40	7.20

从关键词反映出的研究内容来看,云计算研究关注度最高的15个问题可以归纳为云计算、新技术、档案及档案事务、信息化、文件5个方面。它们占全部样本的108.00%,超过全部研究文献。

云计算(云计算、云存储、档案云)使用频率261频次,占比47.45%。简单地说,大约半数的云计算研究是围绕上述3个关键词开展的。这说明“云计算”研究一直是档案云计算研究最基本的问题,受到档案云计算研究者的高度重视,是档案云计算研究持续关注度最高的问题。

新技术(智慧档案馆、智慧城市、数字档案馆、大数据)使用频率为144频次,占比26.18%。即超过1/4的新技术研究集中在上述4个关键词上,可以用智慧、数字和大数据来概括。

档案及档案事务(档案管理、档案、应用)使用频率为97频次,占全部样本文献的17.64%。它是云计算研究关注度第三高的问题。简单地说,接近1/5的云计算研究是围绕“档案与档案事务”进行的。这反映出云计算研究具有鲜明的“档案”特征,也反映出云计算研究关注的重心在“档案事务”上。

信息化(档案信息化、信息化、数字档案、信息资源)使用频率为72频次,占比13.09%。简单理解就是大约10%的信息化研究集中在上述4个关键词上,可以合并为信息化、数字档案和信息资源3个方面。

文件(电子文件)使用频率为20频次,占比3.64%。

可以说,云计算研究内容虽然广泛,但所有研究关注的重点,都集中在云计算、新技术、档案及档案事务、信息化、文件5类15个热词所涉及的问题。

3.4.3　关键词共现矩阵

本部分采用关键词共现分析的方法,对2009—2018年云计算研究的550篇文献进行分析。

矩阵提取使用频率最高的20个关键词,将这20个关键词形成20×20的共词矩阵。如果某两个关键词同时出现在一篇文章中,就表明这两者之间存在相关关系,关键词右侧或下方对应位置的数值表示篇数。图3.2是2009—2018年云计算研究文献使用频率最高的20个高频关键词共现矩阵。

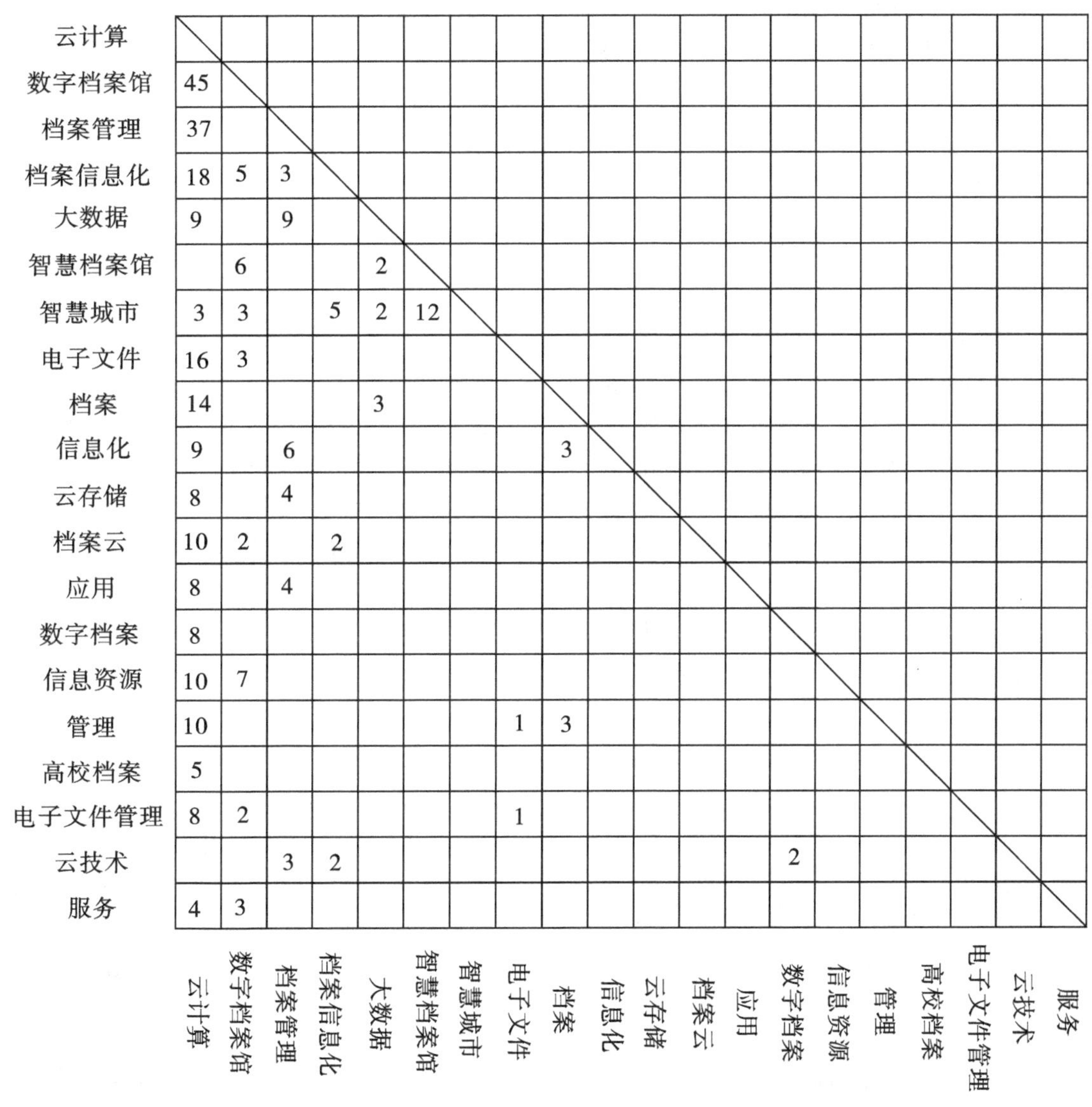

	云计算	数字档案馆	档案管理	档案信息化	大数据	智慧档案馆	智慧城市	电子文件	档案	信息化	云存储	档案云	应用	数字档案	信息资源	管理	高校档案	电子文件管理	云技术	服务
云计算																				
数字档案馆	45																			
档案管理	37																			
档案信息化	18	5	3																	
大数据	9		9																	
智慧档案馆		6			2															
智慧城市	3	3		5	2	12														
电子文件	16	3																		
档案	14				3															
信息化	9		6						3											
云存储	8		4																	
档案云	10	2		2																
应用	8		4																	
数字档案	8																			
信息资源	10	7																		
管理	10							1	3											
高校档案	5																			
电子文件管理	8	2						1												
云技术			3	2										2						
服务	4	3																		

图3.2　2009—2018年云计算研究文献高频关键词共现矩阵

图3.2显示,2017年云计算研究文献关键词共现有43组,共现率为21.5%。共现次数30次以上的关键词组合有2组,共现率为1%。共现次数10~29次的关键词组合有7组,共现率为3.5%。共现次数5~9次的关键词组合有11组,共现率为5.5%。

以横轴为准计:

20组共现关键词中有17组与云计算直接相关,占共现关键词的8.5%。

20组共现关键词中有8组与数字档案馆直接相关,占共现关键词的4%。

20组共现关键词中有6组与档案管理直接相关,占共现关键词的3%。

20组共现关键词中有3组与档案信息化、大数据直接相关,分别占共现关键词的1.5%。

20组共现关键词中有2组与电子文件、档案直接相关,分别占共现关键词的1%。

余下的2组分别与智慧档案馆、数字档案2个关键词有关,但共现次数均为1组,属于低相差度高频词。

另有智慧城市、信息化、云存储、档案云、应用、信息资源、管理、高校档案、电子文件管理、云技术、服务11个无共现高频词。

共现次数在30次以上的特高共现高频关键词有2组,分别是:

云计算与数字档案馆:45次。

云计算与档案管理:37次。

共现次数在10~29次的超高共现高频关键词有7组,分别是:

云计算与档案信息化:18次。

云计算与电子文件:16次。

云计算与档案:14次。

云计算与档案云:10次。

云计算与信息资源:10次。

云计算与管理:10次。

智慧档案馆与智慧城市:12次。

共现次数在5~9次的高共现高频关键词有11组,具体见图3.2。

归纳起来,2009—2018年云计算研究的重点集中在云计算与档案和云计算与档案管理两个方向上。或者说,2009—2018年云计算研究主要是在档案、档案管理两个主要方向上展开的。

从共现组数看,由于高共现频率的20个高频关键词的共现组数达43组,特高、超高与高共现词有20组,占到了全部共现组的46.51%。2009—2018年云计算研究形成了比较突出的高相关共现关键词群,研究的集中趋势非常明显。

共现矩阵显示研究主要是在云计算与档案、云计算与档案管理两个方向上展开,形成了比较突出的高相关共现关键词群,集中趋势十分明显。

3.4.4 关键词共现网络

本部分采用关键词共现分析的方法,对2009—2018年云计算研究的550篇文献进行分析。

在关键词共现网络中,关键词之间的关系可以用连线来表示,连线多少和粗细代表关键词间的亲疏程度,连线越多,代表该关键词与其他关键词共现次数越多,越是研究领域极其重要的和热点研究内容。使用知网提供的工具,可获得2009—2018年云计算研究高频词共词网络图谱(扫描二维码)。

从高频词共词网络图谱可以直观地看出:2009—2018年云计算研究可分为6个聚类群组。它们分别以“档案管理”、“数字档案馆”、“电子文件管理”与“电子文件”、“云技术”与“数字档案”、“档案云”、“高校档案”为核心关键词。其中2个为单核心多词群组,2个为双核心双词群组,2个为单词群组。

“档案管理”“数字档案馆”为单核心多词群组。这两个群组的共性是多词组成,核心独大,群组内联系松散,两群组相互交织,与“电子文件管理”与“电子文件”、“云技术”与“数字档案”、“档案云”有关联,但不多。

“电子文件管理”与“电子文件”群组只与“数字档案馆”群组相关联。

“云技术”与“数字档案”群组、“档案云”群组只与“档案管理”群组相关联。

“高校档案”群组与其他群组均无联系。

整体网络还有一个突出的特征，就是所有与云计算相关的关键词多不是核心关键词并且相对处在整个网络外围的位置。比如，云存储、云技术、档案云等，规模相对比较小，但一定会成为日后研究的热点。

3.5 结语

综上，通过对2009—2018年云计算研究文献的数据分析，我们可以得出如下结论：

从规模与发展速度上看，云计算研究文献总量翻了8番多，年均增速75.44%，近半数年份（6年）是正向增速，增速全部在两位数以上，其中2年的增速达到了三位数。总体上呈现不断上升的趋势。

从文献研究层次上看，云计算研究涉及社会科学、自然科学、教育文化及其他4类14个不同层次，总体上属于社会科学范畴，同时研究略偏重基础性理论研究。

从文献类型分布情况看，在云计算研究中，一般性论文占绝对优势，政策性、宏观性研究论文相对薄弱。

从文献资源类型分布情况看，云计算研究形成了学术期刊独大，硕博论文、会议论文、报纸为点缀的研究资源体系。

从样本文献的学科分布看，云计算研究在保持与档案学科的高相关性的同时，具备非常明显的跨学科特性和学科集中性。

从样本文献的基金分布情况看，云计算研究有49篇文献获14种基金资助，其中国家资助与地方资助大致相当。提供地方资助的有8个省份。

从作者的分布情况看，云计算研究已经形成以档案行政管理机构作者为主，辅以高校与企业作者的一批核心作者和以其为基础的高产作者群。

从研究机构分布情况看，云计算研究已经形成稳定的研究机构。其中高校在机构数量及发表文献数量上均为最高，档案行政管理机关次之，企业再次之，事业单位位列第四。

从文献来源分布情况看，云计算研究总体上已经形成以档案学期刊为主的云计算研究成果发布与交流体系。

从主题词使用频率看，云计算研究主题集中在云计算、信息化、档案机构、档案事务、新技术、档案、文件7个方面。

从高频率关键词情况分布看，云计算研究关注的重点都集中在云计算、新技术、档案及档案事务、信息化、文件5类15个热词所涉及的问题。

从高频词共现矩阵看，研究主要是在云计算与档案、云计算与档案管理两个方向上展开，形成了比较突出的高相关共现关键词群，集中趋势十分明显。

共现网络表明，目前云计算相关的关键词多不是核心关键词并且相对处在整个网络外围的位置。比如，云存储、云技术、档案云等，规模相对比较小，但一定会成为日后研究的热点。

4　互联网

互联网(internet),又称网际网路(或音译为因特网),是网络与网络之间所串联成的庞大网络,这些网络以一组通用的协定相连,形成逻辑上的单一巨大国际网络。这种将计算机网络互相连接在一起的方法称作“网络互联”,在这一基础上发展出覆盖全世界的全球性互联网络,称“互联网”,即“互相连接一起的网络”。互联网并不等同万维网(World Wide Web),万维网只是一建基于超文本相互链接而成的全球性系统,且是互联网所能提供的服务之一。单独提起互联网,一般都是接入其中的某网络,有时将其简称为网或网络(the Net),可以通信、社交、网上贸易。

互联网的主要特点有:通信(即时通信、电子邮件、微信、QQ),社交(facebook、微博、空间、博客、论坛),网上贸易(网购、售票、工农贸易),云端化服务(网盘、笔记、资源、计算等),资源的共享化[电子市场,门户资源,论坛资源等,媒体(视频、音乐、文档),游戏,信息],服务对象化(互联网电视直播媒体、数据以及维护服务、物联网、网络营销、流量、流量 nnt 等)。

互联网在现实生活中应用广泛。在互联网上可以聊天、玩游戏、查阅东西等。更为重要的是,在互联网上还可以进行广告宣传和购物。互联网给我们的现实生活带来很大的便利。我们可以在互联网的数字知识库里寻找自己学业上、事业上的所需,从而帮助我们的工作与学习。

互联网是全球性的。这就意味着我们目前使用的这个网络,不管是谁发明了它,是属于全人类的。这种“全球性”并不是一个空洞的政治口号,而是有其技术保证的。互联网的结构是按照“包交换”的方式连接的分布式网络。因此,在技术的层面上,互联网绝对不存在中央控制的问题。也就是说,不可能存在某一个国家或者某一个利益集团通过某种技术手段来控制互联网的问题。反过来,也无法把互联网封闭在一个国家之内——除非建立的不是互联网。

然而,与此同时,这样一个全球性的网络,必须要有某种方式来确定联入其中的每一台主机。在互联网上绝对不能出现类似两个人同名的现象。这样就要有一个固定的机构来为每一台主机确定名字,由此确定这台主机在互联网上的“地址”。然而,这仅仅是“命名权”,这种确定地址的权力并不意味着控制的权力。负责命名的机构除了命名之外,并不能做更多的事情。

互联网始于 1969 年的美国,又称因特网,是美军在 ARPA(阿帕网,美国国防部研究计划署)制定的协定下将美国西南部的大学 UCLA(加利福尼亚大学洛杉矶分校)、Stanford ResearchInstitute(斯坦福大学研究学院)、UCSB(加利福尼亚大学)和 University of Utah(犹他州大学)的四台主要的计算机连接起来。这个协定由剑桥大学的 BBN 和 MA 执行,在 1969 年 12 月开始联机,由此开启了互联网时代。

经过 30 多年的发展,到 2014 年,互联网迎来了“互联网+”时代。

从 2015 年 3 月 5 日起,“互联网+”不再只是媒体上的热词,学界的热门,IT 业热炒的概念,“互联网+”成为国家战略。

什么是“互联网+”?“互联网”是工具,“+”是连接,就是将互联网运用到各行各业,使之与所有相关要素连接。“互联网+”向档案人提出了许多问题,需要档案人思考并回答。

互联网的本质是消灭一切由信息不对称造成的距离。而档案是一种备忘记录,有一定的封闭期。

档案的封闭期就是在一定时期内保持特定信息的不对称距离。这与“互联网+”的本质相左，却是社会运行的必要。在互联网环境下，档案又该如何“+”呢?

“互联网+”的核心是连接。“+”的一边是工具，另一边是应用工具的主体——人。“互联网+”的关键不在于互联网工具，而在于应用互联网工具的主体。没有人的主动应用，工具的作用将大打折扣。能否用好互联网这个工具不是主体是否会用，而是主体如何主动去用，看主体是否具有互联网思维。

什么是互联网思维? 目前仍是众说纷纭，尚无定论。如果从与之相反的传统思维的定义“捍卫信息不对称带来的既得利益”来看，互联网思维就可以定义为“破除信息不对称带来的既得利益”。这里不讨论严谨的学术定义，只对互联网思维做一个容易理解的比喻。

“互联网+”的核心是融合。今天，互联网已经与水、电、油一样，成为我们生产生活必备的要素，深入地融入我们生活与工作的各个方面。档案人面对必备的生活要素有能力完全拒绝吗?

“互联网+”已经成为一种趋势。在这种趋势下，没有哪个行业可以置身事外、置之不理，也没有谁可以随之不动。影响只有早晚、快慢，主动与被动之分。面对这一趋势，档案人需要回答，需要选择，更需要行动。

“互联网+”来了，档案人唯有主动加入、早些加入、快点加入，才能适应新环境、创造新方法、解决新问题，才能不被历史的发展与技术的进步淘汰①。

4.1 样本选择

互联网研究是档案信息化研究的重要内容，属于档案学科近几十年来十分重要的组成部分，同时也是信息社会环境下档案工作与档案事业的重要组成部分。互联网研究数据也是重要的档案信息化学术与实践资源，对档案界互联网研究进行数据定量研究，是用好用活档案资源，充分展示我国改革开放的历史进程、伟大成就和宝贵经验的一种方式。有文献发表的 23 年来，互联网研究得到了快于档案学科的长足进步与发展。总结、回顾档案界互联网研究发展历程，不仅是档案信息化建设发展的需要，也是档案工作、档案事业发展的需要。

我们以中国知网为样本来源，检索范围：中国学术期刊网络出版总库，教育期刊，特色期刊，中国博士学位论文全文数据库，中国优秀硕士学位论文全文数据库，中国重要会议论文全文数据库，国际会议论文全文数据库，中国重要报纸全文数据库，中国学术辑刊全文数据库。检索年限：不限。检索时间：2018 年 10 月 24 日。发表时间 between(1979-01-01,2018-10-24)并且(主题=互联网或者题名=互联网)(模糊匹配)。专辑导航：档案学、档案事业。数据库：文献跨库检索。样本文献总数：825 篇。

4.2 文献统计分析

本部分采用统计分析的方法，从文献总量、发展速度与年度分布，文献研究层次，文献类型，文献

① 吴雁平. 2015—2016 互联网+档案研究文献汇编[EB/OL]. (2017-01-04)[2018-10-28]. http://bianke.cnki.net/Home/Corpus/9762.html.

资源类型,文献学科分布5个方面入手,对样本文献进行分析。

4.2.1　文献总量、发展速度与年度分布

从总量上看,有文献发表的23年间,共发表文献825篇,以1996年1篇的基数计,23年间翻了9番多。年均36篇,最少时(1996年)1篇,最多时(2017年)227篇,23年间增长了近824倍。中位数为412篇。总体趋势见图4.1。

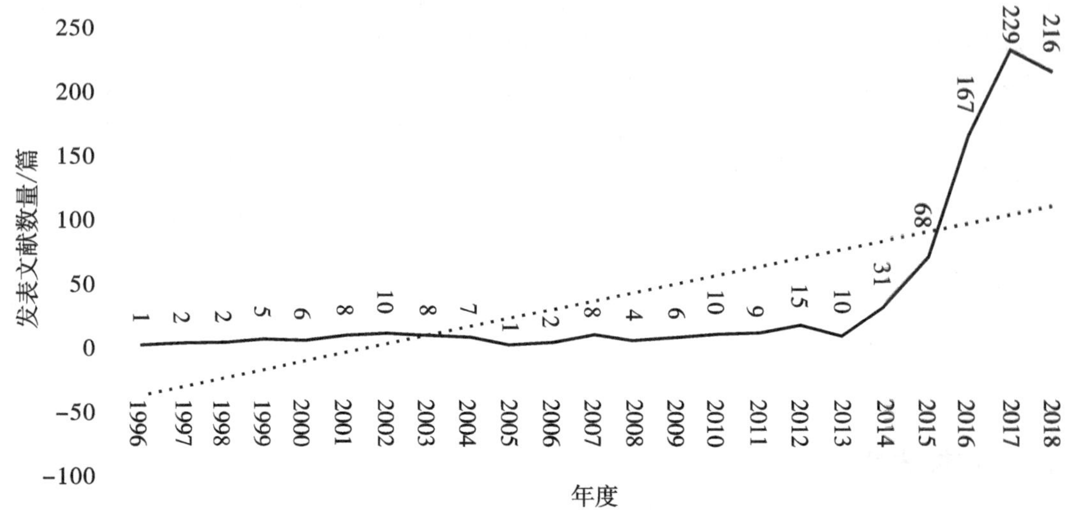

图4.1　1996—2018年互联网研究文献发表数量及分布趋势

从年度分布情况看,1996—2018年互联网研究文献发表数量总体上呈现不断上升的趋势。超半数年份(14年)为上升状态,下降年份(7年)是上升年份的一半,1年持平。

大体上可分为两个阶段:

第一阶段(1996—2013年),年平均增长率为41.18%,为低位快速增长期,总体体量不大(114篇),一直在低位徘徊,年均6篇。

第二阶段(2014—2018年),年平均增长率为101.28%,为高位超高速增长期,总量猛增(711篇),是前18年发表总和的7倍多,达到了文献数量的最高点。由于统计时点不是年终,故2018年数据略低于2017年。

总体上看,互联网研究的升温与"互联网+"的提出与研究呈正相关关系。具体的年度分布情况见表4.1。

表4.1　1996—2018年互联网研究文献年度分布情况

序号	年度	发表文献数量/篇	占全部样本/%	发展速度	年增速/%
1	1996	1	0.12		
2	1997	2	0.24	2.00	100.00
3	1998	2	0.24	1.00	0.00
4	1999	5	0.61	2.50	150.00
5	2000	6	0.73	1.20	20.00
6	2001	8	0.97	1.33	33.33

续表 4.1

序号	年度	发表文献数量/篇	占全部样本/%	发展速度	年增速/%
7	2002	10	1.21	1.25	25.00
8	2003	8	0.97	0.80	-20.00
9	2004	7	0.85	0.88	-12.50
10	2005	1	0.12	0.14	-85.71
11	2006	2	0.24	2.00	100.00
12	2007	8	0.97	4.00	300.00
13	2008	4	0.48	0.50	-50.00
14	2009	6	0.73	1.50	50.00
15	2010	10	1.21	1.67	66.67
16	2011	9	1.09	0.90	-10.00
17	2012	15	1.82	1.67	66.67
18	2013	10	1.21	0.67	-33.33
19	2014	31	3.76	3.10	210.00
20	2015	68	8.24	2.19	119.35
21	2016	167	20.24	2.46	145.59
22	2017	229	27.76	1.37	37.13
23	2018	216	26.18	0.94	-5.68
合计		825	100.00	34.07	1206.51
最高值		229	27.76	4.00	300.00
最低值		1	0.12	0.14	-85.71
平均值		36	4.35	1.55	54.84

总之,从 1996 年第一篇相关研究文献发表起,23 年间,互联网研究文献总量翻了 9 番多,年均增速为 54.84%,超半数年份(14 年)是正向增速,正向增速全部在两位数以上,其中 7 年的增速达到了三位数。整体呈现持续上升趋势。

4.2.2 文献研究层次

从文献研究层次分布情况看,825 篇样本文献涉及多个学科的 15 个不同层次。具体分布情况见表 4.2。

表 4.2 1996—2018 年互联网研究文献层次分布情况

序号	学科	发表文献数量/篇	占全部样本/%
1	基础研究(社科)	426	51.64
2	行业指导(社科)	203	24.61
3	职业指导(社科)	104	12.61

续表 4.2

序号	学科	发表文献数量/篇	占全部样本/%
4	大众文化	14	1.70
5	工程技术(自科)	12	1.45
6	政策研究(社科)	8	0.97
7	文艺作品	7	0.85
8	基础教育与中等职业教育	6	0.73
9	基础与应用基础研究(自科)	5	0.61
10	经济信息	3	0.36
11	大众科普	3	0.36
12	专业实用技术(自科)	2	0.24
13	高等教育	2	0.24
14	行业技术指导(自科)	2	0.24
15	其他	28	3.39
合计		825	100.00

从研究的学科大类看,可分为社会科学、自然科学、教育文化、信息与其他5类。其中社会科学741篇,占89.82%;自然科学21篇,占2.55%;教育文化32篇,占3.88%;信息3篇,占0.36%;其他28篇,占3.39%。研究明显属于社会科学的范畴,同时涉及自然科学、教育文化、信息及其他学科。

从基础理论研究与应用研究的角度看,属于基础理论研究的有431篇,占52.24%;属于应用研究的有394篇,占47.76%。研究略微偏重基础性理论研究。

可见,互联网研究涉及社会科学、自然科学、教育文化、信息及其他5类15个不同层次,总体上属于社会科学范畴,同时略微偏重基础性理论研究。

4.2.3　文献类型

从文献类型分布情况看,825篇样本文献中,涉及综述类、政策研究类和其他3个不同类型。具体分布情况见表4.3。

表 4.3　1996—2018 年互联网研究文献类型分布情况

序号	文献类型	发表文献数量/篇	占全部样本/%
1	综述类	7	0.85
2	政策研究类	8	0.97
3	其他	810	98.18
合计		825	100.00

从表4.3看,一般性论证(其他)文献是研究文献的绝对主体,占比高达98.18%。政策性(政策研究类)及宏观性(综述类)研究文献则显得非常单薄。

总之,在互联网研究中,一般性论文占绝对优势,政策性、宏观性研究论文相对薄弱。

4.2.4 文献资源类型

从资源类型分布情况看,825 篇样本文献分布在期刊、特色期刊、硕士、国内会议、报纸、学术辑刊 6 种类型资源上。具体分布情况见表 4.4。

表 4.4 1996—2018 年互联网研究文献资源类型分布情况

序号	资源类型	发表文献数量/篇	占全部样本/%
1	期刊	739	89.58
2	特色期刊	38	4.61
3	硕士	22	2.67
4	国内会议	13	1.58
5	报纸	8	0.97
6	学术辑刊	5	0.61
合计		825	100.00

有文献发表的 23 年来,期刊成为互联网学术研究最主要的文献来源,互联网研究者近 95% 的学术交流与沟通,有赖于这个渠道和平台。硕士论文、会议论文、报纸在总量上与期刊相差两个数量级,与期刊相比,只起点缀作用。

总之,互联网研究已经形成了学术期刊独大,硕士论文、会议论文、报纸为点缀的研究资源体系。

4.2.5 文献学科分布

从文献学科分布情况看,825 篇样本文献涉及学科超过 100 个。发表文献最多的 15 个学科分布情况见表 4.5。

表 4.5 1996—2018 年发表文献最多的 15 个学科分布情况

序号	学科	发表文献数量/篇	占全部样本/%
1	图书情报档案	600	72.73
2	教育	41	4.97
3	公共卫生与预防医学	31	3.76
4	工商管理	9	1.09
5	计算机	7	0.85
6	工业经济	7	0.85
7	公共管理	5	0.61
8	通信经济	4	0.48
9	政治	3	0.36
10	法学	3	0.36
11	城市经济	3	0.36

续表4.5

序号	学科	发表文献数量/篇	占全部样本/%
12	新闻传播	2	0.24
13	民族	2	0.24
14	保险	2	0.24
15	财政	1	0.12
合计		720	87.27
总计		825	100.00

需要说明的是,按15个学科统计的文献数为720篇,占实际样本数的87.27%;而实际样本数为825篇;15个学科统计数少于实际文献数105篇。但考虑到实际涉及的学科超过100个,全部学科文献的数量之和可能接近或超过实际样本。并且图书情报档案专业文献只有600篇,占全部样本的72.73%。由此可以推知,互联网研究是一门具有明显学科交叉性的学科,这是因为互联网与各项档案活动及档案工作关系密切。除档案学本学科之外,与互联网研究相关性最强的10个学科分别是:教育、公共卫生与预防医学、工商管理、计算机、工业经济、公共管理、通信经济、政治、法学、城市经济。

可以说,互联网研究在保持与档案学学科重相关性的同时,具有明显的跨学科特性。

4.3　文献计量分析

本节采用计量分析的方法,从文献基金资助分布、文献作者分布、文献机构分布和文献来源分布4个方面对样本文献进行分析。

4.3.1　文献基金资助分布

从样本文献的基金分布情况看,825篇样本文献中有33篇,得到5种基金项目的支持,占全部样本文献的4%。具体分布情况见表4.6。

表4.6　1996—2018年互联网获得基金资助分布情况

序号	基金名称	发表文献数量/篇	占基金资助文献/%	占全部样本/%
1	国家社会科学基金	28	84.85	3.394
2	黑龙江省社会科学基金	2	6.06	0.242
3	湖南省社会科学基金	1	3.03	0.121
4	中国地质调查局地质调查项目经费	1	3.03	0.121
5	河南省软科学研究计划	1	3.03	0.121
合计		33	100.00	4.000
总计		825		100.000

从基金的层次分布看,国家级基金1种28篇,占全部样本的3.394%,占基金资助文献的

84.85%;地方基金3种4篇,占全部样本的0.484%,占基金资助文献的12.12%;部门基金1种1篇,占全部样本的0.121%,占基金资助文献的3.03%。国家层面虽然种类少,但资助文献的数量远高于地方、部门基金的资助数量,是地方、部门基金资助数量之和的近6倍。

地方资助涉及黑龙江、湖南、河南3个省份。

总之,互联网研究有33篇文献获5种基金资助,其中国家资助高于地方、部门资助近5倍。提供地方资助的有3个省份。

4.3.2 文献作者分布

从作者的分布情况看,825篇文献中,前40位作者共发表文献108篇,占全部样本的13.09%。具体分布情况见表4.7。

表4.7 发表文献最多的40位作者分布情况

序号	作者	发表文献数量/篇	占全部样本/%
1	赵彦昌	8	0.97
2	马仁杰	5	0.61
3	韩海涛	5	0.61
4	徐洁	5	0.61
5	田伟	5	0.61
6	沙洲	4	0.48
7	毛丽敏	4	0.48
8	汤道銮	3	0.36
9	毛业博	3	0.36
10	沈东辉	3	0.36
11	陈海霞	3	0.36
12	范桂红	3	0.36
13	周耀林	3	0.36
14	王露露	2	0.24
15	丁自亮	2	0.24
16	蒋其祥	2	0.24
17	尹虎彬	2	0.24
18	张加欣	2	0.24
19	李志	2	0.24
20	杨静	2	0.24
21	刘晓亮	2	0.24
22	方黑虎	2	0.24
23	吴海燕	2	0.24
24	白文红	2	0.24

续表4.7

序号	作者	发表文献数量/篇	占全部样本/%
25	苏焕宁	2	0.24
26	于元元	2	0.24
27	聂云霞	2	0.24
28	胡亚南	2	0.24
29	李小璠	2	0.24
30	王兰成	2	0.24
31	刘迪	2	0.24
32	何斌	2	0.24
33	冯占江	2	0.24
34	李小平	2	0.24
35	张金来	2	0.24
36	贾聪聪	2	0.24
37	郝伟斌	2	0.24
38	杨蕾	2	0.24
39	罗吉鹏	2	0.24
40	张登军	2	0.24
合计		108	13.09
总计		825	100.00

按照普赖斯提出的计算公式,核心作者候选人的最低发文数 $M=0.749\sqrt{N_{max}}$,其中 N_{max}为最高产作者发文数量。有文献发表的23年来,互联网研究文献作者中发表文献最多的为8篇,即 $N_{max}=8$,所以 $M=0.749\sqrt{8}\approx 2.118$。因此,凡发表2篇以上(含2篇)文献的作者均为1996—2018年间互联网研究的重要作者。故表4.7中的前40位作者不仅是核心作者,而且是核心作者中的高产作者。可见,互联网研究已经形成了一大批核心作者和以核心作者为基础的高产作者群。

从前40位作者的所属单位看,无论是作者数量,还是发表文献数量,高校作者都是互联网研究的绝对主力。

可见,互联网研究已经形成以高校作者为主的核心作者和以其为基础的高产作者群。

4.3.3　文献机构分布

从研究机构分布情况看,825篇文献中,前40个机构发表文献201篇,占全部样本的24.36%。如果使用普赖斯公式计算,核心机构的最低发文数 $M=0.749\sqrt{N_{max}}$,其中 N_{max}为最高产机构发文数量。这里 $N_{max}=21$,所以 $M=0.749\sqrt{21}\approx 3.432$,即发表文献3篇及以上的为核心研究机构。据此,发表文献居前34位的安徽大学、辽宁大学、中国人民大学、黑龙江大学、南阳医学高等专科学校、湘潭大学、上海大学、武汉大学、南京大学、河北大学、南昌大学、天津工业大学、西安交通大学、西北民族大学、郑州大学、郑州航空工业管理学院、齐齐哈尔大学、南京政治学院、山西大学、盐城师范学院、浙江省档案局、苏州大学、福建师范大学、广东科学技术职业学院、武汉市城市建设档案馆、中国科学技术大学、广西民族大学、浙江省桐乡市档案局、吉林大学、合肥工业大学、烟台职业学院、山东大学、沈阳市档案局、云南大学等机构，均是核心研究机构中的高产机构。发表文献最多的40个机构分布情况见表4.8。

表4.8 发表文献最多的40个机构分布情况

序号	机构	发表文献数量/篇	占全部样本/%
1	安徽大学	21	2.55
2	辽宁大学	15	1.82
3	中国人民大学	12	1.45
4	黑龙江大学	10	1.21
5	南阳医学高等专科学校	9	1.09
6	湘潭大学	8	0.97
7	上海大学	7	0.85
8	武汉大学	6	0.73
9	南京大学	6	0.73
10	河北大学	6	0.73
11	南昌大学	5	0.61
12	天津工业大学	5	0.61
13	西安交通大学	5	0.61
14	西北民族大学	5	0.61
15	郑州大学	5	0.61
16	郑州航空工业管理学院	5	0.61
17	齐齐哈尔大学	4	0.48
18	南京政治学院	4	0.48
19	山西大学	4	0.48
20	盐城师范学院	4	0.48
21	浙江省档案局	4	0.48
22	苏州大学	3	0.36
23	福建师范大学	3	0.36
24	广东科学技术职业学院	3	0.36
25	武汉市城市建设档案馆	3	0.36
26	中国科学技术大学	3	0.36
27	广西民族大学	3	0.36
28	浙江省桐乡市档案局	3	0.36
29	吉林大学	3	0.36
30	合肥工业大学	3	0.36
31	烟台职业学院	3	0.36

续表 4.8

序号	机构	发表文献数量/篇	占全部样本/%
32	山东大学	3	0.36
33	沈阳市档案局	3	0.36
34	云南大学	3	0.36
35	大连大学	2	0.24
36	长沙市城市建设档案馆	2	0.24
37	梧州学院	2	0.24
38	齐齐哈尔医学院第一附属医院	2	0.24
39	浙江育英职业技术学院	2	0.24
40	沈阳体育学院	2	0.24
合计		201	24.36
总计		825	100.00

前 40 个核心高产机构中有 34 个是高校(发表文献 184 篇,占核心高产研究机构发表文献数的 91.54%),充分表明高校是 23 年间互联网研究最主要的高产机构群的主体。

从前 40 个机构中各类机构发表文献的数量及占比情况看,34 个高校,占 85%;发表文献 184 篇,占比达到了 91.54%。其中前 20 位均为高校。3 个档案局,占 7.5%;发表文献 10 篇,占比达到了 4.98%。2 个档案馆,占 5%;发表文献 5 篇,占比 2.49%。1 个事业单位,占 2.5%;发表文献 2 篇,占比达到了 0.99%。

可见,互联网研究已经形成稳定的研究机构。其中高校在机构数量及发表文献数量上均为最高,档案行政管理机关次之,档案馆位列第三,事业机构位列第四。

4.3.4　文献来源分布

从文献来源分布情况看,825 篇样本文献中,发表文献最多的 10 种期刊,发表文献 347 篇,占全部样本的 42.06%。具体分布情况见表 4.9。

表 4.9　发表文献最多的 10 种期刊分布情况

序号	期刊	发表文献数量/篇	占全部样本/%
1	《办公室业务》	76	9.21
2	《兰台世界》	73	8.85
3	《城建档案》	44	5.33
4	《山西档案》	32	3.88
5	《档案管理》	29	3.52
6	《浙江档案》	26	3.15
7	《中国档案》	20	2.42
8	《兰台内外》	18	2.18
9	《黑龙江档案》	16	1.94

续表 4.9

序号	期刊	发表文献数量/篇	占全部样本/%
10	《档案与建设》	13	1.58
合计		347	42.06
总计		825	100.00

按照布拉德福定律,825 种文献可分为核心区、相关区和非相关区,各个区的论文数量相等(约 275 篇)。故此,发表论文数量居前 5 位的《办公室业务》《兰台世界》《城建档案》《山西档案》《档案管理》(254 篇)处于核心区之中。包括档案学期刊 4 种,与档案学相关的期刊 1 种,其中档案学核心期刊 1 种,非核心期刊 3 种。

发表论文数量居第 6 ~ 10 位的《浙江档案》《中国档案》《兰台内外》《黑龙江档案》《档案与建设》5 种期刊(93 篇)处于相关区。它们均为档案学期刊,包括档案学核心期刊 3 种,普通档案学期刊 2 种。

发表论文数量 13 篇以下的期刊部分在相关区,部分则在非相关区内。

总体上讲,档案学期刊,尤其是地方档案行政管理机关主办的档案学期刊,始终是互联网研究成果发布与交流的主渠道、主阵地,承担着互联网研究成果发布与交流的主体责任,同时还广泛分布在与档案学相关的其他学科领域。

可见,互联网研究已经形成以档案学期刊为主,相关及其他期刊为辅的成果发布及交流体系。

4.4　文献关键词词频及共现分析

本部分采用词频分析的方法,从主题词、高频关键词、关键词共现矩阵、关键词共现网络 4 个方面对样本文献进行分析。

4.4.1　主题词

从主题词使用频率看,互联网研究涉及内容广泛,集中在互联网+、档案事务、档案信息化、档案机构、档案人、档案、文件 7 个方面。使用频率最高的 37 个主题词分布情况见表 4.10。

表 4.10　使用频率最高的 37 个主题词分布情况

序号	主题词	使用频率/次	占全部样本/%
1	互联网+	106	12.85
2	“互联网+”	84	10.18
3	档案管理	80	9.70
4	档案管理工作	77	9.33
5	档案信息资源	60	7.27
6	档案馆	51	6.18
7	计算机网络	38	4.61

续表4.10

序号	主题词	使用频率/次	占全部样本/%
8	文化机构	36	4.36
9	档案工作	34	4.12
10	档案信息	32	3.88
11	互联网时代	29	3.52
12	档案信息化	28	3.39
13	档案服务	25	3.03
14	档案部门	24	2.91
15	互联网技术	22	2.67
16	互联网	22	2.67
17	档案信息化建设	22	2.67
18	互联网络	18	2.18
19	电子文件	18	2.18
20	档案网站	18	2.18
21	数字档案馆	17	2.06
22	档案工作者	17	2.06
23	高校档案	16	1.94
24	档案资源	16	1.94
25	互联网环境	16	1.94
26	档案局	15	1.82
27	档案数据	14	1.70
28	电子档案	14	1.70
29	移动互联网	13	1.58
30	基于互联网	13	1.58
31	医院档案管理	13	1.58
32	数字档案资源	12	1.45
33	企业管理	12	1.45
34	计算机	11	1.33
35	档案管理系统	11	1.33
36	档案信息化管理	10	1.21
37	利用者	10	1.21
合计		1054	127.76
总计		825(篇)	100.00
最高频率		106	12.85
最低频率		10	1.21
平均频率		28	3.45

从涉及的主题词看,使用频率最高的37个主题词共使用1054频次,占全部样本的127.76%。也就是说,上述37个主题词涵盖了全部样本一遍以上。其中使用频率最高的是"互联网+"(106频次),使用频率最低的是"档案信息化管理""利用者"(各10频次),平均使用频率为28频次。

从主题词反映出的研究内容看,互联网研究关注的37个主要问题又可归并为互联网+、档案事务、档案信息化、档案机构、档案人、档案、文件7个大类。

互联网+(互联网+、"互联网+"、计算机网络、互联网时代、互联网技术、互联网、互联网络、档案网站、互联网环境、移动互联网、基于互联网)共使用379频次,占全部样本的45.94%。它涵盖了互联网的多个层面,主要集中在网络与互联网两个方面,是档案学界研究与关注度第一高的主题。

档案事务(档案管理、档案管理工作、档案工作、档案服务、医院档案管理、企业管理)共使用241频次,占全部样本的29.21%。它涵盖了档案事务的多个层面,主要集中在管理层面,没有涉及对档案实体的管理,是档案学界研究与关注度第二高的主题。

档案信息化(档案信息资源、档案信息、档案信息化、档案信息化建设、档案资源、档案数据、数字档案资源、档案管理系统、档案信息化管理、计算机)共使用216频次,占全部样本的26.18%,是档案学界研究与关注度第三高的主题。

档案机构(档案馆、文化机构、档案部门、数字档案馆、档案局)共使用143频次,占全部样本的17.33%。机构问题是改革开放以来与档案事业、档案人关系最为密切的问题,也是档案学界一直关注的重要问题之一。

档案(高校档案、电子档案)共使用30频次,占全部样本的3.64%。档案是档案学研究的主体,在互联网时代不是关注重点,但也不是无关紧要的内容,从涉及的2个主题看,更注重对高校档案与电子档案的关注与重视。

档案人(档案工作者、利用者)共使用27频次,占全部样本的3.27%。作为档案工作的主体和档案工作服务的对象,3.27%的占比说明档案界研究的关注点从来没有离开过档案人自身以及我们服务的对象。

文件(电子文件)共使用18频次,占全部样本的2.18%。与"档案"相似,电子文件成为互联网时代档案研究关注的重点。

可以说,档案学界的互联网研究所涉及内容虽然十分广泛,但全部文献均包含在上述7类问题上。或者说,档案学界的互联网研究主要是围绕上述7个方面展开的。

4.4.2　高频关键词

表4.11是使用频率最高的15个关键词分布情况。15个使用频率最高的关键词共使用760频次,占全部样本的92.12%。也就是说,90%以上的文献所研究的内容与这15个关键词有关。其中使用频率最高的是"互联网+"(151频次),使用频率最低的是"档案信息化"(14频次),平均使用频率为51频次。

表4.11　使用频率最高的15个关键词分布情况

序号	关键词	使用频率/次	占全部样本/%
1	互联网+	151	18.30
2	"互联网+"	138	16.73
3	档案管理	127	15.39
4	互联网	81	9.82

续表 4.11

序号	关键词	使用频率/次	占全部样本/%
5	档案	54	6.55
6	信息化	38	4.61
7	档案工作	26	3.15
8	管理	22	2.67
9	高校档案	20	2.42
10	创新	20	2.42
11	档案信息	18	2.18
12	档案馆	18	2.18
13	医院	17	2.06
14	大数据	16	1.94
15	档案信息化	14	1.70
合计		760	92.12
总计		825(篇)	100.00
平均		51	6.14

从关键词反映出的研究内容来看,互联网研究关注度最高的15个问题可以归纳为互联网+、档案事务、档案信息化、档案、机构5个方面。它们占全部样本文献的92.12%,接近全部研究文献的1/5。

互联网+(互联网+、互联网),使用370频次,占全部样本的44.85%。它是互联网研究关注度最高的问题。简单地说,接近1/2的互联网研究是围绕"互联网"本身进行的。

居第二的是档案事务(档案管理、档案工作、管理、创新),使用195频次,占全部样本的23.64%,居次席。简单地说,接近1/4的互联网研究是围绕"档案事务"进行的。这反映出互联网研究具有鲜明的管理性特征,也反映出互联网研究关注的重心在"档案事务"上。

居第三的是档案信息化(信息化、档案信息、大数据、档案信息化),使用86频次,占比10.42%,次于核心问题"档案事务"。简单地说,大约1/10的互联网研究是围绕"档案"开展的。这说明"档案"本体研究,一直是互联网研究最基本的问题,受到互联网研究者的高度重视,是互联网研究持续关注度最高的问题之一。

居第四的是档案(档案、高校档案),使用74频次,占比8.97%。

居第五的是机构(档案馆、医院),使用35频次,占比4.24%。

可以说,互联网研究内容虽然广泛,但超过90%以上的研究关注的重点都集中在互联网+、档案事务、档案信息化、档案、机构5类15个热词所涉及的问题上。

4.4.3 关键词共现矩阵

本部分采用关键词共现分析的方法,对1996—2018年互联网研究的825篇文献进行分析。

矩阵提取使用频率最高的20个关键词,将这20个关键词形成20×20的共词矩阵。如果某两个关键词同时出现在一篇文章中,就表明这两者之间存在相关关系,关键词右侧或下方对应位置的数值表示篇数。图4.2是1996—2018年互联网研究文献使用频率最高的20个高频关键词共现矩阵。

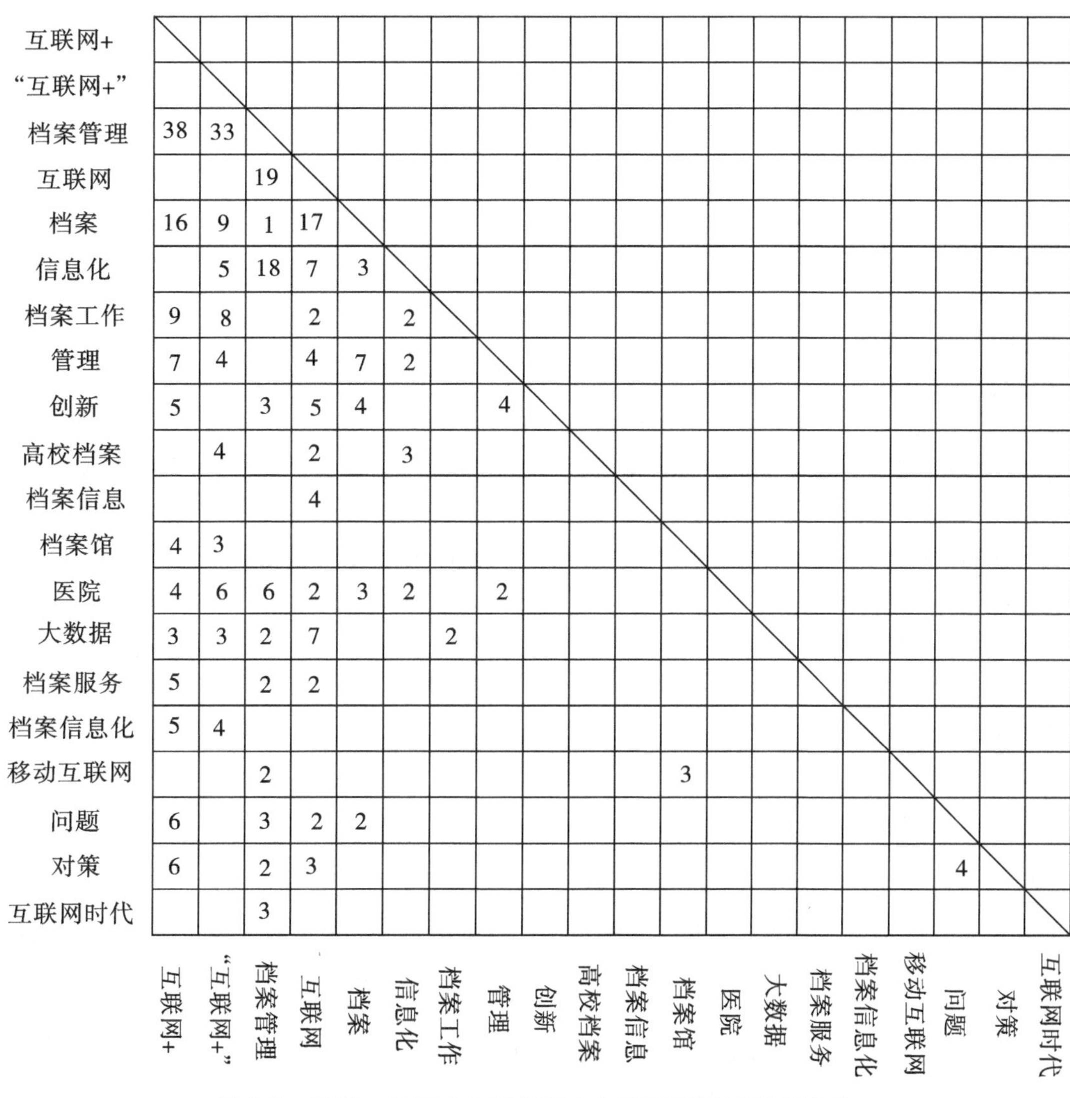

	互联网+	"互联网+"	档案管理	互联网	档案	信息化	档案工作	管理	创新	高校档案	档案信息	档案馆	医院	大数据	档案服务	档案信息化	移动互联网	问题	对策	互联网时代
互联网+																				
"互联网+"																				
档案管理	38	33																		
互联网			19																	
档案	16	9	1	17																
信息化		5	18	7	3															
档案工作	9	8		2		2														
管理	7	4		4	7	2														
创新	5		3	5	4			4												
高校档案		4		2		3														
档案信息				4																
档案馆	4	3																		
医院	4	6	6	2	3	2		2												
大数据	3	3	2	7			2													
档案服务	5		2	2																
档案信息化	5	4																		
移动互联网			2									3								
问题	6		3	2	2															
对策	6		2	3														4		
互联网时代			3																	

图 4.2 1996—2018 年互联网研究文献高频关键词共现矩阵

图 4.2 显示,2017 年互联网研究科文献关键词共现有 59 组,共现率为 29.5%。共现次数 30 次以上的关键词组合有 2 组,共现率为 1%。共现次数 11 ~ 30 次的关键词组合有 4 组,共现率为 2%。共现次数 6 ~ 10 次的关键词组合有 10 组,共现率为 5%。

以横轴为准计:

20 组共现关键词中有 12 组与互联网+直接相关,占共现关键词的 6%。

20 组共现关键词中有 12 组与互联网直接相关,占共现关键词的 6%。

20 组共现关键词中有 11 组与档案管理直接相关,占共现关键词的 5.5%。

20 组共现关键词中有 10 组与"互联网+"直接相关,占共现关键词的 5%。

20 组共现关键词中有 5 组与档案直接相关,占共现关键词的 2.5%。

20 组共现关键词中有 4 组与信息化直接相关,占共现关键词的 2%。

20 组共现关键词中有 2 组与管理直接相关,占共现关键词的 1%。

余下的 3 组分别与档案工作、档案馆、问题 3 个关键词有关,但共现次数均为 1 组,属于低相差度高频词。

另有创新、高校档案、档案信息、医院、大数据、档案服务、档案信息化、对策、互联网时代 9 个无共现高频词。

共现次数在30次以上的特高共现高频关键词有2组,分别是:

互联网+与档案管理:88次。

“互联网+”与档案管理:83次。

共现次数在11~30次的超高共现高频关键词有4组,分别是:

互联网+与档案:16次。

档案管理与互联网:19次。

档案管理与信息化:19次。

互联网与档案:17次。

共现次数在6~10次的高共现高频关键词有11组。具体见图4.2。

归纳起来,1996—2018年互联网研究的重点集中在互联网与档案管理、互联网与档案两个方向上。或者说,1996—2018年档案互联网研究主要是在互联网与档案管理、互联网与档案两个主要方向上展开的。

从共现组数看,由于高共现频率的20个高频关键词的共现组数达59组,特高、超高与高共现词有17组,占全部共现组的28.81%。1996—2018年互联网研究形成了比较突出的高相关共现关键词群,研究的集中趋势明显。

总之,共现矩阵显示研究重点集中在互联网与档案管理、互联网与档案两个方向上,形成了比较突出的高相关共现关键词群,集中趋势比较明显。

4.4.4　关键词共现网络

本部分采用关键词共现分析的方法,对1996—2018年互联网研究的825篇文献进行分析。

在关键词共现网络中,关键词之间的关系可以用连线来表示,连线多少和粗细代表关键词间的亲疏程度,连线越多,代表该关键词与其他关键词共现次数越多,越是研究领域极其重要的和热点研究内容。使用知网提供的工具,可获得1996—2018年互联网研究高频词共词网络图谱(扫描二维码)。

从高频词共词网络图谱可以直观地看出:1996—2018年互联网研究可分为6个聚类群组。它们分别以“档案管理”、“档案馆”与“移动互联网”、“档案信息”、“档案信息化”、“高校档案”、“互联网时代”为核心关键词。其中5个为单核心群组,1个为双核心群组。

在以“档案管理”为核心的主群组中一共14个相关关键词,除了主核心“档案管理”之外,还有“互联网+”“‘互联网+’”“互联网”3个次核心关键词。主核心与三者间的距离一个相对较近(互联网),共现率较低;一个共现率高(“互联网+”),距离较远。一个距离居中、共现率也居中(“‘互联网+’”)。这4个词之间的关联相对密切。群组内各关键词间关联性强。群组与其他5个群组均有关联,但联系相对均不紧密。

“档案馆”与“移动互联网”群组只与“档案管理”群组中的3个次核心关键词相关联,只是关联性相对较弱。与其他群组无联系。

“档案信息”“档案信息化”“高校档案”“互联网时代”除与主核心群组的主次关键词有关联外,与其他关键词及群组均无关联。

可见,“档案管理”“互联网+”“‘互联网+’”“互联网”是档案互联网研究的高频高相关核心问题。“档案馆”与“移动互联网”、“档案信息”、“档案信息化”、“高校档案”、“互联网时代”处在整个网络外围的位置,虽目前的规模相对比较小,但可能成为日后档案馆互联网研究的热点。

4.5　结语

综上,通过对1996—2018年互联网研究文献的数据分析,我们可以得出如下结论:

从规模与发展速度上看,从1996年第一篇相关研究文献发表起,23年间,互联网研究文献总量翻了9番多,年均增速54.84%,超半数年份(14年)是正向增速,正向增速全部在两位数以上,其中7年的增速达到了三位数。整体呈现持续上升趋势。

从文献研究层次上看,互联网研究涉及社会科学、自然科学、教育文化、信息及其他5大类15个不同层次,总体上属于社会科学范畴,同时研究略微偏重基础性理论研究。

从文献类型分布情况看,在互联网研究中,一般性论文占绝对优势,政策性、宏观性研究论文相对薄弱。

从文献资源类型分布情况看,互联网研究形成了学术期刊独大,硕士论文、会议论文、报纸为点缀的研究资源体系。

从样本文献的学科分布情况看,互联网研究在保持与档案学学科重相关性的同时,具有明显的跨学科特性。

从样本文献的基金分布情况看,互联网研究有33篇文献获5种基金资助,其中国家资助高于地方、部门资助近5倍。提供地方资助的有3个省份。

从作者的分布情况看,互联网研究已经形成以高校作者为主的核心作者和以其为基础的高产作者群。

从研究机构分布情况看,互联网研究已经形成稳定的研究机构。其中高校在机构数量及发表文献数量上均为最高,档案行政管理机关次之,档案馆位列第三,事业机构位列第四。

从文献来源分布看,总体上已经形成以档案学期刊为主,相关及其他期刊为辅的互联网研究成果发布与交流体系。

从主题词使用频率看,互联网研究的主题词集中在互联网+、档案事务、档案信息化、档案机构、档案人、档案、文件7个方面。

从高频率关键词分布情况看,互联网研究关注的重点90%以上集中在互联网+、档案事务、档案信息化、档案、机构5类15个热词所涉及的问题上。

从高频词共现矩阵看,研究重点集中在互联网与档案管理、互联网与档案两个方向上,形成了比较突出的高相关共现关键词群,集中趋势比较明显。

共现网络表明,“档案管理”是档案互联网研究极其重要的问题,“档案管理”与“移动互联网”、“档案信息”、“高校档案”、“互联网时代”处在整个网络外围的位置,虽目前的规模相对比较小,但可能成为日后研究的热点。

5 新媒体

新媒体(new media)是一个相对的概念,是报刊、广播、电视等传统媒体以后发展起来的新的媒体形态,包括网络媒体、手机媒体、数字电视等。新媒体亦是一个宽泛的概念,利用数字技术、网络技术,通过互联网、宽带局域网、无线通信网、卫星等渠道,以及电脑、手机、数字电视机等终端,向用户提供信息和娱乐服务的传播形态。严格地说,新媒体应该称为数字化新媒体。正是从这个意义上说,由于数字技术的不断发展进步,今天的新媒体在不远的今后就会成为传统媒体,旧媒体。

新环境。相对于报刊、户外、广播、电视四大传统媒体,新媒体也被称为“第五媒体”。新媒体的出现与快速发展,不仅使媒体形态发生了变化,出现了数字杂志、数字报纸、数字广播、手机短信、移动电视、网络、桌面视窗、数字电视、数字电影、触摸媒体等。同时,新媒体也以其形式丰富、互动性强、渠道广泛、覆盖率高、精准到达、性价比高、推广方便等特点改变着现代传媒产业的环境,使现代传媒产业置身于一个丰富、快速、多变的新兴环境之中。

新思路。传统媒体时代,档案宣传在一定程度上受限于媒体的选择。由于档案从来都不是传统媒体的热门,关注度和上镜率很低。偶尔露脸,也只能引起公众一时的关注。因此,公众通过传统媒体了解与认识档案的概率就更低。新媒体的出现,使信息的传播者与受众的身份不再有明显的差别,每个人都可能既是信息的制造者又是信息的传播者,同时又充当信息接受者。这就使档案机构和档案人可以不再受限于传统媒体和媒体人的偏好,自主决定宣传的内容、方式、方法、渠道和频率。大量档案机构、档案人主办的档案网站、档案微博、档案微信、档案公众号的出现,使档案与公众见面、互动的机会大增。在这种环境下,原有的档案宣传思路已经不适应新媒体时代的要求,适时做出改变,才能有立足之地,才能有所作为。

新方法。新媒体采用的最新方法,就是以手机为视听终端,手机上网为平台的个性化即时信息传播载体。它是以大众为传播目标,以定向为传播目的,以及时为传播效果,以互动为传播应用的大众传媒平台。新媒体为档案宣传与传播提供了便利条件。如何用好新媒体,不仅是档案宣传的需要,也是档案工作现实的需要,是档案事业生存发展的需要。

新任务。近年来,微博、微信、自媒体、移动客户端、公众号在档案圈内快速繁衍,已经成为档案工作、档案宣传、档案传播的重要手段与方式。一方面,采用新媒体进行档案宣传成为一项新的任务;另一方面,各种新媒体所产生的记录的归档及档案化管理亦是档案工作者更为重要的任务。相比之下,这一任务较之运用新媒体进行档案宣传,更重要,更紧迫①。

---

① 吴雁平.档案新媒体研究与应用[EB/OL].(2017-06-06)[2018-10-24].bianke.cnki.net/Home/Corpus/11455.html.

5.1 样本选择

新媒体研究是档案学研究的重要内容,属于档案学科新兴且重要的组成部分,同时也是信息社会下档案工作与档案事业的重要组成部分。新媒体研究数据是重要的档案学与档案学术资源,对新媒体研究数据进行定量研究,是用好用活档案资源,充分展示我国改革开放的历史进程、伟大成就和宝贵经验的一种方式。改革开放以来,新媒体研究得到了快于档案学科的长足进步与发展。总结、回顾新媒体研究的发展历程,不仅是档案学建设发展的需要,也是档案工作、档案事业发展的需要。

我们以中国知网为样本来源,检索范围:中国学术期刊网络出版总库,教育期刊,特色期刊,中国博士学位论文全文数据库,中国优秀硕士学位论文全文数据库,中国重要会议论文全文数据库,国际会议论文全文数据库,中国重要报纸全文数据库,中国学术辑刊全文数据库。检索年限:不限。检索时间:2018 年 10 月 22 日。检索条件:发表时间 between(1979-01-01,2018-10-22)并且(主题=新媒体或者题名=新媒体或者主题=网络或者题名=网络),或者(主题=微信或者题名=微信)或者(主题=网站或者题名=网站)或者(主题=微博或者题名=微博)或者(主题=公众号或者题名=公众号)或者(主题=客户端或者题名=客户端)(模糊匹配)。专辑导航:档案学、档案事业。数据库:文献跨库检索。样本文献总数:9098 篇。

5.2 文献统计分析

本部分采用统计分析的方法,从文献总量、发展速度与年度分布,文献资源类型,文献学科分布,文献研究层次,文献类型分布 5 个方面入手,对样本文献进行分析。

5.2.1 文献总量、发展速度与年度分布

从总量上看,有文献发表的 34 年间,共发表文献 9098 篇,以 1985 年 2 篇的基数计,34 年间翻了 12 番多。年均 268 篇,最少时(1985 年)2 篇,最多时(2017 年)862 篇,34 年间增长了近 9097 倍。中位数为 4549 篇。总体趋势见图 5.1。

从年度分布情况看,1985—2018 年新媒体研究文献发表数量总体上呈现出不断上升的趋势。超过 2/3 的数年份(24 年)为上升状态,下降年份(8 年)少,2 年持平。

大体上可分为五个阶段:

第一阶段(1985—1995 年),年平均增长率为 63.49%,为低位快速增长期,总体体量不大(132 篇),一直在低位徘徊。

第二阶段(1996—1999 年),年平均增长率为 57.88%,为中位快速增长期,总量增加加快(215 篇)。

第三阶段(2000—2004 年),年平均增长率为 25.28%,为波动增长期。

第四阶段(2005—2017 年),年平均增长率为 11.83%,为高位低速上升期,达到最高点。

第五阶段自 2018 年起,年平均增长率为-33.6%,研究进入回落期。

总体上看,新媒体研究始终处于上升区间,反映出档案界对新媒体的重视程度在提高。具体的年度分布情况见表 5.1。

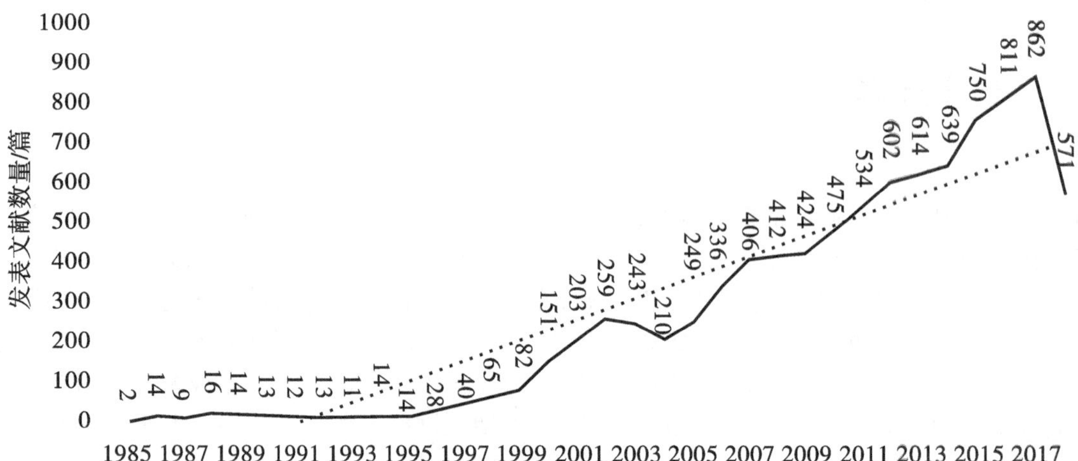

图5.1　1985—2018年新媒体研究文献发表数量及分布趋势

表5.1　1985—2018年新媒体研究文献年度分布情况

序号	年度	发表文献数量/篇	占全部样本/%	发展速度	年增速/%
1	1985	2	0.02		
2	1986	14	0.15	7.00	600.00
3	1987	9	0.10	0.64	-35.71
4	1988	16	0.18	1.78	77.78
5	1989	14	0.15	0.88	-12.50
6	1990	13	0.14	0.93	-7.14
7	1991	12	0.13	0.92	-7.69
8	1992	13	0.14	1.08	8.33
9	1993	11	0.12	0.85	-15.38
10	1994	14	0.15	1.27	27.27
11	1995	14	0.15	1.00	0.00
12	1996	28	0.31	2.00	100.00
13	1997	40	0.44	1.43	42.86
14	1998	65	0.71	1.63	62.50
15	1999	82	0.90	1.26	26.15
16	2000	151	1.66	1.84	84.15
17	2001	203	2.23	1.34	34.44
18	2002	259	2.85	1.28	27.59
19	2003	243	2.67	0.94	-6.18
20	2004	210	2.31	0.86	-13.58
21	2005	249	2.74	1.19	18.57
22	2006	336	3.69	1.35	34.94

续表 5.1

序号	年度	发表文献数量/篇	占全部样本/%	发展速度	年增速/%
23	2007	406	4.46	1.21	20.83
24	2008	412	4.53	1.01	1.48
25	2009	424	4.66	1.03	2.91
26	2010	475	5.22	1.12	12.03
27	2011	534	5.87	1.12	12.42
28	2012	602	6.62	1.13	12.73
29	2013	614	6.75	1.02	1.99
30	2014	639	7.02	1.04	4.07
31	2015	750	8.24	1.17	17.37
32	2016	811	8.91	1.08	8.13
33	2017	862	9.47	1.06	6.29
34	2018	571	6.28	0.66	-33.76
合计		9098	100.00	44.13	1112.89
最高值		862	9.47	7.00	600.00
最低值		2	0.02	0.64	-35.71
平均值		268	2.94	1.34	33.72

从 1985 年第一篇相关文献发表至 2018 年,34 年间,新媒体研究文献总量翻了 12 番多,年均增速为 33.72%,超过 2/3 的年份(24 年)是正向增速,1/2 的数年份(17 年)增速在两位数以上,其中 2 年的增速达到了三位数。

5.2.2 文献研究层次

从文献研究层次分布情况看,9098 篇样本文献涉及多个学科的 18 个不同层次。具体分布情况见表 5.2。

表 5.2 1985—2018 年新媒体研究文献层次分布情况

序号	层次	发表文献数量/篇	占全部样本/%
1	基础研究(社科)	5071	55.74
2	行业指导(社科)	2406	26.45
3	职业指导(社科)	692	7.61
4	工程技术(自科)	249	2.74
5	政策研究(社科)	110	1.21
6	基础与应用基础研究(自科)	66	0.73
7	大众文化	55	0.60
8	大众科普	43	0.47

续表5.2

序号	层次	发表文献数量/篇	占全部样本/%
9	高等教育	31	0.34
10	基础教育与中等职业教育	24	0.26
11	专业实用技术(自科)	24	0.26
12	文艺作品	22	0.24
13	行业技术指导(自科)	18	0.20
14	高级科普(社科)	11	0.12
15	政报、公报、公告、文告	5	0.05
16	经济信息	3	0.03
17	标准与质量控制(自科)	1	0.01
18	其他	267	2.93
合计		9098	100.00

从研究的学科大类看,可分为社会科学、自然科学、教育文化、信息与其他5类。其中社会科学8290篇,占91.12%;自然科学358篇,占3.93%;教育文化175篇,占1.92%;信息8篇,占0.08%;其他267篇,占2.93%。研究明显属于社会科学的范畴,同时涉及自然科学、教育文化、信息及其他学科。

从基础理论研究与应用研究的角度看,属于基础理论研究的有5137篇,占56.46%;属于应用研究的有3961篇,占43.53%。研究偏重基础性理论研究。

从1985年第一篇相关文献发表至2018年,新媒体研究涉及社会科学、自然科学、教育文化、信息及其他5类18个不同层次,总体上属于社会科学范畴,同时略偏重基础性理论研究。

5.2.3　文献类型分布

从文献类型分布情况看,9098篇样本文献中,涉及综述类、政策研究类和其他3个不同类型。具体分布情况见表5.3。

表5.3　1985—2018年新媒体研究文献类型分布情况

序号	文献类型	发表文献数量/篇	占全部样本/%
1	综述类	83	0.91
2	政策研究类	110	1.21
3	其他	8905	97.88
合计		9098	100.00

从表5.3看,一般性论证(其他)文献占近98%,是研究文献的绝对主体;政策性(政策研究类)及宏观性(综述类文献)研究文献则显得单薄。

从1985年第一篇相关文献发表至2018年,在新媒体研究中,一般性论文占绝对优势,政策性、宏观性研究论文相对薄弱。

5.2.4　文献资源类型

从文献资源类型分布看,9098 篇样本文献分布在期刊、硕士、特色期刊、国内会议、报纸、学术辑刊、国际会议、博士 8 种类型资源上。具体分布情况见表 5.4。

表 5.4　1985—2018 年新媒体研究文献资源类型分布情况

序号	资源类型	发表文献数量/篇	占全部样本/%
1	期刊	7758	85.27
2	硕士	569	6.25
3	特色期刊	364	4.00
4	国内会议	312	3.43
5	报纸	41	0.45
6	学术辑刊	30	0.33
7	国际会议	15	0.16
8	博士	9	0.10
合计		9098	100.00

有文献发表的 34 年来,期刊成为新媒体学术研究最主要的文献来源,新媒体研究者近 95% 的学术交流与沟通,有赖于这个渠道和平台。硕博论文、会议论文、报纸在总量上与期刊相差一到两个数量级,与期刊相比,只起着辅助与点缀作用。

总之,新媒体研究已经形成了学术期刊独大,硕博论文、会议论文为辅,报纸为点缀的研究资源体系。

5.2.5　文献学科分布

从文献学科分布情况看,9098 篇样本文献涉及学科超过 30 个。发表文献最多的 15 个学科分布情况见表 5.5。

表 5.5　1985—2018 年发表文献最多的 15 个学科分布情况

序号	学科	发表文献数量/篇	占全部样本/%
1	图书情报档案	7986	87.78
2	教育	577	6.34
3	公共卫生与预防医学	128	1.41
4	计算机	119	1.31
5	工商管理	118	1.30
6	新闻传播	111	1.22
7	公共管理	79	0.87
8	法学	71	0.78

续表 5.5

序号	学科	发表文献数量/篇	占全部样本/%
9	工业经济	64	0.70
10	城市经济	24	0.26
11	农业经济	12	0.13
12	政治	12	0.13
13	管理学	12	0.13
14	社会	11	0.12
15	军事	9	0.10
合计		9333	102.58
总计		9098	100.00
超出		235	2.58

需要说明的是,按15个学科统计的文献数为9333篇,占实际样本数的102.58%;而实际样本数为9098篇;15个学科统计数多于实际文献数235篇。但考虑到实际涉及的学科超过30个,全部学科文献的数量之和或超过实际样本更多。并且图书情报档案专业文献只有7986篇,占全部样本的87.78%。由此可以得知,新媒体研究是一门具有明显学科交叉性的学科,这是因为档案与各项社会活动及工作关系密切。除档案学本学科之外,34年来,与新媒体研究相关性最强的9个学科是:教育、公共卫生与预防医学、计算机、工商管理、新闻传播、公共管理、法学、工业经济、城市经济。

可以说,新媒体研究在保持与档案学学科高相关性的同时,具有明显的跨学科特性。

5.3　文献计量分析

本部分采用计量分析的方法,从文献基金资助分布、文献作者分布、文献机构分布和文献来源分布4个方面对样本文献进行分析。

5.3.1　文献基金资助分布

从样本文献的基金分布情况看,9098篇样本文献中有251篇,得到31种基金项目的支持,占全部样本的2.759%。具体分布情况见表5.6。

表 5.6　1985—2018 年新媒体获得基金资助分布情况

序号	基金名称	发表文献数量/篇	占基金资助文献/%	占全部样本/%
1	国家社会科学基金	182	72.51	2.000
2	河南省软科学研究计划	13	5.18	0.143
3	湖南省社会科学基金	11	4.38	0.121
4	国家自然科学基金	5	1.99	0.055

续表 5.6

序号	基金名称	发表文献数量/篇	占基金资助文献/%	占全部样本/%
5	江苏省教育厅人文社会科学研究基基础	4	1.59	0.044
6	航空科学基金	3	1.20	0.033
7	浙江省教委科研基金	3	1.20	0.033
8	黑龙江省社会科学基金	3	1.20	0.033
9	江苏省科委社会发展基金	2	0.80	0.022
10	江西省自然科学基金	2	0.80	0.022
11	湖南省教委科研基金	2	0.80	0.022
12	安徽省高等学校青年教师科研资助基金	2	0.80	0.022
13	浙江省科技厅基金	1	0.40	0.011
14	陕西省教委基金	1	0.40	0.011
15	北京市教委科技发展基金	1	0.40	0.011
16	辽宁省科学技术基金	1	0.40	0.011
17	辽宁省教育厅高校科研基金	1	0.40	0.011
18	中国地质调查局地质调查项目经费	1	0.40	0.011
19	国家科技基础条件平台建设计划	1	0.40	0.011
20	中国博士后科学基金	1	0.40	0.011
21	江苏省普通高校自然科学研究计划项目	1	0.40	0.011
22	国家留学基金	1	0.40	0.011
23	辽宁省科委基金	1	0.40	0.011
24	教育部留学回国人员科研启动基金	1	0.40	0.011
25	山西省自然科学基金	1	0.40	0.011
26	中国科学院知识创新工程基金	1	0.40	0.011
27	重庆市教委科研基金	1	0.40	0.011
28	长江学者奖励计划	1	0.40	0.011
29	吉林大学创新基金	1	0.40	0.011
30	河南省科技攻关计划	1	0.40	0.011
31	国家科技支撑计划	1	0.40	0.011
合计		251	100.00	2.759
总计		9098		100.000

从基金的层次分布看，国家级基金 6 种 191 篇，占全部样本的 2.099%，占基金资助文献的 76.10%；地方基金 20 种 53 篇，占全部样本的 0.583%，占基金资助文献的 21.12%；部门基金 5 种 7 篇，占全部样本的 0.077%，占基金资助文献的 2.79%。国家层面虽然种类少，但资助文献的数量远高于地方、部门基金的资助数量，是地方、部门基金资助数量之和的 3 倍多。

地方资助涉及安徽、北京、河南、黑龙江、湖南、吉林、江苏、江西、辽宁、山西、陕西、浙江、重庆等 13 个省份，覆盖全国 1/3 以上省份。

总之,新媒体研究有251篇文献获31种基金资助,其中国家资助高于地方、部门资助2倍多。提供地方资助的有13个省份。

5.3.2　文献作者分布

从作者的分布情况看,9098篇文献中,前40位作者共发表文献379篇,占全部样本的4.17%。发表文献最多的40位作者分布情况见表5.7。

表5.7　发表文献最多的40位作者分布情况

序号	作者	发表文献数量/篇	占全部样本/%
1	赵屹	30	0.33
2	张照余	20	0.22
3	管先海	13	0.14
4	谢海洋	13	0.14
5	卞咸杰	12	0.13
6	邓君	12	0.13
7	康蠡	12	0.13
8	朱兰兰	12	0.13
9	陈晓晖	12	0.13
10	马仁杰	11	0.12
11	张卫东	11	0.12
12	金凡	10	0.11
13	周林兴	10	0.11
14	孙大东	9	0.10
15	陈忠海	9	0.10
16	毛业博	9	0.10
17	秦美峰	9	0.10
18	李宗富	9	0.10
19	宋雪雁	9	0.10
20	陈玲霞	8	0.09
21	黄新荣	8	0.09
22	聂云霞	8	0.09
23	王兰成	8	0.09
24	王永平	8	0.09
25	李颖	7	0.08
26	郝伟斌	7	0.08
27	王萍	7	0.08
28	吴建华	7	0.08

续表 5.7

序号	作者	发表文献数量/篇	占全部样本/%
29	颜祥林	7	0.08
30	董中印	7	0.08
31	倪代川	7	0.08
32	赵彦昌	7	0.08
33	苏君华	7	0.08
34	杨飞	7	0.08
35	冉朝霞	7	0.08
36	孙洋洋	6	0.07
37	祝洁	6	0.07
38	项文新	6	0.07
39	锅艳玲	6	0.07
40	许翠花	6	0.07
合计		379	4.17
总计		9098	100.00

按照普赖斯提出的计算公式,核心作者候选人的最低发文数 $M=0.749\sqrt{N_{max}}$,其中 N_{max} 为最高产作者发文数量。有文献发表的 34 年间,新媒体研究文献作者中发表文献最多的为 30 篇,即 $N_{max}=30$,所以 $M=0.749\sqrt{30}\approx4.102$。因此,凡发表 4 篇以上文献的作者均为 1985—2018 年新媒体研究的重要作者。故发表 6 篇文献以上的前 40 位作者不仅是核心作者,而且是核心作者中的高产作者。

总之,新媒体研究已经形成了一批核心作者和以核心作者为基础的高产作者群。整体上看,无论是作者数量,还是发表文献数量,高校作者都是新媒体研究的绝对主力。

5.3.3　文献机构分布

从研究机构分布情况看,9098 篇文献中,前 40 个机构发表文献 2209 篇,占全部文献的 24.28%。如果使用普赖斯公式计算,核心机构数 $M=0.749\sqrt{N_{max}}$,其中 N_{max} 为最高产机构发文数量。这里 $N_{max}=170$,所以 $M=0.749\sqrt{170}\approx9.766$,即发表文献 9 篇以上的为核心研究机构。据此,发表文献前 40 个机构均是核心研究机构中的高产机构。发表文献最多的 40 个机构分布情况见表 5.8。

表 5.8　发表文献最多的 40 个机构分布情况

序号	机构	发表文献数量/篇	占全部样本/%
1	黑龙江大学	170	1.87
2	安徽大学	135	1.48
3	苏州大学	120	1.32
4	上海大学	119	1.31
5	武汉大学	117	1.29

续表5.8

序号	机构	发表文献数量/篇	占全部样本/%
6	郑州大学	109	1.20
7	中国人民大学	103	1.13
8	南京政治学院	98	1.08
9	南京大学	90	0.99
10	河北大学	84	0.92
11	山东大学	83	0.91
12	湘潭大学	75	0.82
13	吉林大学	74	0.81
14	四川大学	63	0.69
15	南昌大学	60	0.66
16	辽宁大学	57	0.63
17	郑州航空工业管理学院	54	0.59
18	福建师范大学	52	0.57
19	中山大学	51	0.56
20	广西民族大学	47	0.52
21	云南大学	45	0.49
22	天津师范大学	41	0.45
23	浙江省档案局	33	0.36
24	浙江大学	30	0.33
25	山西大学	26	0.29
26	西北大学	24	0.26
27	国家档案局	24	0.26
28	北京市档案局	21	0.23
29	四川省档案局	20	0.22
30	华中师范大学	19	0.21
31	湖北大学	19	0.21
32	盐城师范学院	19	0.21
33	辽宁省档案局	19	0.21
34	国家档案局档案科学技术研究所	18	0.20
35	南阳医学高等专科学校	16	0.18
36	华北电力大学	16	0.18
37	扬州大学	16	0.18
38	哈尔滨工程大学	14	0.15
39	河南大学	14	0.15
40	清华大学	14	0.15
合计		2209	24.28
总计		9098	100.00

前40个核心高产机构中有34个高校,发表文献2074篇,占核心高产研究机构发表文献数的93.89%,充分表明高校是新媒体研究极其重要的高产机构群的主体。

从前40个机构中各类机构发表文献的数量及占比情况看,34个高校,占85%;发表文献2074篇,占比达到了24.28%。其中前22位均为高校。5个档案局(馆),占12.5%;发表文献117篇,占比达到了5.3%。1个事业机构,占2.5%;发表文献18篇,占比达到了0.82%。

总之,新媒体研究已经形成稳定的研究机构。其中高校在机构数量及发表文献的数量上均为最高,档案行政管理机关次之,事业机构位列第三。

5.3.4 文献来源分布

从文献来源分布情况看,在9098篇样本文献中,发表文献最多的12种期刊发表文献3343篇,占全部样本的36.74%。具体分布情况见表5.9。

表5.9 发表文献最多的12种期刊发表文献及占比情况

序号	期刊	发表文献数量/篇	占全部样本/%
1	《兰台世界》	960	10.55
2	《黑龙江档案》	486	5.34
3	《办公室业务》	410	4.51
4	《档案与建设》	220	2.42
5	《档案管理》	219	2.41
6	《浙江档案》	186	2.04
7	《中国档案》	171	1.88
8	《兰台内外》	167	1.84
9	《档案学通讯》	155	1.70
10	《北京档案》	137	1.51
11	《湖北档案》	117	1.29
12	《档案学研究》	115	1.26
合计		3343	36.74
总计		9098	100.00

按照布拉德福定律,9098种文献可分为核心区、相关区和非相关区,各个区的论文数量相等(约为3032篇)。故此,发表论文数量居前9位的《兰台世界》《黑龙江档案》《办公室业务》《档案与建设》《档案管理》《浙江档案》《中国档案》《兰台内外》《档案学通讯》(2971篇)处于核心区之中。它们多为档案学期刊,其中档案学核心期刊5种,非核心期刊3种,档案相关学科期刊1种。

发表论文数量居第10~12位的《北京档案》《湖北档案》《档案学研究》3种期刊(369篇)处于相关区。这3种期刊均为档案学期刊,包括档案学核心期刊2种,普通档案学期刊1种。

其他发表论文数量115篇以下的期刊部分在相关区;其他的则在非相关区内。

总体上讲,档案学期刊,尤其是档案学核心期刊,始终是新媒体研究成果发布与交流的主渠道、主阵地,承担着新媒体研究成果发布与交流的主体责任。

可见,新媒体研究总体上已经形成以档案学核心期刊为主,辅以档案学普通期刊及其他相关学科期刊的新媒体研究成果发布与交流体系。

5.4　文献关键词词频及共现分析

本部分采用词频分析的方法,从主题词、高频关键词、关键词共现矩阵、关键词共现网络4个方面对样本文献进行分析。

5.4.1　主题词

从主题词使用频率看,新媒体研究涉及内容广泛,集中在新媒体、档案信息化、机构、档案事务、档案、文件、人7个方面。使用频率最高的35个主题词分布情况见表5.10。

表5.10　使用频率最高的35个主题词分布情况

序号	主题词	使用频率/次	占全部样本/%
1	档案信息资源	1103	12.12
2	档案网站	1049	11.53
3	档案信息	866	9.52
4	档案馆	804	8.84
5	档案管理	748	8.22
6	文化机构	727	7.99
7	网络环境下	594	6.53
8	电子文件	585	6.43
9	档案信息化建设	518	5.69
10	数字档案馆	494	5.43
11	档案工作	478	5.25
12	档案管理工作	476	5.23
13	电子档案	422	4.64
14	计算机	349	3.84
15	档案部门	347	3.81
16	档案局	321	3.53
17	网络环境	294	3.23
18	档案管理网络	276	3.03
19	档案信息化	260	2.86
20	档案馆网站	227	2.50
21	利用者	224	2.46
22	数字档案	200	2.20
23	档案工作者	197	2.17
24	档案利用	195	2.14
25	档案服务	183	2.01

续表 5.10

序号	主题词	使用频率/次	占全部样本/%
26	档案资源	177	1.95
27	档案信息化管理	173	1.90
28	计算机网络	169	1.86
29	档案室	163	1.79
30	网站建设	161	1.77
31	高校档案	159	1.75
32	企业管理	158	1.74
33	档案管理系统	149	1.64
34	信息安全	148	1.63
35	档案管理人员	134	1.47
合计		13 528	148.69
总计		9098(篇)	100.00
最高频率		1103	12.12
最低频率		134	1.47
平均频率		387	4.25

从涉及的主题词看,使用频率最高的 35 个主题词共使用 13 528 频次,占全部样本的 148.69%。也就是说,上述 35 个主题词涵盖了全部样本一遍以上。其中使用频率最高的是“档案信息资源”(1103 频次),使用频率最低的是“档案管理人员”(134 频次),平均使用频率为 387 频次。

从主题词反映出的研究内容看,新媒体研究关注的 35 个主要问题又可归并为新媒体、档案信息化、机构、档案事务、档案、文件、人 7 个大类。

新媒体(档案网站、网络环境下、网络环境、档案管理网络、档案馆网站、计算机网络、网站建设)共使用 2770 频次,占全部样本的 30.45%。它涵盖了新媒体的多个层面,它主要集中在网络与网站 2 个方面,是档案学界新媒体研究相关性最高的主题。

档案信息化(档案信息资源、档案信息、档案信息化建设、计算机、档案信息化、档案信息化管理、档案管理系统、信息安全、档案资源)共使用 3743 频次,占全部样本的 41.14%。它主要集中在档案信息、档案信息化、档案信息资源 3 个方面,是档案学界新媒体研究与关注度第一高的主题。

机构(档案馆、文化机构、数字档案馆、档案部门、档案局、档案室)共使用 2856 频次,占全部样本的 31.39%。它是改革开放以来与档案事业、档案人关系最为密切的问题,也是档案学界一直关注的重要问题之一,是档案学界新媒体研究与关注度第二高的主题。

档案事务(档案管理、档案工作、档案管理工作、档案利用、档案服务、企业管理)共使用 2238 频次,占全部样本的 24.60%。它涵盖了档案事务的多个层面,主要集中在管理、利用、服务上,但没有涉及档案实体的管理。它是档案学界新媒体研究与关注度第三高的主题。

档案(电子档案、数字档案、高校档案)共使用 781 频次,占全部样本的 8.58%。档案本应是档案新媒体研究的本体,但从涉及的 3 个主题看,更注重对非传统新载体档案与专门档案的关注。

文件(电子文件)共使用 585 频次,占全部样本的 6.43%。它与“档案”相当接近,显示出其与档案相关,而且与档案界偏重对新型载体研究的关注一样,关注的重点在新型载体文件上。

人(利用者、档案工作者、档案管理人员)共使用 555 频次,占全部样本的 6.10%。作为档案工作的主体和档案工作服务的对象,6.1%的占比虽不高,但仍然足以说明档案界研究的关注点从来没有离开过档案人自身,但对我们自身关注高于我们服务的对象。

可以说,新媒体研究所涉及内容虽然十分广泛,但全部文献均包含在上述新媒体、档案信息化、机构、档案事务、档案、文件、人 7 类问题上,或者说,档案学界的新媒体研究主要是围绕上述新媒体、档案信息化、机构、档案事务、档案、文件、人 7 个方面容展开的。

5.4.2 高频关键词

表 5.11 是使用频率最高的 15 个高频关键词分布情况。15 个使用频率最高的关键词共使用 4201 频次,占全部样本文献的 46.17%。也就是说,近 1/2 的文献所研究的内容与这 15 个关键词有关。其中使用频率最高的是“档案管理”(739 频次),使用频率最低的是“微信公众平台”(127 频次),平均使用频率为 280 频次。

表 5.11　使用频率最高的 15 个高频关键词分布情况

序号	关键词	使用频率/次	占全部样本/%
1	档案管理	739	8.12
2	档案	594	6.53
3	网络环境	377	4.14
4	档案网站	332	3.65
5	信息化	281	3.09
6	档案信息	271	2.98
7	网络	233	2.56
8	档案馆	225	2.47
9	管理	212	2.33
10	电子档案	182	2.00
11	数字化	161	1.77
12	高校	159	1.75
13	数字档案馆	156	1.71
14	对策	152	1.67
15	微信公众平台	127	1.40
合计		4201	46.17
总计		9098(篇)	100.00
平均		280	3.08

从关键词反映出的研究内容来看,新媒体研究关注度最高的 15 个问题可以归纳为档案事务、新媒体、档案、机构、信息化 5 个方面。它们占全部样本的 46.17%,接近全部研究文献的半数。

档案事务(档案管理、管理、对策)的使用频率为 1103 频次,占全部样本文献的 12.12%。它是新媒体研究关注度最高的问题。简单地说,超过 1/10 的新媒体研究是围绕“档案事务”进行的。这反映出新媒体研究具有鲜明的管理性特征,也反映出新媒体研究关注的重心仍然在“档案事务”上。

新媒体(网络环境、档案网站、网络、微信公众平台)的使用频率为 1069 频次,占比 11.75%。它是新媒体研究关注度第二高的问题。简单地说,超过 1/10 的新媒体研究是围绕“网络”“网站”“微信”进行的。这反映出新媒体研究具有鲜明的新媒体特征。

档案(档案、档案信息、电子档案)的使用频率为 1047 频次,占比 11.51%,仅仅次于核心问题“新媒体”。简单地说,超过 1/10 的新媒体研究是围绕“档案”开展的。这说明“档案”本体研究也是新媒体研究最基本的问题,受到档案研究者的高度重视,是新媒体研究持续关注度最高的问题之一。

机构(档案馆、高校、数字档案馆)使用 540 频次,占比 5.94%。

信息化(信息化、数字化)使用 442 频次,占比 4.86%。

可以说,新媒体研究内容虽然广泛,但近半数的研究关注的重点集中在档案事务、新媒体、档案、机构、信息化 5 类 15 个热词所涉及的问题上。

5.4.3 关键词共现矩阵

本部分采用关键词共现分析的方法,对 1985—2018 年新媒体研究的 9098 篇文献进行分析。

矩阵提取使用频率最高的 20 个关键词,将这 20 个关键词形成 20×20 的共词矩阵。如果某两个关键词同时出现在一篇文章中,就表明这两者之间存在相关关系,关键词右侧或下方对应位置的数值表示篇数。图 5.2 是 1985—2018 年新媒体研究文献使用频率最高的 20 个高频关键词共现矩阵。

图 5.2 显示,2017 年新媒体研究文献关键词共现有 84 组,共现率为 42%。共现次数 100 次以上的关键词组合有 1 组,共现率为 0.5%。共现次数 50～99 次的关键词组合有 4 组,共现率为 2%。共现次数 30～49 次的关键词组合有 5 组,共现率为 2.5%。

以横轴为准计:

20 组共现关键词中有 16 组与档案直接相关,占共现关键词的 8%。

20 组共现关键词中有 13 组与档案管理直接相关,占共现关键词的 6.5%。

20 组共现关键词中有 10 组与网络环境直接相关,占共现关键词的 5%。

20 组共现关键词中各有 7 组与档案信息、信息化、网络直接相关,分别占共现关键词的 3.5%。

20 组共现关键词中有 6 组与档案网站直接相关,占共现关键词的 3%。

20 组共现关键词中各有 5 组与档案馆、管理直接相关,占共现关键词的 2.5%。

20 组共现关键词中各有 2 组与电子档案、数字化、高校直接相关,分别占共现关键词的 1%。

余下的 2 组分别与数字档案馆、信息安全 2 个关键词有关,但共现次数均为 1 组,属于低相差度高频词。

另外,对策、微信公众平台、档案信息资源、电子文件、信息服务、网络化 6 个无共现高频词。

共现次数在 100 次以上的特高共现高频关键词有 1 组,即:

档案管理与信息化:106 次。

共现次数在 50～99 次的超高共现高频关键词有 4 组,分别是:

档案管理与网络环境:54 次。

档案与信息化:60 次。

档案与网络:58 次。

档案与管理:72 次。

共现次数在 30～49 次的高共现高频关键词有 5 组,分别是:

档案管理与网络:32 次。

档案与网络环境:43 次。

档案与数字化:40 次。

档案与高校:38 次。

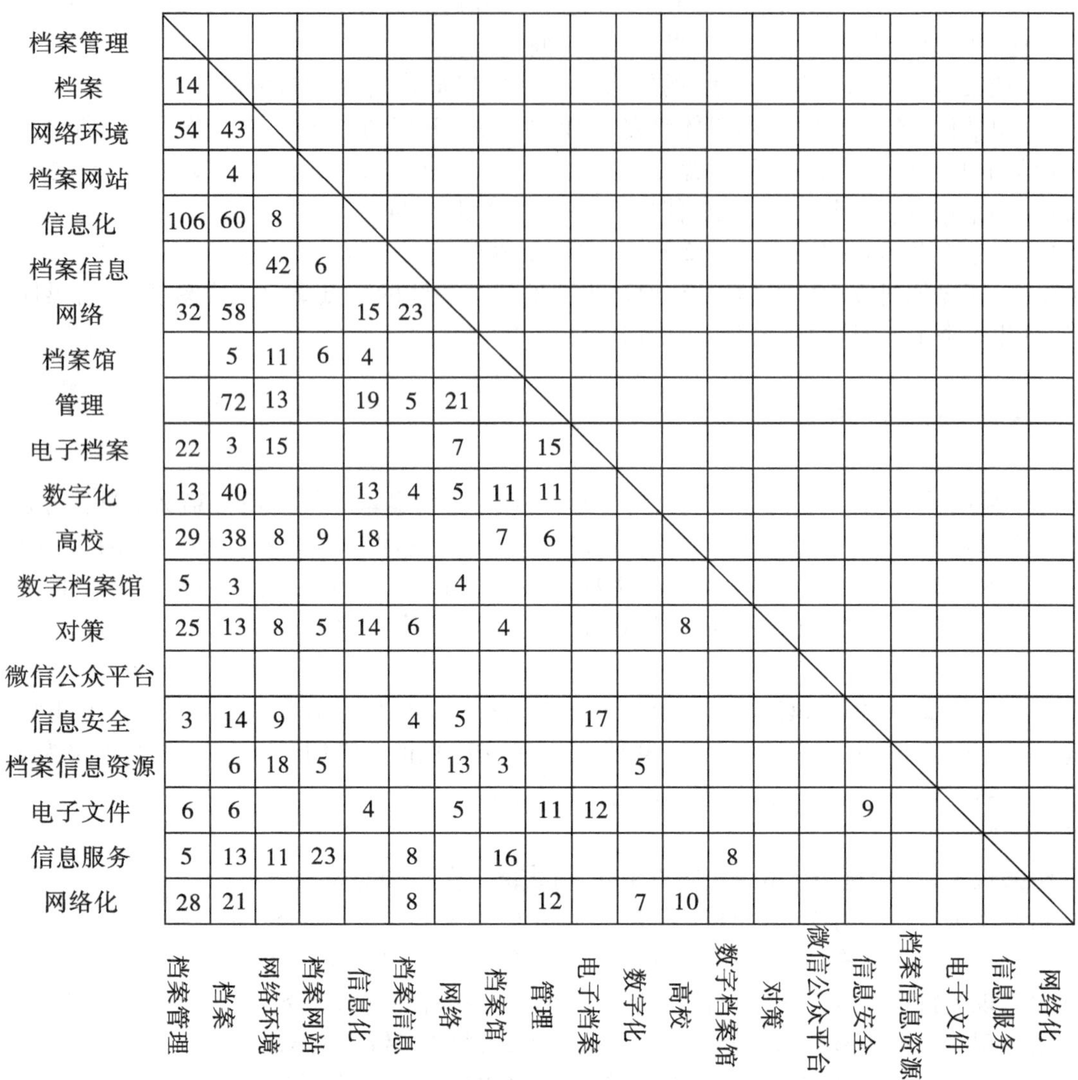

	档案管理	档案	网络环境	档案网站	信息化	档案信息	网络	档案馆	管理	电子档案	数字化	高校	数字档案馆	对策	微信公众平台	信息安全	档案信息资源	电子文件	信息服务	网络化
档案管理																				
档案	14																			
网络环境	54	43																		
档案网站		4																		
信息化	106	60	8																	
档案信息			42	6																
网络	32	58			15	23														
档案馆		5	11	6	4															
管理		72	13		19	5	21													
电子档案	22	3	15				7		15											
数字化	13	40			13	4	5	11	11											
高校	29	38	8	9	18			7	6											
数字档案馆	5	3					4													
对策	25	13	8	5	14	6		4				8								
微信公众平台																				
信息安全	3	14	9			4	5			17										
档案信息资源		6	18	5			13	3			5									
电子文件	6	6			4		5		11	12						9				
信息服务	5	13	11	23		8		16					8							
网络化	28	21				8			12		7	10								

图5.2　1985—2018年新媒体研究文献高频关键词共现矩阵

网络环境与档案信息:42次。

归纳起来,1985—2018年新媒体研究的重点集中在档案管理与网络、档案与网络两个方向上。或者说,1985—2018年新媒体研究主要是在档案管理与网络、档案与网络两个主要方向上展开的。

从共现组数看,由于高共现频率的20个高频关键词的共现组数达84组,特高、超高与高共现词有10组,占全部共现组的11.90%。1985—2018年新媒体研究形成了比较突出的高相关共现关键词群,研究的集中趋势比较明显。

可以说,共现矩阵显示研究主要是在档案管理与网络、档案与网络两个方向上展开,形成了比较突出的高相关共现关键词群,集中趋势比较明显。

5.4.4　关键词共现网络

本部分采用关键词共现分析的方法,对1985—2018年新媒体研究的9098篇文献进行分析。

在关键词共现网络中,关键词之间的关系可以用连线来表示,连线多少和粗细代表关键词间的亲疏程度,连线越多,代表该关键词与其他关键词共现次数越多,越是研究领域极其重要的和热点研究内容。使用知网提供的工具,可获得 1985—2018 年新媒体研究高频词共词网络图谱(扫描二维码)。

从高频词共词网络图谱中可以直观地看出:1985—2018 年新媒体研究可分为 6 个聚类群组。它们分别以“档案管理”、“档案网站”、“档案信息资源”、“数字档案馆”、“微信公众平台”、“档案馆”与“信息服务”为核心关键词。其中“档案管理”“档案网站”“档案信息资源”“数字档案馆”“微信公众平台”为单核心群组,其中 4 个为单词群组。“档案馆”与“信息服务”为双核心双词群组。

在以“档案管理”为核心的主群组中一共有 13 个相关关键词,除了“档案馆”之外,还有“网络环境”“档案信息”“信息化”3 个次核心关键词。三者中的“网络环境”与主核心“档案管理”距离相对较近。“档案信息”“信息化”,一个共现率相对较高,一个距离较近。群组内各关键词间关联性强的较多,团组效应明显。群组与“档案网站”、“档案信息资源”、“数字档案馆”、“档案馆”与“信息服务”4 个群组有关联,且联系相对紧密;与“微信公众平台”没有直接联系。

“档案网站”、“档案信息资源”、“数字档案馆”、“档案馆”与“信息服务”4 个群组除与“档案管理”主核心群组中的多个关键词有关系外,相互之间也有联系,属于紧凑型高相关群组。“微信公众平台”处在整个网络外围的位置,目前的规模相对比较小,但会成为日后新媒体研究的热点。

5.5　结语

综上,通过对 1985—2018 年新媒体研究文献的数据分析,我们可以得出如下结论:

从规模与发展速度上看,有文献发表的 34 年间,新媒体研究文献总量翻了 12 番多,年均增速为 33.72%,超过 2/3 的年份(24 年)是正向增速,1/2 的年份(17 年)增速在两位数以上,其中 2 年的增速达到了三位数。总体上呈现不断上升的趋势。

从文献研究层次上看,新媒体研究涉及社会科学、自然科学、教育文化、信息及其他 5 类 18 个不同层次,总体上属于社会科学范畴,同时研究略微偏重基础性理论研究。

从文献类型分布情况看,在新媒体研究中,一般性论文占绝对优势,政策性、宏观性研究论文相对薄弱。

从资源类型分布情况看,新媒体研究形成了学术期刊独大,硕博论文、会议论文为辅,报纸为点缀的研究资源体系。

从样本文献的学科分布情况看,新媒体研究在保持与档案学高相关性的同时,具有明显的跨学科特性。

从样本文献的基金分布情况看,新媒体研究有 251 篇文献获 31 种基金资助,其中国家资助高于地方、部门资助 2 倍多。提供地方资助的有 13 个省份。

从作者的分布情况看,新媒体研究已经形成以高校作者为主的一批核心作者和高产作者群。

从研究机构分布情况看,新媒体研究已经形成稳定的研究机构。其中高校在机构数量及发表文献的数量上占比均为最高,档案行政管理机关次之,事业机构位列第三。

从文献来源分布情况看,新媒体研究总体上已经形成以档案学核心期刊为主,辅以档案学普通期刊及其他相关学科期刊的新媒体研究成果发布与交流体系。

从主题词使用频率看,新媒体研究主题集中在新媒体、档案信息化、机构、档案事务、档案、文件、人 7 个方面。

从高频率关键词分布看,新媒体研究关注的重点半数以上集中在档案事务、新媒体、档案、机构、信息化 5 类 15 个热词所涉及的问题上。

从高频词共现矩阵看,共现矩阵显示研究主要是在档案管理与网络、档案与网络两个方向上展开,形成了比较突出的高相关共现关键词群,集中趋势比较明显。

共现网络表明,“档案管理”、“档案网站”、“档案信息资源”、“数字档案馆”、“档案馆”与“信息服务”是新媒体研究的重要问题;“微信公众平台”处在整个网络外围的位置,目前的规模相对比较小,但会成为日后新媒体研究的热点。

6 电子档案

电子档案自 20 世纪 90 年代提出后，一直是档案界的热门研究内容。与电子图书研究在 2003 年达到顶峰后，自 2010 年开始降温不同，档案界关于电子档案的研究，至今热度不减。研究沿着理论与实务两个方向推进①。

2016 年 8 月 29 日，发布的新版国家标准《电子文件归档与电子档案管理规范》(GB/T 18894—2016)(简称“2016 年版规范”)将“电子档案”定义为：“具有凭证、查考和保存价值并归档保存的电子文件。”首次以国家标准的形式对“电子档案”进行了定义。这在 2002 年 12 月 4 日发布的老版国家标准《电子文件归档与管理规范》(GB/T 18894—2002)(简称“2002 年版规范”)中是没有的。“明确了电子文件与电子档案之间的联系与区别。”这为“电子档案”的研究与管理确定了对象。

由于电子档案源于电子文件，且与电子文件联系紧密，使得电子档案研究与电子文件研究，不仅起步时间略同，规模大小相当，而且分布曲线相似，发展趋势相近。电子档案研究成为与电子文件研究具有同等重要价值和地位的档案学研究持续性热点，并且在内容上也有许多相似、相近的地方。

从近年来电子档案研究的 33 个热点主题“电子档案、电子文件、纸质档案、档案管理、计算机、电子档案信息、档案管理工作、文件归档、电子档案管理、原始性、电子档案袋、电子档案管理系统、档案管理人员、纸质文件、信息安全、档案信息、电子档案系统、电子档案袋评价、医院电子档案、软磁盘、企业管理、企业电子档案、档案工作、档案安全管理、档案馆、传统档案、电子文件档案、高校电子档案、电子化、磁性载体、档案部门、文化机构、信息时代”当中不难看出，热点主题中不乏与电子文件相关的内容和电子文件研究关注的内容。在这种与电子文件存在内容交叉的情况下，研究电子档案时，至少有三点与研究电子文件不同的地方。

第一点是研究的对象不同。虽然电子档案是由电子文件归档保存而来，但电子档案并不是电子文件的全部，只能是“具有凭证、查考和保存价值并归档保存的电子文件”。内容没变，性质已然不同。

第二点是研究的目的不同。文件是办事的工具，档案是记事的工具。文件研究突出的是办事的便捷、可靠、有效。档案研究突出的是真实、准确、可控。

第三点是研究的立场不同。如果将电子档案视为“本传”的话，电子文件研究的就是“前传”——电子档案的前身。如果将电子文件视为“本传”的话，电子档案研究的就是“后传”——电子文件的归宿。从电子档案的视角，档案学人与档案人更应该以档案的立场出发，将研究的重点放在“电子档案”本传上。

这些不同之处，从近两年设立的中国电子档案管理论坛的主题与研究方向上可见一斑。

2018 年，首届中国电子档案管理论坛召开，将电子档案管理推上一个新的高度。论坛以“发展与

---

① 吴雁平. 电子档案管理实务[EB/OL].(2017-07-18)[2018-10-25]. http://bianke.cnki.net/Home/Corpus/13310.html.

创新——新时代中国电子档案管理研究”为主题,从理论与实践两个方面,围绕中国电子档案管理发展的历史与现实、信息化背景下中国电子档案管理、大数据与电子档案管理、电子档案与智慧档案(馆)建设、电子政务与电子档案管理、企业电子档案管理、中国电子档案管理的其他问题展开研究。

2019年,第二届中国电子档案管理论坛召开。论坛以“新时代中国电子档案管理的创新与发展”为主题,仍然围绕理论与实践两条轴线,从大数据时代电子档案管理现状与发展、电子文件归档管理实用机制、电子档案管理的单套制实现、电子档案价值实现、电子档案管理与数字档案馆、电子档案与在线政务、服务电子档案与智慧城市建设、智慧时代的电子档案管理系统8个方面展开研究。

所以,电子档案+电子文件、电子档案+归档、电子档案+电子政务、电子档案+在线政务、电子档案+档案馆(室)、电子档案+数字档案馆(室)、电子档案+智慧档案馆(室)、电子档案+管理系统、电子档案+大数据、电子档案+安全、电子档案+服务、电子档案+数字人文等问题,成为今后相当长时间内电子档案研究的热点。

电子档案研究之所以持续“高烧”不退,或许是因为电子档案不同于之前的各种肉眼可见的档案,具有虚拟性。这种感觉是因为我们的认知仍然以是否可见为界,对不可见物有一种不踏实的感觉。回头看看人类记录材料的进化过程,从金石到泥板,从简帛到羊皮纸,再从纸张到磁介质,一直在一步步从坚实向纤软,粗大向细小转变。其实电子档案只是档案载体微观化进程中的一个节点,不会是终点。

人们从事研究,一半是出于好奇,另一半则是出于担心。档案人的研究多出于担心。我们的担心是正常的,但有时也是“多余”的。随着科学技术的进步,档案会以更加微观化或目前难以理解的方式出现在我们的面前。或许量子档案正从不远处向我们走来,在某一个早上轻轻敲开档案馆的大门,替代电子档案,接过“记事”的接力棒,向着下一个交接点奔去①。

6.1 样本选择

电子档案研究是档案信息化研究的重要内容,属于档案学科在信息社会重要的组成部分,同时也是信息化社会档案工作与档案事业的重要组成部分。电子档案研究数据是重要的档案信息化与档案学术资源,对电子档案研究数据进行定量研究,是用好用活档案资源,充分展示我国改革开放的历史进程、伟大成就和宝贵经验的一种方式。改革开放以来,电子档案研究发展快于档案学科其他研究的进步与发展。总结、回顾电子档案研究发展历程,不仅是档案信息化建设发展的需要,也是档案工作、档案事业发展的需要。

我们以中国知网为样本来源,检索范围:中国学术期刊网络出版总库,特色期刊,中国博士学位论文全文数据库,中国优秀硕士学位论文全文数据库,中国重要会议论文全文数据库,国际会议论文全文数据库,中国重要报纸全文数据库,中国学术辑刊全文数据库,外文期刊,国际会议。检索年限:不限。检索时间:2018年10月23日。检索条件:发表时间between(1979-01-01,2018-10-23)并且(主题=电子档案或者题名=电子档案)(模糊匹配)。样本文献总数:18 695篇。

① 吴雁平.电子档案研究[EB/OL].(2017-07-18)[2018-10-25].http://bianke.cnki.net/Home/Corpus/13308.html.

6.2　文献统计分析

本部分采用统计分析的方法，从文献总量、发展速度与年度分布，文献研究层次，文献类型，文献资源类型，文献学科分布5个方面入手，对样本文献进行分析。

6.2.1　文献总量、发展速度与年度分布

从总量上看，有文献发表的38年来，共发表文献18 695篇，以1980年1篇的基数计，38年间翻了近14番。年均492篇，最少时(1980年)1篇，最多时(2014年)1642篇，38年间增长了近18 695倍。中位数为9348篇。总体趋势见图6.1。

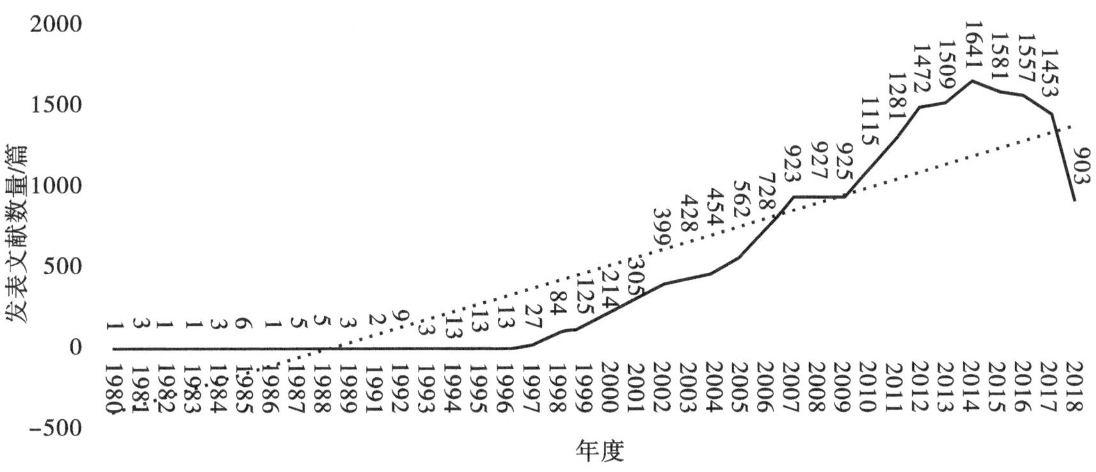

图6.1　1980—2018年电子档案研究文献发表数量及分布趋势

从年度分布情况看，1980—2018年电子档案研究文献发表数量总体上呈现不断上升的趋势。超半数年份(23年)为上升状态，下降年份(10年)少，4年持平。

大体上可分为四个阶段：

第一阶段(1980—1996年)，年平均增长率为86.22%，为低位快速增长期，总体体量不大(82篇)，一直在低位徘徊。

第二阶段(1997—2007年)，年平均增长率为55.06%，为高位超高速增长期，年发表文献数量上了一个数量级，总量增加速度加快(4249篇)。

第三阶段(2008—2014年)，年平均增长率为8.83%，为高位低速增长期，年发表文献数量再上一个数量级，达到峰值。

第四阶段(2015—2018年)，年平均增长率为-12.43%，研究进入回落期。

具体的年度分布情况见表6.1。

表6.1 1980—2018年电子档案研究文献年度分布情况

序号	年度	发表文献数量/篇	占全部样本/%	发展速度	年增速/%
1	1980	1	0.005		
2	1981	3	0.016	3.00	200.00
3	1982	1	0.005	0.33	-66.67
4	1983	1	0.005	1.00	0.00
5	1984	3	0.016	3.00	200.00
6	1985	6	0.032	2.00	100.00
7	1986	1	0.005	0.17	-83.33
8	1987	5	0.027	5.00	400.00
9	1988	5	0.027	1.00	0.00
10	1989	3	0.016	0.60	-40.00
11	1991	2	0.011	0.67	-33.33
12	1992	9	0.048	4.50	350.00
13	1993	3	0.016	0.33	-66.67
14	1994	13	0.070	4.33	333.33
15	1995	13	0.070	1.00	0.00
16	1996	13	0.070	1.00	0.00
17	1997	27	0.144	2.08	107.69
18	1998	84	0.449	3.11	211.11
19	1999	125	0.669	1.49	48.81
20	2000	214	1.145	1.71	71.20
21	2001	305	1.631	1.43	42.52
22	2002	399	2.134	1.31	30.82
23	2003	428	2.289	1.07	7.27
24	2004	454	2.428	1.06	6.07
25	2005	562	3.006	1.24	23.79
26	2006	728	3.894	1.30	29.54
27	2007	923	4.937	1.27	26.79
28	2008	927	4.959	1.00	0.43
29	2009	925	4.948	1.00	-0.22
30	2010	1115	5.964	1.21	20.54
31	2011	1281	6.852	1.15	14.89
32	2012	1472	7.874	1.15	14.91
33	2013	1509	8.072	1.03	2.51
34	2014	1641	8.778	1.09	8.75
35	2015	1581	8.457	0.96	-3.66
36	2016	1557	8.328	0.98	-1.52
37	2017	1453	7.772	0.93	-6.68

续表 6.1

序号	年度	发表文献数量/篇	占全部样本/%	发展速度	年增速/%
38	2018	903	4.830	0.62	-37.85
合计		18 695	100.00	56.11	1911.05
最高值		1641	8.78	5.00	400.00
最低值		1	0.01	0.17	-83.33
平均值		492	2.63	1.52	51.65

在有文献发表的 38 年间,电子档案研究文献总量翻了近 14 番,年均增速为 51.65%,超半数年份(23 年)是正向增速,近半数年份(18 年)增速在两位数以上,近 1/4 年份(8 年)的增速达到了三位数。

6.2.2　文献研究层次

从文献研究层次分布情况看,18 695 篇样本文献涉及多个学科的 20 个不同层次。具体分布情况见表 6.2。

表 6.2　1980—2018 年电子档案研究文献层次分布情况

序号	层次	发表文献数量/篇	占全部样本/%
1	基础研究(社科)	9639	51.56
2	行业指导(社科)	4521	24.18
3	职业指导(社科)	1952	10.44
4	工程技术(自科)	782	4.18
5	政策研究(社科)	287	1.54
6	基础与应用基础研究(自科)	190	1.02
7	大众文化	182	0.97
8	大众科普	143	0.76
9	基础教育与中等职业教育	118	0.63
10	专业实用技术(自科)	91	0.49
11	文艺作品	78	0.42
12	高等教育	78	0.42
13	行业技术指导(自科)	54	0.29
14	经济信息	30	0.16
15	高级科普(社科)	21	0.11
16	政报、公报、公告、文告	7	0.04
17	政策研究(自科)	3	0.02
18	党的建设与党员教育	2	0.01
19	标准与质量控制(自科)	1	0.01
20	其他	516	2.76
合计		18 695	100.00

从研究的学科大类看,可分为社会科学、自然科学、教育文化、信息与其他 5 类。其中社会科学 16 420 篇,占 87.83%;自然科学 1121 篇,占 6%;教育文化 601 篇,占 3.21%;信息 37 篇,占 0.20%;其他 516 篇,占 2.76%。研究明显属于社会科学的范畴,同时涉及自然科学、教育文化、信息及其他学科。

从基础理论研究与应用研究的角度看,属于基础理论研究的有 9829 篇,占 52.58%;属于应用研究的有 8866 篇,占 47.42%。理论研究与应用研究大体相当,略偏重基础性理论研究。

可见,电子档案研究涉及社会科学、自然科学、教育文化、信息及其他 5 类 18 个不同层次,总体上属于社会科学范畴,理论研究与应用研究大体相当,略偏重基础性理论研究。

6.2.3 文献类型分布

从文献类型分布情况看,18 695 篇样本文献中,涉及综述类、政策研究类和其他 3 个不同类型。具体分布情况见表 6.3。

表 6.3 1980—2018 年电子档案研究文献类型分布情况

序号	文献类型	发表文献数量/篇	占全部样本/%
1	综述类	145	0.78
2	政策研究类	290	1.55
3	其他	18 260	97.67
合计		18 695	100.00

从表 6.3 看,一般性论证(其他)文献是研究文献的绝对主体,占比超过 97%;政策性(政策研究类)及宏观性(综述类)研究文献则显得单薄,合计占比不到 3%。

总之,电子档案研究中一般性论文占绝对优势,政策性、宏观性研究论文非常薄弱。

6.2.4 文献资源类型

从文献资源类型分布情况看,18 695 篇样本文献分布在期刊、特色期刊、国内会议、硕士、报纸、学术辑刊、国际会议、博士 8 种类型资源上。具体分布情况见表 6.4。

表 6.4 1980—2018 年电子档案研究文献资源类型分布情况

序号	资源类型	发表文献数量/篇	占全部样本/%
1	期刊	16 285	87.11
2	特色期刊	892	4.77
3	国内会议	734	3.93
4	硕士	519	2.78
5	报纸	171	0.91
6	学术辑刊	58	0.31
7	国际会议	28	0.15
8	博士	9	0.05
合计		18 695	100.01

有文献发表的38年间,期刊成为电子档案学术研究最主要的文献来源,电子档案研究者近93%(17 235篇,92.19%)的学术交流与沟通,有赖于这个渠道和平台。会议论文、硕博论文与之相差一个数量级,与期刊相比,只起着辅助作用。报纸在总量上与期刊相差两个数量级,与期刊相比,只起着点缀作用。

总之,电子档案研究已经形成了学术期刊独大,会议论文、硕博论文为辅,报纸为点缀的研究资源体系。

6.2.5 文献学科分布

从文献学科分布情况看,18 695篇样本文献涉及学科超过50个。发表文献最多的15个学科分布情况见表6.5。

表6.5 1980—2018年发表文献最多的15个学科分布情况

序号	学科	发表文献数量/篇	占全部样本/%
1	图书情报档案	15 884	84.96
2	教育	984	5.26
3	工商管理	487	2.60
4	公共卫生与预防医学	332	1.78
5	工业经济	277	1.48
6	公共管理	232	1.24
7	法学	134	0.72
8	城市经济	120	0.64
9	计算机	108	0.58
10	农业经济	68	0.36
11	新闻传播	44	0.24
12	保险	42	0.22
13	金融	41	0.22
14	财政	40	0.21
15	水利工程	39	0.21
合计		18 832	100.73
总计		18 695	100.00
超出		137	0.73

需要说明的是,按15个学科统计的文献量为18 832篇,占实际样本数的100.73%;而实际样本数为18 695篇,15个学科统计数多于实际文献数137篇。但考虑到实际涉及的学科超过50个,全部学科文献的数量之和可能接近或超过实际样本。并且图书情报档案专业文献只有15 884篇,占全部样本的84.96%。由此可以推知,电子档案研究是一门以档案学为主导,具有明显学科交叉性的学科。除档案学本学科之外,与电子档案研究相关性最强的8个学科分别是:教育、工商管理、公共卫生与预防医学、工业经济、公共管理、法学、城市经济、计算机。

可以说,电子档案研究在保持与档案学学科重相关性的同时,具有明显的跨学科特性。

6.3 文献计量分析

本部采用计量分析的方法,从文献基金资助分布、文献作者分布、文献机构分布和文献来源分布4个方面对样本文献进行分析。

6.3.1 文献基金资助分布

从样本文献的基金分布情况看,18 695 篇样本文献中有181 篇得到33 种基金项目的支持,占全部样本的0.968%。具体分布情况见表6.6。

表6.6 1980—2018 年电子档案获得基金资助分布情况

序号	基金名称	发表文献数量/篇	占基金资助文献/%	占全部样本/%
1	国家社会科学基金	112	61.88	0.599
2	国家自然科学基金	19	10.50	0.102
3	北京市科技计划项目	4	2.21	0.021
4	河南省科技攻关计划	4	2.21	0.021
5	湖南省社会科学基金	3	1.66	0.016
6	河南省软科学研究计划	3	1.66	0.016
7	天津市科学基金	3	1.66	0.016
8	山东省软科学研究计划	2	1.10	0.011
9	湖南省教委科研基金	2	1.10	0.011
10	国家留学基金	2	1.10	0.011
11	黑龙江省社会科学基金	2	1.10	0.011
12	江苏省教育厅人文社会科学研究基金	2	1.10	0.011
13	航空科学基金	2	1.10	0.011
14	山西省自然科学基金	2	1.10	0.011
15	山东省科委基金	1	0.55	0.005
16	宁夏自然科学基金	1	0.55	0.005
17	中国博士后科学基金	1	0.55	0.005
18	辽宁省科学技术基金	1	0.55	0.005
19	辽宁省科委基金	1	0.55	0.005
20	教育部留学回国人员科研启动基金	1	0.55	0.005
21	福建省软科学研究计划	1	0.55	0.005
22	江苏省计算机信息处理技术重点实验室	1	0.55	0.005
23	湖南省软科学研究计划	1	0.55	0.005

续表 6.6

序号	基金名称	发表文献数量/篇	占基金资助文献/%	占全部样本/%
24	海南省教育厅科研基金	1	0.55	0.005
25	宁夏高校科研基金	1	0.55	0.005
26	安徽省教育厅科研基金	1	0.55	0.005
27	山东省教委基金	1	0.55	0.005
28	四川省高等教育新世纪教育改革工程	1	0.55	0.005
29	陕西省自然科学基金	1	0.55	0.005
30	安徽省高等学校青年教师科研资助计划	1	0.55	0.005
31	河北省软科学研究计划	1	0.55	0.005
32	宁夏大学科研基金	1	0.55	0.005
33	国家高技术研究发展计划(863)	1	0.55	0.005
合计		181	100.00	0.968
总计		18 695		100.000

从基金的层次分布情况看,国家级基金 5 种 135 篇,占全部样本的 0.722%,占基金资助文献的 74.59%;地方基金 26 种 43 篇,占全部样本的 0.23%,占基金资助文献的 23.76%;部门基金 2 种 3 篇,占全部样本的 0.016%,占基金资助文献的 1.66%。国家层面虽然种类少,但资助文献的数量远高于地方、部门基金的资助数量,是地方、部门基金资助数量之和的近 3 倍。

地方资助涉及安徽、北京、福建、河北、河南、黑龙江、湖南、江苏、辽宁、宁夏、山东、山西、陕西、四川、天津 15 个省份,覆盖全国近半数省份。

总之,电子档案研究有 181 篇文献获 33 种基金资助,其中国家资助数量是地方、部门资助的近 3 倍。提供地方资助的有 15 个省份,覆盖全国近半数省份。

6.3.2 文献作者分布

从作者的分布情况看,18 695 篇文献中,前 40 位作者共发表文献 365 篇,占全部样本的 1.95%。发表文献最多的 40 位作者分布情况见表 6.7。

表 6.7 发表文献最多的 40 位作者分布情况

序号	作者	发表文献数量/篇	占全部样本/%
1	王巍	34	0.18
2	傅荣校	15	0.08
3	王萍	14	0.07
4	赵屹	13	0.07
5	于英香	12	0.06
6	陶水龙	12	0.06
7	刘家真	12	0.06
8	丁海斌	11	0.06

续表6.7

序号	作者	发表文献数量/篇	占全部样本/%
9	黄凤平	11	0.06
10	田雷	10	0.05
11	刘东斌	10	0.05
12	苏焕宁	9	0.05
13	方昀	9	0.05
14	麻新纯	9	0.05
15	蔡学美	9	0.05
16	吴品才	9	0.05
17	刘越男	8	0.04
18	倪代川	8	0.04
19	裴友泉	8	0.04
20	许桂清	8	0.04
21	陈永生	8	0.04
22	王英玮	8	0.04
23	管先海	8	0.04
24	安小米	8	0.04
25	侯衡	8	0.04
26	黄丽华	7	0.04
27	裴友泉	7	0.04
28	王健	7	0.04
29	杨茜茜	7	0.04
30	王艳明	6	0.03
31	梁绍红	6	0.03
32	杨冬权	6	0.03
33	金更达	6	0.03
34	赵淑梅	6	0.03
35	杨巧玲	6	0.03
36	黄项飞	6	0.03
37	杨茜雅	6	0.03
38	张文浩	6	0.03
39	徐拥军	6	0.03
40	何玲	6	0.03
合计		365	1.95
总计		18695	100.00

按照普赖斯提出的计算公式，核心作者候选人的最低发文数 $M=0.749\sqrt{N_{max}}$，其中 N_{max} 为最高产作者发文数量。有文献发表的 38 年间，电子档案研究文献作者中发表文献最多的为 34 篇，即 $N_{max}=34$，所以 $M=0.749\sqrt{34}\approx4.367$。因此，凡发表 4 篇及以上文献的作者均为 1980—2018 年间电子档案研究的重要作者。故发表 4 篇文献及以上的前 40 位作者不仅是核心作者，而且是核心作者中的高产作者。

可见，电子档案研究已经形成了一大批核心作者和以核心作者为基础的高产作者群。从整体上看，无论是作者数量，还是发表文献数量，高校作者都是电子档案研究的绝对主力。

6.3.3　文献机构分布

从研究机构分布情况看，18 695 篇文献中，前 40 个机构发表文献 2259 篇，占全部样本的 12.08%。如果使用普赖斯公式计算，核心机构的最低发文数 $M=0.749\sqrt{N_{max}}$，其中 N_{max} 为高产机构文章数量。这里 $N_{max}=187$，所以 $M=0.749\sqrt{187}\approx10.242$，即发表文献 10 篇及以上的为核心研究机构。据此，发表文献最多的前 40 个机构均是电子档案研究的高产机构。发表文献最多的 40 个机构分布情况见表 6.8。

表 6.8　发表文献最多的 40 个机构分布情况

序号	机构	发表文献数量/篇	占全部样本/%
1	中国人民大学	187	1.00
2	安徽大学	140	0.75
3	黑龙江大学	112	0.60
4	浙江省档案局	109	0.58
5	辽宁大学	101	0.54
6	苏州大学	100	0.53
7	武汉大学	87	0.47
8	国家档案局	86	0.46
9	上海大学	84	0.45
10	南京政治学院	80	0.43
11	浙江大学	77	0.41
12	天津师范大学	67	0.36
13	吉林大学	63	0.34
14	云南大学	60	0.32
15	北京市档案局	55	0.29
16	郑州大学	53	0.28
17	湘潭大学	49	0.26
18	中山大学	48	0.26
19	云南省档案局	47	0.25
20	山东大学	46	0.25

续表6.8

序号	机构	发表文献数量/篇	占全部样本/%
21	南京大学	46	0.25
22	广西民族大学	46	0.25
23	河北大学	44	0.24
26	辽宁省档案局	43	0.23
29	四川大学	41	0.22
31	江苏省档案局	36	0.19
34	国华徐州发电有限公司	36	0.19
35	湖北大学	31	0.17
36	福建师范大学	31	0.17
37	国家档案局档案科学技术研究所	31	0.17
38	河南大学	29	0.16
39	中原油田分公司	25	0.13
24	广西民族学院	25	0.13
25	郑州航空工业管理学院	24	0.13
27	南昌大学	22	0.12
28	河南省濮阳市档案局	21	0.11
32	湖北省档案局	21	0.11
33	临沂师范学院	20	0.11
40	清华大学	18	0.10
30	沈阳市档案局	18	0.10
合计		2259	12.08
总计		18 695	100.00

前40个核心高产机构中有28个是高校(发表文献1731篇,占核心高产研究机构发表文献数的76.63%),充分表明高校是电子档案研究极其重要的高产机构群的主体。

从前40个机构中各类机构发表文献的数量及占比情况看,28个高校,占70%;发表文献1731篇,占比达到了76.63%。其中前3位均为高校。9个档案局(馆),占22.5%;发表文献436篇,占比达到了19.3%。2个企业,占5%;发表文献61篇,占比达到了2.7%。1个事业单位,占2.5%;发表文献31篇,占比达到了1.37%。

总之,电子档案研究已经形成稳定的研究机构。其中高校在机构数量及发表文献的数量上占比均为最高,档案行政管理机关次之,企业位列第三,事业单位位列第四。

6.3.4 文献来源分布

从文献来源分布情况看,18 695篇样本文献中,发表文献最多的11种期刊发表文献5921篇,占全部样本的31.62%。具体分布情况见表6.9。

表6.9 发表文献最多的11种期刊发表文献及占比情况

序号	期刊	发表文献数量/篇	占全部样本/%
1	《兰台世界》	1396	7.47
2	《办公室业务》	1175	6.29
3	《黑龙江档案》	714	3.82
4	《城建档案》	548	2.93
5	《兰台内外》	363	1.94
6	《中国档案》	348	1.86
7	《黑龙江史志》	337	1.80
8	《机电兵船档案》	335	1.79
9	《浙江档案》	251	1.34
10	《档案与建设》	227	1.21
11	《档案管理》	218	1.17
合计		5912	31.62
总计		18 695	100.00

按照布拉德福定律,18 695 篇文献可分为核心区、相关区和非相关区,各个区的论文数量相等(约6231 篇)。故发表论文数量居前11 位的《兰台世界》《办公室业务》《黑龙江档案》《城建档案》《兰台内外》《中国档案》《黑龙江史志》《机电兵船档案》《浙江档案》《档案与建设》《档案管理》(5912 篇)处于核心区之中。其中9 种为档案学期刊,包括档案学核心期刊4 种,非核心期刊5 种;其他与档案相关期刊2 种。

其他发表论文数量218 篇以下的期刊分处相关区和非相关区内。

总体上讲,档案学期刊是电子档案研究成果发布与交流的主渠道、主阵地,承担着电子档案研究成果发布与交流的主体责任。

可以说,电子档案研究总体上已经形成以档案学期刊为主,相关及其他期刊为辅的成果发布与交流体系。

6.4 文献关键词词频及共现分析

本部分采用词频分析的方法,从主题词、高频关键词、关键词共现矩阵、关键词共现网络4 个方面对样本文献进行分析。

6.4.1 主题词

从主题词使用频率看,有文献发表的38 年间,电子档案研究涉及内容广泛,集中在电子档案、档案事务、档案信息化、文件、档案机构、档案人6 个方面。使用频率最高的33 个主题词分布情况见表6.10。

表6.10　使用频率最高的33个主题词分布情况

序号	主题词	使用频率/次	占全部样本/%
1	电子档案	4745	25.38
2	电子文件	4203	22.48
3	档案管理	2539	13.58
4	档案管理工作	1543	8.25
5	档案信息化建设	1511	8.08
6	计算机	1345	7.19
7	文件归档	1173	6.27
8	纸质档案	1138	6.09
9	档案工作	925	4.95
10	档案信息资源	890	4.76
11	数字档案馆	697	3.73
12	纸质文件	678	3.63
13	档案信息	675	3.61
14	档案信息化	645	3.45
15	档案部门	518	2.77
16	档案馆	507	2.71
17	档案信息化管理	505	2.70
18	文化机构	488	2.61
19	企业管理	479	2.56
20	电子档案信息	463	2.48
21	档案管理人员	442	2.36
22	档案工作者	419	2.24
23	档案管理系统	409	2.19
24	原始性	403	2.16
25	档案局	380	2.03
26	档案事业	377	2.02
27	电子化	350	1.87
28	信息化建设	318	1.70
29	档案室	298	1.59
30	国家档案局	297	1.59
31	企业档案管理	244	1.31
32	数字档案	243	1.30
33	数字化建设	235	1.26
合计		30 082	160.91
总计		18 695(篇)	100.00
平均		912	4.88

从涉及的主题词看，使用频率最高的 33 个主题词共使用 30 082 频次，占全部样本的 160.91%。也就是说，上述 33 个主题词涵盖了全部样本接近两遍。其中使用频率最高的是“电子档案”（4745 频次），使用频率最低的是“数字化建设”（235 频次），平均使用频率为 912 频次。

从主题词反映出的研究内容看，电子档案研究关注的 33 个主要问题又可归并为电子档案、档案事务、档案信息化、文件、档案机构、档案人 6 个大类。

电子档案（电子档案、电子档案信息、数字档案、纸质档案）共使用 6589 频次，占全部样本的 35.24%。档案是电子档案研究的本体，但从涉及的 4 个主题看，更注重对新型载体档案的关注与重视。

档案事务（档案管理、档案管理工作、文件归档、档案工作、企业管理、档案工作者、原始性、档案事业、企业档案管理）共使用 8102 频次，占全部样本的 43.34%。它涵盖了档案事务的多个层面，主要集中在管理层面，但不包括对档案实体的管理。它是档案学界研究与关注度最高的主题。

档案信息化（档案信息化建设、档案信息资源、档案信息、档案信息化、档案信息化管理、档案管理系统、电子化、信息化建设、数字化建设、计算机）共使用 6883 频次，占全部样本的 36.82%。它涵盖了档案信息化的多个层面，主要集中在信息化与信息两个层面，是档案学界研究与关注度第二高的主题。

文件（电子文件、纸质文件）共使用 4881 频次，占全部样本的 26.11%。与“电子档案”比较接近，显示出其与电子档案的高相关性，是电子档案研究关注的重点之一。

档案机构（数字档案馆、档案部门、档案馆、文化机构、档案局、档案室、国家档案局）共使用 3185 频次，占全部样本的 17.04%。机构问题是改革开放以来与档案事业、档案人关系最为密切的问题，也是档案学界一直关注的重要问题之一。

档案人（档案管理人员）共使用 442 频次，占全部样本的 2.36%。作为档案工作的主体，档案界研究的关注点从来没有离开过档案人自身，却没有涉及我们服务的对象。这表明电子档案相关研究还没进入利用服务应用阶段。

可以说，档案学界电子档案研究所涉及的内容虽然十分广泛，但全部文献均包含在上述电子档案、档案事务、档案信息化、文件、档案机构、档案人 6 类问题中。或者说，档案学界电子档案研究主要是围绕上述电子档案、档案事务、档案信息化、文件、档案机构、档案人 6 个方面展开的。

6.4.2 高频关键词

表 6.11 是使用频率最高的 15 个高频关键词分布情况。15 个使用频率最高的关键词共使用 12 255 频次，占全部样本的 65.55%。也就是说，近 2/3 的文献所研究的内容与这 15 个关键词有关。其中使用频率最高的是“档案管理”（2568 频次），使用频率最低的是“归档”（241 频次），平均使用频率为 817 频次。

表 6.11 使用频率最高的 15 个高频关键词分布情况

序号	关键词	使用频率/次	占全部样本/%
1	档案管理	2568	13.74
2	电子档案	1902	10.17
3	管理	1254	6.71
4	电子文件	1201	6.42
5	档案	1183	6.33

续表6.11

序号	关键词	使用频率/次	占全部样本/%
6	信息化	1036	5.54
7	对策	534	2.86
8	问题	463	2.48
9	数字化	347	1.86
10	档案信息化	341	1.82
11	信息化建设	336	1.80
12	高校	301	1.61
13	纸质档案	275	1.47
14	建设	273	1.46
15	归档	241	1.29
合计		12 255	65.55
总计		18 695(篇)	100.00
平均		817	4.37

从关键词反映出的研究内容来看,电子档案研究关注度最高的15个问题可以归纳为档案事务、电子档案、档案信息化、文件、机构5个方面。它们占全部样本的65.55%,即接近全部研究文献的2/3。

"档案事务"(档案管理、管理、对策、问题、建设、归档),使用5333频次,占全部样本的28.53%。它是电子档案研究关注度最高的问题。简单地说,接近1/3的电子档案研究是围绕"档案事务"进行的。这反映出电子档案研究具有鲜明的管理性特征,也反映出电子档案研究关注的重心在"档案事务"上。

"电子档案"(电子档案、档案、纸质档案),使用3360频次,占比17.97%,次于核心问题"档案事务"。简单地说,大约1/5的电子档案研究是围绕"档案"开展的。这说明"档案"本体研究一直是电子档案研究无法回避的问题,受到电子档案研究者的重视。电子档案、档案、纸质档案正是电子档案研究持续关注度最高的三个问题。

"档案信息化"(信息化、数字化、档案信息化、信息化建设),使用2060频次,占比11.02%。简单地说,超过1/10的电子档案研究是围绕信息化、数字化两个问题展开的。

"文件"(电子文件),使用1201频次,占比6.42%。电子文件作为电子档案的前身,与电子档案研究如影随形,在15个高频关键词中,与电子档案的使用频次相差无几。

"机构"(高校),使用310频次,占比1.61%。

可以说,电子档案研究内容虽然广泛,但近2/3的研究关注的重点集中在档案事务、电子档案、档案信息化、文件、机构5类15个热词所涉及的问题上。

6.4.3　关键词共现矩阵

本节采用关键词共现分析的方法,对1980—2018年电子档案研究的18 695篇文献进行分析。

矩阵提取使用频率最高的20个关键词,将这20个关键词形成20×20的共词矩阵。如果某两个关键词同时出现在一篇文章中,就表明这两者之间存在相关关系,关键词右侧或下方对应位置的数值表示篇数。图 6.2 是 1980—2018 年电子档案研究文献使用频率最高的 20 个高频关键词共现矩阵。

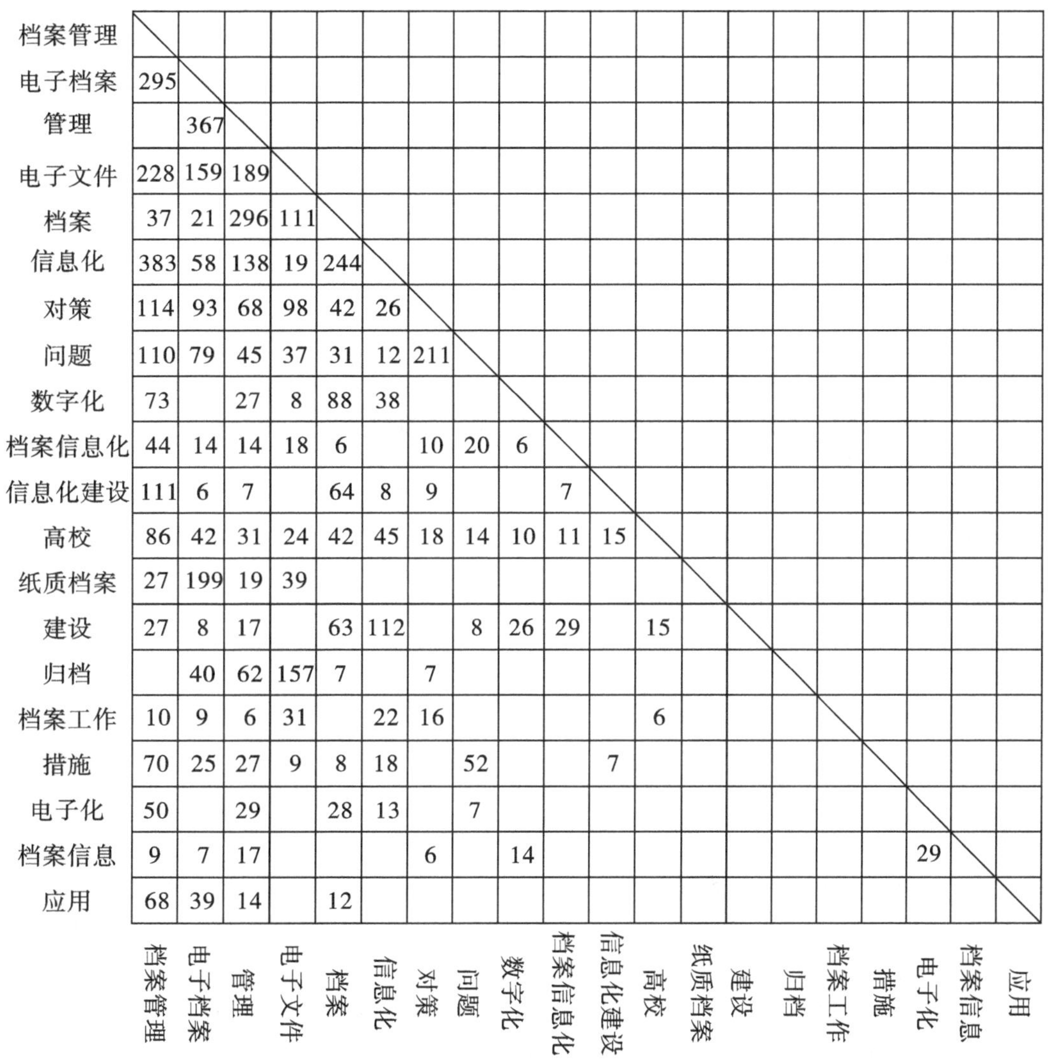

	档案管理	电子档案	管理	电子文件	档案	信息化	对策	问题	数字化	档案信息化	信息化建设	高校	纸质档案	建设	归档	档案工作	措施	电子化	档案信息	应用
档案管理																				
电子档案	295																			
管理		367																		
电子文件	228	159	189																	
档案	37	21	296	111																
信息化	383	58	138	19	244															
对策	114	93	68	98	42	26														
问题	110	79	45	37	31	12	211													
数字化	73		27	8	88	38														
档案信息化	44	14	14	18	6		10	20	6											
信息化建设	111	6	7		64	8	9			7										
高校	86	42	31	24	42	45	18	14	10	11	15									
纸质档案	27	199	19	39																
建设	27	8	17		63	112		8	26	29		15								
归档		40	62	157	7		7													
档案工作	10	9	6	31		22	16					6								
措施	70	25	27	9	8	18		52			7									
电子化	50		29		28	13		7												
档案信息	9	7	17				6		14									29		
应用	68	39	14		12															

图 6.2 1980—2018 年电子档案研究文献高频关键词共现矩阵

图 6.2 显示,2017 年电子档案研究文献关键词共现有 106 组,共现率为 53%。共现次数 300 次以上的关键词组合有 2 组,共现率为 1%。共现次数 201 ~ 300 次的关键词组合有 5 组,共现率为 2.5%。共现次数 101 ~ 200 次的关键词组合有 10 组,共现率为 5%。

以横轴为准计:

20 组共现关键词中各有 17 组与档案管理、管理直接相关,分别占共现关键词的 8.5%。

20 组共现关键词中有 16 组与电子档案直接相关,占共现关键词的 8%。

20 组共现关键词中有 12 组与档案直接相关,占共现关键词的 6%。

20 组共现关键词中有 11 组与电子文件直接相关,占共现关键词的 5.5%。

20 组共现关键词中有 9 组与信息化直接相关,占共现关键词的 4.5%。

20 组共现关键词中有 7 组与对策直接相关,占共现关键词的 3.5%。

20 组共现关键词中有 5 组与问题直接相关,占共现关键词的 2.5%。

20 组共现关键词中有 4 组与数字化直接相关,占共现关键词的 2%。

20 组共现关键词中有 3 组与档案信息化直接相关,占共现关键词的 1.5%。

20 组共现关键词中各有 2 组与信息化建设、高校直接相关,分别占共现关键词的 1%。

余下的 1 组与“电子化”有关,但共现次数为 1 组,属于低相差度高频词。

另有纸质档案、建设、归档、档案工作、措施、档案信息、应用 7 个无共现高频词。

共现次数在 300 次以上的特高共现高频关键词有 2 组,分别是:

档案管理与信息化:383 次。

电子档案与管理:367 次。

共现次数在 201 ~ 300 次的超高共现高频关键词有 5 组,分别是:

档案管理与电子档案:295 次。

档案管理与电子文件:228 次。

管理与档案:296 次。

档案与信息化:244 次。

对策与问题:211 次。

共现次数在 101 ~ 200 次的高共现高频关键词有 10 组,分别是:

档案管理与对策:114 次。

档案管理与问题:110 次。

档案管理与信息化建设:111 次。

电子档案与电子文件:159 次。

电子档案与纸质档案:199 次。

管理与电子文件:189 次。

管理与信息化:138 次。

电子文件与档案:111 次。

电子文件与归档:157 次。

信息化与建设:112 次。

归纳起来,1980—2018 年电子档案研究的重点集中在档案管理、电子文件、电子档案 3 个主要方向上。或者说,1980—2018 年电子档案研究主要是在档案管理、电子文件、电子档案 3 个主要方向及相互关系上展开的。

从共现组数看,由于高共现频率的 20 个高频关键词的共现组数达 106 组,特高、超高与高共现词有 17 组,占到了全部共现组的 16.04%。1980—2018 年电子档案研究形成了突出的高相关共现关键词群,研究的集中趋势明显。

总之,共现矩阵显示研究主要是在档案管理、电子文件、电子档案 3 个主要方向及相互关系上展开的,形成了突出的高相关共现关键词群,集中趋势明显。

6.4.4　关键词共现网络

本部分采用关键词共现分析的方法,对 1980—2018 年电子档案研究的 18 695 篇文献进行分析。

在关键词共现网络中,关键词之间的关系可以用连线来表示,连线多少和粗细代表关键词间的亲疏程度,连线越多,代表该关键词与其他关键词共现次数越多,越是研究领域极其重要的热点研究内容。使用知网提供的工具,可获得 1980—2018 年电子档案研究高频词共词网络图谱(扫描二维码)。

从高频词共词网络图谱中可以直观地看出:1980—2018 年电子档案研究可分为 6 个聚类群组。它们分别以“档案”、“纸质档案”、“应用”、“档案信息化”、“档案工作”、“档案信息”与“电子化”为核心关键词。“档案”“纸质档案”“应用”“档案信息化”“档案工作”5 个为单核心群组,其中“纸质档案”“应用”“档案信息化”“档案工作”4 个为单词群组。“档案信息”与“电子化”为双核心单词群组。

在以“档案”为核心的群组中一共有 11 个相关关键词,除了“档案”主核心关键词之外,还有“档案信息化”与“电子文件”两个次核心关键词。三者间,“档案”与“电子文件”距离相对较近,但共现次数不高;“档案”与“信息化”共现率相对较高,但距离相对比较远。与主关键词距离较近、联系相对较为密切的是“对策”“问题”“高校”。主群组内各关键词间关联性强的较多。群组与其他 5 个群组均有关联,其中与“档案工作”、“档案信息化”、“档案信息”与“电子化”3 个群组联系相对紧密。

“纸质档案”、“应用”、“档案信息化”、“档案工作”、“档案信息”与“电子化”5 个群组均与主群组有关联。但相互之间有关联的只有“档案信息化”“档案工作”2 个群组,且联系不密切。“档案信息化”“档案工作”2 个群组与其他 3 个群组,以及 3 个群组之间均没有关联。在 6 个群组中,“纸质档案”“应用”2 个群组,仅与“档案”核心群组外围关键词有低强度联系,与其他群组,包括 2 个群组之间,也没有关联。

“纸质档案”、“应用”、“档案信息”与“电子化”3 个群组相对处在整个网络外围的位置,虽目前的规模相对比较小,但可能成为日后电子档案研究的热点。

可见,共现网络表明“档案”、“电子文件”、“信息化”是电子档案研究的重要问题,“纸质档案”、“应用”、“档案信息”与“电子化”或将成为日后电子档案研究的热点。

6.5 结语

综上,通过对 1980—2018 年,电子档案研究文献的数据分析,我们可以得出如下结论:

从规模与发展速度上看,有文献发表的 38 年间,电子档案研究文献总量翻了近 14 番,年均增速为 51.65%,超半数年份(23 年)是正向增速,近半数年份(18 年)增速在两位数以上,近 1/4 年份(8 年)的增速达到了三位数。总体上呈现不断上升的趋势。

从文献研究层次上看,电子档案研究涉及社会科学、自然科学、教育文化、信息及其他学科 5 类 18 个不同层次,总体上属于社会科学范畴,理论研究与应用研究大体相当,略偏重基础性理论研究。

从文献类型分布情况看,在电子档案研究中,一般性论文占绝对优势,政策性、宏观性研究论文非常薄弱。

从文献资源类型分布情况看,电子档案研究已经形成了学术期刊独大,会议论文、硕博论文为辅,报纸为点缀的研究资源体系。

从样本文献的学科分布情况看,电子档案研究在保持学科主导性的同时,具备明显的跨学科特性。

从样本文献的基金分布情况看,电子档案研究有 181 篇文献获 33 种基金资助,其中国家资助数量是地方、部门资助的近 3 倍。提供地方资助的有 15 个省份,覆盖全国近半数省份。

从作者的分布情况看,电子档案研究已经形成以高校作者为主的一大批核心作者和高产作者群。

从研究机构分布情况看,电子档案研究已经形成稳定的研究机构。其中高校在机构数量及发表文献的数量上占比均为最高,档案行政管理机关次之,企业位列第三,事业单位位列第四。

从文献来源分布情况看,电子档案研究总体上已经形成以档案学期刊为主,相关及其他期刊为辅的成果发布与交流体系。

从主题词使用频率看,电子档案研究主题集中在电子档案、档案事务、档案信息化、文件、档案机构、档案人 6 个方面。

从高频率关键词分布情况看,近 2/3 的电子档案研究的重点集中在档案事务、电子档案、档案信息化、文件、机构5类15个热词所涉及的问题上。

从高频词共现矩阵看,研究主要是在档案管理、电子文件、电子档案3个主要方向及相互关系上展开,形成了突出的高相关共现关键词群,集中趋势明显。

共现网络表明,“档案”、“电子文件”、“信息化”是电子档案研究的重要问题,“纸质档案”、“应用”、“档案信息”与“电子化”或将成为日后电子档案研究的热点。

7　数字档案

数字档案到底是指什么呢?

有人说:“数字档案”是指馆藏档案的数字化信息与移交进馆的电子文件信息的总称。即档案馆馆藏“存量”的数字化+新进馆的电子“增量”。

也有人说:“数字档案”是指用计算机等工具对历史记录进行数字编码,并将所得数据记录保留在盘、片等载体上的一种档案。即将存量记录数字化的磁存储形式。

还有人说:“数字档案”是指以电子档案为对象,以电子计算机等数字设备为手段,基于网络实现档案收集、整理、保管、保护、共享利用的档案管理模式。即基于数字设备的电子档案的网络管理模式。

归纳起来,数字档案是指无论存量增量皆为数字设备所生,不管单机网络都需磁性介质存储,主要是记录信息的档案①。

在我国,目前并没有对这个定义形成一个统一的定论,现在将比较具有代表性的观点列出来,大致可以分为以下三种:

第一种,从逻辑方法出发,数字档案是指依赖于计算机环境和技术而形成并加以利用的档案。这种观点的要义是用电脑生成和读取,用数字、代码来记录信息,从而生成“档案”。

第二种,在存储介质方面,数字档案是指以计算机磁盘和光盘等磁性材料为载体的,记录人们的社会活动从而形成的档案材料。

第三种,用比较综合的角度,将上述两种界定方法综合起来,数字档案是指能够被计算机识别、处理,并且可以存储在磁带、磁盘或光盘等介质上,可以通过网络进行传递的一种代码序列。

笔者比较认可的是陕西师范大学寇曼使用的定义:数字档案,一般是指那种可以在电磁介质上存储,其存在形式以二进制编码为主,能够被计算机识别并被互联网传输的档案。大致可以分为两种,一种是通过计算机直接生成的数字资源,另一种则是将以前的纸质档案经过一种数字化的过程转变而来的,可以被计算机所识别和利用的档案信息,也就是把以前的档案存储介质由纸质改变为虚拟的数字化代码。

7.1　样本选择

数字档案研究是档案信息化研究的重要内容,属于档案学科新兴且重要的组成部分,同时也是信

---

① 吴雁平.数字档案研究[EB/OL].(2017-08-16)[2018-10-30].http://bianke.cnki.net/Home/Corpus/13764.html.

息社会档案工作与档案事业的重要组成部分。数字档案研究数据是重要的档案信息化与档案学术资源,对数字档案研究数据进行定量研究,是用好用活档案资源,充分展示我国改革开放的历史进程、伟大成就和宝贵经验的一种方式。改革开放以来,数字档案研究得到了快于档案学科其他研究内容的长足进步与发展。总结、回顾数字档案研究的发展历程,不仅是档案信息化建设发展的需要,也是档案工作、档案事业发展的需要。

我们以中国知网为样本来源,检索范围:中国学术期刊网络出版总库,特色期刊,中国博士学位论文全文数据库,中国优秀硕士学位论文全文数据库,中国重要会议论文全文数据库,国际会议论文全文数据库,中国重要报纸全文数据库,中国学术辑刊全文数据库。检索年限:不限。检索时间:2018 年 10 月 23 日。检索条件:发表时间 between(1979-01-01,2018-10-23)并且(主题=数字档案或者题名=数字档案)(模糊匹配)。样本文献总数:4953 篇。

7.2　文献统计分析

本部分采用统计分析的方法,从文献总量、发展速度与年度分布,文献研究层次,文献类型,文献资源类型,文献学科分布 5 个方面入手,对样本文献进行分析。

7.2.1　文献总量、发展速度与年度分布

从总量上看,29 年来,共发表文献 4953 篇,以 1984 年 2 篇的基数计,29 年间翻了 11 番多。年均 171 篇,最少时(1984 年)2 篇,最多时(2017 年)601 篇,29 年间增长了近 4944 倍。中位数为 2472 篇。总体趋势见图 7.1。

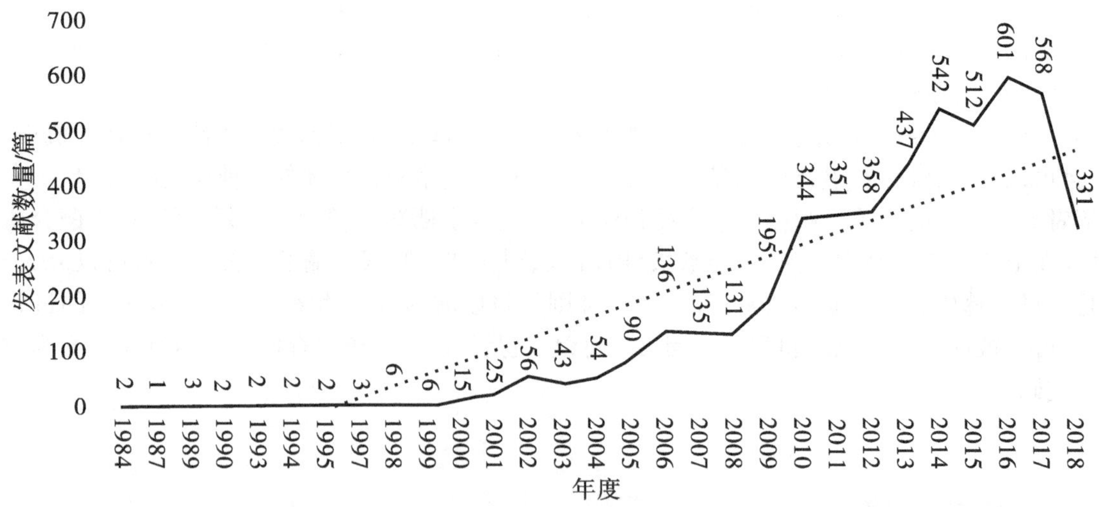

图 7.1　1984—2018 年数字档案研究文献发表数量及分布趋势

从年度分布情况看,1984—2018 年数字档案研究文献发表数量总体上呈现不断上升的趋势。超半数年份(16 年)为上升状态,下降年份(8 年)少,4 年持平。

大体上可分为四个阶段:

第一阶段(1984—1999 年),年平均增长率为 29.63%,为低位增长期,总体体量小(29 篇),一直在低位徘徊。

第二阶段(2000—2008 年),年平均增长率为 50.79%,为中位高速增长期,年发表文献数和总量均上一个数量级。

第三阶段(2009—2016 年),年平均增长率为 23.40%,为高位阶梯上升期,一直达到峰值。

第四阶段(2017—2018 年),年平均增长率为-23.61%,研究进入回落期。

具体的年度分布情况见表 7.1。

表 7.1　1984—2018 年数字档案研究文献年度分布情况

序号	年度	发表文献数量/篇	占全部样本/%	发展速度	年增速/%
1	1984	2	0.04		
2	1987	1	0.02	0.50	-50.00
3	1989	3	0.06	3.00	200.00
4	1990	2	0.04	0.67	-33.33
5	1993	2	0.04	1.00	0.00
6	1994	2	0.04	1.00	0.00
7	1995	2	0.04	1.00	0.00
8	1997	3	0.06	1.50	50.00
9	1998	6	0.12	2.00	100.00
10	1999	6	0.12	1.00	0.00
11	2000	15	0.30	2.50	150.00
12	2001	25	0.50	1.67	66.67
13	2002	56	1.13	2.24	124.00
14	2003	43	0.87	0.77	-23.21
15	2004	54	1.09	1.26	25.58
16	2005	90	1.82	1.67	66.67
17	2006	136	2.75	1.51	51.11
18	2007	135	2.73	0.99	-0.74
19	2008	131	2.64	0.97	-2.96
20	2009	195	3.94	1.49	48.85
21	2010	344	6.95	1.76	76.41
22	2011	351	7.09	1.02	2.03
23	2012	358	7.23	1.02	1.99
24	2013	437	8.82	1.22	22.07
25	2014	542	10.94	1.24	24.03
26	2015	512	10.34	0.94	-5.54
27	2016	601	12.13	1.17	17.38
28	2017	568	11.47	0.95	-5.49
29	2018	331	6.68	0.58	-41.73
合计		4953	100.00	36.64	863.80
最高值		601	12.13	3.00	200.00
最低值		1	0.02	0.50	-50.00
平均值		171	3.45	1.31	30.85

自1984年第一篇相关文献发表,有数据的29年间,数字档案研究文献总量翻了11番多,年均增速为30.85%,超半数年份(16年)是正向增速,近半数年份(14年)增速在两位数以上,其中4年的增速达到了三位数。

7.2.2　文献研究层次

从文献研究层次分布情况看,4953篇样本文献涉及多个学科的20个不同层次。具体分布情况见表7.2。

表7.2　1984—2018年数字档案研究文献层次分布情况

序号	层次	发表文献数量/篇	占全部样本/%
1	基础研究(社科)	2826	57.06
2	行业指导(社科)	1238	24.99
3	职业指导(社科)	434	8.76
4	工程技术(自科)	143	2.89
5	政策研究(社科)	50	1.01
6	基础与应用基础研究(自科)	25	0.50
7	大众文化	24	0.48
8	大众科普	23	0.46
9	基础教育与中等职业教育	18	0.36
10	文艺作品	17	0.34
11	高等教育	16	0.32
12	行业技术指导(自科)	11	0.22
13	专业实用技术(自科)	5	0.10
14	经济信息	4	0.08
15	高级科普(社科)	3	0.06
16	政报、公报、公告、文告	1	0.02
17	标准与质量控制(自科)	1	0.02
18	高级科普(自科)	1	0.02
19	政策研究(自科)	1	0.02
20	其他	112	2.26
合计		4953	100.00

从研究的学科大类看,可分为社会科学、自然科学、教育文化、信息与其他5类。其中社会科学4551篇,占91.88%;自然科学187篇,占3.78%;教育文化98篇,占1.98%;信息5篇,占0.10%;其他112篇,占2.26%。研究明显属于社会科学的范畴,同时涉及自然科学、教育文化、信息及其他学科。

从基础理论研究与应用研究的角度看,属于基础理论研究的有2851篇,占57.56%;属于应用研究的有2102篇,占42.44%。研究偏重基础性理论研究。

总之,数字档案研究涉及社会科学、自然科学、教育文化、信息及其他5类20个不同层次,总体上属于社会科学范畴,同时略偏重基础性理论研究。

7.2.3　文献类型

从文献类型分布情况看,4953篇样本文献中,涉及综述类、政策研究类和其他3个不同类型。具体分布情况见表7.3。

表7.3　1984—2018年数字档案研究文献类型分布情况

序号	文献类型	发表文献数量/篇	占全部样本/%
1	综述类	76	1.53
2	政策研究类	52	1.05
3	其他	4825	97.42
合计		4953	100.00

从表7.3看,一般性论证(其他)文献是研究文献的绝对主体,超过97%;政策性(政策研究类)及宏观性(综述类)研究文献则显得单薄,总和不足3%。

总之,在数字档案研究中,一般性论文占绝对优势,政策性、宏观性研究论文相对薄弱。

7.2.4　文献资源类型

从文献资源类型分布情况看,4953篇样本文献分布在期刊、硕士、国内会议、特色期刊、报纸、学术辑刊、博士、国际会议8种类型资源上。具体分布情况见表7.4。

表7.4　1984—2018年数字档案研究文献资源类型分布情况

序号	资源类型	发表文献数量/篇	占全部样本/%
1	期刊	3985	80.46
2	硕士	264	5.33
3	国内会议	253	5.11
4	特色期刊	191	3.86
5	报纸	63	1.27
6	学术辑刊	29	0.59
7	博士	9	0.18
8	国际会议	5	0.10
合计		4953	100.00

有文献发表的29年间,期刊成为数字档案学术研究最主要的文献来源,数字档案研究者近95%的学术交流与沟通,有赖于这个渠道和平台。硕博论文、会议论文、报纸在总量上与期刊相差一个数量级,与期刊相比,只起着辅助作用。报纸在总量上与期刊相差两个数量级,与期刊相比,只起着点缀作用。

总之,数字档案研究已经形成了学术期刊独大,硕博论文、会议论文为辅,报纸为点缀的研究资源体系。

7.2.5　文献学科分布

从文献学科分布情况看,4953篇样本文献涉及学科超过50个。发表文献最多的15个学科分布情况见表7.5。

表7.5　1984—2018年发表文献最多的15个学科分布情况

序号	学科	发表文献数量/篇	占全部样本/%
1	图书情报档案	3951	79.77
2	教育	236	4.76
3	计算机	106	2.14
4	工商管理	59	1.19
5	工业经济	55	1.11
6	公共卫生与预防医学	38	0.77
7	城市经济	29	0.59
8	公共管理	27	0.55
9	法学	19	0.38
10	生态	18	0.36
11	测绘	15	0.30
12	城乡规划与市政	14	0.28
13	新闻传播	11	0.22
14	农业经济	9	0.18
15	文化	8	0.16
合计		4595	92.77
总计		4953	100.00
不足		358	7.23

需要说明的是,按15个学科统计的文献数为4595篇,占实际样本数的92.77%;而实际样本数为4953篇;15个学科统计数少于实际文献数358篇。但考虑到实际涉及的学科超过50个,全部学科文献的数量之和大概率接近或超过实际样本。图书情报档案专业文献只有3951篇,占全部样本的79.77%。由此可以推知,数字档案研究是一门具有明显学科交叉性的学科。除档案学本学科之外,与数字档案研究相关性最强的8个学科分别是:图书情报档案、教育、计算机、工商管理、工业经济、公共卫生与预防医学、城市经济、公共管理。其中图书情报档案与教育、计算机相差一个数量级,而教育、计算机与工商管理、工业经济、公共卫生与预防医学、城市经济、公共管理又差一个数量级。

可以说,数字档案研究在与档案学学科保持高相关性的同时,具有明显的跨学科特性。

7.3 文献计量分析

本部分采用计量分析的方法,从文献基金资助分布、文献作者分布、文献机构分布和文献来源分布4个方面对样本文献进行分析。

7.3.1 文献基金资助分布

从样本文献的基金分布情况看,4953篇样本文献中有195篇得到24种基金项目的支持,占全部样本的3.94%。具体分布情况见表7.6。

表7.6 1984—2018年数字档案获得基金资助分布情况

序号	基金名称	发表文献数量/篇	占基金资助文献/%	占全部样本/%
1	国家社会科学基金	151	77.44	3.05
2	国家自然科学基金	6	3.08	0.12
3	河南省软科学研究计划	4	2.05	0.08
4	北京市科技计划项目	4	2.05	0.08
5	四川省教委重点科研基金	4	2.05	0.08
6	浙江省教委科研基金	3	1.54	0.06
7	江苏省教育厅人文社会科学研究基金	3	1.54	0.06
8	江苏省科委社会发展基金	3	1.54	0.06
9	湖南省自然科学基金	2	1.03	0.04
10	黑龙江省自然科学基金	1	0.51	0.02
11	黑龙江省社会科学基金	1	0.51	0.02
12	福建省科委基金	1	0.51	0.02
13	湖北省自然科学基金	1	0.51	0.02
14	山东省软科学研究计划	1	0.51	0.02
15	宁夏高校科研基金	1	0.51	0.02
16	江苏省自然科学基金	1	0.51	0.02
17	航空科学基金	1	0.51	0.02
18	江苏省普通高校自然科学研究计划项目	1	0.51	0.02
19	教育部科学技术研究项目	1	0.51	0.02
20	湖南省社会科学基金	1	0.51	0.02
21	陕西省教委基金	1	0.51	0.02
22	中国博士后科学基金	1	0.51	0.02
23	河南省科技攻关计划	1	0.51	0.02
24	河北省科技攻关计划	1	0.51	0.02
合计		195	100.00	3.94
总计		4953		100.00

从基金的层次分布情况看,国家级基金 3 种 158 篇,占全部样本的 3.19%,占基金资助文献的 81.03%;地方基金 19 种 35 篇,占全部样本的 0.17%,占基金资助文献的 17.95%;部门基金 2 种 2 篇,占全部样本的 0.04%,占获基金资助文献的 1.03%。国家层面虽然种类少,但资助文献的数量远高于地方、部门基金的资助数量,是地方、部门基金资助数量之和的 4 倍多。

地方资助涉及北京、福建、河北、河南、黑龙江、湖北、湖南、江苏、宁夏、山东、陕西、四川、浙江等 13 个省份,覆盖全国 1/3 以上省份。

总之,数字档案研究有 195 篇文献获 24 种基金资助,其中国家资助高于地方、部门资助 3 倍多。提供地方资助的有 13 个省份,涉及全国 1/3 以上省份。

7.3.2　文献作者分布

从作者的分布情况看,4953 篇文献中,前 40 位作者共发表文献 296 篇,占全部样本的 5.98%。发表文献最多的 40 位作者分布情况见表 7.7。

表 7.7　发表文献最多的 40 位作者分布情况

序号	作者	发表文献数量/篇	占全部样本/%
1	安小米	19	0.38
2	倪代川	16	0.32
3	周耀林	12	0.24
4	聂云霞	12	0.24
5	金波	11	0.22
6	蔡学美	10	0.20
7	程妍妍	9	0.18
8	赵跃	9	0.18
9	杨智勇	9	0.18
10	管先海	8	0.16
11	王海欧	8	0.16
12	蒋冠	8	0.16
13	杜琳琳	8	0.16
14	傅荣校	7	0.14
15	薛四新	7	0.14
16	唐艳芳	7	0.14
17	赵豪迈	7	0.14
18	张照余	7	0.14
19	陈永生	7	0.14
20	刘永	7	0.14
21	周林兴	6	0.12
22	屠跃明	6	0.12
23	吕元智	6	0.12

续表 7.7

序号	作者	发表文献数量/篇	占全部样本/%
24	陈林	6	0.12
25	钟文睿	6	0.12
26	杨霞	6	0.12
27	陶水龙	6	0.12
28	赵屹	6	0.12
29	李姗姗	5	0.10
30	王茹熠	5	0.10
31	杨茜雅	5	0.10
32	张勇	5	0.10
33	孙舒扬	5	0.10
34	刘晓春	5	0.10
35	高旭	5	0.10
36	方莹芬	5	0.10
37	张文浩	5	0.10
38	金更达	5	0.10
39	程结晶	5	0.10
40	吕榜珍	5	0.10
合计		296	5.98
总计		4953	100.00

按照普赖斯提出的计算公式，核心作者候选人的最低发文数 $M=0.749\sqrt{N_{max}}$，其中 N_{max} 为最高产作者发文数量。有文献发表的 29 年间，数字档案研究文献作者中发表文献最多的为 19 篇，即 $N_{max}=19$，所以 $M=0.749\sqrt{19}\approx 3.265$。因此，凡发表 3 篇及以上文献的作者均为 1984—2018 年数字档案研究的重要作者。故发表 5 篇文献以上的前 40 位作者不仅是核心作者，而且是核心作者中的高产作者。

总之，数字档案研究已经形成了一批核心作者和以核心作者为基础的高产作者群。从整体上看，无论是作者数量，还是发表文献数量，高校作者都是数字档案研究的主力军。

7.3.3　文献机构分布

从研究机构分布情况看，4953 篇文献中，前 40 个机构发表文献 1257 篇，占全部样本的 25.38%。如果使用普赖斯公式计算，核心机构的最低发文数 $M=0.749\sqrt{N_{max}}$，其中 N_{max} 为最高产机构发文数量。这里 $N_{max}=110$，所以 $M=0.749\sqrt{110}\approx 7.856$，即发表文献 8 篇及以上的为核心研究机构。据此，发表文献在 12 篇以上的前 40 个机构均是数字档案研究的高产机构。发表文献最多的 40 个机构分布情况见表 7.8。

表7.8　发表文献最多的40个机构分布情况

序号	机构	发表文献数量/篇	占全部样本/%
1	中国人民大学	110	2.22
2	上海大学	94	1.90
3	武汉大学	71	1.43
4	黑龙江大学	59	1.19
5	南京政治学院	50	1.01
6	南昌大学	50	1.01
7	浙江省档案局	47	0.95
8	南京大学	47	0.95
9	安徽大学	46	0.93
10	苏州大学	43	0.87
11	湘潭大学	39	0.79
12	浙江大学	36	0.73
13	云南大学	32	0.65
14	国家档案局	32	0.65
15	国家档案局档案科学技术研究所	31	0.63
16	吉林大学	29	0.59
17	北京市档案局	28	0.57
18	辽宁大学	27	0.55
19	郑州大学	27	0.55
20	河北大学	26	0.52
21	广西民族大学	22	0.44
22	四川大学	22	0.44
23	天津师范大学	21	0.42
24	江苏省档案局	19	0.38
25	上海师范大学	19	0.38
26	清华大学	19	0.38
27	中山大学	18	0.36
28	山东大学	18	0.36
29	郑州航空工业管理学院	18	0.36
30	云南省档案局	17	0.34
31	四川省档案局	17	0.34
32	陕西师范大学	16	0.32
33	辽宁省档案局	16	0.32
34	华中师范大学	15	0.30
35	福建师范大学	14	0.28

续表 7.8

序号	机构	发表文献数量/篇	占全部样本/%
36	河南省濮阳市档案局	13	0.26
37	中国第一历史档案馆	13	0.26
38	湖北大学	12	0.24
39	浙江省绍兴市档案局	12	0.24
40	河南大学	12	0.24
合计		1257	25.38
总计		4953	100.00

前 40 个核心高产机构中有 29 个是高校(发表文献 1012 篇,占核心高产研究机构发表文献数的 80.51%),充分表明高校是数字档案研究重要的高产机构群的主体。

从前 40 个机构中各类机构发表文献的数量及占比情况看,29 个高校,占 72.5%;发表文献 1012 篇,占比达到了 80.51%。其中前 6 位均为高校。9 个档案局,占 22.5%;发表文献 201 篇,占比达到了 15.99%。1 个事业单位,占 2.5%;发表文献 31 篇,占比达到了 0.63%。1 个档案馆,占 2.5%;发表文献 13 篇,占比达到了 0.26%。

总之,数字档案研究已经形成稳定的研究机构。其中高校在机构数量及发表文献的数量上占比均为最高,档案行政管理机关次之,事业单位位列第三,档案馆位列第四。

7.3.4 文献来源分布

从文献来源分布情况看,4953 篇样本文献中,发表文献最多的 10 种期刊发表文献 1705 篇,占全部样本的 34.42%。具体分布情况见表 7.9。

表 7.9 发表文献最多的 10 种期刊分布情况

序号	期刊	发表文献数量/篇	占全部样本/%
1	《兰台世界》	475	9.59
2	《浙江档案》	234	4.72
3	《办公室业务》	210	4.24
4	《中国档案》	207	4.18
5	《黑龙江档案》	205	4.14
6	《档案与建设》	116	2.34
7	《城建档案》	67	1.35
8	《档案学研究》	66	1.33
9	《档案管理》	63	1.27
10	《档案学通讯》	62	1.25
合计		1705	34.42
总计		4953	100.00

按照布拉德福定律,4953种文献可分为核心区、相关区和非相关区,各个区的论文数量相等(约为1651篇)。故发表论文数量居前10位的《兰台世界》《浙江档案》《办公室业务》《中国档案》《黑龙江档案》《档案与建设》《城建档案》《档案学研究》《档案管理》《档案学通讯》(1705篇)处于核心区之中。其中9种为档案学期刊,包括档案学核心期刊6种,非核心期刊3种;档案相关期刊1种。

其他发表论文数量62篇以下的期刊部分在相关区,部分则在非相关区内。

总之,档案学期刊,尤其是档案学核心期刊,始终是数字档案研究成果发布与交流的主渠道、主阵地,承担着数字档案研究成果发布与交流的主体责任。

7.4　文献关键词词频及共现分析

本部分采用词频分析的方法,从主题词、高频关键词、关键词共现矩阵、关键词共现网络4个方面对样本文献进行分析。

7.4.1　主题词

从主题词使用频率看,数字档案研究涉及内容广泛,集中在数字档案、档案信息化、档案事务、档案机构、档案、文件6个方面。使用频率最高的37个主题词分布情况见表7.10。

表7.10　使用频率最高的37个主题词分布情况

序号	主题词	使用频率/次	占全部样本/%
1	数字档案馆	1274	25.72
2	数字档案	977	19.73
3	档案信息资源	481	9.71
4	电子文件	385	7.77
5	档案管理	297	6.00
6	档案信息化建设	291	5.88
7	数字档案资源	250	5.05
8	电子档案	231	4.66
9	档案信息	224	4.52
10	档案馆	219	4.42
11	文化机构	200	4.04
12	档案局	187	3.78
13	数字化建设	175	3.53
14	档案工作	172	3.47
15	档案信息化	169	3.41
16	数字档案室	154	3.11
17	数据处理	146	2.95

续表 7.10

序号	主题词	使用频率/次	占全部样本/%
18	档案管理工作	135	2.73
19	计算机	133	2.69
20	信息安全	129	2.60
21	档案登记备份	127	2.56
22	纸质档案	115	2.32
23	档案部门	112	2.26
24	档案事业	107	2.16
25	国家档案局	105	2.12
26	档案资源	104	2.10
27	档案管理系统	98	1.98
28	企业管理	93	1.88
29	档案数据	90	1.82
30	档案数字化	88	1.78
31	数字档案管理系统	82	1.66
32	数字化加工	82	1.66
33	数字时代	81	1.64
34	城建档案	79	1.59
35	数字化档案信息	76	1.53
36	数字化管理	76	1.53
37	档案数据库	67	1.35
合计		7811	157.70
总计		4953(篇)	100.00
最高频率		1274	25.72
最低频率		67	1.35
平均频率		211	4.26

从涉及的主题词看,使用频率最高的 37 个主题词共使用 7811 频次,占全部样本的 157.70%。也就是说,上述 35 个主题词涵盖了全部样本一遍半还多。其中使用频率最高的是“数字档案馆”(1274 频次),使用频率最低的是“档案数据库”(67 频次),平均使用频率为 211 频次。

从主题词反映出的研究内容看,数字档案研究关注的 37 个主要问题又可归并为数字档案、档案信息化、档案事务、档案机构、档案、文件 6 个大类。

数字档案(数字档案馆、数字档案、数字档案资源、数字化建设、数字档案室、数据处理、档案数字化、数字化加工、数字时代、数字化档案信息、数字化管理、档案数据、数字档案管理系统、档案数据库)共使用 3618 频次,占全部样本的 73.05%。它涵盖了数字档案的多个层面,主要集中在数字档案与档案数字化两个方向,是档案学界研究与关注度最高的主题。

档案信息化(档案信息资源、档案信息化建设、档案信息、档案信息化、信息安全、档案管理系统、计算机)共使用 1525 频次,占全部样本的 30.79%。它涵盖了档案信息的多个层面,是档案学界研究与关注度第二高的主题。

档案事务(档案管理、档案工作、档案管理工作、档案登记备份、档案事业、档案资源、企业管理)共使用 1035 频次,占全部样本 20.90%。它涵盖了档案事务的多个层面,主要集中在管理层面,不包括对档案实体的管理,是档案学界研究与关注度第三高的主题。

档案机构(档案馆、文化机构、档案局、档案部门、国家档案局)共使用 823 频次,占全部样本的 16.62%。它是改革开放以来与档案事业、档案人关系最为密切的问题,也是档案学界一直关注的重要问题之一。

档案(电子档案、纸质档案、城建档案)共使用 425 频次,占全部样本的 8.58%。档案是数字档案研究的本体之一,但从涉及的 3 个主题看,注重对象既有传统纸质档案,也有新型电子档案,还有专门档案——城建档案。

文件(电子文件)共使用 385 频次,占全部样本的 7.77%。与“档案”相差无几,显示出其与档案高度相关。

可以说,数字档案研究所涉及的内容虽然十分广泛,但全部样本均包含在上述 6 类问题中。或者说,数字档案研究主要是围绕上述 6 个方面展开的。

7.4.2　高频关键词

表 7.11 是使用频率最高的 14 个高频关键词分布情况。14 个使用频率最高的关键词共使用 2196 频次,占全部样本文献的 44.34%。也就是说,超过 2/5 的文献所研究的内容与这 14 个关键词有关。其中使用频率最高的是“数字档案”(435 频次),使用频率最低的是“档案馆”(67 频次),平均使用频率为 157 频次。

表 7.11　使用频率最高的 14 个高频关键词分布情况

序号	关键词	使用频率/次	占全部样本/%
1	数字档案	435	8.78
2	档案管理	280	5.65
3	数字化	280	5.65
4	档案	266	5.37
5	信息化	143	2.89
6	建设	133	2.69
7	管理	102	2.06
8	信息安全	93	1.88
9	高校	84	1.70
10	对策	80	1.62
11	档案信息化	79	1.59
12	档案数字化	79	1.59
13	问题	75	1.51
14	档案馆	67	1.35
合计		2196	44.34
总计		4953	100.00
平均		157	3.17

从关键词反映出的研究内容来看,数字档案研究关注度最高的14个问题可以归纳为数字档案、档案事务、档案信息化、机构、档案5个方面。它们占全部样本的44.34%,超过全部研究文献的2/5。

居首位的是数字档案(数字档案、数字化、档案数字化),使用794频次,占比16.03%。它是数字档案研究关注度最高的问题。

居第二的是档案事务(档案管理、建设、管理、对策、问题),使用670频次,占全部样本的9.03%。它是数字档案研究关注度第二高的问题。简单地说,接近1/10的数字档案研究是围绕"档案事务"进行的。这反映出数字档案研究具有鲜明的管理性特征,也反映出数字档案研究关注的重心在"档案事务"上。

居第三的是档案信息化(信息化、信息安全、档案信息化),使用315频次,占比6.36%。

居第四的是档案(档案),使用266频次,占比5.37%。这说明"档案"本体研究仍然是数字档案研究最基本的问题,受到数字档案研究者的高度重视,是数字档案研究持续关注度的问题之一。

居第五的是机构(高校、档案馆),使用151频次,占比3.05%。

可以说,数字档案研究内容虽然广泛,但2/5以上的研究关注的重点集中在数字档案、档案事务、档案信息化、机构、档案5类15个热词所涉及的问题上。

7.4.3　关键词共现矩阵

本部分采用关键词共现分析的方法,对1984—2018年数字档案研究的4953篇文献进行分析。

矩阵提取使用频率最高的20个关键词,将这20个关键词形成20×20的共词矩阵。如果某两个关键词同时出现在一篇文章中,就表明这两者之间存在相关关系,关键词右侧或下方对应位置的数值表示篇数。图7.2是1984—2018年数字档案研究文献使用频率最高的20个高频关键词共现矩阵。

图7.2显示,2017年数字档案研究文献关键词共现有95组,共现率为47.5%。共现次数50次以上的关键词组合有3组,共现率为1.5%。共现次数30~49次的关键词组合有2组,共现率为1%。共现次数20~29次的关键词组合有7组,共现率为3.5%。

以横轴为准计:

20组共现关键词中有19组与数字档案馆直接相关,占共现关键词的9.5%。

20组共现关键词中有16组与数字档案直接相关,占共现关键词的8%。

20组共现关键词中有11组与数字化直接相关,占共现关键词的5.5%。

20组共现关键词中有10组与档案直接相关,占共现关键词的5%。

20组共现关键词中有9组与档案管理直接相关,占共现关键词的4.5%。

20组共现关键词中有6组与信息化直接相关,占共现关键词的3%。

20组共现关键词中有5组与档案信息化直接相关,占共现关键词的2.5%。

20组共现关键词中各有4组与建设、管理、高校直接相关,分别占共现关键词的2%。

20组共现关键词中有3组与对策直接相关,占共现关键词的1.5%。

20组共现关键词中有2组与云计算直接相关,占共现关键词的1%。

余下的两组分别与信息安全、电子档案有关,但共现次数均为1组,属于低相差度高频词。

另有档案数字化、档案馆、问题、大数据、档案信息、电子文件6个无共现高频词。

共现次数在50次以上的特高共现高频关键词有3组,分别是:

数字档案与信息安全:53次。

数字化与档案管理:53次。

数字化与档案:68次。

共现次数在30~49次的超高共现高频关键词有2组,分别是:

数字档案与档案管理:31次。

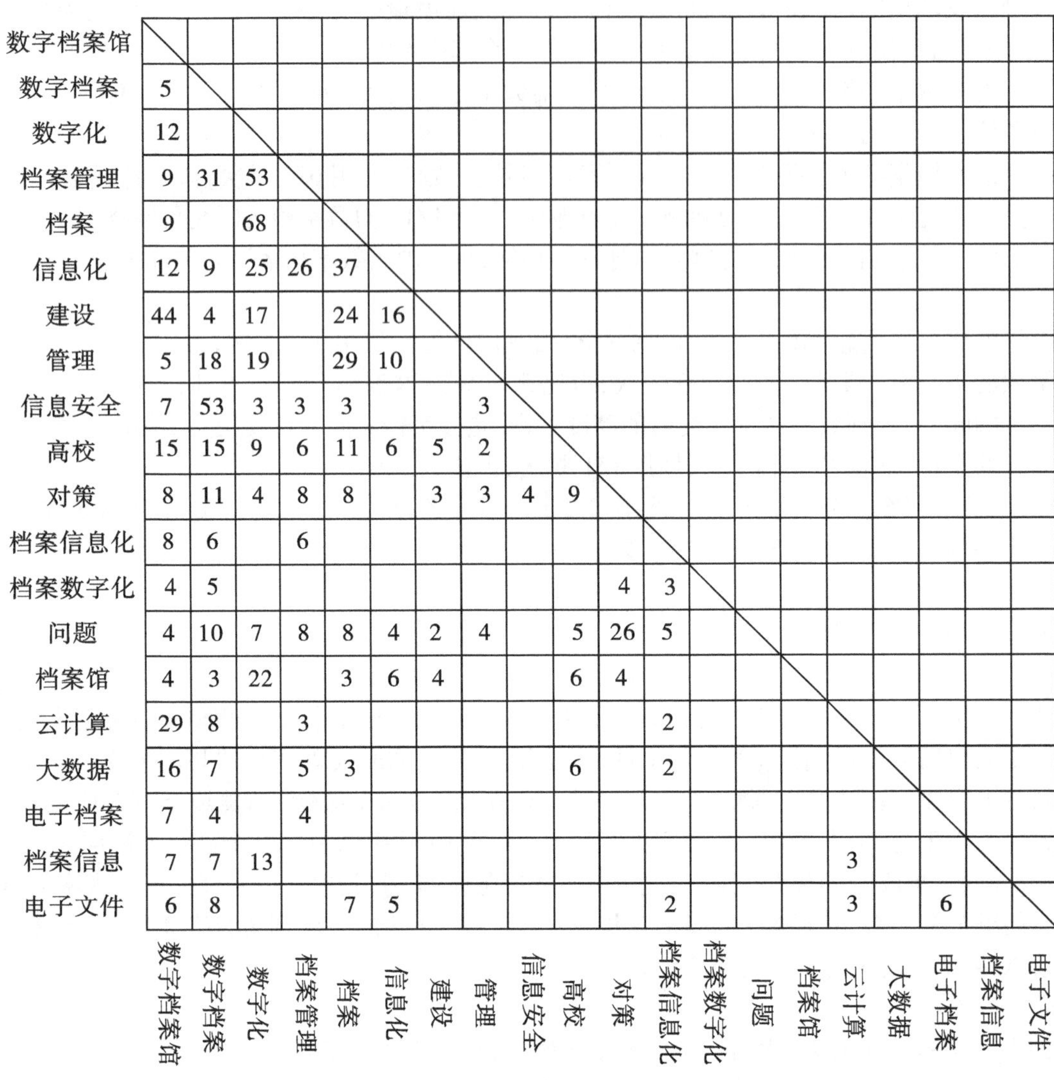

	数字档案馆	数字档案	数字化	档案管理	档案	信息化	建设	管理	信息安全	高校	对策	档案信息化	档案数字化	问题	档案馆	云计算	大数据	电子档案	档案信息	电子文件
数字档案馆																				
数字档案	5																			
数字化	12																			
档案管理	9	31	53																	
档案	9		68																	
信息化	12	9	25	26	37															
建设	44	4	17		24	16														
管理	5	18	19		29	10														
信息安全	7	53	3	3	3			3												
高校	15	15	9	6	11	6	5	2												
对策	8	11	4	8	8		3	3	4	9										
档案信息化	8	6		6																
档案数字化	4	5									4	3								
问题	4	10	7	8	8	4	2	4		5	26	5								
档案馆	4	3	22		3	6	4			6	4									
云计算	29	8		3								2								
大数据	16	7		5	3					6		2								
电子档案	7	4		4																
档案信息	7	7	13													3				
电子文件	6	8			7	5						2				3		6		

图7.2　1984—2018年数字档案研究文献高频关键词共现矩阵

数字档案馆与建设:44次。

共现次数在20~29次的高共现高频关键词有7组,分别是:

数字档案馆与云计算:29次。

数字化与信息化:25次。

数字化与档案馆:22次。

档案管理与信息化:26次。

档案与管理:29次。

档案与建设:24次。

对策与问题:26次。

归纳起来,1984—2018年数字档案研究的重点集中在数字档案、数字化、数字档案馆、档案、档案管理5个方向上。或者说,1984—2018年数字档案研究同时在数字档案、数字化、数字档案馆、档案、档案管理5个主要方向上展开。

从共现组数看,由于高共现频率的20个高频关键词的共现组数达95组,特高、超高与高共现词有12组,占到了全部共现组的12.63%。1984—2018年数字档案研究形成了比较突出的高相关共现关键词群,研究的集中趋势较为明显。

总之,共现矩阵显示数字档案研究同时在数字档案、数字化、数字档案馆、档案、档案管理5个主要方向上展开,形成了比较突出的高相关共现关键词群,研究的集中趋势较为明显。

7.4.4 关键词共现网络

本节采用关键词共现分析的方法,对1984—2018年数字档案研究的4953篇文献进行分析。

在关键词共现网络中,关键词之间的关系可以用连线来表示,连线多少和粗细代表关键词间的亲疏程度,连线越多,代表该关键词与其他关键词共现次数越多,越是研究领域极其重要的和热点研究内容。使用知网提供的工具,可获得1984—2018年数字档案研究高频词共词网络图谱(扫描二维码)。

从高频词共词网络图谱中可以直观地看出:1984—2018年数字档案研究可分为6个聚类群组。它们分别以"数字化"、"信息安全"、"大数据"、"电子档案"、"档案数字化"与"档案信息化"、"云计算"与"档案信息"为核心关键词。其中4个为单核心群组,包括3个为单词群组;2个为双核心双词群组。

在以"数字化"为核心的主核心群组中一共有11个相关关键词,除了"数字化"之外,还有"档案"与"档案管理"2个次核心关键词。三者间,"数字化"与"档案管理"距离相对较近,与"档案"相对较远,2个次核心关键词与主核心关键词的共现率接近,较为密切。群组内各关键词间关联性强的较多,比较聚集。主群组与其他5个群组均有关联,但联系均相对松散。

"信息安全"、"大数据"、"电子档案"、"档案数字化"与"档案信息化"、"云计算"与"档案信息"5个群组中,"信息安全""电子档案"仅与主群组间有关系,与其他3个群组没有关联,相互之间也没有联系。"档案数字化"与"档案信息化"群组和"大数据"、"云计算"与"档案信息"群组有关系,而"大数据"和"云计算"与"档案信息"之间没有联系。

从总体上看,主核心群组内部联系紧密,与其他群组联系相对较弱,其他群组间关联性更弱。"信息安全"、"电子档案"、"档案数字化"与"档案信息化"、"云计算"与"档案信息"4个群组处在整个网络外围的位置,虽目前的规模都比较小,但有可能成为日后数字档案研究的热点。

7.5 结语

综上,通过对1984—2018年数字档案研究文献的数据分析,我们可以得出如下结论:

从规模与发展速度上看,自1984年第一篇相关文献发表,有文献发表的29年间,数字档案研究文献总量翻了11番多,年均增速为30.85%,超半数年份(16年)是正向增速,近半数年份(14年)增速在两位数以上,其中4年的增速达到了三位数。总体上呈现不断上升的趋势。

从文献研究层次上看,数字档案研究涉及社会科学、自然科学、教育文化、信息及其他5类20个不同层次,总体上属于社会科学范畴,同时略偏重基础性理论研究。

从文献类型分布情况看,在数字档案研究中,一般性论文占绝对优势,政策性、宏观性研究论文相对薄弱。

从文献资源类型分布情况看,数字档案研究形成了学术期刊独大,硕博论文、会议论文为辅,报纸为点缀的研究资源体系。

从样本文献的学科分布情况看,数字档案研究在与档案学学科保持高相关性的同时,具有明显的跨学科特性。

从样本文献的基金分布情况看,数字档案研究有195篇文献获24种基金资助,其中国家资助高于地方、部门资助3倍多。提供地方资助的有13个省份,涉及全国1/3以上省份。

从作者的分布情况看,数字档案研究已经形成一批核心作者和高产作者群。

从研究机构分布情况看,数字档案研究已经形成稳定的研究机构。其中高校在机构数量及发表文献的数量上占比均为最高,档案行政管理机关次之,事业单位位列第三,档案馆位列第四。

从文献来源分布情况看,档案学期刊,尤其是档案学核心期刊,始终是数字档案研究成果发布与交流的主渠道、主阵地,承担着数字档案研究成果发布与交流的主体责任。

从主题词使用频率看,数字档案研究主题集中在数字档案、档案信息化、档案事务、档案机构、档案、文件6个方面。

从高频率关键词分布情况看,数字档案研究关注的重点2/5以上集中在数字档案、档案事务、档案信息伦、机构、档案5类15个热词所涉及的问题上。

从高频词共现矩阵看,数字档案研究同时在数字档案、数字化、数字档案馆、档案、档案管理5个主要方向上展开,形成了比较突出的高相关共现关键词群,研究的集中趋势较为明显。

共现网络表明,“数字化”是数字档案研究极其重要的问题,“信息安全”、“电子档案”、“档案数字化”与“档案信息化”、“云计算”与“档案信息”4个群组处在整个网络外围的位置,虽目前的规模都比较小,但有可能成为日后数字档案研究的热点。

8 数字档案馆

“数字档案馆”的含义有广义和狭义之分。那么数字档案馆到底应是广义，还是狭义？在国内，数字档案馆是指各级各类档案馆为适应信息社会日益增长的对档案信息资源管理、利用需求，运用现代信息技术对数字档案信息进行采集、加工、存储、管理，并通过各种网络平台提供公共档案信息服务和共享利用的档案信息集成管理系统。简而言之是传统档案馆的数字化。

在国外，数字档案馆则一般指的是互联网上的某些站点，即网站，也就是网上档案馆。

学者们将数字档案馆分为广义和狭义两种。广义的数字档案馆是指存储和利用档案信息资源的信息空间，是一个由众多档案资源库群、档案信息资源处理中心、档案用户群构成的数字档案馆群体，是一个以有序的信息空间和开放的信息环境为特征，面向对象的分布式网状结构模式。国外的数字档案馆多为这种意义上的数字档案馆。狭义的数字档案馆指其中的个体档案馆，其功能包括信息采集、整理、存储、检索、传递、保管、保护、利用、鉴定和统计等全过程，代表的是一种信息环境和信息基础设施。国内的数字档案馆则多为这种意义上的数字档案馆。

国内数字档案馆的重点在数字化上，国外的数字档案馆重点在拓展网上门户。二者差别立现①。

我国数字档案馆（室）建设起步于十几年前。早在2008年，国家档案局就针对综合档案馆发布了《数字档案馆建设指南》；2015年，针对机关档案室发布了《数字档案室建设指南》。由于缺少适用于企业的指导性文件，国家档案局经济科技档案业务指导司带领一批专家在广泛调研后，于2017年9月正式发布了《企业数字档案馆（室）建设指南》。至此，我国数字档案馆（室）建设不再仅仅停留在理论研究层面，也不再是自发式的探索，而是进入规范指引下的全面建设阶段。在此背景下，回顾数字档案馆研究的历程，有着不同于一般研究的意义。

8.1 样本选择

数字档案馆研究是档案信息化与档案数字化研究的重要内容，属于档案学科新兴且重要的组成部分，同时也是信息社会下档案工作与档案事业的重要组成部分。数字档案馆研究数据是重要的档案信息化、档案数字化学术资源，对数字档案馆研究数据进行定量研究，是用好用活档案资源，充分展示我国改革开放的历史进程、伟大成就和宝贵经验的一种方式。改革开放以来，数字档案馆研究得到了快于档案其他研究内容的长足进步与发展。总结、回顾数字档案馆研究发展历程，不仅是档案信息

---

① 吴雁平. 数字档案馆研究[EB/OL].(2017-08-28)[2018-10-29]. https://bianke.cnki.net/Home/Corpus/13768.html.

化与档案数字化建设发展的需要,也是档案工作、档案事业发展的需要。

我们以中国知网为样本来源,检索范围:中国学术期刊网络出版总库,教育期刊,特色期刊,中国博士学位论文全文数据库,中国优秀硕士学位论文全文数据库,中国重要会议论文全文数据库,国际会议论文全文数据库,中国重要报纸全文数据库,中国学术辑刊全文数据库,外文期刊,国际会议。检索年限:不限。检索时间:2018 年 10 月 23 日。检索条件:发表时间 between(1979-01-01,2018-10-23)并且(主题=数字档案馆或者题名=数字档案馆)(模糊匹配)。样本文献总数:3908 篇。

8.2 文献统计分析

本部分采用统计分析的方法,从文献总量、发展速度与年度分布,文献研究层次,文献类型,文献资源类型,文献学科分布 5 个方面入手,对样本文献进行分析。

8.2.1 文献总量、发展速度与年度分布

从总量上看,共发表文献 3908 篇,以 1990 年 1 篇的基数计,有文献发表的 22 年间翻了近 12 番。年均 178 篇,最少时(1990 年、1994 年)1 篇,最多时(2014)396 篇,22 年间增长了 3907 倍。中位数为 1954 篇。总体趋势见图 8.1。

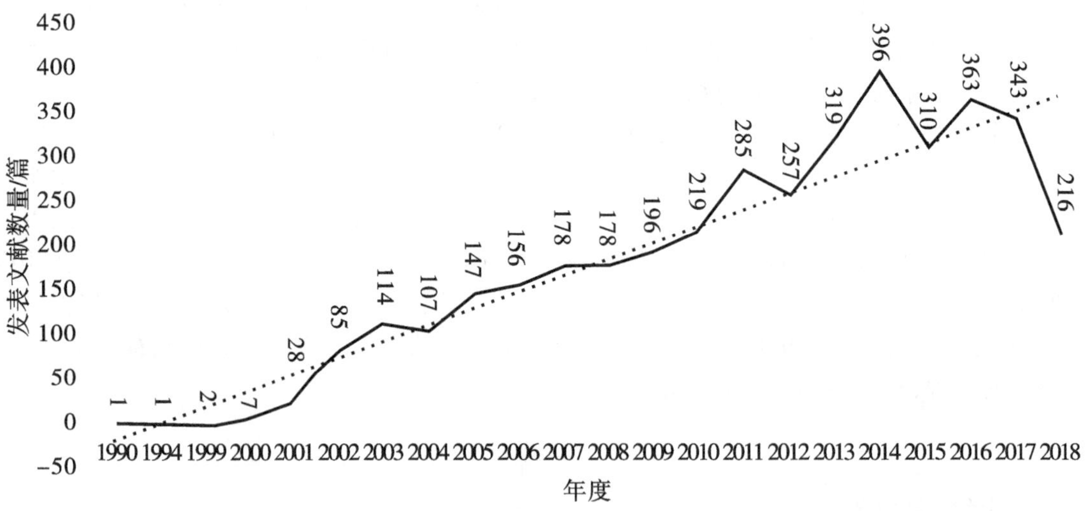

图 8.1 1990—2018 年数字档案馆研究文献发表数量及分布趋势

从年度分布情况看,1990—2018 年数字档案馆研究文献发表数量总体上呈现不断上升的趋势。近 2/3 的年份(14 年)为上升状态,下降年份(5 年)少,2 年持平。

大体上可分为四个阶段:

第一阶段(1990—2001 年),年平均增长率为 162.50%,为低位快速增长期,总体体量不大(39 篇),仅在低位徘徊。

第二阶段(2001—2010 年),年平均增长率为 34.56%,为中位高速增长期,总量增加至 1380 篇,是第一阶段的 35 倍多。

第三阶段(2011—2016 年),年平均增长率为 10.66%,为波动增长期。

第四阶段(2017—2018 年),年平均增长率为-21.27%,研究进入回落期。

具体的年度分布情况见表8.1。

表8.1 1990—2018年数字档案馆研究文献年度分布情况

序号	年度	发表文献数量/篇	占全部样本/%	发展速度	年增速/%
1	1990	1	0.03		
2	1994	1	0.03	1.00	0.00
3	1999	2	0.05	2.00	100.00
4	2000	7	0.18	3.50	250.00
5	2001	28	0.72	4.00	300.00
6	2002	85	2.18	3.04	203.57
7	2003	114	2.92	1.34	34.12
8	2004	107	2.74	0.94	-6.14
9	2005	147	3.76	1.37	37.38
10	2006	156	3.99	1.06	6.12
11	2007	178	4.55	1.14	14.10
12	2008	178	4.55	1.00	0.00
13	2009	196	5.02	1.10	10.11
14	2010	219	5.60	1.12	11.73
15	2011	285	7.29	1.30	30.14
16	2012	257	6.58	0.90	-9.82
17	2013	319	8.16	1.24	24.12
18	2014	396	10.13	1.24	24.14
19	2015	310	7.93	0.78	-21.72
20	2016	363	9.29	1.17	17.10
21	2017	343	8.78	0.94	-5.51
22	2018	216	5.53	0.63	-37.03
合计		3908	100.00	30.82	982.42
最高值		396	10.13	4.00	300.00
最低值		1	0.03	0.63	-37.03
平均值		178	4.55	1.47	46.78

从1990年首篇相关研究文献发表,在有文献发表的22年中,数字档案馆研究文献总量翻了近12番,年均增速为46.78%,近2/3的年份(14年)是正向增速,近2/3的年份(13年)增速在两位数以上,其中4年的增速达到了三位数。

8.2.2 文献研究层次

从文献研究层次分布情况看,3908篇样本文献涉及多个学科的16个不同层次。具体分布情况见表8.2。

表8.2　1990—2018年数字档案馆研究文献层次分布情况

序号	层次	发表文献数量/篇	占全部样本/%
1	基础研究(社科)	2249	57.55
2	行业指导(社科)	1127	28.84
3	职业指导(社科)	267	6.83
4	工程技术(自科)	62	1.59
5	政策研究(社科)	35	0.90
6	大众科普	15	0.38
7	大众文化	10	0.26
8	基础与应用基础研究(自科)	9	0.23
9	基础教育与中等职业教育	8	0.20
10	高等教育	7	0.18
11	经济信息	3	0.08
12	文艺作品	3	0.08
13	高级科普(社科)	2	0.05
14	标准与质量控制(自科)	1	0.03
15	政报公报公告文告	1	0.03
16	其他	109	2.79
合计		3908	100.00

从研究的学科大类看,可分为社会科学、自然科学、教育文化、信息与其他5类。其中社会科学3680篇,占94.17%;自然科学72篇,占1.84%;教育文化43篇,占1.10%;信息4篇,占0.10%;其他109篇,占2.79%。研究明显属于社会科学的范畴,同时涉及自然科学、教育文化、信息及其他学科。

从基础理论研究与应用研究的角度看,属于基础理论研究的有2258篇,占57.78%;属于应用研究的有1650篇,占42.22%。研究偏重基础性理论研究。

可以说,数字档案馆研究涉及社会科学、自然科学、教育文化、信息及其他5类16个不同层次,总体上属于社会科学范畴,同时偏重基础性理论研究。

8.2.3　文献类型

从文献类型分布情况看,3908篇样本文献中,涉及综述类、政策研究类和其他3个不同类型。具体分布情况见表8.3。

表8.3　1990—2018年数字档案馆研究文献类型分布情况

序号	文献类型	发表文献数量/篇	占全部样本/%
1	综述类	93	2.38
2	政策研究类	35	0.90
3	其他	3780	96.72
合计		3908	100.00

从表8.3看，一般性论证（其他）文献是研究文献的绝对主体，接近97%；政策性（政策研究类）及宏观性（综述类）研究文献则显得单薄。

可见，在数字档案馆研究中，一般性论文占绝对优势，政策性、宏观性研究论文相对薄弱。

8.2.4　文献资源类型

从文献资源类型分布情况看，3908篇样本文献分布在期刊、国内会议、硕士、特色期刊、报纸、学术辑刊、国际会议、博士8种类型资源上。具体分布情况见表8.4。

表8.4　1990—2018年数字档案馆研究文献资源类型分布情况

序号	资源类型	发表文献数量/篇	占全部样本/%
1	期刊	3317	84.88
2	国内会议	166	4.25
3	硕士	157	4.02
4	特色期刊	152	3.89
5	报纸	88	2.25
6	学术辑刊	17	0.44
7	国际会议	7	0.18
8	博士	4	0.10
合计		3908	100.00

有文献发表的22年来，期刊成为数字档案馆学术研究最主要的文献来源，数字档案馆研究者近90%（89.20%）的学术交流与沟通，有赖于这个渠道和平台。会议论文、硕博论文在总量上与期刊相差一个数量级，与期刊相比，起着辅助作用。报纸在总量上又与会议论文、硕博论文相差一个数量级，与期刊相比，只起着点缀作用。

总之，数字档案馆研究已经形成了学术期刊独大，会议论文、硕博论文为辅，报纸为点缀的研究资源体系。

8.2.5　文献学科分布

从文献学科分布情况看，3908篇样本文献涉及学科超过50个。发表文献最多的15个学科分布情况见表8.5。

表8.5　1990—2018年发表文献最多的15个学科分布情况

序号	学科	发表文献数量/篇	占全部样本/%
1	图书情报档案	3461	88.56
2	教育	115	2.94
3	计算机	96	2.46
4	工业经济	35	0.90

续表 8.5

序号	学科	发表文献数量/篇	占全部样本/%
5	工商管理	31	0.79
6	法学	30	0.77
7	生态	20	0.51
8	公共管理	9	0.23
9	公共卫生与预防医学	9	0.23
10	农业经济	6	0.15
11	国民经济	4	0.10
12	城市经济	4	0.10
13	地质	3	0.08
14	城乡规划与市政	3	0.08
15	建筑科学	2	0.05
合计		3828	97.95
总计		3908	100.00
超出		80	2.05

需要说明的是,按 15 个学科统计的文献数为 3828 篇,占实际样本数的 97.95%;而实际样本数为 3908 篇;15 个学科统计数少于实际文献数 80 篇。考虑到实际涉及的学科超过 50 个,全部学科文献的数量之和可能接近或超过实际样本。并且图书情报档案专业文献只有 3461 篇,占全部样本文献的 88.56%。可以推断,数字档案馆研究是一门具有明显学科交叉性的学科。除档案学本学科之外,与数字档案馆研究相关性最强的 6 个学科分别是:教育、计算机、工业经济、工商管理、法学、生态。

可以说,数字档案馆研究在保持与档案学学科强关联性的同时,具有明显的跨学科特性。

8.3　文献计量分析

本部分采用计量分析的方法,从文献基金资助分布、文献作者分布、文献机构分布和文献来源分布 4 个方面对样本文献进行分析。

8.3.1　文献基金资助分布

从样本文献的基金分布情况看,3908 篇样本文献中有 138 篇得到 23 种基金项目的支持,占全部样本的 3.53%。具体分布情况见表 8.6。

表 8.6　1990—2018 年数字档案馆获得基金资助分布情况

序号	基金名称	发表文献数量/篇	占基金资助文献/%	占全部样本/%
1	国家社会科学基金	96	69.57	2.456
2	国家自然科学基金	12	8.70	0.307
3	北京市科技计划项目	6	4.35	0.154
4	河南省软科学研究计划	3	2.17	0.077
5	湖南省自然科学基金	2	1.45	0.051
6	航空科学基金	2	1.45	0.051
7	福建省教委科研基金	1	0.72	0.026
8	全国教育科学规划	1	0.72	0.026
9	山东省软科学研究计划	1	0.72	0.026
10	浙江省教委科研基金	1	0.72	0.026
11	中国地质调查局地质调查项目经费	1	0.72	0.026
12	江苏省教育厅人文社会科学研究基金	1	0.72	0.026
13	教育部基金	1	0.72	0.026
14	湖北省教委科研基金	1	0.72	0.026
15	中国博士后科学基金	1	0.72	0.026
16	黑龙江省社会科学基金	1	0.72	0.026
17	甘肃省教委科研基金	1	0.72	0.026
18	跨世纪优秀人才培养计划	1	0.72	0.026
19	江苏省自然科学基金	1	0.72	0.026
20	陕西省教委基金	1	0.72	0.026
21	上海科技发展基金	1	0.72	0.026
22	河南省科技攻关计划	1	0.72	0.026
23	河北省科技攻关计划	1	0.72	0.026
合计		138	100.00	3.531
总计		3908		100.000

从基金的层次分布情况看，国家级基金 2 种 109 篇，占全部样本的 2.789%，占基金资助文献的 78.99%；地方基金 15 种 23 篇，占全部样本的 0.589%，占基金资助文献的 16.67%；部门基金 5 种 6 篇，占全部样本的 0.154%，占基金资助文献的 4.35%。国家层面虽然种类少，但资助文献的数量远高于地方、部门基金的资助数量，是地方、部门基金资助数量之和的近 4 倍。

地方资助涉及北京、福建、甘肃、河北、河南、黑龙江、湖北、湖南、江苏、山东、陕西、上海、浙江 13 个省份，覆盖全国 1/3 以上省份。

有文献发表的 22 年间，数字档案馆研究有 138 篇文献获 23 种基金资助，其中国家资助高于地方、部门资助约 3 倍。提供地方资助的有 13 个省份，涉及全国 1/3 以上省份。

8.3.2 文献作者分布

从作者的分布情况看,3908篇文献中,前40位作者共发表文献311篇,占全部样本的7.96%。发表文献最多的40位作者分布情况见表8.7。

表8.7 发表文献最多的40位作者分布情况

序号	作者	发表文献数量/篇	占全部样本/%
1	程妍妍	22	0.56
2	潘连根	16	0.41
3	倪代川	15	0.38
4	金波	14	0.36
5	管先海	13	0.33
6	颜祥林	11	0.28
7	黄凤平	11	0.28
8	金更达	11	0.28
9	傅荣校	10	0.26
10	薛四新	10	0.26
11	方昀	9	0.23
12	丁成明	9	0.23
13	黄丽华	9	0.23
14	陶水龙	8	0.20
15	王兰成	8	0.20
16	唐艳芳	8	0.20
17	颜丙通	7	0.18
18	谢海洋	7	0.18
19	杨剑云	7	0.18
20	蔡学美	6	0.15
21	肖秋会	6	0.15
22	杨智勇	6	0.15
23	杨来青	6	0.15
24	杨茜雅	6	0.15
25	温献英	5	0.13
26	徐华	5	0.13
27	张卫东	5	0.13
28	张东华	5	0.13
29	刘越男	5	0.13
30	周枫	5	0.13

续表 8.7

序号	作者	发表文献数量/篇	占全部样本/%
31	王萍	5	0.13
32	郭伟	5	0.13
33	袁继军	5	0.13
34	周林兴	5	0.13
35	杨文刚	5	0.13
36	肖文建	5	0.13
37	刘芸	4	0.10
38	向立文	4	0.10
39	朱蒙生	4	0.10
40	何小菁	4	0.10
合计		311	7.96
总计		3908	100.00

按照普赖斯提出的计算公式,核心作者候选人的最低发文数 $M=0.749\sqrt{N_{max}}$,其中 N_{max} 为最高产作者发文数量。数字档案馆研究文献作者中发表文献最多的为 22 篇,即 $N_{max}=22$,所以 $M=0.749\sqrt{22}\approx 3.513$。因此,凡发表 3 篇以上文献的作者均为 1990—2018 年数字档案馆研究的重要作者。故表 8.7 中发表 3 篇以上文献的前 40 位作者不仅是核心作者,而且是核心作者中的高产作者。

可见,数字档案馆研究已经形成了一大批核心作者和以核心作者为基础的高产作者群。从整体上看,无论是作者数量,还是发表文献数量,高校作者都是数字档案馆研究的绝对主力。

8.3.3 文献机构分布

从研究机构分布情况看,3908 篇文献中,前 40 个机构发表文献 1129 篇,占全部文献的 28.89%。如果使用普赖斯公式计算,核心机构的最低发文数 $M=0.749\sqrt{N_{max}}$,其中 N_{max} 为最高产机构发文数量。这里 $N_{max}\approx 81$,所以 $M=0.749\sqrt{81}\approx 6.741$,即发表文献 7 篇及以上的为核心研究机构。据此,发表文献最多的前 40 个机构均是数字档案研究的高产机构。发表文献最多的 40 个机构分布情况见表 8.8。

表 8.8 发表文献最多的 40 个机构分布情况

序号	机构	发表文献数量/篇	占全部样本/%
1	南京政治学院	81	2.07
2	上海大学	69	1.77
3	中国人民大学	67	1.71
4	武汉大学	62	1.59
5	湘潭大学	45	1.15
6	南京大学	45	1.15
7	浙江大学	45	1.15

续表8.8

序号	机构	发表文献数量/篇	占全部样本/%
8	北京市档案局	41	1.05
9	浙江省档案局	39	1.00
10	黑龙江大学	39	1.00
11	苏州大学	38	0.97
12	安徽大学	34	0.87
13	云南省档案局	32	0.82
14	南昌大学	32	0.82
15	江苏省档案局	31	0.79
16	国家档案局	29	0.74
17	四川省档案局	24	0.61
18	河北大学	24	0.61
19	绍兴文理学院	23	0.59
20	四川大学	23	0.59
21	天津师范大学	21	0.54
22	中山大学	21	0.54
23	河南省濮阳市档案局	20	0.51
24	吉林大学	20	0.51
25	广西民族大学	17	0.44
26	清华大学	17	0.44
27	郑州大学	17	0.44
28	山东省青岛市档案局	16	0.41
29	辽宁大学	16	0.41
30	辽宁省档案局	15	0.38
31	华中师范大学	15	0.38
32	云南大学	15	0.38
33	郑州航空工业管理学院	14	0.36
34	郑州师范高等专科学校	13	0.33
35	浙江省绍兴市档案局	13	0.33
36	福建师范大学	12	0.31
37	国家档案局档案科学技术研究所	12	0.31
38	广东省深圳市档案局	11	0.28
39	江西省档案局	11	0.28
40	山东大学	10	0.26
合计		1129	28.89
总计		3908	100.00

前40个核心高产机构中有27个是高校（发表文献835篇，占核心高产研究机构发表文献数的73.96%），充分表明高校是数字档案馆研究极其重要的高产机构群的主体。

从前40个机构中各类机构发表文献的数量及占比情况看，27个高校，占67.5%；发表文献1129篇，占比达到了73.96%。其中前7位均为高校。12个档案局（馆），占30%；发表文献282篇，占比达到了24.98%。1个事业机构，占2.5%；发表文献12篇，占比达到了1.06%。

可见，数字档案馆研究已经形成稳定的研究机构。其中高校在机构数量及发表文献数量上均为最高，档案行政管理机关次之，事业单位位列第三。

8.3.4 文献来源分布

从文献来源分布情况看，发表文献最多的10种期刊发表文献1642篇，占全部样本的42.04%。具体分布情况见表8.9。

表8.9 发表文献最多的10种期刊分布情况

序号	期刊	发表文献数量/篇	占全部样本/%
1	《兰台世界》	366	9.37
2	《中国档案》	299	7.65
3	《浙江档案》	252	6.45
4	《档案与建设》	193	4.94
5	《黑龙江档案》	171	4.38
6	《档案管理》	84	2.15
7	《北京档案》	76	1.94
8	《四川档案》	75	1.92
9	《档案学通讯》	64	1.64
10	《中国档案报》	62	1.59
合计		1642	42.02
总计		3908	100.00

按照布拉德福定律，3908篇文献可分为核心区、相关区和非相关区，各个区的论文数量相等（约1302篇）。故发表论文数量居前5位的《兰台世界》《中国档案》《浙江档案》《档案与建设》《黑龙江档案》（1281篇）处于核心区之中。它们均为档案学期刊，其中档案学核心期刊3种，非核心期刊2种。

发表论文数量处于第6～10位的《档案管理》《北京档案》《四川档案》《档案学通讯》《中国档案报》5种期刊（361篇）处于相关区。它们均为档案学期刊，包括档案学核心期刊3种，普通档案学期刊2种。

其他发表论文数量62篇以下的期刊部分在相关区，部分则在非相关区内。

可见，档案学期刊，尤其是档案学核心期刊，始终是数字档案馆研究成果发布与交流的主渠道、主阵地，承担着数字档案馆研究成果发布与交流的主体责任。

8.4 文献关键词词频及共现分析

本部分采用词频分析的方法,从主题词、高频关键词、关键词共现矩阵、关键词共现网络4个方面对样本文献进行分析。

8.4.1 主题词

从主题词使用频率看,数字档案馆研究涉及内容广泛,集中在数字档案馆、档案信息化、档案机构、档案事务、档案、文件、档案人7个方面。使用频率最高的36个主题词分布情况见表8.10。

表8.10 使用频率最高的36个主题词分布情况

序号	主题词	使用频率/次	占全部样本/%
1	数字档案馆	3109	79.55
2	档案信息资源	468	11.98
3	档案局	363	9.29
4	档案信息化建设	352	9.01
5	电子文件	290	7.42
6	档案工作	220	5.63
7	档案事业	209	5.35
8	电子档案	198	5.07
9	国家档案局	192	4.91
10	档案馆	176	4.50
11	档案信息化	166	4.25
12	文化机构	148	3.79
13	档案信息	142	3.63
14	档案管理	135	3.45
15	档案部门	132	3.38
16	档案资源	114	2.92
17	民生档案	106	2.71
18	电子文件中心	91	2.33
19	综合档案馆	88	2.25
20	计算机	87	2.23
21	档案网站	87	2.23
22	数字档案资源	85	2.18
23	数字化建设	85	2.18

续表 8.10

序号	主题词	使用频率/次	占全部样本/%
24	数字档案	84	2.15
25	馆藏档案数字化	80	2.05
26	企业管理	80	2.05
27	利用者	75	1.92
28	档案管理系统	74	1.89
29	云计算	73	1.87
30	档案数据库	73	1.87
31	市档案馆	73	1.87
32	馆藏档案	73	1.87
33	档案室	72	1.84
34	信息服务	71	1.82
35	档案服务	66	1.69
36	档案工作者	65	1.66
合计		8002	204.76
总计		3908(篇)	100.00
最高频率		3109	79.55
最低频率		65	1.66
平均频率		222	5.69

从涉及的主题词看,使用频率最高的 36 个主题词共使用 8002 频次,占全部样本的 204.76%。也就是说,上述 36 个主题词涵盖了全部样本文献两遍多。其中使用频率最高的是“数字档案馆”(3109 频次),使用频率最低的是“档案工作者”(65 频次),平均使用频率为 222 频次。

从主题词反映出的研究内容看,数字档案馆研究关注的 36 个主要问题又可归并为数字档案馆、档案信息化、档案机构、档案事务、档案、文件、档案人 7 个大类。

数字档案馆(数字档案馆、数字档案资源、数字化建设、数字档案、馆藏档案数字化、档案数据库)共使用 3516 频次,占全部样本的 79.55%。它涵盖了数字档案馆的多个层面,主要集中在数字化上,是档案学界研究与关注度最高的主题。

档案机构(档案局、国家档案局、档案馆、文化机构、档案部门、电子文件中心、综合档案馆、利用者、档案室、市档案馆)共使用 1410 频次,占全部样本的 36.08%。它是改革开放以来与档案事业、档案人关系最为密切的问题,也是档案学界一直关注的重要问题之一,在数字档案馆研究中排第二位。

档案信息化(档案信息资源、档案信息化建设、档案信息化、档案信息、计算机、档案网站、档案管理系统、云计算)共使用 1149 频次,占全部样本的 37.08%。它涵盖了档案信息化的多个方面,主要集中在信息化与新技术应用两个方面,是档案学界研究与关注度第三高的主题。

档案事务(档案工作、档案事业、民生档案、信息服务、档案服务、企业管理)共使用 752 频次,占全部样本的 19.24%。它涵盖了档案事务的多个层面,主要集中在管理与服务 2 个层面,也包括对少数类别档案实体的管理,是档案学界研究与关注度第四高的主题。

档案(电子档案、档案管理、档案资源、馆藏档案)共使用 520 频次,占全部样本的 13.31%。档案是档案学研究的本体,在数字档案馆研究中仍然是研究的重要对象,但从涉及的 4 个主题看,更注重对新型载体档案及档案资源的关注。

文件(电子文件)共使用290频次,占全部样本的7.42%。

档案人(档案工作者)共使用65频次,占全部样本的1.66%。作为档案工作的主体,从来没有离开研究者的视线。

可以说,数字档案馆研究所涉及的内容虽然十分广泛,但全部文献均包含在数字档案馆、档案信息化、档案机构、档案事务、档案、文件、档案人7类问题中。或者说,数字档案馆研究主要是围绕数字档案馆、档案信息化、档案机构、档案事务、档案、文件、档案人7个方面展开的。

8.4.2　高频关键词

表8.11是使用频率最高的15个高频关键词分布情况。15个使用频率最高的关键词共使用1817频次,占全部样本的46.49%。也就是说,近半数的文献所研究的内容与这15个关键词有关。其中使用频率最高的是"数字档案馆"(844频次),使用频率最低的是"智慧档案馆""档案信息化"(各42频次),平均使用频率为121频次。

表8.11　使用频率最高的15个高频关键词分布情况

序号	关键词	使用频率/次	占全部样本/%
1	数字档案馆	844	21.60
2	数字化	108	2.76
3	建设	106	2.71
4	档案馆	93	2.38
5	档案	87	2.23
6	信息化	75	1.92
7	云计算	75	1.92
8	档案管理	74	1.89
9	信息服务	69	1.77
10	数字档案	63	1.61
11	知识管理	53	1.36
12	电子文件	43	1.10
13	大数据	43	1.10
14	智慧档案馆	42	1.07
15	档案信息化	42	1.07
合计		1817	46.49
总计		3908	100.00
平均		121	3.10

从关键词反映出的研究内容来看,数字档案馆研究关注度最高的15个问题可以归纳为数字档案馆、档案信息化、档案事务、档案机构、档案、文件6个方面。它们占全部样本的46.49%,即接近全部研究文献的半数。

数字档案馆(数字档案馆、数字化、数字档案),使用1015频次,占比25.97%。它是数字档案馆研究关注度最高的问题。简单地说,1/4 的数字档案馆研究是围绕"数字"进行的。这反映出数字档案馆研究具有鲜明的数字化特征,也反映出数字档案馆研究关注的重心在"数字"上。

档案事务(建设、档案管理、信息服务、知识管理),使用 302 频次,占全部样本的 7.73%。它是数字档案馆研究关注度第二高的问题。简单地说,接近 1/10 的数字档案馆研究是围绕"档案事务"进行的。这反映出数字档案馆研究具有鲜明的管理与服务特征,也反映出数字档案馆研究关注的重心在"管理"与"服务"上。

档案信息化(信息化、云计算、大数据、档案信息化),使用 235 频次,占比 6.01%。这反映出数字档案馆研究具有鲜明的新技术特征,也反映出数字档案馆研究关注的重心在"技术"上。

档案机构(档案馆、智慧档案馆),使用 135 频次,占比 3.45%。

档案(档案),使用 87 频次,占比 2.23%。这说明"档案"本体研究,虽然占比不高,但一直是数字档案馆研究最基本的问题,受到数字档案馆研究者的高度重视,是数字档案馆研究持续关注度最高的问题之一。

文件(电子文件),使用 43 频次,占比 1.10%。在数字档案馆研究中,电子文件代替了纸质文件。

可以说,数字档案馆研究内容虽然广泛,但近半数的研究关注的重点集中在数字档案馆、档案信息化、档案事务、档案机构、档案、文件 6 类 15 个热词所涉及的问题上。

8.4.3 关键词共现矩阵

本节采用关键词共现分析的方法,对 1990—2018 年数字档案馆研究的 3908 篇文献进行分析。

矩阵提取使用频率最高的 20 个关键词,将这 20 个关键词形成 20×20 的共词矩阵。如果某两个关键词同时出现在一篇文章中,就表明这两者之间存在相关关系,关键词右侧或下方对应位置的数值表示篇数。图 8.2 是 1990—2018 年数字档案馆研究文献使用频率最高的 20 个高频关键词共现矩阵。

图 8.2 显示,2017 年数字档案馆研究文献关键词共现有 77 组,共现率为 38.5%。共现次数 50 次以上的关键词组合有 2 组,共现率为 1%。共现次数 30 ~ 49 次的关键词组合有 2 组,共现率为 1%。共现次数 20 ~ 29 次的关键词组合有 4 组,共现率为 2%。

以横轴为准计:

20 组共现关键词中有 19 组与数字档案馆直接相关,占共现关键词的 9.5%。

20 组共现关键词中有 11 组与建设直接相关,占共现关键词的 5.5%。

20 组共现关键词中有 8 组与档案馆直接相关,占共现关键词的 4%。

20 组共现关键词中有 7 组与数字化直接相关,占共现关键词的 3.5%。

20 组共现关键词中各有 6 组与档案、云计算直接相关,分别占共现关键词的 3%。

20 组共现关键词中各有 5 组与信息化、数字档案直接相关,分别占共现关键词的 2.5%。

20 组共现关键词中有 4 组与档案管理直接相关,占共现关键词的 2%。

20 组共现关键词中有 2 组与信息服务直接相关,占共现关键词的 2%。

余下的 4 组分别与档案信息化、大数据、高校、对策 4 个关键词有关,但共现次数均为 1 组,属于低相差度高频词。

另有知识管理、电子文件、智慧档案馆、信息资源、问题、档案数字化 6 个无共现高频词。

共现次数在 50 次以上的特高共现高频关键词有 2 组,分别是:

数字档案馆与信息服务:54 次。

数字档案馆与建设:67 次。

共现次数在 30 ~ 49 次的超高共现高频关键词有 2 组,分别是:

数字档案馆与知识管理:39 次。

数字档案馆与云计算:45 次。

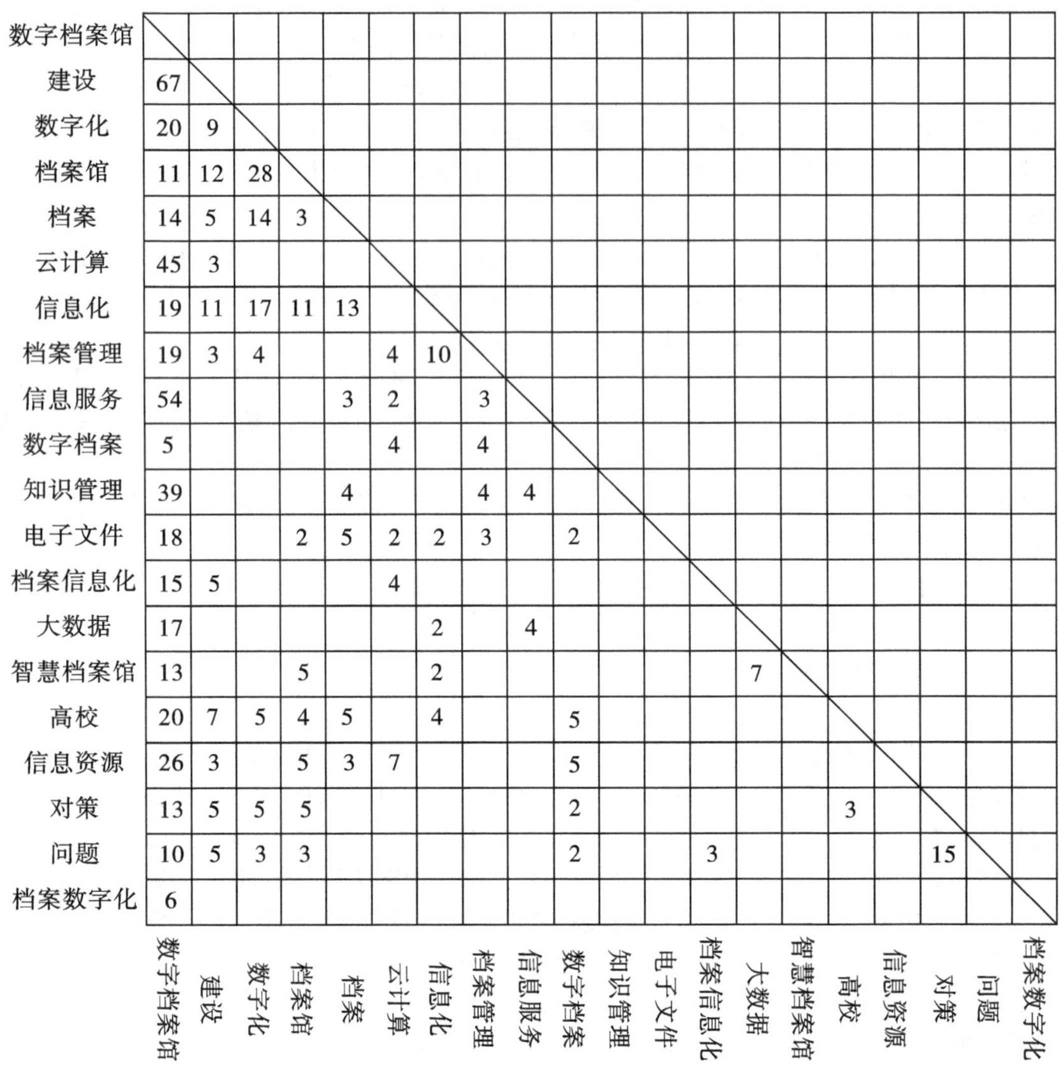

	数字档案馆	建设	数字化	档案馆	档案	云计算	信息化	档案管理	信息服务	数字档案	知识管理	电子文件	档案信息化	大数据	智慧档案馆	高校	信息资源	对策	问题	档案数字化
数字档案馆																				
建设	67																			
数字化	20	9																		
档案馆	11	12	28																	
档案	14	5	14	3																
云计算	45	3																		
信息化	19	11	17	11	13															
档案管理	19	3	4			4	10													
信息服务	54				3	2		3												
数字档案	5					4		4												
知识管理	39				4			4	4											
电子文件	18			2	5	2	2	3		2										
档案信息化	15	5				4														
大数据	17						2		4											
智慧档案馆	13			5			2							7						
高校	20	7	5	4	5		4			5										
信息资源	26	3		5	3	7				5										
对策	13	5	5	5						2						3				
问题	10	5	3	3						2			3					15		
档案数字化	6																			

图8.2　1990—2018年数字档案馆研究文献高频关键词共现矩阵

共现次数在20~29次的高共现高频关键词有4组,分别是:

数字档案馆与信息资源:26次。

数字档案馆与高校:20次。

数字档案馆与数字化:20次。

数字化与档案馆:28次。

归纳起来,1990—2018年数字档案馆研究的重点集中在数字档案馆一个方向上。或者说,1990—2018年数字档案馆研究主要是在数字档案馆一个方向上展开的。

从共现组数看,由于高共现频率的20个高频关键词的共现组数达77组,特高、超高与高共现词有8组,占到了全部共现组的10.39%。1990—2018年数字档案馆研究形成了比较突出的高相关共现关键词群,研究的集中趋势特别明显。

总之,共现矩阵显示研究主要是在数字档案馆一个方向上展开的,形成了比较突出的高相关共现关键词群,集中趋势特别明显。

8.4.4 关键词共现网络

本部分采用关键词共现分析的方法,对 1990—2018 年数字档案馆研究的 3908 篇文献进行分析。

在关键词共现网络中,关键词之间的关系可以用连线来表示,连线多少和粗细代表关键词间的亲疏程度,连线越多,代表该关键词与其他关键词共现次数越多,越是研究领域极其重要的和热点研究内容。使用知网提供的工具,可获得 1990—2018 年数字档案馆研究高频词共词网络图谱(扫描二维码)。

从高频词共词网络图谱中可以直观地看出:1990—2018 年数字档案馆研究可分为 6 个聚类群组。它们分别以“数字化”、“电子文件”、“档案信息化”、“档案数字化”、“知识管理”与“信息服务”、“大数据”与“智慧档案馆”为核心关键词。“数字化”“电子文件”“档案信息化”“档案数字化”为单核心群组,其中“电子文件”“档案信息化”“档案数字化”3 个为单词群组。“知识管理”与“信息服务”、“大数据”与“智慧档案馆”为双核心群组。

在以“数字化”为核心的群组中一共有 12 个相关关键词,除了“数字化”之外,还有“档案馆”“信息化”“档案”3 个次核心关键词。四者的使用频次相近,彼此间的距离相对较近,共现率相对较高,呈现出稳定的三角形。4 个关键词与整个群组中的其他关键词距离或近或远,联系或密或疏,但整体上起着联系枢纽的作用。

主群组与其他群组的联系不尽相同。除“电子文件”处在主群组的中心,被主群组各关键词包围之外,“档案信息化”、“档案数字化”、“知识管理”与“信息服务”、“大数据”与“智慧档案馆”4 个群组都在主群组的外围。其中“知识管理”与“信息服务”、“大数据”与“智慧档案馆”2 个双核心群组与主群组中的 4 个核心关键词有联系,而“档案信息化”则只与主群组非核心关键词有关联。“档案数字化”则远离主群组,且与主群组没有关系。

5 个次要群组间只有“知识管理”与“信息服务”、“大数据”与“智慧档案馆”2 个双核心群组有一个单线联系外,其他群组间没有任何关联。

总之,“数字化”是数字档案馆研究的高频高相关核心问题。“档案数字化”、“知识管理”与“信息服务”、“大数据”与“智慧档案馆”相对处在整个网络外围的位置,日后或将成为数字档案馆研究的热点。

8.5 结语

综上,通过对 1990—2018 年数字档案馆研究文献的数据分析,我们可以得出如下结论:

从规模与发展速度上看,自 1990 年首篇相关研究文献发表,在有文献发表的 22 年中,数字档案馆研究文献总量翻了近 12 番,年均增速为 46.78%,近 2/3 的年份(14 年)是正向增速,近 2/3 的年份(13 年)增速在两位数以上,其中 4 年的增速达到了三位数。总体上呈现上升趋势。

从文献研究层次上看,数字档案馆研究涉及社会科学、自然科学、教育文化、信息及其他 5 类 16 个不同层次,总体上属于社会科学范畴,同时偏重基础性理论研究。

从文献类型分布情况看,在数字档案馆研究中,一般性论文占绝对优势,政策性、宏观性研究论文相对薄弱。

从文献资源类型分布情况看,数字档案馆研究形成了学术期刊独大,会议论文、硕博论文为辅,报纸点缀的研究资源体系。

从样本文献的学科分布情况看,数字档案馆研究在保持与档案学学科强关联性的同时,具有明显的跨学科特性。

从样本文献的基金分布情况看,数字档案馆研究有138篇文献获23种基金资助,其中国家资助高于地方、部门资助约3倍。提供地方资助的有13个省份,涉及全国1/3以上省份。

从作者的分布情况看,数字档案馆研究已经形成以高校作者为主的一大批核心作者和以其为基础的高产作者群。

从研究机构分布情况看,数字档案馆研究已经形成稳定的研究机构。其中高校在机构数量及发表文献数量上均为最高,档案行政管理机关次之,事业单位位列第三。

从文献来源分布情况看,档案学期刊,尤其是档案学核心期刊,始终是数字档案馆研究成果发布与交流的主渠道。

从主题词使用频率看,研究主题集中在数字档案馆、档案信息化、档案机构、档案事务、档案、文件、档案人7个方面。

从高频率关键词分布情况看,数字档案馆研究关注的重点近半数集中在数字档案馆、档案信息化、档案事务、档案机构、档案、文件6类15个热词所涉及的问题上。

从高频词共现矩阵看,研究主要是在数字档案馆一个方向上展开,形成了比较突出的高相关共现关键词群,集中趋势特别明显。

共现网络表明,“数字化”是数字档案馆研究的高频高相关核心问题。“档案数字化”、“知识管理”与“信息服务”、“大数据”与“智慧档案馆”相对处在整个网络外围的位置,日后或将成为数字档案馆研究的热点。

9 档案信息化

信息化是指培养、发展以计算机为主的智能化工具为代表的新生产力,并使之造福于社会的历史过程。(智能化工具又称信息化的生产工具。它一般必须具备信息获取、信息传递、信息处理、信息再生、信息利用的功能。)与智能化工具相适应的生产力,称为信息化生产力。与过去生产力中的生产工具不一样的是,智能化生产工具不是一件孤立分散的东西,而是一个具有庞大规模的、自上而下的、有组织的信息网络体系。这种网络性生产工具将改变人们的生产方式、工作方式、学习方式、交往方式、生活方式、思维方式等,将使人类社会发生极其深刻的变化。

信息化是以现代通信、网络、数据库技术为基础,将所研究对象各要素汇总至数据库,供特定人群生活、工作、学习、辅助决策等和人类息息相关的各种行为相结合的一种技术。使用该技术后,可以极大地提高各种行为的效率,为推动人类社会进步提供极大的技术支持。

信息化的概念源于20世纪60年代的日本,首先是由一位日本学者提出来的,而后被译成英文传播到西方,西方社会普遍使用"信息社会"和"信息化"的概念是20世纪70年代后期才开始的。

关于信息化的表述,在中国学术界和政府内部做过较长时间的研讨。如有的认为,信息化就是计算机、通信和网络技术的现代化;有的认为,信息化就是从物质生产占主导地位的社会向信息产业占主导地位社会转变的发展过程;有的认为,信息化就是从工业社会向信息社会演进的过程;如此等等。

1997年召开的首届全国信息化工作会议,将信息化和国家信息化定义为:"信息化是指培育、发展以智能化工具为代表的新的生产力并使之造福于社会的历史过程。国家信息化就是在国家统一规划和组织下,在农业、工业、科学技术、国防及社会生活各个方面应用现代信息技术,深入开发、广泛利用信息资源,加速实现国家现代化进程。"实现信息化就要构筑和完善6个要素(开发利用信息资源,建设国家信息网络,推进信息技术应用,发展信息技术和产业,培育信息化人才,制定和完善信息化政策)的国家信息化体系。

档案信息化是在国家档案建设管理部门的统一规划和组织下,在档案管理的活动中全面应用现代信息技术,对档案信息资源进行数字化管理和提供利用。档案管理模式从以档案实体保管和利用为重点,转向以档案信息的数字化存储和提供服务为重心,从而使档案工作进一步走向规范化、数字化、网络化、社会化。档案信息化建设必须遵循三条基本原则,即文档一体化、双轨制和确保网络安全。换句话说,档案信息化就是档案管理模式从以档案实体为重心向以档案信息为重心转变的过程。这是一个长期的发展过程,在这一过程中,要不断地采用现代信息技术装备档案部门,从而极大地提高档案管理和利用的现代化水平。

档案信息化建设是指运用信息技术提高档案工作现代化水平,重新思考档案管理的新情况、新原则与新理论,确立网络环境中档案管理与档案服务的基本框架与基本方法,实现档案信息的社会化服务。档案信息化建设是指应用信息技术生成、管理、开发利用档案的过程,主要包括档案信息的数字化、档案网站建设、数字档案馆建设等。

档案信息的数字化是指利用数据库技术、数据压缩技术、高速扫描技术等技术手段,将纸质文件、声像文件等传统介质文件和已归档保存的电子档案,系统组织成具有有序结构的档案信息库。档案信息数字化的原则:规范性原则、安全性原则、效益性原则。档案信息数字化的内容有两个不同层次:一是档案目录信息的数字化,二是档案全文信息的数字化。主要困难则为:技术还不成熟;数字化的对象问题;合作问题。

档案网站是档案机构在公共信息服务网站上建立的站点,它一般是以主页方式提供相关档案服务和开展档案宣传。档案网站建设是档案信息化建设的重要步骤,是档案部门联系社会的重要窗口。档案网站的功能有:服务功能、宣传功能、交流功能。档案网站的主要内容则有:档案工作信息、档案机构信息、档案资源信息、档案利用服务信息。

数字档案馆是利用电子网络远程获取档案文件信息的一种方式,它强调的是在数字化档案馆环境下用户开发利用档案信息资源的便利性。数字档案馆的主要特点有:①存在方式上的特点,是一种无形的信息组织与利用环境;②运行方式上的特点,存取档案信息的网络化;③功能定位上的特点,以存取为中心。数字档案馆与现行实体档案馆的关系是:①现行实体档案馆的馆藏档案是数字档案馆形成的基础;②数字档案馆的出现对现行实体档案馆的馆藏建设提出了新的要求;③数字档案馆为现行实体档案馆提供了新的管理和服务机制。两者不是替代关系,而是相互依赖、相互促进的关系。

9.1　样本选择

档案信息化研究是档案学研究的重要内容,属于档案学科极其重要的组成部分,同时也是信息社会下档案工作与档案事业的重要组成部分。档案信息化研究数据是重要的档案与档案学术资源,对档案信息化研究数据进行定量研究,是用好用活档案资源,充分展示我国改革开放的历史进程、伟大成就和宝贵经验的一种方式。改革开放以来,档案信息化研究得到了长足进步与发展。总结、回顾档案信息化研究发展历程,不仅是档案学建设发展的需要,也是档案工作、档案事业发展的需要。

我们以中国知网为样本来源,检索范围:中国学术期刊网络出版总库,特色期刊,中国博士学位论文全文数据库,中国优秀硕士学位论文全文数据库,中国重要会议论文全文数据库,国际会议论文全文数据库,中国重要报纸全文数据库,中国学术辑刊全文数据库。检索年限:不限。检索时间:2018 年 10 月 23 日。发表时间 between(1979-01-01,2018-10-23)并且(主题=档案信息化或者题名=档案信息化)或者(主题=档案信息化)或者(题名=档案信息化)(模糊匹配)。样本文献总数:12 190 篇。

9.2　文献统计分析

本部分采用统计分析的方法,从文献总量、发展速度与年度分布,文献研究层次,文献类型,文献资源类型,文献学科分布 5 个方面入手,对样本文献进行分析。

9.2.1　文献总量、发展速度与年度分布

从总量上看,有文献发表的 24 年间,共发表文献 12 190 篇,以 1995 年 1 篇的基数计,24 年间翻了 13 番多。年均 508 篇,最少时(1995 年)1 篇,最多时(2017 年)1261 篇,24 年间增长了近 12 189 倍。中位数为 60 905 篇。总体趋势见图 9.1。

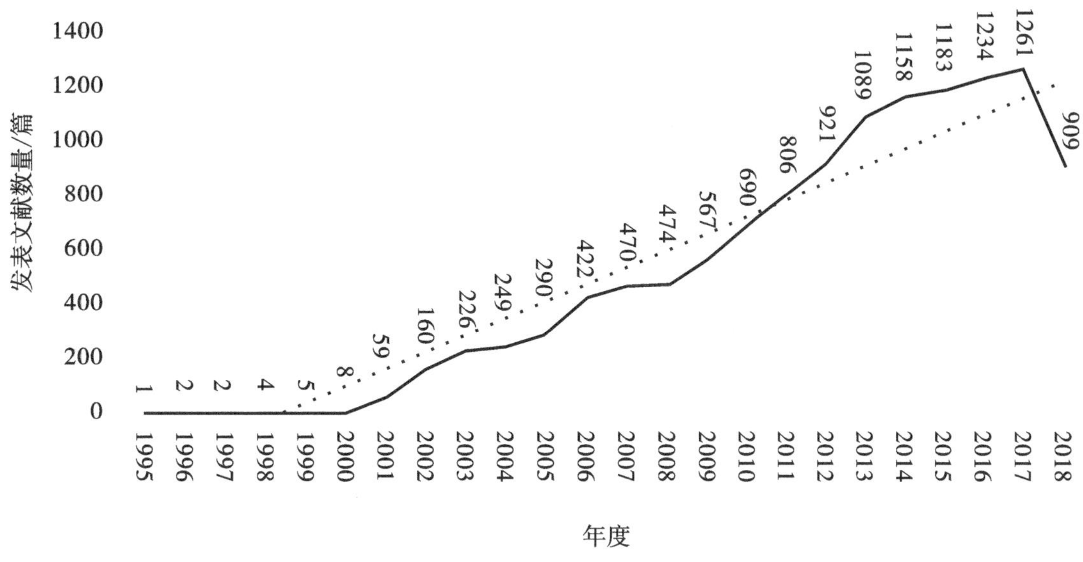

图 9.1　1995—2018 年档案信息化研究文献发表数量及分布趋势

从年度分布情况看，1995—2018 年档案信息化研究文献发表数量总体上呈现不断上升的趋势。绝大多数年份（21 年）为上升状态，下降年份（1 年）极少，1 年持平。

大体上可分为五个阶段：

第一阶段（1995—2000 年），年平均增长率为 57.00%，为低位发展期，总体体量小（22 篇），一直处在低位。

第二阶段（2001—2002 年），年平均增长率为 404.39%，为低位超高速增长期，年发表文献数量连上两个台阶。

第三阶段（2003—2013 年），年平均增长率为 19.66%，为稳定增长期。

第四阶段（2014—2017 年），年平均增长率为 3.75%，为高位低速上升期。

第五阶段（2018 年），年增长率为-27.91%，研究进入回落期。

具体的年度分布情况见表 9.1。

表 9.1　1995—2018 年档案信息化研究文献年度分布情况

序号	年度	发表文献数量/篇	占全部样本/%	发展速度	年增速/%
1	1995	1	0.01		
2	1996	2	0.02	2.00	100.00
3	1997	2	0.02	1.00	0.00
4	1998	4	0.03	2.00	100.00
5	1999	5	0.04	1.25	25.00
6	2000	8	0.07	1.60	60.00
7	2001	59	0.48	7.38	637.50
8	2002	160	1.31	2.71	171.19
9	2003	226	1.85	1.41	41.25
10	2004	249	2.04	1.10	10.18

续表 9.1

序号	年度	发表文献数量/篇	占全部样本/%	发展速度	年增速/%
11	2005	290	2.38	1.16	16.47
12	2006	422	3.46	1.46	45.52
13	2007	470	3.86	1.11	11.37
14	2008	474	3.89	1.01	0.85
15	2009	567	4.65	1.20	19.62
16	2010	690	5.66	1.22	21.69
17	2011	806	6.61	1.17	16.81
18	2012	921	7.56	1.14	14.27
19	2013	1089	8.93	1.18	18.24
20	2014	1158	9.50	1.06	6.34
21	2015	1183	9.71	1.02	2.16
22	2016	1234	10.12	1.04	4.31
23	2017	1261	10.35	1.02	2.19
24	2018	909	7.46	0.72	-27.91
合计		12 190	100.00	35.97	1297.04
最高值		1261	10.35	7.38	637.50
最低值		1	0.01	0.72	-27.91
平均值		508	4.17	1.56	56.39

自1995年首篇相关成果文献发表到2018年,24年间,档案信息化研究文献总量翻了13番多,年均增速为56.39%,绝大多数年份(22年)是正向增速,超过2/3的年份(16年)增速在两位数以上,其中4年的增速达到了三位数。

9.2.2　文献研究层次

从文献研究层次分布情况看,12 190篇样本文献涉及多个学科的19个不同层次。具体分布情况见表9.2。

表9.2　1995—2018年档案信息化研究文献层次分布情况

序号	层次	发表文献数量/篇	占全部样本/%
1	基础研究(社科)	5609	46.01
2	行业指导(社科)	3098	25.41
3	职业指导(社科)	1623	13.31
4	工程技术(自科)	535	4.39
5	基础与应用基础研究(自科)	168	1.38
6	大众文化	159	1.30

续表 9.2

序号	层次	发表文献数量/篇	占全部样本/%
7	政策研究(社科)	150	1.23
8	大众科普	96	0.79
9	专业实用技术(自科)	80	0.66
10	基础教育与中等职业教育	74	0.61
11	文艺作品	65	0.53
12	行业技术指导(自科)	59	0.48
13	高等教育	50	0.41
14	经济信息	22	0.18
15	高级科普(社科)	11	0.09
16	党的建设与党员教育	2	0.02
17	政报、公报、公告、文告	1	0.01
18	高级科普(自科)	1	0.01
19	其他	387	3.17
合计		12 190	100.00

从研究的学科大类看,可分为社会科学、自然科学、教育文化、信息与其他 5 类。其中社会科学 10 491 篇,占 86.06%;自然科学 843 篇,占 6.92%;教育文化 446 篇,占 3.66%;信息 23 篇,占 0.19%;其他 387 篇,占 3.17%。研究明显属于社会科学的范畴,同时涉及自然科学、教育文化、信息及其他学科。

从基础理论研究与应用研究的角度看,属于基础理论研究的有 5777 篇,占 47.39%;属于应用研究的有 6413 篇,占 52.61%。研究略偏重应用性研究。

总之,档案信息化研究涉及社会科学、自然科学、教育文化、信息及其他 5 类 19 个不同层次,总体上属于社会科学范畴,同时略偏重应用性研究。

9.2.3　文献类型

从文献类型分布情况看,12 190 篇样本文献中,涉及综述类、政策研究类和其他 3 个不同类型。具体分布情况见表 9.3。

表 9.3　1995—2018 年档案信息化研究文献类型分布情况

序号	文献类型	发表文献数量/篇	占全部样本/%
1	综述类	89	0.73
2	政策研究类	150	1.23
3	其他	11 951	98.04
合计		12 190	100.00

从表 9.3 看,一般性论证(其他)文献占比超过 98%,成为绝对主体,政策性(政策研究类)及宏观

性(综述类)研究文献则显得十分单薄。

可以说,在档案信息化研究中,一般性论文占绝对优势,政策性、宏观性研究论文相对薄弱。

9.2.4　文献资源类型

从文献资源类型分布情况看,12 190 篇样本文献分布在期刊、特色期刊、国内会议、硕士、报纸、学术辑刊、国际会议、博士8种类型资源上。具体分布情况见表9.4。

表9.4　1995—2018年档案信息化研究文献资源类型分布情况

序号	资源类型	发表文献数量/篇	占全部样本/%
1	期刊	10 638	87.27
2	特色期刊	649	5.32
3	国内会议	547	4.49
4	硕士	167	1.37
5	报纸	129	1.06
6	学术辑刊	34	0.28
7	国际会议	24	0.20
8	博士	2	0.02
合计		12 190	100.00

有文献发表的24年间,期刊成为档案信息化学术研究最主要的文献来源,档案信息化研究者近93%的学术交流与沟通,有赖于这个平台。会议论文、硕博论文在总量上与期刊相差一个数量级,与期刊相比,只起着辅助作用。报纸在总量上与期刊相差两个数量级,与期刊相比,只起着点缀作用。

总之,档案信息化研究已经形成了以学术期刊为主,会议论文、硕博论文为辅,报纸为点缀的研究资源体系。

9.2.5　文献学科分布

从文献学科分布情况看,12 190 篇样本文献涉及学科超过50个。发表文献最多的15个学科分布情况见表9.5。

表9.5　1995—2018年发表文献最多的15个学科分布情况

序号	学科	发表文献数量/篇	占全部样本/%
1	图书情报档案	10 776	88.40
2	教育	1097	9.00
3	公共卫生与预防医学	448	3.68
4	工商管理	416	3.41
5	公共管理	222	1.82
6	工业经济	198	1.62

续表 9.5

序号	学科	发表文献数量/篇	占全部样本/%
7	城市经济	162	1.33
8	计算机	75	0.62
9	农业经济	62	0.51
10	法学	50	0.41
11	政治	45	0.37
12	新闻传播	39	0.32
13	城乡规划与市政	39	0.32
14	交通运输经济	37	0.30
15	保险	32	0.26
合计		13 698	112.37
总计		12 190	100.00
超出		1508	12.37

需要说明的是,按 15 个学科统计的文献数为 13 698 篇,占实际样本数的 112.37%;而实际样本数为 12 190 篇;15 个学科统计数多于实际文献数 1508 篇。再考虑到实际涉及的学科超过 50 个,全部学科文献的数量之和可能超过实际样本更多。图书情报档案专业文献只有 10 776 篇,占全部样本的 88.40%。不难推知,档案信息化研究是一门具有明显学科交叉性的学科。除档案学本学科之外,与档案信息化研究相关性最强的 6 个学科分别是:教育、公共卫生与预防医学、工商管理、公共管理、工业经济、城市经济。

可以说,档案信息化研究在保持与档案学学科高相关性的同时,具有明显的跨学科特性。

9.3 文献计量分析

本部分采用计量分析的方法,从文献基金资助分布、文献作者分布、文献机构分布和文献来源分布 4 个方面对样本文献进行分析。

9.3.1 文献基金资助分布

从样本文献的基金分布情况看,12 190 篇样本文献中有 60 篇得到 16 种基金项目的支持,占全部样本的 0.492%。具体分布情况见表 9.6。

表 9.6 1995—2018 年档案信息化获得基金资助分布情况

序号	基金名称	发表文献数量/篇	占基金资助文献/%	占全部样本/%
1	国家社会科学基金	36	60.00	0.295
2	国家自然科学基金	5	8.33	0.041

续表 9.6

序号	基金名称	发表文献数量/篇	占基金资助文献/%	占全部样本/%
3	湖南省社会科学基金	4	6.67	0.033
4	黑龙江省社会科学基金	2	3.33	0.016
5	安徽省教育厅科研基金	2	3.33	0.016
6	江苏省青蓝工程基金	1	1.67	0.008
7	江苏省教育厅人文社会科学研究基金	1	1.67	0.008
8	中国地质调查局地质调查项目经费	1	1.67	0.008
9	湖北省教委科研基金	1	1.67	0.008
10	浙江省教委科研基金	1	1.67	0.008
11	江苏省科委社会发展基金	1	1.67	0.008
12	北京市科技计划项目	1	1.67	0.008
13	四川省高等教育新世纪教育改革工程	1	1.67	0.008
14	山东省软科学研究计划	1	1.67	0.008
15	宁夏大学科研基金	1	1.67	0.008
16	河南省软科学研究计划	1	1.67	0.008
合计		60	100.00	0.492
总计		12 190		

从基金的层次分布情况看,国家级基金 2 种 41 篇,占全部文献的 0.336%,占基金资助文献的 68.33%;地方基金 13 种 18 篇,占全部文献的 0.148%,占基金资助文献的 30%;部门基金 1 种 1 篇,占全部文献的 0.008%,占基金资助文献的 1.67%。国家层面虽然种类少,但资助文献的数量远高于地方、部门基金的资助数量,是地方、部门基金资助数量之和的 2 倍多。

地方资助涉及安徽、北京、河南、黑龙江、湖北、湖南、江苏、宁夏、山东、四川、浙江 11 个省份。

总之,档案信息化研究有 60 篇文献获 16 种基金资助,其中国家资助高于地方、部门资助 1 倍多。提供地方资助的有 11 个省份。

9.3.2　文献作者分布

从作者的分布情况看,12 190 篇文献中,前 40 位作者共发表文献 181 篇,占全部样本的 1.48%。发表文献最多的 40 位作者分布情况见表 9.7。

表 9.7　发表文献最多的 40 位作者分布情况

序号	作者	发表文献数量/篇	占全部样本/%
1	张照余	10	0.08
2	马仁杰	6	0.05
3	吴雁平	6	0.05
4	裴友泉	6	0.05

续表 9.7

序号	作者	发表文献数量/篇	占全部样本/%
5	周丽	6	0.05
6	蔡学美	6	0.05
7	席杰	5	0.04
8	梁惠卿	5	0.04
9	唐圣琴	5	0.04
10	杨晓晴	5	0.04
11	张红霞	5	0.04
12	介文红	5	0.04
13	赵屹	5	0.04
14	丁耀琪	5	0.04
15	朱晔	5	0.04
16	陶碧云	5	0.04
17	张占武	4	0.03
18	许桂清	4	0.03
19	金丹	4	0.03
20	刘南山	4	0.03
21	宗培岭	4	0.03
22	李兰兰	4	0.03
23	郝伟斌	4	0.03
24	秦美峰	4	0.03
25	周毅	4	0.03
26	张锐	4	0.03
27	张秀岩	4	0.03
28	梁绍红	4	0.03
29	朱丽梅	4	0.03
30	薛四新	4	0.03
31	徐航	4	0.03
32	田炜	4	0.03
33	刘鹏	4	0.03
34	黄凯	4	0.03
35	李晖	4	0.03
36	朱红英	3	0.02
37	欧阳慧	3	0.02
38	严卉	3	0.02
39	俞志华	3	0.02

续表 9.7

序号	作者	发表文献数量/篇	占全部样本/%
40	张文芝	3	0.02
合计		181	1.48
总计		12 190	100.00

按照普赖斯提出的计算公式,核心作者候选人的最低发文数 $M=0.749\sqrt{N_{max}}$,其中 N_{max} 为最高产作者发文数量。档案信息化研究文献作者中发表文献最多的为 10 篇,即 $N_{max}=10$,所以 $M=0.749\sqrt{10}\approx2.369$。因此,凡发表文献 2 篇及以上的作者均为 1995—2018 年档案信息化研究的重要作者。故发表文献 3 篇以上(含 3 篇)的前 40 位作者不仅是核心作者,而且是核心作者中的高产作者。

总之,档案信息化研究已经形成了一大批核心作者和以核心作者为基础的高产作者群。

整体上看,无论是作者数量,还是发表文献数量,高校作者都是档案信息化研究的主力。

9.3.3　文献机构分布

从研究机构分布情况看,12 190 篇文献中,前 40 个机构发表文献 902 篇,占全部文献的 7.40%。如果使用普赖斯公式计算,核心机构的最低发文数 $M=0.749\sqrt{N_{max}}$,其中 N_{max} 为最高产机构发文数量。这里 $N_{max}=62$,所以 $M=0.749\sqrt{62}\approx5.898$,即发表文献 6 篇及以上的为核心研究机构。据此,发表文献最多的 40 个机构全部是核心研究机构中的高产机构。发表文献最多的 40 个机构分布情况见表 9.8。

表 9.8　发表文献最多的 40 个机构分布情况

序号	机构	发表文献数量/篇	占全部样本/%
1	黑龙江大学	62	0.51
2	安徽大学	61	0.50
3	苏州大学	47	0.39
4	浙江省档案局	42	0.34
5	上海大学	41	0.34
6	国家档案局	39	0.32
7	南京政治学院	36	0.30
8	四川省档案局	35	0.29
9	河南大学	32	0.26
10	武汉大学	25	0.21
11	郑州航空工业管理学院	25	0.21
12	中国人民大学	24	0.20
13	吉林省高速公路管理局	22	0.18
14	云南大学	21	0.17

续表 9.8

序号	机构	发表文献数量/篇	占全部样本/%
15	开封大学	19	0.16
16	北京市档案局	19	0.16
17	云南省档案局	19	0.16
18	郑州大学	18	0.15
19	江苏省档案局	18	0.15
20	辽宁大学	18	0.15
21	南京大学	17	0.14
22	广西民族大学	17	0.14
23	上海市档案局	16	0.13
24	辽宁省档案局	15	0.12
25	山东大学	15	0.12
26	黄冈职业技术学院	15	0.12
27	赤峰学院	15	0.12
28	河南省开封市档案局	14	0.11
29	湘潭大学	14	0.11
30	浙江大学	14	0.11
31	宁夏大学	14	0.11
32	黑龙江省第二医院	13	0.11
33	广东省档案局	13	0.11
34	潍坊学院	13	0.11
35	哈尔滨工程大学	13	0.11
36	河北大学	13	0.11
37	河北省档案局	12	0.10
38	四川大学	12	0.10
39	中国船舶重工集团公司	12	0.10
40	胜利油田分公司	12	0.10
合计		902	7.40
总计		12 190	100.00

前 40 个核心高产机构中有 25 个是高校（发表文献 601 篇，占核心高产研究机构发表文献数的 4.93%），充分表明高校是档案信息化研究极其重要的高产机构群的主体。

从前 40 个机构中各类机构发表文献的数量及占比情况看，25 个高校，占 62.5%；发表文献 601 篇，占比达到了 66.63%。其中前 3 位均为高校。11 个档案局（馆），占 27.5%；发表文献 242 篇，占比达到了 26.83%。2 个企业，占 5%；发表文献 24 篇，占比达到了 2.66%。1 个其他行政机构，占 2.5%；发表文献 22 篇，占比达到了 2.44%。1 个事业单位，占 2.5%；发表文献 13 篇，占比达到了 1.44%。

总之,档案信息化研究已经形成稳定的研究机构。其中高校在机构数量及发表文献数量上均为最高,档案行政管理机关次之,企业位列第三,其他行政机构位列第四,事业单位位列第五。

9.3.4　文献来源分布

从文献来源分布情况看,12 190 篇样本文献中,发表文献最多的11种期刊,发表文献4125篇,占全部样本的33.84%。具体分布情况见表9.9。

表9.9　发表文献最多的11种期刊分布情况

序号	期刊	发表文献数量/篇	占全部样本/%
1	《办公室业务》	1113	9.13
2	《兰台世界》	764	6.27
3	《黑龙江档案》	640	5.25
4	《城建档案》	350	2.87
5	《黑龙江史志》	216	1.77
6	《兰台内外》	197	1.62
7	《中国档案》	193	1.58
8	《机电兵船档案》	175	1.44
9	《档案与建设》	167	1.37
10	《档案天地》	156	1.28
11	《黑龙江科技信息》	154	1.26
合计		4125	33.84
总计		12 190	100.00

按照布拉德福定律,12 190 篇文献可分为核心区、相关区和非相关区,各个区的论文数量相等(约4063篇)。故发表论文数量居前11位的《办公室业务》《兰台世界》《黑龙江档案》《城建档案》《黑龙江史志》《兰台内外》《中国档案》《机电兵船档案》《档案与建设》《档案天地》《黑龙江科技信息》(4125篇)处于核心区之中。其中8种为档案学期刊,包括档案学核心期刊2种,非核心期刊6种;其他相关专业期刊3种。

其他发表论文数量154篇以下的期刊部分在相关区,部分在非相关区。

总体上讲,档案学期刊,主要是地方档案行政管理机关主办的档案学期刊,是档案信息化研究成果发布与交流的主渠道、主阵地,承担着档案信息化研究成果发布与交流的主体责任。

可见,档案信息化研究总体上已经形成以档案学期刊为主,相关及其他期刊为辅的成果发布与交流体系。

9.4 文献关键词词频及共现分析

本部分采用词频分析的方法,从主题词、高频关键词、关键词共现矩阵、关键词共现网络4个方面对样本文献进行分析。

9.4.1 主题词

从主题词使用频率看,档案信息化研究涉及内容广泛,集中在档案信息化、档案事务、档案机构、档案、档案人、文件6个方面。使用频率最高的35个主题词分布情况见表9.10。

表9.10 使用频率最高的35个主题词分布情况

序号	主题词	使用频率/次	占样本文献/%
1	档案信息化建设	5472	44.89
2	档案信息化	2310	18.95
3	档案信息化管理	1833	15.04
4	档案管理	1795	14.73
5	档案管理工作	1126	9.24
6	档案信息资源	1059	8.69
7	信息化建设	840	6.89
8	档案工作	793	6.51
9	电子文件	641	5.26
10	档案局	604	4.95
11	档案事业	596	4.89
12	数字档案馆	528	4.33
13	电子档案	516	4.23
14	企业管理	445	3.65
15	计算机	426	3.49
16	档案部门	420	3.45
17	管理信息化	392	3.22
18	档案馆	348	2.85
19	文化机构	320	2.63
20	档案工作者	313	2.57
21	档案管理人员	310	2.54
22	企业档案管理	302	2.48
23	档案资源	294	2.41

续表 9.10

序号	主题词	使用频率/次	占样本文献/%
24	高校档案管理	292	2.40
25	档案信息	277	2.27
26	信息化	275	2.26
27	信息化管理	253	2.08
28	国家档案局	251	2.06
29	高校档案	232	1.90
30	档案管理系统	224	1.84
31	档案服务	220	1.80
32	人事档案信息化管理	213	1.75
33	事业单位	211	1.73
34	档案室	201	1.65
35	人事档案	200	1.64
合计		24 532	201.25
总计		12 190(篇)	100.00
平均		701	5.75

从涉及的主题词看,使用频率最高的 35 个主题词共使用 24 532 频次,占全部样本的 201.25%。也就是说,上述 35 个主题词涵盖了全部样本两遍还多。其中使用频率最高的是"档案信息化建设"(5472 频次),使用频率最低的是"人事档案"(200 频次),平均使用频率为 701 频次。

从主题词反映出的研究内容看,档案信息化研究关注的 35 个主要问题又可归并为档案信息化、档案事务、档案机构、档案、档案人、文件 6 个大类。

档案信息化(档案信息化建设、档案信息化、档案信息化管理、档案信息资源、信息化建设、数字档案馆、管理信息化、档案信息、信息化、信息化管理、人事档案信息化管理、档案管理系统、计算机)共使用 14 102 频次,占全部样本的 115.68%。它涵盖了档案信息化的多个层面,主要集中在信息化、信息资源、信息管理 3 个层面,档案学界档案信息化研究与关注度最高的主题。

档案事务(档案管理、档案管理工作、档案工作、档案事业、企业管理、企业档案管理、高校档案管理、档案服务)共使用 5569 频次,占全部样本的 45.68%。它涵盖了档案事务的多个层面,主要集中在管理层面,也包括对专业专门档案的管理,是档案学界研究与关注度第二高的主题。但与档案信息化研究相比,相差一个数量级。

档案机构(档案局、档案部门、档案馆、文化机构、国家档案局、事业单位、档案室)共使用 2355 频次,占全部样本的 19.32%。它是改革开放以来与档案事业、档案人关系最为密切的问题,也是档案学界一直关注的重要问题之一。

档案(电子档案、档案资源、高校档案、人事档案)共使用 1242 频次,占全部样本的 10.55%。档案是档案学研究的本体,理应是重点,但在档案信息化研究中,从涉及的 3 个主题看,更注重对档案的新型载体、所承载的信息和专门档案的研究。

文件(电子文件)共使用 641 频次,占全部样本的 5.26%。与"档案"相差一半,显示出其虽然与档案相关,但仍然不是档案信息化研究关注的重点。

档案人(档案工作者、档案管理人员)共使用 623 频次,占全部样本的 5.11%。作为档案工作的主体,5.11%的占比已经足以说明档案界研究的关注点从来没有离开过档案人自身,但却没有涉及我们服务的对象。

可以说,档案信息化研究所涉及内容虽然十分广泛,但全部文献包含在上述档案信息化、档案事务、档案机构、档案、档案人、文件6类问题中。或者说,档案信息化研究主要是围绕上述档案信息化、档案事务、档案机构、档案、档案人、文件6个方面展开的。

9.4.2　高频关键词

表9.11是使用频率最高的15个高频关键词分布情况。15个使用频率最高的关键词共使用10 693频次,占全部样本的87.72%。也就是说,近90%的文献所研究的内容与15个关键词有关。其中使用频率最高的是“信息化”(2310频次),使用频率最低的是“高校档案”“医院”(各191频次),平均使用频率为713频次。

表9.11　使用频率最高的15个高频关键词分布情况

序号	关键词	使用频率/次	占全部样本/%
1	信息化	2310	18.95
2	档案管理	1821	14.94
3	信息化建设	1065	8.74
4	档案	1057	8.67
5	档案信息化	989	8.11
6	管理	566	4.64
7	信息化管理	469	3.85
8	建设	456	3.74
9	对策	371	3.04
10	问题	357	2.93
11	人事档案	333	2.73
12	高校	322	2.64
13	档案信息化建设	195	1.60
14	医院	191	1.57
15	高校档案	191	1.57
合计		10 693	87.72
总计		12 190(篇)	100.00
平均		713	5.85

从关键词反映出的研究内容来看,档案信息化研究关注度最高的15个问题可以归纳为档案信息化、档案事务、档案、机构4个方面。它们占全部样本的87.72%,即接近全部研究文献的90%。

档案信息化(信息化、信息化建设、档案信息化、信息化管理、档案信息化建设),使用5028频次,占比41.25%。它是档案信息化研究关注度最高的问题。简单地说,40%以上的档案信息化研究是围绕“档案信息化”本身进行的。这反映出档案信息化研究具有鲜明的自研究特征。

档案事务(档案管理、管理、建设、对策、问题),使用3571频次,占比29.29%。它是档案信息化研究关注度第二高的问题。简单地说,接近30%的档案信息化研究是围绕“管理”与“问题对策”进行的。这反映出档案信息化研究具有鲜明的管理性特征的同时,还具有突出的问题导向。

档案(档案、人事档案、高校档案),使用1581频次,占比12.97%。研究偏重专业专门档案。

机构(高校、医院),使用513频次,占比4.21%。研究集中在事业机构上。这表明事业机构较之档案行政管理机关、企业,在档案信息化研究上有更高的热情。

因此,档案信息化研究内容广泛,近90%的研究集中在档案信息化、档案事务、档案、机构4类15个热词所涉及的问题上。

9.4.3　关键词共现矩阵

本部分采用关键词共现分析的方法,对1995—2018年档案信息化研究的12 190篇文献进行分析。

矩阵提取使用频率最高的20个关键词,将这20个关键词形成20×20的共词矩阵。如果某两个关键词同时出现在一篇文章中,就表明这两者之间存在相关关系,关键词右侧或下方对应位置的数值表示篇数。图9.2是1995—2018年档案信息化研究文献使用频率最高的20个高频关键词共现矩阵。

	信息化	档案管理	信息化建设	档案	档案信息化	管理	信息化管理	建设	对策	问题	人事档案	高校	档案信息化建设	医院	高校档案	企业档案	措施	事业单位	数字化	策略
信息化																				
档案管理	578																			
信息化建设	13	366																		
档案	563	26	163																	
档案信息化	10	127	30	36																
管理	313		29	197	58															
信息化管理		33		87	5															
建设	276	69		123	97	35														
对策	105	59	57	47	58	15	23	11												
问题	77	60	66	43	58	13	22	17	146											
人事档案	137	11	49			55	85	10	17	12										
高校	129	95	57	70	36	9	25	18	17	9	30									
档案信息化建设		36			6				7	13		4								
医院	71	75	29	27	10	16	21		6	10	22									
高校档案	59	8	50		10		18	12	15	12										
企业档案	58	14	58		14	9	11	14	13											
措施	49	55	38	22	14	5	20	5		46		8	12							
事业单位	41	99	57	14	12		23		6	10	16						5			
数字化	67	27		38	15	7		9							4					
策略	37	31	29	12	15		15			29	8	5		5						

图9.2　1995—2018年档案信息化研究文献高频关键词共现矩阵

图 9.2 显示,2017 年档案信息化研究文献关键词共现有 127 组,共现率为 63.5%。共现次数 500 次以上的关键词组合有 2 组,共现率为 1%。共现次数 300 ~ 499 次的关键词组合有 2 组,共现率为 1%。共现次数 100 ~ 299 次的关键词组合有 9 组,共现率为 4.5%。

以横轴为准计:

20 组共现关键词中各有 17 组与信息化、档案管理直接相关,分别占共现关键词的 8.5%。

20 组共现关键词中有 14 组与档案信息化直接相关,占共现关键词的 7%。

20 组共现关键词中有 13 组与信息化建设直接相关,占共现关键词的 6.5%。

20 组共现关键词中有 12 组与档案直接相关,占共现关键词的 6%。

20 组共现关键词中有 10 组与信息化管理直接相关,占共现关键词的 5%。

20 组共现关键词中有 9 组与管理直接相关,占共现关键词的 4.5%。

20 组共现关键词中各有 8 组与建设、对策、问题直接相关,分别占共现关键词的 4%。

20 组共现关键词中有 4 组与人事档案直接相关,分别占共现关键词的 2%。

20 组共现关键词中有 3 组与高校直接相关,占共现关键词的 1.5%。

余下的 4 组分别与档案信息化建设、医院、高校档案、措施 4 个关键词有关,但共现次数均为 1 组,属于低相差度高频词。

另有企业档案、事业单位、数字化、策略 4 个无共现高频词。

共现次数在 500 次以上的特高共现高频关键词有 2 组,分别是:

信息化与档案管理:598 次。

信息化与档案:563 次。

共现次数在 300 ~ 499 次的超高共现高频关键词有 2 组,分别是:

信息化与管理:313 次。

档案管理与信息化建设:366 次。

共现次数在 100 ~ 299 次的高共现高频关键词有 9 组,分别是:

信息化与建设:276 次。

信息化与对策:105 次。

信息化与高校:129 次。

信息化与人事档案:137 次。

档案管理与档案信息化:127 次。

信息化建设与档案:163 次。

档案与管理:197 次。

档案与建设:123 次。

对策与问题:146 次。

归纳起来,1995—2018 年档案信息化研究的重点集中在信息化与管理两个方向上。或者说,1995—2018 年档案信息化研究主要是在信息化与管理两个主要方向上展开的。

从共现组数看,由于高共现频率的 20 个高频关键词的共现组数达 127 组,特高、超高与高共现词有 13 组,占到了全部共现组的 10.24%。1995—2018 年档案信息化研究形成了突出的高相关共现关键词群,研究的集中趋势十分明显。

可以说,共现矩阵显示研究主要是在信息化与管理两个方向上,形成了突出的高相关共现关键词群,研究的集中趋势十分明显。

9.4.4 关键词共现网络

本部分采用关键词共现分析的方法,对 1995—2018 年档案信息化研究的 12 190 篇文献进行分析。

在关键词共现网络中,关键词之间的关系可以用连线来表示,连线多少和粗细代表关键词间的亲疏程度,连线越多,代表该关键词与其他关键词共现次数越多,越是研究领域极其重要的和热点研究内容。使用知网提供的工具,可获得1995—2018年档案信息化研究高频词共词网络图谱(扫描二维码)。

从高频词共词网络图谱中可以直观地看出:1995—2018年档案信息化研究可分为6个聚类群组。它们分别以"档案""数字化""企业档案""档案信息化建设""策略""医院"为核心关键词,均为单核心群组,其中5个为单词群组。

在以"档案"为核心的群组中一共有11个相关关键词,除了"档案"之外,还有"信息化建设"与"管理"两个次核心关键词。三者间的距离是一个相对较近(管理),一个相对较远(信息化建设),但共现率相当。距离较近、联系相对较为密切的还有"信息化管理""人事档案""高校";距离较远,关系紧密的有"建设"。群组内各关键词间关联性相对松散。群组与其他5个群组均有关联,其中"医院"群组在主群组中间,与主群组多个关键词相关联,但关联性不强。其他4个群组在主群组外围。

"数字化""企业档案""档案信息化建设""策略"4个外围群组之间没有直接关联。"数字化""企业档案"与主群组中的核心及次核心关键词有关联。"档案信息化建设""策略"则与主群组中的其他关键词相关联。

可见,"档案"与"档案信息化建设""管理""建设"是档案信息化研究的高频高相关核心问题;"数字化""企业档案""档案信息化建设""策略"处在整个网络外围的位置,属于非热点问题。

9.5 结语

综上,通过对1995—2018年档案信息化研究文献的数据分析,我们可以得出如下结论:

自1995年首篇相关成果文献发表到2018年,从规模与发展速度上看,24年间,档案信息化研究文献总量翻了13番多,年均增速为56.39%,绝大多数年份(22年)是正向增速,超过2/3的年份(16年)增速在两位数以上,其中4年的增速达到了三位数。总体上呈现不断上升的趋势。

从文献研究层次上看,档案信息化研究涉及社会科学、自然科学、教育文化、信息及其他5类19个不同层次,总体上属于社会科学范畴,同时略偏重应用性研究。

从文献类型分布情况看,在档案信息化研究中,一般性论文占绝对优势,政策性、宏观性研究论文薄弱。

从文献资源类型分布情况看,档案信息化研究形成了以学术期刊为主,会议论文、硕博论文为辅,报纸为点缀的研究资源体系。

从样本文献的学科分布情况看,档案信息化研究在与档案学保持高相关性的同时,具备非常明显的跨学科特性。

从样本文献的基金分布情况看,档案信息化研究有60篇文献获16种基金资助,其中国家资助高于地方、部门资助1倍多。提供地方资助的有11个省份。

从作者的分布情况看,档案信息化研究已经形成以高校作者为主的一大批核心作者和以其为基础的高产作者群。

从研究机构分布情况看,档案信息化研究已经形成稳定的研究机构。其中高校在机构数量及发表文献数量上均为最高,档案行政管理机关次之,企业位列第三,其他行政机构位列第四,事业单位位列第五。

从文献来源分布情况看,档案信息化研究总体上已经形成以档案学期刊为主,相关及其他期刊为辅助的成果发布与交流体系。

从主题词使用频率看，档案信息化研究主题集中在档案信息化、档案事务、档案机构、档案、档案人、文件6个方面。

从高频率关键词分布情况看，档案信息化研究关注的重点近90%集中在档案信息化、档案事务、档案、机构4类15个热词所涉及的问题上。

从高频词共现矩阵看，研究主要集中在信息化与管理两个方向上，形成了突出的高相关共现关键词群，研究的集中趋势十分明显。

共现网络表明，“档案”与“信息化建设”“管理”“建设”是档案信息化研究的高频高相关核心问题；“数字化”“企业档案”“档案信息化建设”“策略”处在整个网络外围的位置，属于非热点问题。

10　档案数字化

当今时代是信息化时代，而信息的数字化也越来越为研究人员所重视。早在20世纪40年代，香农证明了采样定理，即在一定条件下，用离散的序列可以完全代表一个连续函数。就实质而言，采样定理为数字化技术奠定了重要基础。

英文digit被译成“数字”，最开始是不是由原信产部的研究所科研人员这样译出，尚不可考，但在媒体（这很重要，大多数新生词汇，都要经过媒体而不是学校打开自己的生存空间）那里被普遍认可并得以广泛传播的，莫过于《数字化生存》（*Being Digital*，尼葛洛庞帝著，胡泳、范海燕译，海南出版社出版），在这本书里，digital被译为“数字化”。

对数字化有两种解释：①数字化就是将许多复杂多变的信息转变为可以度量的数字、数据，再以这些数字、数据建立起适当的数字化模型，把它们转变为一系列二进制代码，引入计算机内部，进行统一处理，这就是数字化的基本过程；②数字化将任何连续变化的输入如图画的线条或声音信号转化为一串分离的单元，在计算机中用0和1表示。通常用模数转换器执行这个转换。

数字化对于现代社会意义重大。

（1）数字化是数字计算机的基础。若没有数字化技术，就没有当今的计算机，因为数字计算机的一切运算和功能都是用数字来完成的。

（2）数字化是多媒体技术的基础。数字、文字、图像、语音，包括虚拟现实及可视世界的各种信息等，实际上通过采样定理都可以用0和1来表示，这样数字化以后的0和1就是各种信息最基本、最简单的表示。因此，计算机不仅可以计算，还可以发出声音、打电话、发传真、放录像、看电影。用0和1还可以产生虚拟的房子，因此用数字媒体就可以代表各种媒体，就可以描述千差万别的现实世界。

（3）数字化是软件技术的基础，是智能技术的基础。软件中的系统软件、工具软件、应用软件等，信号处理技术中的数字滤波、编码、加密、解压缩等都是基于数字化实现的。例如，图像的数据量很大，数字化后可以将数据压缩至1/10到几百分之一；图像受到干扰变得模糊，可以用滤波技术使之变得清晰。这些都是经过数字化处理后所得到的结果。不过在声音处理方面就见仁见智了。有人认为对声音数字化就是把声音搞得支离破碎，破坏了声音的连续美。所以即使使用电子管放大器，CD的音质也比不上黑胶唱片。

（4）数字化是信息社会的技术基础。数字化技术还正在引发一场范围广泛的产品革命，各种家用电器设备、信息处理设备都将向数字化方向变化。如数字电视、数字广播、数字电影、DVD等，现在通信网络也在向数字化方向发展。

（5）数字化是信息社会的技术基础。有人把信息社会的经济说成是数字经济，这足以证明数字化对社会的影响有多么重大。

档案数字化是随着计算机技术、扫描技术、扫描矩阵CCD技术、OCR技术、数字摄影技术（录音、录像）、数据库技术、多媒体技术、存储技术的发展而产生的一种新型档案信息形态。它把各种载体的档案资源转化为数字化的档案信息，以数字化的形式存储，网络化的形式互相连接，利用计算机系统进行管理,形成一个有序结构的档案信息库,及时提供利用,实现资源共享。

档案数字化是数字档案建设最基础的工作,传统载体的档案经高科技技术加工成数字档案形式,通过局域网、政务网、互联网进行计算机检索、阅读电子档案,迎接档案信息服务新环境的挑战,提高管理水平、提高效率,增强档案业务部门的服务水平,为档案内部管理及面向客户服务提供高效率的、全面的服务。

档案工作的数字化建设是顺应潮流、适应时代发展的新举措、新要求。档案作为一种原生信息资源,其重要性正日益凸显出来。逐步掌握信息技术为档案工作服务,为社会主义经济建设服务,为社会主义精神文明建设服务。

档案数字化较之传统档案管理有着不可替代的优势:

(1)提高经济效益。过去一直使用粗放型模式,即以增加办公人员和办公费用为解决这一难题的唯一手段,致使管理成本大幅上涨。而数字化管理档案使传统的以纸质为载体的档案信息对象转为机读档案,不仅节约了保管费用,节省了占地空间,而且查阅起来极为方便、迅速,从而避免了反复印制资料而造成的纸张和人员的浪费。

(2)提高办公效率。数字化档案管理使资料能及时归档,并尽快提供利用。以组织部门为例,干部的任用、提拔都需要详细准确的档案信息。而档案数字化管理可提供详细、即时的数据信息,为领导决策提供服务。与此同时,数字化档案管理使查询资料变得非常简单,真正让办公人员做到足不出户便可知晓天下大事。由于信息的超时空流动,数字化档案事实上成为"无墙界档案",档案库也从文件实体的保管基本变成了提供利用方便的信息控制中心。

(3)增强档案原件保护。将纸制档案转变为数字化电子档案后,档案的使用更加安全。尤其对历史久远的档案材料,数字化处理后无疑是对其更好的保护。另外,通过档案的数字化处理,可以预防部分档案篡改的行为。

档案数字化的内容主要包括:档案数字化管理、档案数字化采集、档案数字化查阅。

档案数字化管理:数字化档案管理系统是对传统档案管理工作的一次创新,能够实现对档案和档案材料收集、鉴别、整理、保管、转递、统计、查阅等日常工作的数字化管理,并可通过组织系统专网实现档案的网上浏览和远程查借阅功能。按照档案业务工作流程,经过系统管理员的授权,单位内部领导和有关科室可以在各自办公室查阅档案,外来查档单位可以在阅档室通过电脑查阅电子档案,也可以通过网络实现远程阅档。系统全面运行后,可以大大提高工作效率,提升工作服务的水平和质量,实现档案由管理向信息研究与利用的质的转变。

档案数字化采集:从档案实体库提卷后,首先拆卷、校对档案页数、区分高扫、平扫材料,然后进行数据采集。档案采集同时对图像进行纠偏、去污、去黑边等处理,校对档案目录、核对电子材料,完成初步审核;然后由专人再次对档案原件及数据进行审核,确认无误后,完成档案装订还原,对电子数据进行归档。这为档案的利用提供准确可靠的数据信息。在整个过程中,各环节相互配合,协同操作,以流水线的方式完成信息的采集、审核工作。

档案数字化查阅:以组织系统专用资源网为网络基础,采用 B/S(浏览器/服务器)模式架构,在组织系统内部实现了本地及远程查档、阅档功能。系统在安全方面进行了全面考虑:可按日期、时间或长期有效等多种方式,完成阅档授权;在阅档过程中进行详细的日志记录;信息采用加密信道传输等多种方式,使系统运行更加安全可靠。

10.1　样本选择

档案数字化研究是档案学研究的重要内容,属于档案学科近年来热门且重要的组成部分,同时也是信息社会下档案工作与档案事业的重要组成部分。档案数字化研究数据是重要的档案与档案学术资源,对档案数字化研究数据进行定量研究,是用好用活档案资源,充分展示我国改革开放的历史进程、伟大成就和宝贵经验的一种方式。改革开放以来,档案数字化研究得到了长足进步与发展。总结、回顾档案数字化研究发展历程,不仅是档案学建设发展的需要,也是档案工作、档案事业发展的需要。

我们以中国知网为样本来源,检索范围:中国学术期刊网络出版总库,特色期刊,中国博士学位论文全文数据库,中国优秀硕士学位论文全文数据库,中国重要会议论文全文数据库,国际会议论文全文数据库,中国重要报纸全文数据库,中国学术辑刊全文数据库。检索年限:不限。检索时间:2018 年 10 月 24 日。发表时间 between(1979-01-01,2018-10-24)并且(主题=档案数字化或者题名=档案数字化)(模糊匹配)。样本文献总数:5918 篇。

10.2　文献统计分析

本部分采用统计分析的方法,从文献总量、发展速度与年度分布,文献研究层次,文献类型,文献资源类型,文献学科分布 5 个方面入手,对样本文献进行分析。

10.2.1　文献总量、发展速度与年度分布

从总量上看,23 年来,共发表文献 5918 篇,以 1995 年 1 篇的基数计,23 年间翻了 12 番多。年均 257 篇,最少时(1995 年、1996 年)1 篇,最多时(2016 年)700 篇,23 年间增长了近 5917 倍。中位数为 2959 篇。总体趋势见图 10.1。

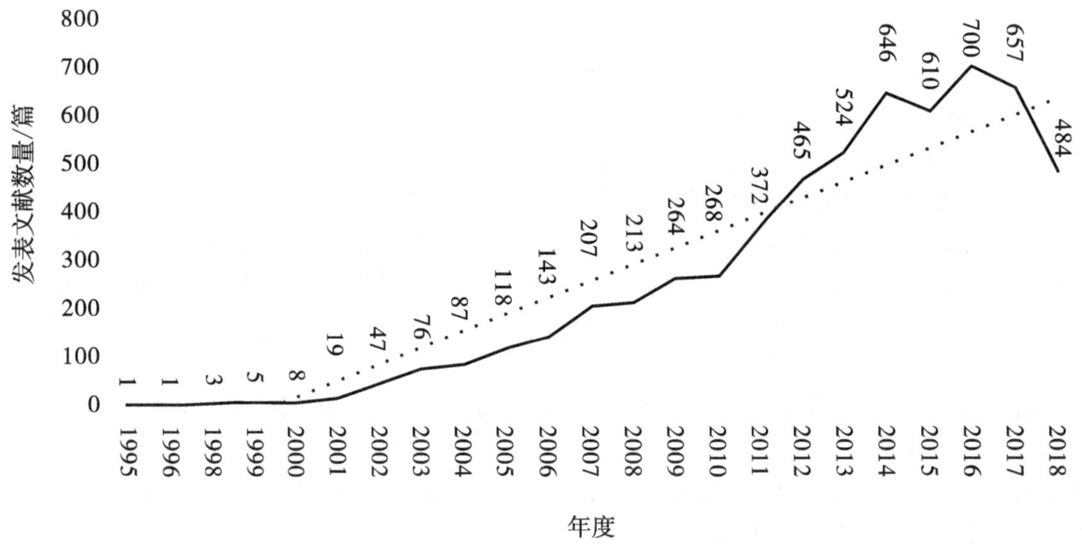

图 10.1　1995—2018 年档案数字化研究文献发表数量及分布趋势

从年度分布情况看,1995—2018 年档案数字化研究文献发表数量总体上呈现不断上升的趋势。大多数年份(18 年)为上升状态,下降年份(3 年)少,1 年持平。

大体上可分为四个阶段:

第一阶段(1995—2000 年),年平均增长率为 81.67%,为低位高速发展期,总体体量小(18 篇),

发表文献均在个位数。

第二阶段(2001—2010 年),年平均增长率为 54.38%,为中低位中速增长期,年发表文献连上两个数量台阶。

第三阶段(2011—2016 年),年平均增长率为 15.78%,为高位低速上升期,达到峰值。

第四阶段(2017—2018 年),年平均增长率为-16.24%,进入回落期。

具体的年度分布情况见表 10.1。

表 10.1　1995—2018 年档案数字化研究文献年度分布情况

序号	年度	发表文献数量/篇	占全部样本/%	发展速度	年增速/%
1	1995	1	0.02		
2	1996	1	0.02	1.00	0.00
3	1998	3	0.05	3.00	200.00
4	1999	5	0.08	1.67	66.67
5	2000	8	0.14	1.60	60.00
6	2001	19	0.32	2.38	137.50
7	2002	47	0.79	2.47	147.37
8	2003	76	1.28	1.62	61.70
9	2004	87	1.47	1.14	14.47
10	2005	118	1.99	1.36	35.63
11	2006	143	2.42	1.21	21.19
12	2007	207	3.50	1.45	44.76
13	2008	213	3.60	1.03	2.90
14	2009	264	4.46	1.24	23.94
15	2010	268	4.53	1.02	1.52
16	2011	372	6.29	1.39	38.81
17	2012	465	7.86	1.25	25.00
18	2013	524	8.85	1.13	12.69
19	2014	646	10.92	1.23	23.28
20	2015	610	10.31	0.94	-5.57
21	2016	700	11.83	1.15	14.75
22	2017	657	11.10	0.94	-6.14
23	2018	484	8.18	0.74	-26.33
合计		5918	100.00	30.94	894.13
最高值		700	11.83	3.00	200.00
最低值		1	0.02	0.74	-26.33
平均值		257	4.35	1.41	40.64

自 1995 年首篇相关成果文献发表到 2018 年,在有数据的 23 年间,档案数字化研究文献总量翻了

12 番多,年均增速为 40.64%,大多数年份(18 年)是正向增速,超过 2/3 的年份(16 年)增速在两位数以上,其中 3 年的增速达到了三位数。

10.2.2　文献研究层次

从文献研究层次分布情况看,5918 篇样本文献涉及多个学科的 18 个不同层次。具体分布情况见表 10.2。

表 10.2　1995—2018 年档案数字化研究文献层次分布情况

序号	层次	发表文献数量/篇	占全部样本/%
1	基础研究(社科)	3040	51.37
2	行业指导(社科)	1430	24.16
3	职业指导(社科)	632	10.68
4	工程技术(自科)	197	3.33
5	政策研究(社科)	82	1.39
6	大众文化	81	1.37
7	基础与应用基础研究(自科)	61	1.03
8	大众科普	54	0.91
9	文艺作品	36	0.61
10	基础教育与中等职业教育	32	0.54
11	高等教育	27	0.46
12	专业实用技术(自科)	22	0.37
13	行业技术指导(自科)	15	0.25
14	经济信息	13	0.22
15	高级科普(社科)	5	0.08
16	政策研究(自科)	1	0.02
17	政报公报公告文告	1	0.02
18	其他	189	3.19
合计		5918	100.00

从研究的学科大类看,可分为社会科学、自然科学、教育文化、信息与其他 5 类。其中社会科学 5189 篇,占 87.68%;自然科学 296 篇,占 5.00%;教育文化 230 篇,占 3.87%;信息 14 篇,占 0.24%;其他 189 篇,占 3.19%。研究明显属于社会科学的范畴,同时涉及自然科学、教育文化、信息及其他学科。

从基础理论研究与应用研究的角度看,属于基础理论研究的有 3101 篇,占 52.40%;属于应用研究的有 2817 篇,占 47.60%。研究略偏重基础理论研究。

总之,档案数字化研究涉及社会科学、自然科学、教育文化、信息及其他 5 类 18 个不同层次,总体上属于社会科学范畴,同时略偏重基础理论研究。

10.2.3 文献类型分布

从文献类型分布情况看,5918 篇样本文献中,涉及综述类、政策研究类和其他 3 个不同类型。具体分布情况见表 10.3。

表 10.3 1995—2018 年档案数字化研究文献类型分布情况

序号	文献类型	发表文献数量/篇	占全部样本/%
1	综述类	37	0.63
2	政策研究类	83	1.40
3	其他	5798	97.97
合计		5918	100.00

从表 10.3 看,一般性论证(其他)文献的占比接近 98%,成为绝对主体;政策性(政策研究类)及宏观性(综述类)研究文献则显得十分单薄。

总之,在档案数字化研究中,一般性论文占绝对优势,政策性、宏观性研究论文薄弱。

10.2.4 文献资源类型

从文献资源类型分布情况看,5918 篇样本文献分布在期刊、特色期刊、硕士、国内会议、报纸、学术辑刊、国际会议、博士 8 种类型资源上。具体分布情况见表 10.4。

表 10.4 1995—2018 年档案数字化研究文献资源类型分布情况

序号	资源类型	发表文献数量/篇	占全部样本/%
1	期刊	4959	83.80
2	特色期刊	366	6.18
3	硕士	247	4.17
4	国内会议	228	3.85
5	报纸	64	1.08
6	学术辑刊	33	0.56
7	国际会议	11	0.19
8	博士	10	0.17
合计		5918	100.00

有文献发表的 23 年间,期刊成为档案数字化学术研究最主要的研究资源来源,档案数字化研究者超过 90% 的学术交流与沟通,有赖于这个平台。硕博论文、会议论文在总量上与期刊相差一个数量级,与期刊相比,只起着辅助作用。报纸在总量上与期刊相差两个数量级,与期刊相比,只起着点缀作用。

总之,档案数字化研究已经形成了以学术期刊为主,硕博论文、会议论文为辅,报纸为点缀的研究资源体系。

10.2.5　文献学科分布

从文献学科分布情况看,5918 篇样本文献涉及学科超过 30 个。发表文献最多的 15 个学科分布情况见表 10.5。

表 10.5　1995—2018 年发表文献最多的 15 个学科分布情况

序号	学科	发表文献数量/篇	占全部样本/%
1	图书情报档案	5190	87.70
2	教育	458	7.74
3	城市经济	137	2.31
4	公共卫生与预防医学	107	1.81
5	工商管理	104	1.76
6	工业经济	88	1.49
7	公共管理	50	0.84
8	法学	35	0.59
9	城乡规划与市政	26	0.44
10	农业经济	24	0.41
11	计算机	20	0.34
12	国民经济	20	0.34
13	保险	19	0.32
14	新闻传播	14	0.24
15	文化	12	0.20
合计		6304	106.52
总计		5918	100.00
超出		386	6.52

需要说明的是,按 15 个学科统计的文献数为 6304 篇,占实际样本数的 106.52%;而实际样本数为 5918 篇;15 个学科统计数多于实际文献数 386 篇。再考虑到实际涉及的学科超过 30 个,全部学科文献的数量之和可能超过实际样本更多。图书情报档案文献有 5190 篇,占全部样本的 87.70%。可以推知,档案数字化研究是一门具有明显学科交叉性的学科。除档案学本学科之外,与档案数字化研究相关性最强的 4 个学科是:教育、城市经济、公共卫生与预防医学、工商管理。

可以说,档案数字化研究在保持与档案学学科高相关性的同时,具有特别明显的跨学科特性。

10.3　文献计量分析

本部分采用计量分析的方法,从文献基金资助分布、文献作者分布、文献机构分布和文献来源分布 4 个方面对样本文献进行分析。

10.3.1 文献基金资助分布

从样本文献的基金分布情况看,5918 篇样本文献中有 69 篇得到 20 种基金项目的支持,占全部样本的 1.166%。具体分布情况见表 10.6。

表 10.6 1995—2018 年档案数字化获得基金资助分布情况

序号	基金名称	发表文献数量/篇	占基金资助文献/%	占全部样本/%
1	国家社会科学基金	42	60.87	0.710
2	浙江省教委科研基金	4	5.80	0.068
3	国家自然科学基金	3	4.35	0.051
4	国家留学基金	2	2.90	0.034
5	四川省教委重点科研基金	2	2.90	0.034
6	河南省软科学研究计划	2	2.90	0.034
7	江苏省教育厅人文社会科学研究基金	1	1.45	0.017
8	湖南省社会科学基金	1	1.45	0.017
9	山东省软科学研究计划	1	1.45	0.017
10	湖南省教委科研基金	1	1.45	0.017
11	江苏省普通高校自然科学研究计划项目	1	1.45	0.017
12	浙江省自然科学基金	1	1.45	0.017
13	江苏省科委社会发展基金	1	1.45	0.017
14	黑龙江省自然科学基金	1	1.45	0.017
15	宁夏高校科研基金	1	1.45	0.017
16	内蒙古自然科学基金	1	1.45	0.017
17	辽宁省教育厅高校科研基金	1	1.45	0.017
18	黑龙江省社会科学基金	1	1.45	0.017
19	中国博士后科学基金	1	1.45	0.017
20	河南省科技攻关计划	1	1.45	0.017
合计		69	100.00	1.166
总计		5918		100.000

从基金的层次分布情况看,国家级基金 4 种 48 篇,占全部样本的 0.811%,占基金资助文献的 69.57%;地方基金 16 种 21 篇,占全部文献的 0.355%,占获基金资助文献的 30.67%;没有部门基金资助。国家层面虽然种类少,但资助文献的数量远高于地方的资助数量,是地方基金资助数量的 2 倍多。

地方资助涉及河南、黑龙江、湖南、江苏、辽宁、内蒙古、宁夏、山东、四川、浙江 10 个省份。

总之,档案数字化研究有 69 篇文献获 20 种基金资助,其中国家资助高于地方资助 1 倍多。提供地方资助的有 10 个省份。

10.3.2 文献作者分布

从作者的分布情况看,5918 篇文献中,前 40 位作者共发表文献 178 篇,占全部样本的 3.01%。发表文献最多的 40 位作者分布情况见表 10.7。

表 10.7 发表文献最多的 40 位作者分布情况

序号	作者	发表文献数量/篇	占全部样本/%
1	张照余	12	0.20
2	李学广	7	0.12
3	项文新	7	0.12
4	华林	7	0.12
5	卢森林	7	0.12
6	薛四新	6	0.10
7	庞莉	6	0.10
8	卞咸杰	6	0.10
9	赵红颖	5	0.08
10	陈永生	5	0.08
11	王海欧	5	0.08
12	徐杰	5	0.08
13	向立文	5	0.08
14	王萍	4	0.07
15	罗亚利	4	0.07
16	梁骁	4	0.07
17	俞志华	4	0.07
18	樊英	4	0.07
19	许桂清	4	0.07
20	杨珩	4	0.07
21	刘晓春	4	0.07
22	朱丽梅	4	0.07
23	王光越	4	0.07
24	张美芳	4	0.07
25	韩淑华	4	0.07
26	李宏明	4	0.07
27	吴绪成	4	0.07
28	李红	3	0.05
29	徐健冬	3	0.05
30	颜亚平	3	0.05

续表 10.7

序号	作者	发表文献数量/篇	占全部样本/%
31	鲁文明	3	0.05
32	蔡学美	3	0.05
33	李燕	3	0.05
34	李海川	3	0.05
35	刘影绘	3	0.05
36	陈文英	3	0.05
37	张静	3	0.05
38	郭秀萍	3	0.05
39	滕勇	3	0.05
40	赵春晖	3	0.05
合计		178	3.01
总计		5918	100.00

按照普赖斯提出的计算公式，核心作者候选人的最低发文数 $M=0.749\sqrt{N_{max}}$，其中 N_{max} 为最高产作者发文数量。档案数字化研究文献作者中发表文献最多的为 12 篇，即 $N_{max}=12$，所以 $M=0.749\sqrt{12}\approx 2.595$。因此，凡发表文献 3 篇及以上的作者均为 1995—2018 年档案数字化研究的重要作者。故表 10.7 中发表文献 3 篇及以上的前 40 位作者不仅是核心作者，而且是核心作者中的高产作者。

总之，档案数字化研究已经形成了一批核心作者和以核心作者为基础的高产作者群。从整体上看，无论是作者数量，还是发表文献数量，高校作者都是档案数字化研究的主力。

10.3.3　文献机构分布

从研究机构分布情况看，5918 篇文献中，前 40 个机构发表文献 788 篇，占全部样本的 13.32%。如果使用普赖斯公式计算，核心机构的最低发文数 $M=0.749\sqrt{N_{max}}$，其中 N_{max} 为高产机构发文数量。这里 $N_{max}=54$，所以 $M=0.749\sqrt{54}\approx 5.504$，即发表文献 6 篇及以上的为核心研究机构。据此，表 10.8 中发表文献最多的 40 个机构全部是核心研究机构中的高产机构。发表文献最多的 40 个机构分布情况见表 10.8。

表 10.8　发表文献最多的 40 个机构分布情况

序号	机构	发表文献数量/篇	占全部样本/%
1	云南大学	54	0.91
2	苏州大学	49	0.83
3	中国人民大学	37	0.63
4	黑龙江大学	35	0.59
5	安徽大学	34	0.57
6	云南省档案局	30	0.51

续表 10.8

序号	机构	发表文献数量/篇	占全部样本/%
7	国家档案局	27	0.46
8	辽宁省档案局	25	0.42
9	山东大学	24	0.41
10	武汉大学	24	0.41
11	吉林大学	24	0.41
12	四川大学	24	0.41
13	中国第一历史档案馆	22	0.37
14	湘潭大学	21	0.35
15	中国第二历史档案馆	21	0.35
16	浙江大学	20	0.34
17	郑州大学	20	0.34
18	南京大学	20	0.34
19	上海大学	19	0.32
20	中原油田分公司	18	0.30
21	辽宁大学	18	0.30
22	广东省档案局	16	0.27
23	浙江省档案局	15	0.25
24	国家档案局档案科学技术研究所	14	0.24
25	北京市档案局	13	0.22
26	中山大学	13	0.22
27	长春市档案局	13	0.22
28	华中师范大学	13	0.22
29	湖北省档案局	12	0.20
30	河北大学	12	0.20
31	福建师范大学	12	0.20
32	四川省档案局	10	0.17
33	河南省黄河档案馆	10	0.17
34	清华大学	10	0.17
35	南昌大学	10	0.17
36	南阳医学高等专科学校	10	0.17
37	河南大学	10	0.17
38	广西民族大学	10	0.17
39	台州学院	10	0.17
40	江苏省档案局	9	0.15
合计		788	13.32
总计		5918	100.00

前 40 个核心高产机构中有 25 个是高校(发表文献 533 篇,占核心高产研究机构发表文献数的 67.64%),充分表明高校是档案数字化研究的重要高产机构群体。

从前 40 个机构中各类机构发表文献的数量及占比情况看,25 个高校,占 62.5%;发表文献 533 篇,占比达到了 67.64%。其中前 5 位均为高校。10 个档案局(馆),占 25%;发表文献 170 篇,占比 21.57%。3 个档案馆,占 7.5%;发表文献 53 篇,占比达到了 0.9%。1 个企业,占 2.5%;发表文献 18 篇,占比达到了 0.3%。1 个事业单位,占 2.5%;发表文献 14 篇,占比达到了 0.24%。

可见,档案数字化研究已经形成稳定的研究机构。其中高校在机构数量及发表文献的数量上均为最高,档案行政管理机关次之,档案馆位列第三,企业位列第四,事业单位位列第五。

10.3.4 文献来源分布

从文献来源分布情况看,5918 篇样本文献中,发表文献最多的 10 种期刊发表文献 2118 篇,占全部样本的 35.79%。具体分布情况见表 10.9。

表 10.9 发表文献最多的 10 种期刊分布情况

序号	期刊	发表文献数量/篇	占全部样本/%
1	《兰台世界》	548	9.26
2	《办公室业务》	398	6.73
3	《城建档案》	261	4.41
4	《黑龙江档案》	259	4.38
5	《兰台内外》	189	3.19
6	《中国档案》	113	1.91
7	《档案与建设》	97	1.64
8	《浙江档案》	91	1.54
9	《黑龙江史志》	86	1.45
10	《云南档案》	76	1.28
合计		2118	35.79
总计		5918	100.00

按照布拉德福定律,5918 篇文献可分为核心区、相关区和非相关区,各个区的论文数量相等(约 1973 篇)。故发表论文数量居前 8 位的《兰台世界》《办公室业务》《城建档案》《黑龙江档案》《兰台内外》《中国档案》《档案与建设》《浙江档案》(1956 篇)处于核心区之中。其中 7 种为档案学期刊,包括档案学核心期刊 3 种,非核心期刊 4 种;其他相关专业期刊 1 种。

发表论文数量居第 9 ~ 10 位的《黑龙江史志》《云南档案》(162 篇)处于相关区。其中一种为档案学期刊,一种为相关专业期刊。

发表论文数量 76 篇以下的期刊部分处于相关区,其他处于非相关区。

总体上讲,档案学期刊是档案数字化研究成果发布与交流的主渠道、主阵地,承担着档案数字化研究成果发布与交流的主体责任。

可见,档案数字化研究总体上已经形成以档案学期刊为主,相关及其他期刊为辅的成果发布与交流体系。

10.4　文献关键词词频及共现分析

本部分采用词频分析的方法,从主题词、高频关键词、关键词共现矩阵、关键词共现网络4个方面对样本文献进行分析。

10.4.1　主题词

从主题词使用频率看,有文献发表的23年间,档案数字化研究涉及内容广泛,集中在档案数字化、档案信息化、档案事务、档案、档案机构、文件6个方面。使用频率最高的37个主题词分布情况见表10.10。

表10.10　使用频率最高的37个主题词分布情况

序号	主题词	使用频率/次	占全部样本/%
1	数据处理	848	14.33
2	数字化建设	834	14.09
3	数字化管理	666	11.25
4	档案管理	626	10.58
5	数字档案馆	432	7.30
6	档案信息化建设	371	6.27
7	档案数字化	351	5.93
8	档案信息资源	325	5.49
9	档案馆	325	5.49
10	电子文件	303	5.12
11	文化机构	300	5.07
12	数字化加工	300	5.07
13	馆藏档案数字化	285	4.82
14	档案信息	279	4.71
15	纸质档案	276	4.66
16	计算机	261	4.41
17	档案管理工作	237	4.00
18	数字档案	218	3.68
19	电子档案	216	3.65
20	数字化档案信息	209	3.53
21	数字化档案管理	201	3.40
22	档案局	199	3.36
23	档案工作	189	3.19

续表 10.10

序号	主题词	使用频率/次	占全部样本/%
24	档案信息化	184	3.11
25	档案管理数字化	170	2.87
26	城建档案	158	2.67
27	数字化	155	2.62
28	档案管理系统	151	2.55
29	高校档案	140	2.37
30	档案数据库	134	2.26
31	数字化过程	130	2.20
32	档案信息数字化	117	1.98
33	数据库	114	1.93
34	企业管理	114	1.93
35	数据库系统	112	1.89
36	档案目录	110	1.86
37	档案资源	101	1.71
合计		10 141	171.36
总计		5918(篇)	100.00
最高频率		848	14.33
最低频率		101	1.71
平均频率		274	4.63

从涉及的主题词看,使用频率最高的 37 个主题词共使用 10141 频次,占全部样本的 171.36%。也就是说,上述 37 个主题词涵盖了全部样本近两遍。其中使用频率最高的是“数据处理”(848 频次),使用频率最低的是“档案资源”(101 频次),平均使用频率为 274 频次。

从主题词反映出的研究内容看,档案数字化研究关注的 37 个主要问题又可归并为档案数字化、档案信息化、档案事务、档案、档案机构、文件 6 个大类。

档案数字化(数据处理、数字化建设、数字化管理、数字档案馆、档案数字化、数字化加工、馆藏档案数字化、数字档案、数字化档案信息、数字化档案管理、档案管理数字化、数字化、数字化过程、档案信息数字化)共使用 4916 频次,占全部样本的 83.07%。它涉及档案数字化的多重概念和多个层面,内容丰富多样,是档案学界档案数字化研究与关注度最高的主题。

档案信息化(档案信息化建设、档案信息资源、档案信息、档案信息化、档案管理系统、档案数据库、数据库、数据库系统、计算机)共使用 1931 频次,占全部样本的 32.83%。作为与档案数字相生、相伴、相融的内容,主要集中在信息、系统、硬件 3 个方面。它是档案学界档案数字化研究与关注度第二高的主题。

档案事务(档案管理、档案管理工作、档案工作、企业管理)共使用 1166 频次,占全部样本的 19.70%。它涉及档案事务的多个层面,主要集中在管理上,也包括对专门档案的管理,是档案学界研究与关注度第三高的主题。

档案(纸质档案、电子档案、城建档案、高校档案、档案目录、档案资源)共使用 1001 频次,占全部样本的16.91%。档案是档案学研究的本体,在档案数字化研究中,从涉及的6个主题看,涉及不同载体档案、专门档案和档案资源3个方面。

档案机构(档案馆、档案局、文化机构)共使用824频次,占全部样本的13.92%。它是改革开放以来与档案事业、档案人关系最为密切的问题,也是档案学界始终关注的问题之一。

文件(电子文件)共使用303频次,占全部样本文献的5.12%。与"档案"相差两倍,重点是新载体文件。

可以说,档案数字化研究所涉及内容虽然十分广泛,但全部文献均包含在上述档案数字化、档案信息化、档案事务、档案、档案机构、文件6类问题中。或者说,档案数字化研究主要是围绕上述档案数字化、档案信息化、档案事务、档案、档案机构、文件6个方面展开的。

10.4.2 高频关键词

表10.11是使用频率最高的15个高频关键词分布情况。15个使用频率最高的关键词共使用4396频次,占全部样本的74.28%。也就是说,近3/4的文献所研究的内容与这15个关键词有关。其中使用频率最高的是"数字化"(1308频次),使用频率最低的是"档案信息"(88频次),平均使用频率为293频次。

表10.11 使用频率最高的15个高频关键词分布情况

序号	关键词	使用频率/次	占全部样本/%
1	数字化	1308	22.10
2	档案管理	576	9.73
3	档案	524	8.85
4	档案数字化	356	6.02
5	数字化管理	227	3.84
6	管理	215	3.63
7	信息化	207	3.50
8	数字化建设	182	3.08
9	建设	157	2.65
10	高校	143	2.42
11	对策	115	1.94
12	问题	108	1.82
13	数字化档案	97	1.64
14	城建档案	93	1.57
15	档案信息	88	1.49
合计		4396	74.28
总计		5918	100.00
平均		293	4.95

从关键词反映出的研究内容来看,档案数字化研究关注度最高的15个问题可以归纳为档案数字化、档案事务、档案、信息化、机构5个方面。它们占全部样本的74.28%,即接近全部研究文献

的80%。

档案数字化(数字化、档案数字化、数字化管理、数字化建设、数字化档案),使用2170频次,占比36.67%。它是档案数字化研究关注度最高的问题。简单地说,约2/5的档案数字化研究是围绕数字化、档案数字化、数字化管理、数字化建设、数字化档案进行的。

档案事务(档案管理、管理、建设、对策、问题),使用1171频次,占全部样本的19.79%。它是23年来档案数字化研究关注度第二高的问题。简单地说,接近20%的档案数字化研究是围绕"管理"与"问题对策"进行的。这反映出档案数字化研究具有鲜明的管理性特征的同时,还具有突出的问题导向。

档案(档案、城建档案、档案信息),使用1581频次,占比12.97%。研究偏重专业专门档案和档案所承载的信息。

信息化(信息化),使用207频次,占比3.50%。

机构(高校),使用143频次,占比2.42%。

因此,档案数字化研究内容广泛,近3/4的研究集中在档案数字化、档案事务、档案、信息化、机构5类15个热词所涉及的问题上。

10.4.3 关键词共现矩阵

本节采用关键词共现分析的方法,对1995—2018年档案数字化研究的5918篇文献进行分析。

矩阵提取使用频率最高的20个关键词,将这20个关键词形成20×20的共词矩阵。如果某两个关键词同时出现在一篇文章中,就表明这两者之间存在相关关系,关键词右侧或下方对应位置的数值表示篇数。图10.2是1995—2018年档案数字化研究文献使用频率最高的20个高频关键词共现矩阵。

图10.2显示,2017年档案数字化研究文献关键词共现有98组,共现率为49%。共现次数300次以上的关键词组合有1组,共现率为0.5%。共现次数200~299次的关键词组合有1组,共现率为0.51%。共现次数100~199次的关键词组合有1组,共现率为0.5%。共现次数50~99次的关键词组合有5组,共现率为0.5%。

以横轴为准计:

20组共现关键词中各有15组与数字化、档案管理直接相关,分别占共现关键词的7.5%。

20组共现关键词中有11组与档案数字化直接相关,占共现关键词的5.5%。

20组共现关键词中有10组与档案直接相关,占共现关键词的5%。

20组共现关键词中有8组与高校直接相关,占共现关键词的4%。

20组共现关键词中各有7组与数字化管理、管理直接相关,各占共现关键词的3.5%。

20组共现关键词中各有6组与信息化、数字化建设、建设直接相关,各占共现关键词的3%。

20组共现关键词中有4组与对策直接相关,占共现关键词的4%。

20组共现关键词中有2组与问题直接相关,占共现关键词的1%。

余下的1组共现关键词与城建档案直接相关,但共现次数为1组,属于低相差度高频词。

另有数字化档案、高校档案、档案信息、数字档案馆、档案信息化建设、档案馆、数字档案7个无共现高频词。

共现次数300次以上的关键词组合有1组,即:

数字化与档案:329次。

共现次数200~299次的关键词组合有1组,即:

数字化与档案管理:266次。

共现次数100~199次的关键词组合有1组,即:

数字化与管理:129 次。

共现次数 50 ~99 次的关键词组合有 5 组,分别是:

数字化与信息化:91 次。

数字化与高校:79 次。

数字化与建设:69 次。

数字化与档案信息:51 次。

档案与管理:71 次。

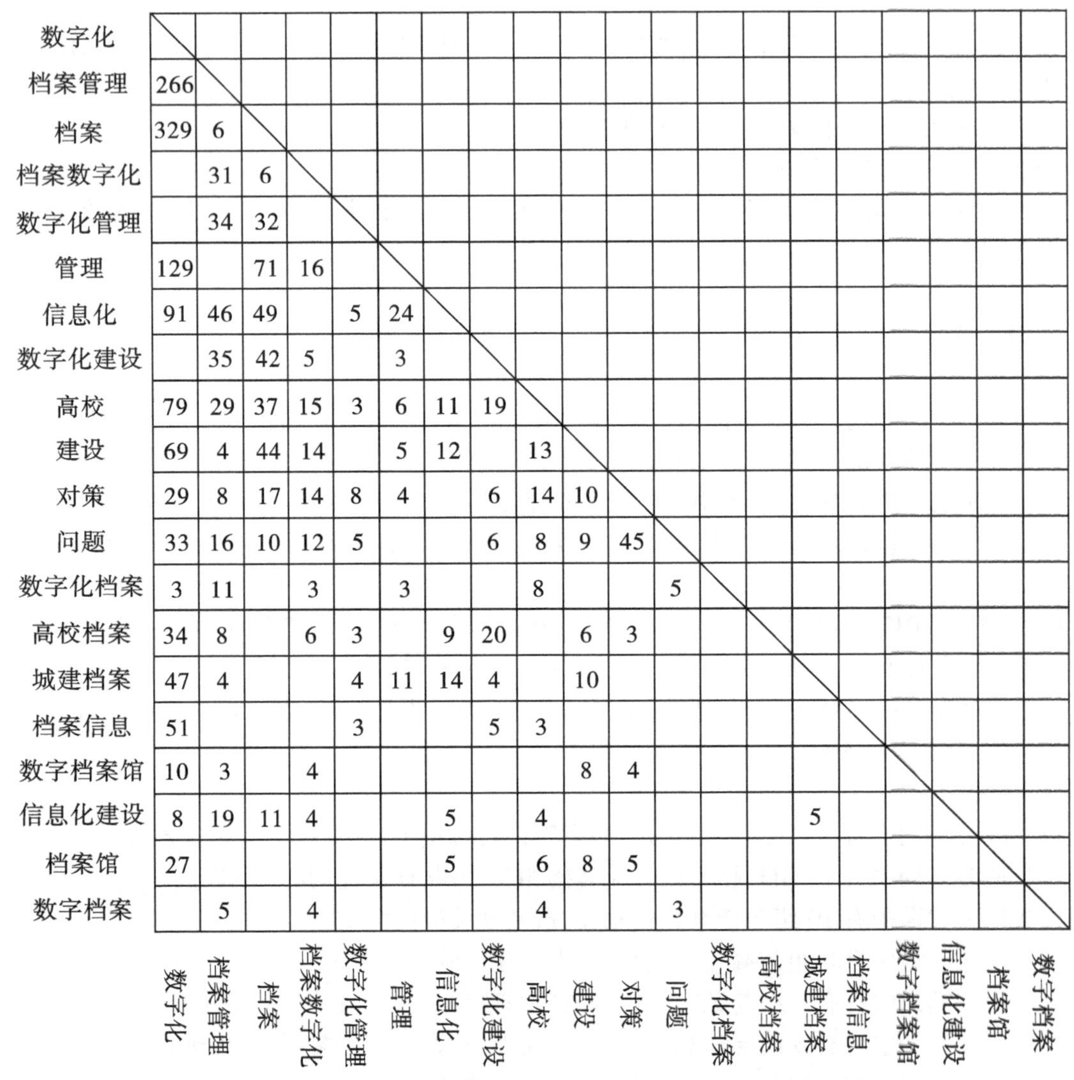

	数字化	档案管理	档案	档案数字化	数字化管理	管理	信息化	数字化建设	高校	建设	对策	问题	数字化档案	高校档案	城建档案	档案信息	数字档案馆	信息化建设	档案馆	数字档案
数字化																				
档案管理	266																			
档案	329	6																		
档案数字化		31	6																	
数字化管理		34	32																	
管理	129		71	16																
信息化	91	46	49		5	24														
数字化建设		35	42	5		3														
高校	79	29	37	15	3	6	11	19												
建设	69	4	44	14		5	12		13											
对策	29	8	17	14	8	4		6	14	10										
问题	33	16	10	12	5			6	8	9	45									
数字化档案	3	11		3		3			8			5								
高校档案	34	8		6	3		9	20		6	3									
城建档案	47	4			4	11	14	4		10										
档案信息	51				3			5	3											
数字档案馆	10	3		4						8	4									
信息化建设	8	19	11	4			5		4						5					
档案馆	27						5		6	8	5									
数字档案		5		4					4			3								

图 10.2　1995—2018 年档案数字化研究文献高频关键词共现矩阵

归纳起来,1995—2018 年档案数字化研究的重点集中在数字化与管理两个方向上。或者说,1995—2018 年档案数字化研究主要是在数字化与管理两个主要方向上展开的。

从共现组数看,由于高共现频率的 20 个高频关键词的共现组数达 98 组,特高、超高与高共现词有 8 组,占到了全部共现组的 8.16% 。1995—2018 年档案数字化研究形成了突出的高相关共现关键词群,研究的集中趋势非常明显。

可见,共现矩阵显示研究的重点集中在数字化与管理两个方向上,形成了突出的高相关共现关键词群,研究的集中趋势非常明显。

10.4.4 关键词共现网络

本部分采用关键词共现分析的方法，对1995—2018年档案数字化研究的5918篇文献进行分析。

在关键词共现网络中，关键词之间的关系可以用连线来表示，连线多少和粗细代表关键词间的亲疏程度，连线越多，代表该关键词与其他关键词共现次数越多，越是研究领域极其重要的和热点研究内容。使用知网提供的工具，可获得1995—2018年档案数字化研究高频词共词网络图谱(扫描二维码)。

从高频词共词网络图谱中可以直观地看出：1995—2018年档案数字化研究可分为6个聚类群组。它们分别以"数字化""档案数字化""信息化建设""数字化档案""数字档案""数字档案馆"为核心关键词，均为单核心群组，其中5个为单词群组。

在以"档案"为核心的群组中一共有15个相关关键词，除了"数字化"之外，还有"档案管理""档案""管理""数字化管理"4个次核心关键词。"档案管理"与主核心关键词距离较远，但共现频次高，关联性相对稍弱。"档案""管理"与主核心关键词距离较近，共现频次高，关联性更高。"数字化管理"距主核心关键词距离较远，共现频次低，关联性不高。群组内各关键词间关联性相对紧密。群组与其他5个群组均有关联，并且掺杂在主群组内。

"档案数字化""信息化建设""数字化档案""数字档案""数字档案馆"5个群组均与主群组有关联。"档案数字化""信息化建设""数字化档案"3个群组之间有关联，且与"数字档案""数字档案馆"2个群没有关联。"数字档案""数字档案馆"之间没有关联，但均通过主群组相联通，属于弱联系。

可见，围绕"数字化"的多样性研究，是数字化研究的核心，热点多变是其显著特征。

10.5 结语

综上，通过对1995—2018年数字化研究文献的数据分析，我们可以得出如下结论：

自1995年首篇相关成果文献发表到2018年，从规模与发展速度上看，在有文献发表统计的23年间，档案数字化研究文献总量翻了12番多，年均增速为40.64%，大多数年份(18年)是正向增速，超过2/3的年份(16年)增速在两位数以上，其中三年的增速达到了3位数。总体上呈现不断上升的趋势。

从文献研究层次上看，研究涉及社会科学、自然科学、教育文化、信息及其他5类18个不同层次，总体上属于社会科学范畴，同时略偏重应用性研究。

从文献类型分布情况看，在研究中，一般性论文占绝对优势，政策性、宏观性研究论文薄弱。

从文献资源类型分布情况看，研究已经形成了以学术期刊为主，硕博论文、会议论文为辅，报纸为点缀的研究资源体系。

从样本文献的学科分布情况看，研究在保持与档案学高相关性的同时，具有特别突出的跨学科特性。

从样本文献的基金分布情况看，研究获20种基金资助，其中国家资助高于地方资助1倍多。提供地方资助的有10个省份。

从研究作者分布情况看，研究已经形成以高校作者为主的一大批核心作者和以其为基础的高产作者群。

从研究机构分布情况看，研究已经形成稳定的研究机构。其中高校在机构数量及发表文献的数量上均为最高，档案行政管理机关次之，档案馆位列第三，企业位列第四，事业单位位列第五。

从文献来源分布情况看,档案数字化研究总体上已经形成以档案学期刊为主,相关及其他期刊为辅的成果发布与交流体系。

从主题词使用频率看,研究主题集中在档案数字化、档案信息化、档案事务、档案、档案机构、文件6个方面。

从高频率关键词分布情况看,档案数字化研究关注的重点近3/4集中在档案数字化、档案事务、档案、信息化、机构5类15个热词所涉及的问题上。

从高频词共现矩阵看,研究的重点集中在数字化与管理两个方向上,形成了突出的高相关共现关键词群,研究的集中趋势非常明显。

共现网络表明,围绕“数字化”的多样性研究,是数字化研究的核心,热点多变是其显著特征。

11　档案信息

信息，指音信、消息、通信系统传输和处理的对象，泛指人类社会传播的一切内容。人通过获得、识别自然界和社会的不同信息来区别不同事物，得以认识和改造世界。在一切通信和控制系统中，信息是一种普遍联系的形式。1948 年，数学家香农在题为《通讯的数学理论》的论文中指出："信息是用来消除随机不定性的东西。"创建一切宇宙万物的最基本万能单位是信息。

狭义上，讯息就是符号的排列的顺序。但作为一个概念，讯息的定义呈现出多定义而无定义的局面。一般来说，与讯息这一概念密切相关的概念包括约束（constraint）、沟通（communication）、控制、数据、形式、指令、知识、含义、精神刺激、模式、感知以及表达。讯息是人们在适应外部世界并使这种适应反作用于外部世界过程中，同外部世界进行互相交换的内容和名称。

世界是由物质组成的。物质是运动变化的。客观变化的事物不断地呈现出各种不同的信息。人们需要对获得的信息进行加工处理，并加以利用。

"信息无处不在，信息就在大家身边。"人们是通过五种感觉器官，时刻在感受来自外界信息的。人们感受到的各种各样的信息，按照参与获取信息的人来划分，可分为参与前的信息和参与后的信息。

参与前的信息是指获取信息的人在没有参与情况下的信息。由于没有人为因素的参与，这个信息是客观真实的，不存在真假的问题，只是存在着每个人的认知能力和认知水平问题。

参与后的信息是指获取信息的人，参与了信息活动而获得的信息。由于有获取信息的人的参与，这个信息就会掺入一些人为因素，就会使获取的信息，不再是原来状态下的信息了，这个信息就会或多或少地失去一些客观真实的内容。

文字、图形、图像、声音、影视和动画等不是信息，而文字、图形、图像、声音、影视和动画等承载的内容才是信息。

信息是指运动变化的客观事物所蕴含的内容。信息只是客观事物的一种属性。

信息具有很多的基本特征，如普遍性、客观性、依附性、共享性、时效性、传递性等。下面通过对信息的一些主要特征描述和讨论交流，来进一步地认识和理解信息的概念。

（1）普遍性与客观性。在自然界和人类社会中，事物都是在不断发展和变化的。事物所表达出来的信息也是无时无刻、无处不在的。因此，信息也是普遍存在的。由于事物的发展和变化是不以人的主观意识为转移的，所以信息也是客观的。

（2）依附性。信息不是具体的事物，也不是某种物质，而是客观事物的一种属性。信息必须依附于某个客观事物（媒体）而存在。同一个信息可以借助不同的信息媒体表现出来，如文字、图形、图像、声音、影视和动画等。

（3）共享性。非实物的信息不同于实物的材料、能源。材料和能源在使用之后，会被消耗、被转化。信息也是一种资源，具有使用价值。信息传播的面积越广，使用信息的人越多，信息的价值和作用会越大。信息在复制、传递、共享的过程中，可以不断地重复产生副本。但是，信息本身并不会减少,也不会被消耗掉。

(4)时效性。随着事物的发展与变化,信息的可利用价值也会相应地发生变化。信息随着时间的推移,可能会失去其使用价值,可能就是无效的信息了。这就要求人们必须及时获取信息、利用信息,这样才能体现信息的价值。

(5)传递性。信息通过传输媒体的传播,可以实现信息在空间上的传递。如我国载人航天飞船"神舟九号"与"天宫一号"空间交会对接的现场直播,向全国及世界各地的人们介绍我国航天事业的发展进程;缩短了对接现场和电视观众之间的距离,实现了信息在空间上的传递。信息通过存储媒体的保存,可以实现信息在时间上的传递。如没能看到"神舟九号"与"天宫一号"空间交会对接的现场直播的人,可以采用回放或重播的方式来收看。这就是利用了信息存储媒体的牢固性,实现了信息在时间上的传递。

信息必须要依附于客观事物而存在。但是,获取后的信息通常是以文字、图形、图像、声音、影视和动画等形式存在的。人们将承载信息内容的文字、图形、图像、声音、影视和动画等称为信息的载体,也称为信息的媒体(medium)。

信息媒体有着多种形式,国际电话与电报咨询委员会(Consultative Committee on International Telephone and Telegraph,简称CCITT),将信息媒体划分为感觉媒体、表示媒体、表现媒体、存储媒体、传输媒体5类:

感觉媒体(perception medium)是指直接作用于人的感觉器官,直接就能感觉到的媒体,如文字、图形、图像、声音、影视和动画等。

表示媒体(representation medium)是为了加工处理和传输感觉媒体而人为研究、构造出来的一种媒体,它有各种编码方式,如文字编码、图像编码和声音编码等。

表现媒体(presentation medium)是指进行信息输入和输出的媒体,如键盘、鼠标、扫描仪、话筒和摄像机等输入媒体,以及显示器、打印机和扬声器等输出媒体。

存储媒体(storage medium)是指用于存储感觉媒体和表示媒体的物理介质,如纸张、胶卷、唱片、磁带和软盘、硬盘、光盘、U盘等。

传输媒体(transmission medium)是指用于传输表示媒体的物理介质,如电缆和光缆等。

在没有特殊说明的情况下,人们所说的"信息媒体",通常是指信息的"感觉媒体"。

一般而言,档案信息有两层含义:一是指来源于档案的信息,二是关于档案的信息。多数情况下,我们说的档案信息便是指前者。也可以说,档案信息有广义与狭义两种。广义的档案信息是指档案载体信息、内容信息及再生信息三部分,严格地讲,将档案信息单纯理解为档案内容信息是欠妥当的。狭义的档案信息是指以档案为形式记录在一定载体上的信息。

由于信息具有帮助人们区别不同事物,认识和改造世界的作用,人们越来越需要信息,越来越依赖信息,越来越想获得更多的信息,越来越希望获得想要的信息。在这种需求之下,信息公开已经成为当今世界之大趋势。档案,作为信息的组成部分,在信息开放大势之下,自然成为人们期望开放的对象之一。如何开放,需要有一点档案视角。

信息对人类的有用性,从总体上讲是毋庸置疑的。但对于某一个具体的社会成员,其有用性则是相对的,是由其个人的具体需求确定的。同一内容的信息,对于不同的社会成员的有用性就不尽相同。因此,信息公开的形式也应当与信息需求的特点相匹配。对于总体需求不大,具体需求不确定的信息,开放就好,谁需要,谁去查就是了。对于总体需求大,需求确定的信息,公示为宜,人人可知,处处可见。

不同类型信息源的存在目的不同,其有用性亦不相同。比如,文件是为了办事,档案是为了记事,图书是为了传事,情报是为了探事。因此,文件、档案、图书、情报的开放方式与开放程度也自然不相同。这一点大家应该能够理解与认同。

面对信息开放大势下的各种不同需求,档案人需要全面审视档案信息的特性,不仅要从信息的共性方面来看待档案,顺应信息开放的大势,为社会提供便利的档案开放信息服务;也要从档案信息的个性方面来看待档案,尊重档案信息的特殊性,在必要的封闭期内为国家和社会保管好深层记忆。毕竟档案是要有一个封闭期的,否则档案就没有必要存在,档案管理人员这个职业同样没有必要存在了。

如何看待与对待档案开放,既不能简单地"一开尽开",也不能永远"秘而不宣"。如何平衡,需要智慧,也需要耐心。

11.1 样本选择

档案信息研究是档案学研究的重要内容,属于档案学科极其重要的组成部分,同时也是信息社会下档案工作与档案事业的重要组成部分。档案信息研究数据是重要的档案与档案学术资源,对档案信息研究数据进行定量研究,是用好用活档案资源,充分展示我国改革开放的历史进程、伟大成就和宝贵经验的一种方式。改革开放以来,档案信息研究得到了长足进步与发展。总结、回顾档案信息研究发展历程,不仅是档案学建设发展的需要,也是档案工作、档案事业发展的需要。

我们以中国知网为样本来源,检索范围:中国学术期刊网络出版总库,特色期刊,中国博士学位论文全文数据库,中国优秀硕士学位论文全文数据库,中国重要会议论文全文数据库,国际会议论文全文数据库,中国重要报纸全文数据库,中国学术辑刊全文数据库。检索年限:不限。检索时间:2018 年 10 月 25 日。发表时间 between(1979-01-01,2018-10-25)并且(主题=档案信息或者题名=档案信息)(模糊匹配)。样本文献总数:34 825 篇。相关研究成果首次发表于 1982 年。

11.2 文献统计分析

本部分采用统计分析的方法,从文献总量、发展速度与年度分布,文献研究层次,文献类型,文献资源类型,文献学科分布 5 个方面入手,对样本文献进行分析。

11.2.1 文献总量、发展速度与年度分布

从总量上看,有文献发表的 36 年间,共发表文献 34 825 篇,以 1982 年 1 篇的基数计,36 年间翻了 15 番多。年均 967 篇,最少时(1982 年)1 篇,最多时(2013 年)2740 篇,36 年间增长了近 34 824 倍。中位数为 17 412 篇。总体趋势见图 11.1。

从年度分布情况看,1982—2018 年档案信息研究文献发表数量总体上呈现不断上升的趋势。绝大多数年份(25 年)为上升状态,下降年份(9 年)少。

大体上可分为四个阶段:

第一阶段(1982—1987 年),年平均增长率为 170.19%,为低位高速发展期,总体体量增加迅速,10 年上了两个数量级。

第二阶段(1988—2004 年),年平均增长率为 10.29%,为中位匀速增长期。

第三阶段(2005—2013 年),年平均增长率为 16.03%,为波动增长期,达到峰值。

第四阶段(2014—2018 年),年平均增长率为-4.58%,研究进入波动回落期。

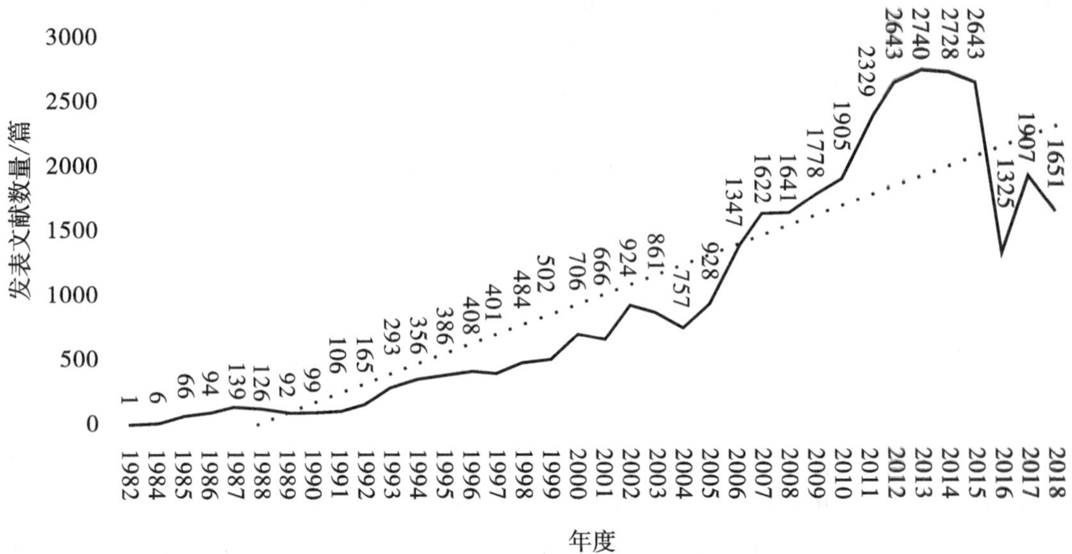

图11.1　1982—2018年档案信息研究文献发表数量及分布趋势

具体的年度分布情况见表11.1。

表11.1　1982—2018年档案信息研究文献年度分布情况

序号	年度	发表文献数量/篇	占全部样本/%	发展速度	年增速/%
1	1982	1	0.00		
2	1984	6	0.02	6.00	500.00
3	1985	66	0.19	11.00	1000.00
4	1986	94	0.27	1.42	42.42
5	1987	139	0.40	1.48	47.87
6	1988	126	0.36	0.91	-9.35
7	1989	92	0.26	0.73	-26.98
8	1990	99	0.28	1.08	7.61
9	1991	106	0.30	1.07	7.07
10	1992	165	0.47	1.56	55.66
11	1993	293	0.84	1.78	77.58
12	1994	356	1.02	1.22	21.50
13	1995	386	1.11	1.08	8.43
14	1996	408	1.17	1.06	5.70
15	1997	401	1.15	0.98	-1.72
16	1998	484	1.39	1.21	20.70
17	1999	502	1.44	1.04	3.72
18	2000	706	2.03	1.41	40.64
19	2001	666	1.91	0.94	-5.67

续表 11.1

序号	年度	发表文献数量/篇	占全部样本/%	发展速度	年增速/%
20	2002	924	2.65	1.39	38.74
21	2003	861	2.47	0.93	-6.82
22	2004	757	2.17	0.88	-12.08
23	2005	928	2.66	1.23	22.59
24	2006	1347	3.87	1.45	45.15
25	2007	1622	4.66	1.20	20.42
26	2008	1641	4.71	1.01	1.17
27	2009	1778	5.11	1.08	8.35
28	2010	1905	5.47	1.07	7.14
29	2011	2329	6.69	1.22	22.26
30	2012	2643	7.59	1.13	13.48
31	2013	2740	7.87	1.04	3.67
32	2014	2728	7.83	1.00	-0.44
33	2015	2643	7.59	0.97	-3.12
34	2016	1325	3.80	0.50	-49.87
35	2017	1907	5.48	1.44	43.92
36	2018	1651	4.74	0.87	-13.42
合计		34 825	100.00	54.36	1936.33
最高值		2740	7.87	11.00	1000.00
最低值		1	0.00	0.50	-49.87
平均值		967	2.78	1.55	55.32

自1982年首篇相关成果文献发表到2018年，有文献发表的36年间，档案信息研究文献总量翻了15番多，年均增速为55.32%，绝大多数年份(25年)是正向增速，超过1/3的年份(16年)增速在两位数以上，其中2年的增速达到了三位数。

11.2.2　文献研究层次

从文献研究层次分布情况看，34 825篇样本文献涉及多个学科的21个不同层次。具体分布情况见表11.2。

表11.2　1982—2018年档案信息研究文献层次分布情况

序号	学科	发表文献数量/篇	占全部样本/%
1	基础研究(社科)	19 607	56.30
2	行业指导(社科)	8891	25.53
3	职业指导(社科)	2611	7.50

续表 11.2

序号	学科	发表文献数量/篇	占全部样本/%
4	工程技术(自科)	1232	3.54
5	政策研究(社科)	468	1.34
6	基础与应用基础研究(自科)	259	0.74
7	大众文化	257	0.74
8	大众科普	186	0.53
9	基础教育与中等职业教育	129	0.37
10	专业实用技术(自科)	114	0.33
11	高等教育	109	0.31
12	文艺作品	106	0.30
13	行业技术指导(自科)	77	0.22
14	高级科普(社科)	37	0.11
15	经济信息	31	0.09
16	政报、公报、公告、文告	5	0.01
17	政策研究(自科)	2	0.01
18	党的建设与党员教育	2	0.01
19	标准与质量控制(自科)	1	0.00
20	高级科普(自科)	1	0.00
21	其他	700	2.01
合计		34 825	100.00

从研究的学科大类看,可分为社会科学、自然科学、教育文化、信息与其他 5 类。其中社会科学 31 614 篇,占 90.78%;自然科学 1686 篇,占 4.84%;教育文化 789 篇,占 2.27%;信息 36 篇,占 0.10%;其他 700 篇,占 2.01%。研究明显属于社会科学的范畴,同时涉及自然科学、教育文化、信息及其他学科。

从基础理论研究与应用研究的角度看,属于基础理论研究的有 19 866 篇,占 57.05%;属于应用研究的有 14 959 篇,占 42.95%。研究偏重基础理论研究。

可见,档案信息研究涉及社会科学、自然科学、教育文化、信息及其他 5 类 21 个不同层次,总体上属于社会科学范畴,同时偏重基础理论研究。

11.2.3　文献类型

从文献类型分布情况看,34 825 篇样本文献中,涉及综述类、政策研究类和其他 3 个不同类型。具体分布情况见表 11.3。

表 11.3 1982—2018 年档案信息研究文献类型分布情况

序号	文献类型	发表文献数量/篇	占全部样本/%
1	综述类	222	0.64
2	政策研究类	470	1.35
3	其他	34 133	98.01
合计		34 825	100.00

从表 11.3 看,一般性论证(其他)文献占比超过 98%,成为绝对主体;政策性(政策研究类)及宏观性(综述类文献)研究文献则显得十分单薄。

总之,在档案信息研究中,一般性论文占绝对优势,政策性、宏观性研究论文较为薄弱。

11.2.4 文献资源类型

从文献资源类型分布情况看,34 825 篇样本文献分布在期刊、国内会议、特色期刊、硕士、报纸、学术辑刊、国际会议、博士 8 种类型资源上。具体分布情况见表 11.4。

表 11.4 1982—2018 年档案信息研究文献资源类型分布情况

序号	资源类型	发表文献数量/篇	占全部样本/%
1	期刊	30 932	88.82
2	国内会议	1521	4.37
3	特色期刊	1206	3.46
4	硕士	867	2.49
5	报纸	169	0.49
6	学术辑刊	83	0.24
7	国际会议	35	0.10
8	博士	12	0.03
合计		34 825	100.00

有文献发表的 36 年间,期刊成为档案信息学术研究最主要的文献来源,档案信息研究者超过 92% 的学术交流与沟通,有赖于这个平台。会议论文在总量上与期刊相差一个数量级,与期刊相比,只起着辅助作用。硕博论文、报纸在总量上与期刊相差两个数量级,与期刊相比,只起着点缀作用。

总之,档案信息研究已经形成了以学术期刊为主,会议论文为辅,硕博论文、报纸为点缀的研究资源体系。

11.2.5 文献学科分布

从文献学科分布情况看,34 825 篇样本文献涉及学科超过 30 个。发表文献最多的 15 个学科分布情况见表 11.5。

表11.5 1982—2018年发表文献最多的15个学科分布情况

序号	学科	发表文献数量/篇	占全部样本/%
1	图书情报档案	29 976	86.08
2	教育	1978	5.68
3	工商管理	997	2.86
4	公共卫生与预防医学	579	1.66
5	工业经济	348	1.00
6	城市经济	301	0.86
7	公共管理	286	0.82
8	计算机	236	0.68
9	法学	155	0.45
10	农业经济	117	0.34
11	新闻传播	117	0.34
12	政治	64	0.18
13	城乡规划与市政	59	0.17
14	交通运输经济	48	0.14
15	国民经济	44	0.13
合计		35 305	101.38
总计		34 825	100.00
超出		480	1.38

需要说明的是,按15个学科统计的文献数为35 305篇,占实际样本数的101.38%;而实际样本数为34 825篇;15个学科统计数多于实际文献数480篇。再考虑到实际涉及的学科超过30个,全部学科文献的数量之和可能远超过实际样本。图书情报档案专业文献只有29 976篇,占全部样本的86.08%。可以推知,档案信息研究是一门具有明显学科交叉性的学科。除档案学本学科之外,与档案信息研究相关性最强的10个学科分别是:教育、工商管理、公共卫生与预防医学、工业经济、城市经济、公共管理、计算机、法学、农业经济、新闻传播。

可以说,档案信息研究在保持与档案学学科高相关性的同时,具有明显的跨学科特性。

11.3 文献计量分析

本部分采用计量分析的方法,从文献基金资助分布、文献作者分布、文献机构分布和文献来源分布4个方面对样本文献进行分析。

11.3.1 文献基金资助分布

从样本文献的基金分布情况看,34 825篇样本文献中有432篇得到39种基金项目的支持,占全部样本的1.24%。具体分布情况见表11.6。

表 11.6　1982—2018 年档案信息获得基金资助分布情况

序号	基金名称	发表文献数量/篇	占基金资助文献/%	占全部样本/%
1	国家社会科学基金	299	69.21	0.859
2	江苏省教育厅人文社会科学研究基金	20	4.63	0.057
3	国家自然科学基金	20	4.63	0.057
4	河南省软科学研究计划	11	2.55	0.032
5	湖南省社会科学基金	7	1.62	0.020
6	江苏省科委社会发展基金	6	1.39	0.017
7	安徽省教育厅科研基金	6	1.39	0.017
8	湖南省教委科研基金	5	1.16	0.014
9	黑龙江省自然科学基金	5	1.16	0.014
10	黑龙江省社会科学基金	5	1.16	0.014
11	重庆市教委科研基金	4	0.93	0.011
12	山东省软科学研究计划	3	0.69	0.009
13	四川省教委重点科研基金	3	0.69	0.009
14	福建省教委科研基金	3	0.69	0.009
15	黑龙江省科技攻关计划	2	0.46	0.006
16	航空科学基金	2	0.46	0.006
17	辽宁省教育厅高校科研基金	2	0.46	0.006
18	陕西省教委基金	2	0.46	0.006
19	浙江省教委科研基金	2	0.46	0.006
20	河北省科技攻关计划	2	0.46	0.006
21	吉林省科技发展计划基金	2	0.46	0.006
22	湖南省自然科学基金	2	0.46	0.006
23	宁夏高校科研基金	2	0.46	0.006
24	中国科学院知识创新工程基金	2	0.46	0.006
25	教育部基金	1	0.23	0.003
26	湖北省自然科学基金	1	0.23	0.003
27	湖北省教委科研基金	1	0.23	0.003
28	中国博士后科学基金	1	0.23	0.003
29	广西科学基金	1	0.23	0.003
30	广东省自然科学基金	1	0.23	0.003
31	跨世纪优秀人才培养计划	1	0.23	0.003
32	河南省科技攻关计划	1	0.23	0.003
33	广东省医学科研基金	1	0.23	0.003
34	甘肃省教委科研基金	1	0.23	0.003
35	吉林省软科学研究计划	1	0.23	0.003

续表 11.6

序号	基金名称	发表文献数量/篇	占基金资助文献/%	占全部样本/%
36	内蒙古教育厅基金	1	0.23	0.003
37	湖南省软科学研究计划	1	0.23	0.003
38	江西省自然科学基金	1	0.23	0.003
39	江苏省青蓝工程基金	1	0.23	0.003
合计		432	100.00	1.240
总计		34 825		100.000

从基金的层次分布情况看,国家级基金 3 种 320 篇,占全部样本的 0.92%,占基金资助文献的 74.07%;地方基金 32 种 106 篇,占全部样本的 0.30%,占基金资助文献的 24.54%;部门基金 4 种,共 6 篇,占全部样本的 0.02%,占基金资助文献的 1.39%。国家层面虽然种类少,但资助文献的数量远高于地方、部门基金的资助数量,是地方、部门基金资助数量之和的近 3 倍。

地方资助涉及安徽、福建、甘肃、广东、广西、河北、河南、黑龙江、湖北、湖南、吉林、江苏、江西、辽宁、内蒙古、宁夏、山东、陕西、四川、浙江、重庆 21 个省份。

总之,档案信息研究有 432 篇文献获 39 种基金资助,其中国家资助高于地方、部门资助之和约 2 倍。提供地方资助的有 21 个省份。

11.3.2 文献作者分布

从作者的分布情况看,34 825 篇文献中,前 40 位作者共发表文献 181 篇,占全部样本的 1.48%。发表文献最多的 40 位作者分布情况见表 11.7。

表 11.7 发表文献最多的 40 位作者分布情况

序号	作者	发表文献数量/篇	占全部样本/%
1	王巍	48	0.14
2	张锐	31	0.09
3	管先海	29	0.08
4	周林兴	26	0.07
5	马仁杰	22	0.06
6	赵屹	21	0.06
7	吴建华	21	0.06
8	倪丽娟	19	0.05
9	张照余	18	0.05
10	秦美峰	16	0.05
11	周耀林	16	0.05
12	张东华	14	0.04
13	谢海洋	14	0.04
14	陈永生	14	0.04

续表 11.7

序号	作者	发表文献数量/篇	占全部样本/%
15	程结晶	14	0.04
16	聂云霞	13	0.04
17	潘连根	13	0.04
18	向立文	12	0.03
19	王兰成	12	0.03
20	倪代川	12	0.03
21	裴友泉	12	0.03
22	屠跃明	12	0.03
23	周晓林	12	0.03
24	何振	11	0.03
25	彭小芹	10	0.03
26	周毅	10	0.03
27	陈智为	10	0.03
28	王灿荣	9	0.03
29	李扬新	9	0.03
30	孙艳丽	9	0.03
31	卞昭玲	9	0.03
32	李兆明	9	0.03
33	赵彦昌	9	0.03
34	苏建功	9	0.03
35	杨智勇	9	0.03
36	桑毓域	8	0.02
37	徐舒柯	8	0.02
38	张卫东	8	0.02
39	李正宁	8	0.02
40	谭必勇	8	0.02
合计		574	1.65
总计		34825	100.00

按照普赖斯提出的计算公式,核心作者候选人的最低发文数 $M=0.749\sqrt{N_{max}}$,其中 N_{max} 为最高产作者发文数量。有文献发表的36年间,档案信息研究文献作者中发表文献最多的为48篇,即 $N_{max}=48$,所以 $M=0.749\sqrt{48}\approx5.189$。因此,凡发表文献5篇及以上的作者均为1982—2018年档案信息研究的重要作者。故表11.7中发表文献5篇以上的前40位作者不仅是核心作者,而且是核心作者中的高产作者。

可见,档案信息研究已经形成了一批核心作者和以核心作者为基础的高产作者群。从整体上看,无论是作者数量,还是发表文献数量,高校作者都是档案信息研究的主力。

11.3.3　文献机构分布

从研究机构分布情况看,34 825 篇文献中,前 40 个机构发表文献 4693 篇,占全部样本的 16.48%。如果使用普赖斯公式计算,核心机构的最低发文数 $M=0.749\sqrt{N_{max}}$,其中 N_{max} 为最高产机构发文数量。这里 $N_{max}=350$,所以 $M=0.749\sqrt{350}\approx14.013$,即发表 14 篇文献及以上的为核心研究机构。据此,发表文献最多的 40 个机构全部是核心研究机构中的高产机构。发表文献最多的 40 个机构分布情况见表 11.8。

表 11.8　发表文献最多的 40 个机构分布情况

序号	机构	发表文献数量/篇	占全部样本/%
1	黑龙江大学	350	1.01
2	安徽大学	308	0.88
3	上海大学	284	0.82
4	中国人民大学	259	0.74
5	苏州大学	225	0.65
6	武汉大学	187	0.54
7	南京政治学院	184	0.53
8	中山大学	175	0.50
9	河北大学	162	0.47
10	山东大学	156	0.45
11	郑州大学	142	0.41
12	湘潭大学	142	0.41
13	南京大学	135	0.39
14	南昌大学	133	0.38
15	云南大学	131	0.38
16	四川大学	130	0.37
17	辽宁大学	123	0.35
18	广西民族大学	119	0.34
19	吉林大学	106	0.30
20	辽宁省档案局	94	0.27
21	浙江省档案局	87	0.25
22	福建师范大学	85	0.24
23	国家档案局	81	0.23
24	河南大学	75	0.22
25	郑州航空工业管理学院	72	0.21
26	湖北大学	68	0.20
27	浙江大学	64	0.18

续表 11.8

序号	机构	发表文献数量/篇	占全部样本/%
28	江苏省档案局	59	0.17
29	北京市档案局	56	0.16
30	盐城师范学院	55	0.16
31	上海市档案局	54	0.16
32	沈阳市档案局	53	0.15
33	国华徐州发电有限公司	50	0.14
34	天津师范大学	46	0.13
35	河南省濮阳市档案局	46	0.13
36	山西大学	45	0.13
37	云南省档案局	40	0.11
38	中原油田分公司	40	0.11
39	临沂师范学院	36	0.10
40	河南省黄河档案馆	36	0.10
合计		4693	13.48
总计		34825	100.00

前40个核心高产机构中有28个是高校(发表文献3997篇,占全部发表文献数的14.01%),充分表明高校是36年间档案信息研究极其重要的高产机构群的主体。

从前40个机构中各类机构发表文献的数量及占比情况看,28个高校,占70%;发表文献3997篇,占比达到了85.17%。其中前19位均为高校。9个档案局(馆),占22.5%;发表文献570篇,占比达到了12.15%。2个企业,占5%;发表文献90篇,占比达到了1.92%。1个档案馆,占2.5%;发表文献32篇,占比达到了0.68%。

可见,档案信息研究已经形成稳定的研究机构。其中高校在机构数量及发表文献数量上均为最高,档案行政管理机关次之,企业位列第三,档案馆位列第四。

11.3.4 文献来源分布

从文献来源分布情况看,34 825篇样本文献中,发表文献最多的12种期刊,发表文献12 894篇,占全部样本的37.03%。具体分布情况见表11.9。

表11.9 发表文献最多的12种期刊分布情况

序号	期刊	发表文献数量/篇	占全部样本/%
1	《兰台世界》	3734	10.72
2	《黑龙江档案》	2025	5.81
3	《办公室业务》	1566	4.50
4	《兰台内外》	838	2.41
5	《浙江档案》	667	1.92

续表 11.9

序号	期刊	发表文献数量/篇	占全部样本/%
6	《中国档案》	660	1.90
7	《档案与建设》	656	1.88
8	《黑龙江史志》	598	1.72
9	《城建档案》	570	1.64
10	《机电兵船档案》	544	1.56
11	《山东档案》	529	1.52
12	《档案管理》	507	1.46
合计		12894	37.03
总计		34825	100.00

按照布拉德福定律,34 825 篇文献可分为核心区、相关区和非相关区,各个区的论文数量相等(约 11 608 篇)。故发表论文数量居前 9 位的《兰台世界》《黑龙江档案》《办公室业务》《兰台内外》《浙江档案》《中国档案》《档案与建设》《黑龙江史志》《城建档案》(11 314 篇)处于核心区之中。其中 8 种为档案学期刊,包括档案学核心期刊 3 种,非核心期刊 5 种;其他相关专业期刊 1 种。

发表论文数量居第 10 ~12 位的《机电兵船档案》《山东档案》《档案管理》(1580 篇,均为档案学期刊,其中档案学核心期刊 1 种,非核心期刊 2 种)及其他发表论文数量 507 篇以下的期刊部分在相关区,部分在非相关区。

总体上讲,档案学期刊是档案信息研究成果发布与交流的主渠道、主阵地,承担着档案信息研究成果发布与交流的主体责任。

可见,档案信息研究总体上已经形成以档案学期刊为主的成果发布与交流体系。

11.4　文献关键词词频及共现分析

本部分采用词频分析的方法,从主题词、高频关键词、关键词共现矩阵、关键词共现网络 4 个方面对样本文献进行分析。

11.4.1　主题词

从主题词使用频率看,档案信息研究涉及内容广泛,集中在档案信息、档案事务、机构、人、档案、文件、硬件 7 个方面。使用频率最高的 34 个主题词分布情况见表 11.10。

表 11.10　使用频率最高的 34 个主题词分布情况

序号	主题词	使用频率/次	占全部样本/%
1	档案信息资源	8312	23.87
2	档案信息	5479	15.73
3	档案管理	3103	8.91

续表 11.10

序号	主题词	使用频率/次	占全部样本/%
4	档案工作	3019	8.67
5	档案信息化建设	2917	8.38
6	档案馆	2449	7.03
7	文化机构	2322	6.67
8	档案管理工作	2139	6.14
9	档案部门	1327	3.81
10	数字档案馆	1326	3.81
11	档案信息化	1307	3.75
12	电子文件	1296	3.72
13	档案工作者	1262	3.62
14	开发利用	1227	3.52
15	企业管理	1227	3.52
16	计算机	1202	3.45
17	利用者	1171	3.36
18	档案局	1112	3.19
19	电子档案	1089	3.13
20	档案事业	1029	2.95
21	档案信息化管理	898	2.58
22	档案室	897	2.58
23	档案资源	801	2.30
24	档案利用	762	2.19
25	编研工作	751	2.16
26	档案服务	708	2.03
27	档案编研	707	2.03
28	信息化建设	704	2.02
29	档案管理人员	648	1.86
30	档案提供利用	614	1.76
31	企业档案管理	607	1.74
32	城建档案	606	1.74
33	科技档案	575	1.65
34	高校档案	566	1.63
合计		54 159	155.52
总计		34 825(篇)	100.00
最高频率		8312	23.87
最低频率		566	1.65
平均频率		1593	4.66

从涉及的主题词看,使用频率最高的34个主题词共使用54 159频次,占全部样本的155.52%。也就是说,上述34个主题词涵盖了全部样本一遍以上。其中使用频率最高的是“档案信息资源”(8312频次),使用频率最低的是“高校档案”(566频次),平均使用频率为1593频次。

从主题词反映出的研究内容看,36年来,档案信息研究关注的36个主要问题又可归并为档案信息、档案事务、机构、人、档案、文件、硬件7个大类。

档案信息(档案信息资源、档案信息、档案信息化建设、档案信息化、档案信息化管理、信息化建设)使用19 617频次,占全部样本的56.33%。它涵盖了档案信息的多个层面,主要集中在信息与信息化两个层面,是档案学界档案信息研究与关注度最高的主题。

档案事务(档案管理、档案工作、档案管理工作、开发利用、企业管理、档案事业、档案利用、编研工作、档案服务、档案编研、档案提供利用、企业档案管理)使用15 893频次,占全部样本的45.61%。它涵盖了档案事务的多个层面,主要集中在管理与服务两个层面,也包括对专门档案的管理,是档案学界研究与关注度第二高的主题。与档案信息研究处在同一个数量级。

档案机构(档案馆、文化机构、档案部门、数字档案馆、档案局、档案室)使用9433频次,占全部样本的27.09%。它始终是改革开放以来与档案事业、档案人关系最为密切的问题,也是档案学界一直关注的重要问题之一。

档案人(档案工作者、利用者、档案管理人员)使用3081频次,占全部样本的8.85%。作为档案工作的主体与档案服务的对象,档案界研究的关注点从来没有离开过档案人自身和我们服务的对象。

档案(电子档案、档案资源、城建档案、科技档案、高校档案)使用3637频次,占全部样本的10.44%。档案是档案学研究的本体,理应是重点,但在档案信息研究中,从涉及的5个主题看,更注重对档案的新型载体、资源和专门档案的研究。

文件(电子文件)使用1296频次,占全部样本的3.72%。与“档案”相差2/3,显示出其虽然与档案相关,但仍然不是档案信息研究关注的重点。

计算机(计算机)使用1202频次,占全部样本的3.45%。虽然它是档案信息化的重要物质基础,但已经不再是档案信息研究关注的重点。

可以说,档案信息研究所涉及内容虽然十分广泛,但全部文献均包含在上述档案信息、档案事务、机构、人、档案、文件、硬件7类问题中。或者说,档案信息研究主要是围绕上述档案信息、档案事务、机构、人、档案、文件、硬件7个方面展开的。

11.4.2 高频关键词

表11.11是使用频率最高的15个高频关键词分布情况。15个使用频率最高的关键词共使用15 300频次,占全部样本的43.93%。也就是说,超过40%的文献所研究的内容与这15个关键词有关。其中使用频率最高的是“档案管理”(3220频次),使用频率最低的是“开发利用”(511频次),平均使用频率为1020频次。

表11.11 使用频率最高的15个高频关键词分布情况

序号	关键词	使用频率/次	占全部样本/%
1	档案管理	3220	9.25
2	档案	2228	6.40
3	信息化	1725	4.95
4	档案信息	1070	3.07

续表 11.11

序号	关键词	使用频率/次	占全部样本/%
5	管理	1055	3.03
6	信息化建设	708	2.03
7	对策	668	1.92
8	数字化	657	1.89
9	信息资源	618	1.77
10	档案信息化	608	1.75
11	档案信息资源	579	1.66
12	高校	577	1.66
13	建设	561	1.61
14	问题	515	1.48
15	开发利用	511	1.47
合计		15 300	43.93
总计		34 825(篇)	100.00
平均		1020	2.93

从关键词反映出的研究内容来看,档案信息研究关注度最高的 15 个问题可以归纳为档案信息、档案事务、档案、机构 4 个方面。它们占全部样本的 43.93%。

档案事务(档案管理、管理、对策、建设、问题、开发利用),使用 6530 频次,占全部样本文献的 18.75%。它是档案信息研究关注度最高的问题。简单地说,接近 20% 的档案信息研究是围绕“管理”与“问题对策”进行的。这反映出档案信息研究具有鲜明的管理性特征的同时,还具有突出的问题导向。

档案信息(信息化、档案信息、信息化建设、档案信息化、档案信息资源、信息资源、数字化),使用 5965 频次,占比 17.13%。它是档案信息研究关注度第二高的问题。简单地说,近 20% 的档案信息研究是围绕“信息化”与“信息资源”进行的。

档案(档案),使用 2288 频次,占比 6.04%。研究偏重专业专门档案。

机构(高校),使用 577 频次,占比 1.66%。研究集中在高校事业机构上。这表明高校等事业机构较之档案行政管理机关、企业,在档案信息研究上有更高的热情。

因此,档案信息研究内容广泛,40% 以上的研究集中在档案信息、档案事务、档案、机构 4 类 15 个热词所涉及的问题上。

11.4.3　关键词共现矩阵

本部分采用关键词共现分析的方法,对 1982—2018 年档案信息研究的 34 825 篇文献进行分析。

矩阵提取使用频率最高的 20 个关键词,将这 20 个关键词形成 20×20 的共词矩阵。如果某两个关键词同时出现在一篇文章中,就表明这两者之间存在相关关系,关键词右侧或下方对应位置的数值表示篇数。图 11.2 是 1982—2018 年档案信息研究文献使用频率最高的 20 个高频关键词共现矩阵。

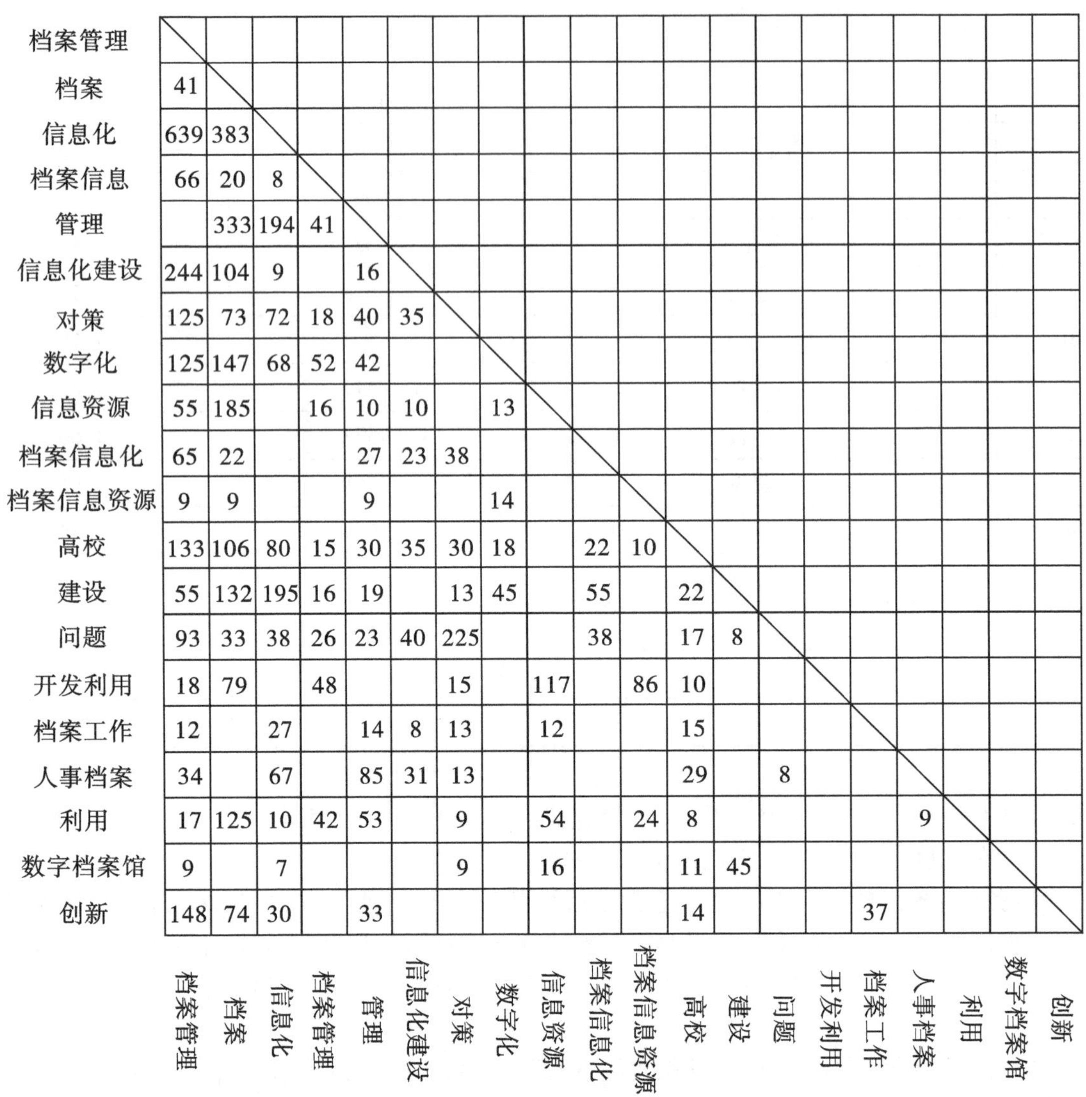

	档案管理	档案	信息化	档案管理	管理	信息化建设	对策	数字化	信息资源	档案信息化	档案信息资源	高校	建设	问题	开发利用	档案工作	人事档案	利用	数字档案馆	创新
档案管理																				
档案	41																			
信息化	639	383																		
档案信息	66	20	8																	
管理		333	194	41																
信息化建设	244	104	9		16															
对策	125	73	72	18	40	35														
数字化	125	147	68	52	42															
信息资源	55	185		16	10	10		13												
档案信息化	65	22			27	23	38													
档案信息资源	9	9			9			14												
高校	133	106	80	15	30	35	30	18		22	10									
建设	55	132	195	16	19		13	45		55		22								
问题	93	33	38	26	23	40	225			38		17	8							
开发利用	18	79		48			15		117		86	10								
档案工作	12		27		14	8	13		12			15								
人事档案	34		67		85	31	13					29		8						
利用	17	125	10	42	53		9		54		24	8					9			
数字档案馆	9		7				9		16			11	45							
创新	148	74	30		33							14				37				

图 11.2　1982—2018 年档案信息研究文献高频关键词共现矩阵

图 11.2 显示,2017 年档案信息研究文献关键词共现有 111 组,共现率为 55.5%。共现次数 500 次以上的关键词组合有 1 组,共现率为 0.5%。共现次数 300~499 次的关键词组合有 2 组,共现率为 1%。共现次数 100~299 次的关键词组合有 15 组,共现率为 7.5%。

以横轴为准计:

20 组共现关键词中有 18 组与档案管理直接相关,占共现关键词的 9.5%。

20 组共现关键词中有 15 组与档案直接相关,占共现关键词的 7.5%。

20 组共现关键词中各有 13 组与信息化、管理直接相关,分别占共现关键词的 6.5%。

20 组共现关键词中各有 9 组与档案信息、对策直接相关,分别占共现关键词的 4.5%。

20 组共现关键词中有 8 组与高校直接相关,占共现关键词的 4%。

20 组共现关键词中有 7 组与信息化建设直接相关,占共现关键词的 3.5%。

20 组共现关键词中各有 4 组与信息资源、数字化直接相关,分别占共现关键词的 2%。

20 组共现关键词中各有 3 组与档案信息化、档案信息资源直接相关,分别占共现关键词的 1.5%。

20 组共现关键词中有 2 组与建设直接相关,占共现关键词的 1%。

余下的3组分别与问题、档案工作、人事档案3个关键词有关,但共现次数均为1组,属于低相差度高频词。

另有开发利用、利用、数字化档案馆、创新4个无共现高频词。

共现次数在500次以上的特高共现高频关键词有1组,即:

档案管理与信息化:639次。

共现次数在300~499次的超高共现高频关键词有2组,分别是:

档案与信息化:383次。

档案与管理:333次。

共现次数在100~299次的高共现高频关键词有15组,分别是:

档案管理与信息化建设:244次。

档案管理与对策:125次。

档案管理与数字化:125次。

档案管理与高校:133次。

档案管理与创新:148次。

档案与信息化建设:104次。

档案与数字化:147次。

档案与信息资源:185次。

档案与高校:106次。

档案与建设:132次。

档案与利用:125次。

信息化与管理:194次。

信息化与建设:195次。

对策与问题:225次。

信息资源与开发利用:117次。

归纳起来,1982—2018年档案信息研究的重点方向集中在档案、档案管理、信息化3个方向上。或者说,1982—2018年档案信息研究主要是在档案、档案管理、信息化3个主要方向上展开的。

从共现组数看,由于高共现频率的20个高频关键词的共现组数达111组,特高、超高与高共现词有18组,占到了全部共现组的16.22%。1982—2018年档案信息研究形成了十分突出的高相关共现关键词群,研究的集中趋势明显。

总之,共现矩阵显示研究重点集中在档案、档案管理、信息化3个方向上,形成了十分突出的高相关共现关键词群,研究的集中趋势明显。

11.4.4 关键词共现网络

本部分采用关键词共现分析的方法,对1982—2018年档案信息研究的34 825篇文献进行分析。

在关键词共现网络中,关键词之间的关系可以用连线来表示,连线多少和粗细代表关键词间的亲疏程度,连线越多,代表该关键词与其他关键词共现次数越多,越是研究领域极其重要的和热点研究内容。使用知网提供的工具,可获得1982—2018年档案信息研究高频词共词网络图谱(扫描二维码)。

从高频词共词网络图谱中可以直观地看出:1982—2018年档案信息研究可分为6个聚类群组。它们分别以“档案”、“档案信息”、“数字档案馆”、“开发利用”、“人事档案”、“档案工作”与“创新”为核心关键词。“档案”“档案信息”“数字档案馆”“人事档案”“开发利用”为单核心群组,其中“档案信息”“数字档案馆”“人事档案”3个为单词群组。“档案工作”与“创新”为双核心群组。

在以“档案”为核心的主群组中一共有9个相关关键词,除了“档案”之外,还有“信息化”次核心关键词。两者相对,距离较远,共现率高。其他7个关键词位于主次核心关键词中间,其中有5个几乎成一线位于中心线上。与主关键词联系相对较为密切的是“管理”“问题”。距离较近的有“档案信息化”。群组内各关键词间关联性相对松散。

主群组与其他5个群组均有关联,多位于主群组外围。

“档案信息”“数字档案馆”之间没有关联。两者与“开发利用”群组有关联。

“人事档案”与“档案工作”与“创新”有关联。

“档案信息”、“数字档案馆”、“开发利用”和“人事档案”、“档案工作”与“创新”分别位于“档案”主群组中“档案”与“信息化”连线的两侧,相互间没有联系。

可见,“档案”与“信息化”是档案信息研究的高频高相关核心问题。“数字档案馆”“数字化”“档案信息资源”“创新”“策略”处在整个网络外围的位置,是日后潜在的热点问题。

11.5 结语

综上,通过对1982—2018年档案信息研究文献的数据分析,我们可以得出如下结论:

自1982年首篇相关成果文献发表到2018年,有文献发表的36年间,从规模与发展速度上看,档案信息研究文献总量翻了15番多,年均增速为55.32%,绝大多数年份(25年)是正向增速,超过1/3的年份(16年)增速在两位数以上,其中2年的增速达到了三位数。总体上呈现不断上升的趋势。

从文献研究层次上看,档案信息研究涉及社会科学、自然科学、教育文化、信息及其他5类21个不同层次,总体上属于社会科学范畴,同时略偏重应用性研究。

从文献类型分布情况看,在档案信息研究中,一般性论文占绝对优势,政策性、宏观性研究论文薄弱。

从文献资源类型分布情况看,档案信息研究在保持与档案学高相关性的同时,具备非常明显的跨学科特性。

从样本文献的学科分布情况看,档案信息研究有432篇文献获39种基金资助,其中国家资助高于地方、部门资助约2倍。提供地方资助的有21个省份。

从样本文献的基金分布情况看,档案信息研究已经形成以高校作者为主的一大批核心作者和以其为基础的高产作者群。

从研究机构分布情况看,档案信息研究已经形成稳定的研究机构。其中高校在机构数量及发表文献数量上均为最高,档案行政管理机关次之,企业位列第三,档案馆位列第四。

从文献来源分布情况看,档案信息研究总体上已经形成以档案学期刊为主的成果发布与交流体系。

从主题词使用频率看,研究主题集中在档案信息、档案事务、机构、人、档案、文件、硬件7个方面。

从高频率关键词分布情况看,研究关注的重点40%以上集中在档案信息、档案事务、档案、机构4类15个热词所涉及的问题上。

从高频词共现矩阵看,研究的重点集中在档案、档案管理、信息化3个方向上,形成了十分突出的高相关共现关键词群,研究的集中趋势明显。

共现网络表明,“档案”与“信息化”是档案信息研究的高频高相关核心问题。“数字档案馆”“数字化”“档案信息资源”“创新”“策略”处在整个网络外围的位置,是日后潜在的热点问题。

12 档案资源

“资源”是指一国或一定地区内拥有的物力、财力、人力等各种物质要素的总称。它分为自然资源和社会资源两大类。前者如阳光、空气、水、土地、森林、草原、动物、矿藏等;后者包括人力资源、信息资源以及经过劳动创造的各种物质财富等。

马克思在《资本论》中说:“劳动和土地,是财富两个原始的形成要素。”恩格斯说:“其实,劳动和自然界在一起才是一切财富的源泉,自然界为劳动提供材料,劳动把材料转变为财富。”(《马克思恩格斯选集》第四卷,第 373 页,1980 年版)马克思、恩格斯既指出了自然资源的客观存在,又把人(包括劳动力和技术)的因素视为财富的另一不可或缺的来源。可见,资源的来源及组成,不仅是自然资源,而且包括人类劳动的社会、经济、技术等因素,还包括人力、人才、智力(信息、知识)等资源。据此,所谓资源指的是一切可被人类开发和利用的物质、能量和信息的总称,它广泛地存在于自然界和人类社会中,是一种自然存在物或能够给人类带来财富的财富。或者说,资源就是指自然界和人类社会中一种可以用以创造物质财富和精神财富的具有一定量的积累的客观存在形态,如土地资源、矿产资源、森林资源、海洋资源、石油资源、人力资源、信息资源等。

资源一般可分为经济资源与非经济资源两大类。经济学研究的资源不同于地理资源(非经济资源)的经济资源,它具有使用价值,可以被人类开发和利用。

《经济学解说》将“资源”定义为“生产过程中所使用的投入”,这一定义很好地反映了“资源”一词的经济学内涵,资源从本质上讲就是生产要素的代名词。“按照常见的划分方法,资源被划分为自然资源、人力资源和加工资源。”(《经济学解说》,经济科学出版社 2000 年版)

对自然资源的看法,历来都是以对人与自然关系的认识为基础的。从技术进步和生产力发展的角度来看,经济发展可以分为三个阶段:劳力经济阶段、自然经济阶段和知识经济阶段。

劳力经济是指经济发展主要取决于劳力资源的占有和配置。由于科学技术不发达,人类开发自然资源的能力很低。对多数资源来说,短缺问题并不突出生产的分配,主要是按劳力资源的占有来进行,劳动生产率主要取决于劳动者的体力。

传统经济学往往把农业经济叫作自然经济。从资源学的角度,所谓自然经济就是指工业经济,即经济发展主要取决于自然资源的占有和配置。由于科学技术不断发展,人类开发自然资源的能力不断增强,大多数资源都成为短缺资源。尽管 19 世纪以来工业革命的完成使生产效率大大提高,但铁矿石和煤、石油等发展机器生产的主要资源很快成为短缺资源,开始制约经济发展,因此这一阶段的经济发展主要取决于自然资源的占有,生产的分配主要按自然资源的占有来进行。

知识经济是以知识产业为基础产业的经济,其经济发展主要取决于智力资源的占有和配置。随着科学技术的高速发展,科学成果转化为产品的速度大大加快,形成知识形态生产力的物化,人类认识资源的能力、开发富有资源替代短缺资源的能力大大增强。因此,自然资源的作用退居次要地位,科学技术成为经济发展的决定因素。

在经济社会发展的这三个阶段中,人与自然的关系经历了天命论、决定论、或然论、征服论等多种认识阶段与相应的处理方式,才进入协调论的现代,即人、自然和技术这个大系统应该处于动态平衡状态。在工业时代,人类对资源采取耗竭式的占有和使用方式,不断使人与自然这个大系统产生强大震动。人与自然不能协调发展,使得经济不能持续发展,不断出现能源危机,导致人类生活水平不能稳步提高,时常出现巨幅涨落。进入现代,人们逐渐悟出,人类只不过是人与自然这个大系统中的一个要素,必须和其他要素协调发展,力争在发展过程中始终处于动态平衡状态。实现可持续发展的关键在于协调人与自然的关系、自然与经济的关系。

在知识经济条件下对某种资源利用的时候,必须充分利用科学技术知识来考虑利用资源的层次问题,在对不同种类的资源进行不同层次的利用的时候,又必须考虑地区配置和综合利用问题。这就是"新资源观",是在知识经济条件下解决资源问题的认识基础。

资源系统观是资源观中最核心的观点。只有当人类充分认识到自己是人与自然这个大系统的一部分的时候,人类才可能真正与自然协调发展。而且,只有当人类把各种资源都看成人与自然这个大系统中的一个子系统,并正确处理这个资源子系统与其他子系统之间的关系时,人类才能高效利用这种资源。

资源是相对于人类认识和利用的水平来区分层次的,"材料—能源—信息"是现实世界三项可供利用的宝贵资源,而整个人类的文明又可根据人类对这三项资源的开发和利用划分层次。

人类社会的发展是由生产力和生产关系的矛盾运动决定的。起初,人类最先学会了利用材料来加工制作简单的生产工具,提高劳动生产力,但仅用材料来制作的工具是一种"死的工具",要靠人力来驱动和操作,这大体是农业—手工业时代生产力的情形;后来,人类进一步学会了利用能量资源,把材料和能量结合在一起制造新型生产工具,使原来"死的工具"变成了"活的工具",但这种工具还是要靠人来驾驭和操纵,劳动生产力的提高仍受到人的身体因素的限制,这大体是工业时代的社会生产力的情形。到了现代,人类逐渐学会开发和利用信息资源,并把材料和能量同信息有机地结合起来,创造了不仅可以利用动力驱逐而且可以智能控制的先进工具系统,为社会生产力的发展开辟了无限广阔的前景。在传统经济中,人们对资源的争夺主要表现为占有土地、矿藏和石油等。而今天,信息资源日益成为人们争夺的重点。这大体是信息时代生产力的情形。

总之,人类从学会利用材料资源到能量资源再到信息资源,推动了人类社会从农业时代向工业时代再向信息时代的不断迈进,材料到能源到信息"三位一体"成为现代社会不可或缺的宝贵资源。只有全面地开发和综合利用三大资源,才能不断地推动社会进步和发展。

知识经济是世界一体化的经济,资源的开放观是从地区到全球,从微观到宏观,从局部到整体,在不同层次上都要确立的一种基本观点。中国地区差别很大,资源组合错位,地区间的资源具有很强的互补性和动态交流的必然性。以资源的开放观为指导,就是要打破地区经济封锁,以实现产业结构动态优化,合理配置资源。

资源动态平衡观是可持续发展的理论基础。在人与自然这个大系统中,人的发展变化要依靠开发利用自然资源,而自然资源系统由于自身动因和人的作用也在发展变化,在发展过程中人与自然要达到动态平衡,同时也需要地区间的资源互补和动态交流,防止资源组合错位的差距。

今天人们对自然资源保证的估计,必须考虑高新技术因素的影响。以智力资源为主要依托的知识经济是世界经济发展的必然趋势,是不以人们的主观意识为转移的。以信息技术、生物技术、新能源技术及新材料技术为核心的高新技术将极大地改变世界面貌和人类生活。盲目的资源悲观论是没有根据的,但是如不下大力气实抓基础研究、可能有所突破的应用研究和高新技术产业化,将来就可能制约人的发展。因此,在知识经济发展的条件下,所谓资源保证,关键在于这些高新技术的科学应用,可以达到商用阶段,以便在经济生活中用富有资源替代短缺资源。目前的最新研究及实际发展成果表明,绝大多数高新技术的应用期的预测都是提前的,这也证实了科学技术的加速发展趋势。因此,人们对前景持谨慎的乐观态度是有道理的。

档案资源是档案界近年来使用率极高的一个专用词汇,但学界就此并没有形成共识。有的档案资源是指档案的实体资源,有的档案资源是指档案的信息资源,有的档案资源是指档案实体资源与信息资源的统称。

有人将档案资源分为广义档案资源与狭义档案资源。广义上的档案资源,包括档案形式资源、档案内容信息资源及再生信息资源,其中档案形式资源是指档案载体、外部形式和特征等;档案内容信息资源是指档案所记载的一切内容;档案再生信息资源是对档案形式、内容加工后产生的信息资源,包括目录、索引、指南、参考资料等。或者说,档案资源是指保障社会档案事业发展和档案工作开展的各种条件以及由档案事业和档案工作对社会产生的作用和影响因素的总和。也可以理解为:“档案资源是指一切公民、法人和其他组织形成的,对国家和社会有保存价值的档案的集成。”

狭义的档案资源仅指档案信息资源本身,即狭义的国家档案资源特指国家档案全宗。

档案资源是构成档案资源体系的细胞。近年来,围绕档案资源与档案资源体系建设,档案界开展了大规模的研究。

12.1 样本选择

档案资源研究是档案学研究的重要内容,属于档案学科重要的基础研究部分,同时也是信息社会下档案工作与档案事业的重要组成部分。档案资源研究数据是重要的档案与档案学术资源,对档案资源研究数据进行定量研究,是用好用活档案资源,充分展示我国改革开放的历史进程、伟大成就和宝贵经验的一种方式。近年来,档案资源研究得到了长足进步与发展。总结、回顾档案资源研究发展历程,不仅是档案学建设发展的需要,也是档案工作、档案事业发展的需要。

我们以中国知网为样本来源,检索范围:中国学术期刊网络出版总库,特色期刊,中国博士学位论文全文数据库,中国优秀硕士学位论文全文数据库,中国重要会议论文全文数据库,国际会议论文全文数据库,中国重要报纸全文数据库,中国学术辑刊全文数据库。检索年限:不限。检索时间:2018 年 10 月 23 日。发表时间 between(1979-01-01,2018-10-24)并且(主题=档案资源或者题名=档案资源)(模糊匹配)。样本文献总数:25 386 篇。

12.2 文献统计分析

本部分采用统计分析的方法,从文献总量、发展速度与年度分布,文献研究层次,文献类型,文献资源类型,文献学科分布 5 个方面入手,对样本文献进行分析。

12.2.1 文献总量、发展速度与年度分布

从总量上看,有文献发表的 39 年间,共发表文献 25 386 篇,以 1980 年 2 篇的基数计,39 年间翻了 13 番多。年均 651 篇,最少时(1980 年)2 篇,最多时(2016 年)2102 篇,39 年间增长了近 12 692 倍。中位数为 12 693 篇。总体趋势见图 12.1。

从年度分布情况看,1980—2018 年档案资源研究文献发表数量总体上呈现不断上升的趋势。绝大多数年份(25 年)为上升状态,下降年份(13 年)少。

大体上可分为四个阶段:

第一阶段(1980—1992 年),年平均增长率为 61.32%,属于低位高速发展期,总体体量较小(544

篇),整体增长了一个量级。

第二阶段(1993—2005 年),年平均增长率为 21.79%,为中位中速增长期,年发表文献数量维持在同一量级。

第三阶段(2006—2016 年),年平均增长率为 12.80%,为高位稳定增长期,年发表文献数量上了一个量级,达到峰值。

第四阶段(2017—2018 年),年增长率为-15.34%,研究进入回落期。

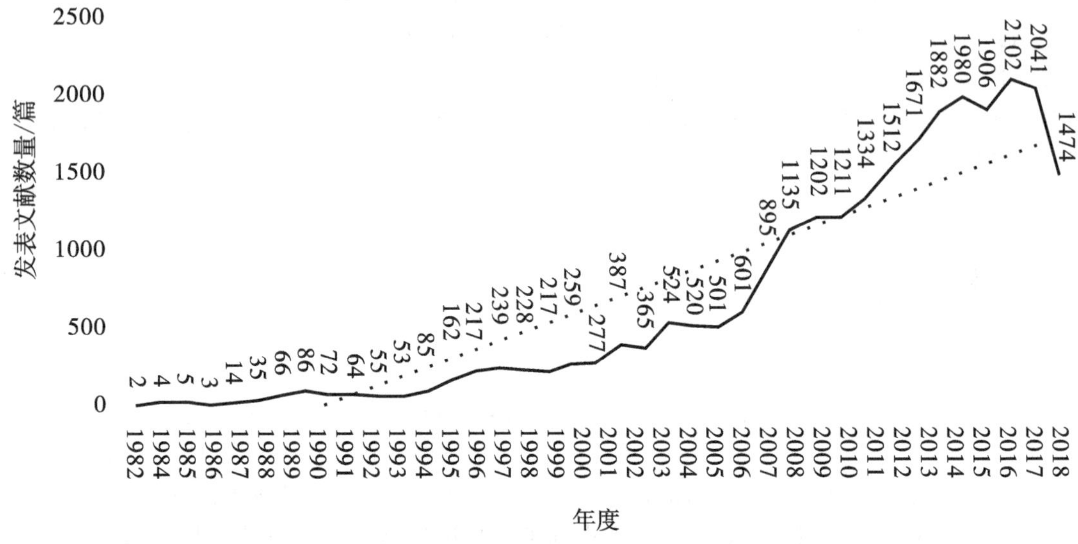

图 12.1　1980—2018 年档案资源研究文献发表数量及分布趋势

具体的年度分布情况见表 12.1。

表 12.1　1980—2018 年档案资源研究文献年度分布情况

序号	年度	发表文献数量/篇	占全部样本/%	发展速度	年增速/%
1	1980	2	0.01		
2	1981	4	0.02	2.00	100.00
3	1982	5	0.02	1.25	25.00
4	1983	3	0.01	0.60	-40.00
5	1984	14	0.06	4.67	366.67
6	1985	35	0.14	2.50	150.00
7	1986	66	0.26	1.89	88.57
8	1987	86	0.34	1.30	30.30
9	1988	72	0.28	0.84	-16.28
10	1989	64	0.25	0.89	-11.11
11	1990	55	0.22	0.86	-14.06
12	1991	53	0.21	0.96	-3.64
13	1992	85	0.33	1.60	60.38
14	1993	162	0.64	1.91	90.59

续表 12.1

序号	年度	发表文献数量/篇	占全部样本/%	发展速度	年增速/%
15	1994	217	0.85	1.34	33.95
16	1995	239	0.94	1.10	10.14
17	1996	228	0.90	0.95	-4.60
18	1997	217	0.85	0.95	-4.82
19	1998	259	1.02	1.19	19.35
20	1999	277	1.09	1.07	6.95
21	2000	387	1.52	1.40	39.71
22	2001	365	1.44	0.94	-5.68
23	2002	524	2.06	1.44	43.56
24	2003	520	2.05	0.99	-0.76
25	2004	501	1.97	0.96	-3.65
26	2005	601	2.37	1.20	19.96
27	2006	895	3.53	1.49	48.92
28	2007	1135	4.47	1.27	26.82
29	2008	1202	4.73	1.06	5.90
30	2009	1211	4.77	1.01	0.75
31	2010	1334	5.25	1.10	10.16
32	2011	1512	5.96	1.13	13.34
33	2012	1671	6.58	1.11	10.52
34	2013	1882	7.41	1.13	12.63
35	2014	1980	7.80	1.05	5.21
36	2015	1906	7.51	0.96	-3.74
37	2016	2102	8.28	1.10	10.28
38	2017	2041	8.04	0.97	-2.90
39	2018	1474	5.81	0.72	-27.78
合计		25 386	100.00	48.91	1090.61
最高值		2102	8.28	4.67	366.67
最低值		2	0.01	0.60	-40.00
平均值		651	2.56	1.29	28.70

自 1980 年首篇相关成果文献发表到 2018 年，档案资源研究文献总量翻了 13 番多，年均增速为 28.70%，约 2/3 的年份（25 年）是正向增速，半数年份（21 年）增速在两位数以上，其中 3 年的增速达到了三位数。

12.2.2 文献研究层次

从文献研究层次分布情况看,25 386 篇样本文献涉及多个学科的 19 个不同层次。具体分布情况见表 12.2。

表 12.2 1980—2018 年档案资源研究文献层次分布情况

序号	层次	发表文献数量/篇	占全部样本/%
1	基础研究(社科)	14 009	55.18
2	行业指导(社科)	6898	27.17
3	职业指导(社科)	2087	8.22
4	工程技术(自科)	641	2.53
5	政策研究(社科)	403	1.59
6	基础与应用基础研究(自科)	200	0.79
7	大众文化	141	0.56
8	大众科普	99	0.39
9	专业实用技术(自科)	72	0.28
10	基础教育与中等职业教育	66	0.26
11	高等教育	56	0.22
12	文艺作品	51	0.20
13	行业技术指导(自科)	48	0.19
14	经济信息	24	0.09
15	高级科普(社科)	21	0.08
16	政报、公报、公告、文告	7	0.03
17	政策研究(自科)	3	0.01
18	党的建设与党员教育	1	0.00
19	其他	559	2.20
合计		25 386	100.00

从研究的学科大类看,可分为社会科学、自然科学、教育文化、信息与其他 5 类。其中社会科学 23 418 篇,占 92.25%;自然科学 964 篇,占 3.80%;教育文化 414 篇,占 1.63%;信息 31 篇,占 0.12%;其他 559 篇,占 2.20%。研究明显属于社会科学的范畴,同时涉及自然科学、教育文化、信息及其他学科。

从基础理论研究与应用研究的角度看,属于基础理论研究的有 14 209 篇,占 55.97%;属于应用研究的有 11 177 篇,占 44.03%。研究略偏重基础理论研究。

总之,档案资源研究涉及社会科学、自然科学、教育文化、信息及其他 5 类 19 个不同层次,总体上属于社会科学范畴,同时略偏重基础理论研究。

12.2.3 文献类型

从文献类型分布情况看,25 386 篇样本文献中,涉及综述类、政策研究类和其他 3 个不同类型。具体分布情况见表 12.3。

表 12.3 1980—2018 年档案资源研究文献类型分布情况

序号	文献类型	发表文献数量/篇	占全部样本/%
1	综述类	209	0.82
2	政策研究类	406	1.60
3	其他	24 771	97.58
合计		25 386	100.00

从表 12.3 看,一般性论证(其他)文献占比超过 97%,是绝对主体;政策性(政策研究类)及宏观性(综述类)研究文献则显得十分单薄。

总之,在档案资源研究中,一般性论文占绝对优势,政策性、宏观性研究论文较为薄弱。

12.2.4 文献资源类型

从文献资源类型分布情况看,25 386 篇样本文献分布在期刊、国内会议、硕士、特色期刊、报纸、学术辑刊、博士、国际会议 8 种类型资源上。具体分布情况见表 12.4。

表 12.4 1980—2018 年档案资源研究文献资源类型分布情况

序号	资源类型	发表文献数量/篇	占全部样本/%
1	期刊	22 292	87.81
2	国内会议	1215	4.79
3	硕士	809	3.19
4	特色期刊	739	2.91
5	报纸	224	0.88
6	学术辑刊	74	0.29
7	博士	20	0.08
8	国际会议	13	0.05
合计		25 386	100.00

有文献发表的 39 年间,期刊成为档案资源学术研究最主要的文献来源,档案资源研究者超过 91% 的学术交流与沟通,有赖于这个平台。会议论文在总量上与期刊相差一个数量级,与期刊相比,只起着辅助作用。硕博论文在总量上与期刊相差两个数量级,与期刊相比,同样只起辅助作用。报纸在总量上与期刊相差三个数量级,与期刊相比,只起点缀作用。

总之,档案资源研究已经形成了以学术期刊为主,会议论文、硕博论文为辅,报纸为点缀的研究资源体系。

12.2.5　文献学科分布

从文献学科分布情况看,25 386 篇样本文献涉及学科超过 50 个。发表文献最多的 15 个学科分布情况见表 12.5。

表 12.5　1980—2018 年发表文献最多的 15 个学科分布情况

序号	学科	发表文献数量/篇	占全部样本/%
1	图书情报档案	22 159	87.29
2	教育	1308	5.15
3	工商管理	899	3.54
4	公共卫生与预防医学	393	1.55
5	农业经济	288	1.13
6	工业经济	239	0.94
7	公共管理	213	0.84
8	计算机	205	0.81
9	城市经济	141	0.56
10	新闻传播	101	0.40
11	国民经济	93	0.37
12	文化	88	0.35
13	法学	62	0.24
14	劳动经济	59	0.23
15	政治	49	0.19
合计		26 297	103.59
总计		25 386	100.00
超出		911	3.59

需要说明的是,按 15 个学科统计的文献数为 26 297 篇,占实际样本数的 103.59%;而实际样本数为 25 386 篇;15 个学科统计数多于实际文献数 911 篇。如果考虑实际涉及的学科超过 50 个,全部学科文献的数量之和将超过实际样本更多。表 12.5 中图书情报档案专业文献只有 22 159 篇,占全部样本的 87.29%。可以推知,档案资源研究是一门具有明显学科交叉性的研究。除档案学本学科之外,与档案资源研究相关性最强的 9 个学科分别是:教育、工商管理、公共卫生与预防医学、农业经济、工业经济、公共管理、计算机、城市经济、新闻传播。

可以说,档案资源研究在保持与档案学学科高相关性的同时,具有明显的跨学科特性。

12.3　文献计量分析

本部分采用计量分析的方法,从文献基金资助分布、文献作者分布、文献机构分布和文献来源分布 4 个方面对样本文献进行分析。

12.3.1 文献基金资助分布

从样本文献的基金分布情况看,25 386 篇样本文献中有 548 篇,得到 39 种基金项目的支持,占全部样本的 2.159%。具体分布情况见表 12.6。

表 12.6 1980—2018 年档案资源获得基金资助分布情况

序号	基金名称	发表文献数量/篇	占基金资助文献/%	占全部样本/%
1	国家社会科学基金	427	77.92	1.682
2	国家自然科学基金	16	2.92	0.063
3	江苏省教育厅人文社会科学研究基金	14	2.55	0.055
4	湖南省社会科学基金	9	1.64	0.035
5	河南省软科学研究计划	6	1.09	0.024
6	黑龙江省社会科学基金	6	1.09	0.024
7	湖南省教委科研基金	5	0.91	0.020
8	江苏省科委社会发展基金	5	0.91	0.020
9	中国地质调查局地质调查项目经费	5	0.91	0.020
10	重庆市教委科研基金	4	0.73	0.016
11	安徽省教育厅科研基金	4	0.73	0.016
12	上海市高等学校科学技术发展基金	4	0.73	0.016
13	跨世纪优秀人才培养计划	3	0.55	0.012
14	北京市科技计划项目	3	0.55	0.012
15	山东省软科学研究计划	3	0.55	0.012
16	江西省自然科学基金	3	0.55	0.012
17	四川省教委重点科研基金	3	0.55	0.012
18	福建省教委科研基金	3	0.55	0.012
19	中国博士后科学基金	2	0.36	0.008
20	国家留学基金	2	0.36	0.008
21	中国科学院知识创新工程基金	2	0.36	0.008
22	吉林省科技发展计划基金	2	0.36	0.008
23	湖南省自然科学基金	1	0.18	0.004
24	湖北省教委科研基金	1	0.18	0.004
25	教育部科学技术研究项目	1	0.18	0.004
26	黑龙江省科技攻关计划	1	0.18	0.004
27	黑龙江省自然科学基金	1	0.18	0.004
28	海南省教育厅科研基金	1	0.18	0.004
29	福建省科委基金	1	0.18	0.004

续表 12.6

序号	基金名称	发表文献数量/篇	占基金资助文献/%	占全部样本/%
30	河南省科技攻关计划	1	0.18	0.004
31	上海科技发展基金	1	0.18	0.004
32	北京市自然科学基金	1	0.18	0.004
33	宁夏高校科研基金	1	0.18	0.004
34	内蒙古自然科学基金	1	0.18	0.004
35	辽宁省教育厅高校科研基金	1	0.18	0.004
36	北京市教委科技发展基金	1	0.18	0.004
37	陕西省教委基金	1	0.18	0.004
38	全国教育科学规划	1	0.18	0.004
39	航空科学基金	1	0.18	0.004
合计		548	100.00	2.159
总计		25 386		100.000

从基金的层次分布情况看,国家级基金 4 种 447 篇,占全部样本的 1.761%,占基金资助文献的 81.59%;地方基金 29 种 88 篇,占全部文献的 0.347%,占基金资助文献的 16.06%;部门基金 6 种 13 篇,占全部文献的 0.051%,占基金资助文献的 2.37%。国家层面虽然种类少,但资助文献的数量远高于地方、部门基金的资助数量,是地方、部门基金资助数量之和的 4 倍多。

地方资助涉及安徽、北京、福建、海南、河南、黑龙江、湖北、湖南、吉林、江苏、江西、辽宁、内蒙古、宁夏、山东、陕西、上海、四川、重庆 19 个省份。

总之,档案资源研究有 548 篇文献获 39 种基金资助,其中国家资助高于地方、部门资助 3 倍多。提供地方资助的有 19 个省份。

12.3.2　文献作者分布

从作者的分布情况看,25 386 篇文献中,前 40 位作者共发表文献 592 篇,占全部样本的 2.33%。发表文献最多的 40 位作者分布情况见表 12.7。

表 12.7　发表文献最多的 40 位作者分布情况

序号	作者	发表文献数量/篇	占全部样本/%
1	周林兴	26	0.10
2	王巍	26	0.10
3	吴建华	26	0.10
4	周耀林	25	0.10
5	张卫东	22	0.09
6	安小米	22	0.09
7	马仁杰	17	0.07
8	管先海	17	0.07

续表 12.7

序号	作者	发表文献数量/篇	占全部样本/%
9	张锐	17	0.07
10	丁华东	16	0.06
11	康蠡	16	0.06
12	杨智勇	16	0.06
13	曹航	16	0.06
14	裴友泉	15	0.06
15	倪丽娟	15	0.06
16	聂云霞	15	0.06
17	王萍	14	0.06
18	倪代川	14	0.06
19	傅荣校	13	0.05
20	秦美峰	13	0.05
21	徐拥军	13	0.05
22	周文泓	13	0.05
23	黄凤平	13	0.05
24	华林	13	0.05
25	赵跃	13	0.05
26	韩海涛	12	0.05
27	苏君华	12	0.05
28	王小云	12	0.05
29	程结晶	12	0.05
30	金波	12	0.05
31	赵彦昌	11	0.04
32	吴加琪	11	0.04
33	潘连根	11	0.04
34	陈忠海	11	0.04
35	张东华	11	0.04
36	许桂清	11	0.04
37	黄霄羽	10	0.04
38	王英玮	10	0.04
39	张斌	10	0.04
40	宗培岭	10	0.04
合计		592	2.33
总计		25 386	100.00

按照普赖斯提出的计算公式,核心作者候选人的最低发文数 $M=0.749\sqrt{N_{max}}$,其中 N_{max} 为最高产作者发文数量。有文献发表的39年间,档案资源研究文献作者中发表文献最多的为26篇,即 $N_{max}=26$,所以 $M=0.749\sqrt{26}\approx3.819$。因此,凡发表文献4篇及以上的作者均为1980—2018年档案资源研究的重要作者。故表12.7中发表文献10篇以上(含10篇)的前40位作者不仅是核心作者,而且是核心作者中的高产作者。

总之,档案资源研究已经形成了一大批核心作者和以核心作者为基础的高产作者群。从整体上看,无论是作者数量,还是发表文献数量,高校作者都是档案资源研究的主力。

12.3.3　文献机构分布

从研究机构分布情况看,25 386篇文献中,前40个机构发表文献4177篇,占全部样本的16.45%。如果使用普赖斯公式计算,核心机构的最低发文数 $M=0.749\sqrt{N_{max}}$,其中 N_{max} 为最高产机构发文数量。这里 $N_{max}=352$,所以 $M=0.749\sqrt{352}\approx14.05$,即发表文献14篇及以上的为核心研究机构。据此,表12.8中发表文献32篇以上(含32篇)的前40个机构全部是核心研究机构中的高产机构。发表文献最多的40个机构分布情况见表12.8。

表12.8　发表文献最多的40个机构分布情况

序号	机构	发表文献数量/篇	占全部样本/%
1	上海大学	352	1.39
2	中国人民大学	316	1.24
3	黑龙江大学	274	1.08
4	安徽大学	228	0.90
5	山东大学	179	0.71
6	武汉大学	171	0.67
7	云南大学	162	0.64
8	苏州大学	150	0.59
9	南昌大学	141	0.56
10	南京大学	133	0.52
11	湘潭大学	129	0.51
12	四川大学	120	0.47
13	南京政治学院	118	0.46
14	中山大学	115	0.45
15	郑州大学	114	0.45
16	辽宁大学	102	0.40
17	吉林大学	100	0.39
18	辽宁省档案局	93	0.37
19	河北大学	90	0.35
20	广西民族大学	87	0.34

续表 12.8

序号	机构	发表文献数量/篇	占全部样本/%
21	浙江省档案局	84	0.33
22	福建师范大学	70	0.28
23	北京市档案局	68	0.27
24	郑州航空工业管理学院	64	0.25
25	国家档案局	63	0.25
26	浙江大学	63	0.25
27	云南省档案局	58	0.23
28	江苏省档案局	53	0.21
29	湖北大学	51	0.20
30	天津师范大学	49	0.19
31	上海市档案局	46	0.18
32	河南大学	46	0.18
33	山西大学	43	0.17
34	四川省档案局	40	0.16
35	盐城师范学院	37	0.15
36	湖南省档案局	35	0.14
37	甘肃省档案局	35	0.14
38	华中师范大学	33	0.13
39	上海师范大学	33	0.13
40	沈阳市档案局	32	0.13
合计		4177	16.45
总计		25 386	100.00

前 40 个核心高产机构中有 29 个是高校(发表文献 3570 篇,占核心高产研究机构发表文献数的 85.47%),充分表明高校是 39 年间档案资源研究极其重要的高产机构群的主体。

从前 40 个机构中各类机构发表文献的数量及占比情况看,29 个高校,占 72.5%;发表文献 3570 篇,占比达到了 85.47%。其中前 17 位均为高校。11 个档案局(馆),占 27.5%;发表文献 607 篇,占比达到了 14.53%。

总之,档案资源研究已经形成了以高校为主,档案行政管理机关为辅的研究机构体系。其中高校在机构数量及发表文献的数量上占比均为最高,档案行政管理机关次之。

12.3.4 文献来源分布

从文献来源分布情况看,25 386 篇样本文献中,发表文献最多的 12 种期刊,发表文献 9330 篇,占全部样本的 36.75%。具体分布情况见表 12.9。

表12.9　发表文献最多的12种期刊分布情况

序号	期刊	发表文献数量/篇	占全部样本/%
1	《兰台世界》	2434	9.59
2	《黑龙江档案》	1385	5.46
3	《办公室业务》	1198	4.72
4	《档案与建设》	664	2.62
5	《中国档案》	613	2.41
6	《兰台内外》	605	2.38
7	《浙江档案》	543	2.14
8	《档案管理》	394	1.55
9	《城建档案》	388	1.53
10	《山东档案》	381	1.50
11	《北京档案》	369	1.45
12	《档案学通讯》	356	1.40
合计		9330	36.75
总计		25 386	100.00

按照布拉德福定律,25 386篇文献可分为核心区、相关区和非相关区,各个区的论文数量相等(约8462篇)。故发表论文数量居前9位的《兰台世界》《黑龙江档案》《办公室业务》《档案与建设》《中国档案》《兰台内外》《浙江档案》《档案管理》《城建档案》(8224篇)处于核心区之中。其中8种为档案学期刊,包括档案学核心期刊4种,非核心期刊4种;1种为其他相关专业期刊。

居第10~12位的《山东档案》《北京档案》《档案学通讯》及部分发表论文356篇以下的期刊在相关区,另一部分期刊处于非相关区。

总体上讲,档案学期刊,包括档案学核心期刊,是档案资源研究成果发布与交流的主渠道、主阵地,承担着档案资源研究成果发布与交流的主体责任。

总之,档案资源研究总体上已经形成以档案学期刊为主,相关期刊及其他期刊为辅的成果发布与交流体系。

12.4　文献关键词词频及共现分析

本部分采用词频分析的方法,从主题词、高频关键词、关键词共现矩阵、关键词共现网络4个方面对样本文献进行分析。

12.4.1　主题词

从主题词使用频率看,档案资源研究涉及内容广泛,集中在档案资源、档案事务、机构、档案信息化、档案、人、文件7个方面。使用频率最高的33个主题词分布情况见表12.10。

表 12.10 使用频率最高的 33 个主题词分布情况

序号	主题词	使用频率/次	占全部样本/%
1	档案信息资源	8887	35.01
2	档案资源	2831	11.15
3	档案馆	2128	8.38
4	文化机构	2013	7.93
5	档案工作	1851	7.29
6	档案管理	1741	6.86
7	档案信息化建设	1718	6.77
8	开发利用	1321	5.20
9	档案管理工作	1310	5.16
10	数字档案馆	1216	4.79
11	档案部门	1187	4.68
12	档案信息	1143	4.50
13	档案事业	1077	4.24
14	档案局	961	3.79
15	档案工作者	915	3.60
16	企业管理	877	3.45
17	利用者	763	3.01
18	档案室	748	2.95
19	信息资源	723	2.85
20	电子文件	711	2.80
21	档案信息化	684	2.69
22	档案服务	635	2.50
23	民生档案	601	2.37
24	馆藏档案	531	2.09
25	综合档案馆	464	1.83
26	档案利用	460	1.81
27	编研工作	447	1.76
28	档案网站	442	1.74
29	科技档案	422	1.66
30	电子档案	404	1.59
31	计算机	402	1.58
32	人事档案管理	396	1.56
33	企业档案管理	392	1.54
合计		40 401	159.15
总计		25 386(篇)	100.00

续表 12.10

序号	主题词	使用频率/次	占全部样本/%
最高频率		8887	35.01
最低频率		392	1.54
平均频率		1224	4.82

从涉及的主题词看,使用频率最高的33个主题词共使用40 401频次,占全部样本的159.15%。也就是说,上述33个主题词涵盖了全部样本一遍以上。其中使用频率最高的是“档案信息资源”(8887频次),使用频率最低的是“企业档案管理”(392频次),平均使用频率为1224频次。

从主题词反映出的研究内容看,档案资源研究关注的33个主要问题又可归并为档案资源、档案事务、机构、档案信息化、档案、人、文件7个大类。

档案资源(档案信息资源、档案资源、信息资源)共使用12 441频次,占全部样本的49.01%。它涵盖了档案资源的3个主要内容,主要集中在档案与信息两个方面,是档案学界档案资源研究与关注度最高的主题。

档案事务(档案工作、档案管理、开发利用、档案管理工作、档案事业、企业管理、档案服务、档案利用、编研工作、人事档案管理、企业档案管理)共使用10 507频次,占全部样本的41.39%。它涵盖了档案事务的多个层面,主要集中在管理与服务利用上,也包括对专业专门档案的管理,是档案学界研究与关注度第二高的主题。与档案资源研究在同一个数量级。

机构(档案馆、文化机构、数字档案馆、档案部门、档案局、档案室、综合档案馆)共使用8717频次,占全部样本的34.34%。它是与档案事业、档案人关系最为密切的问题之一,也是档案学界一直关注的重要问题,是档案学界研究与关注度第三高的主题。

档案信息化(档案信息化建设、档案信息、档案信息化、档案网站、计算机)共使用4389频次,占全部样本的17.29%。它涵盖了档案信息化中信息、系统、硬件3个主要内容,是档案学界档案资源研究与关注度第四高的主题。但与前两个主题相关一个数量级。

档案(民生档案、馆藏档案、科技档案、电子档案)共使用1958频次,占全部样本的7.71%。档案是档案学研究的本体,但在档案资源研究中,从涉及的4个主题看,种类不多,但具有突出的代表性。

人(档案工作者、利用者)共使用1678频次,占全部样本的6.61%。作为档案工作的主体和档案服务的对象,从来没有离开过研究者的视线,档案资源研究也是同样如此。

文件(电子文件)共使用711频次,占全部样本的2.80%。

可以说,档案资源研究所涉及内容虽然十分广泛,但全部文献均包含在上述档案资源、档案事务、机构、档案信息化、档案、人、文件7类问题中。或者说,档案资源研究主要是围绕上述档案资源、档案事务、机构、档案信息化、档案、人、文件7个方面展开的。

12.4.2　高频关键词

表12.11是使用频率最高的15个高频关键词分布情况。15个使用频率最高的关键词共使用9983频次,占全部样本的39.32%。也就是说,近40%的文献所研究的内容与这15个关键词有关。其中使用频率最高的是“档案管理”(1815频次),使用频率最低的是“利用”(382频次),平均使用频率为666频次。

表 12.11 使用频率最高的 15 个高频关键词分布情况

序号	关键词	使用频率/次	占全部样本/%
1	档案管理	1815	7.15
2	档案	1487	5.86
3	信息化	839	3.30
4	信息资源	725	2.86
5	档案信息资源	619	2.44
6	管理	597	2.35
7	开发利用	569	2.24
8	档案信息	492	1.94
9	档案馆	450	1.77
10	数字档案馆	426	1.68
11	档案资源	410	1.62
12	人事档案	397	1.56
13	对策	391	1.54
14	开发	384	1.51
15	利用	382	1.50
合计		9983	39.32
总计		25 386(篇)	100.00
平均		666	2.62

从关键词反映出的研究内容来看,39 年来档案资源研究关注度最高的 15 个问题可以归纳为档案资源、档案事务、机构、档案、信息化 5 个方面。它们占全部样本的 39.32%,即接近全部研究文献的 40%。

档案事务(档案管理、管理、开发利用、对策、开发、利用),使用 4138 频次,占全部样本的 16.30%。它是档案资源研究关注度最高的问题。档案资源研究是围绕管理与开发利用进行的。这反映出档案资源研究不仅具有鲜明的管理性特征,还具有突出的服务导向性。

档案资源(信息资源、档案信息资源、档案信息、档案资源),使用 2246 频次,占比 8.87%。它是档案资源研究关注度第二高的问题。简单地说,近 10% 的档案资源研究是围绕上述 4 个方面内容进行的。

机构(档案馆、数字档案馆),使用 876 频次,占比 3.45%。它包括传统档案馆和虚拟档案馆。

档案(档案、人事档案),使用 1884 频次,占比 7.42%。

信息化(信息化),使用 839 频次,占比 3.30%。

因此,档案资源研究内容广泛,近 40% 的研究集中在档案资源、档案事务、机构、档案、信息化 5 类 15 个热词所涉及的问题上。

12.4.3 关键词共现矩阵

本部分采用关键词共现分析的方法,对 1980—2018 年档案资源研究的 25 386 篇文献进行分析。

矩阵提取使用频率最高的 20 个关键词,将这 20 个关键词形成 20×20 的共词矩阵。如果某两个关键词同时出现在一篇文章中,就表明这两者之间存在相关关系,关键词右侧或下方对应位置的数值表示篇数。图 12.2 是 1980—2018 年档案资源研究文献使用频率最高的 20 个高频关键词共现矩阵。

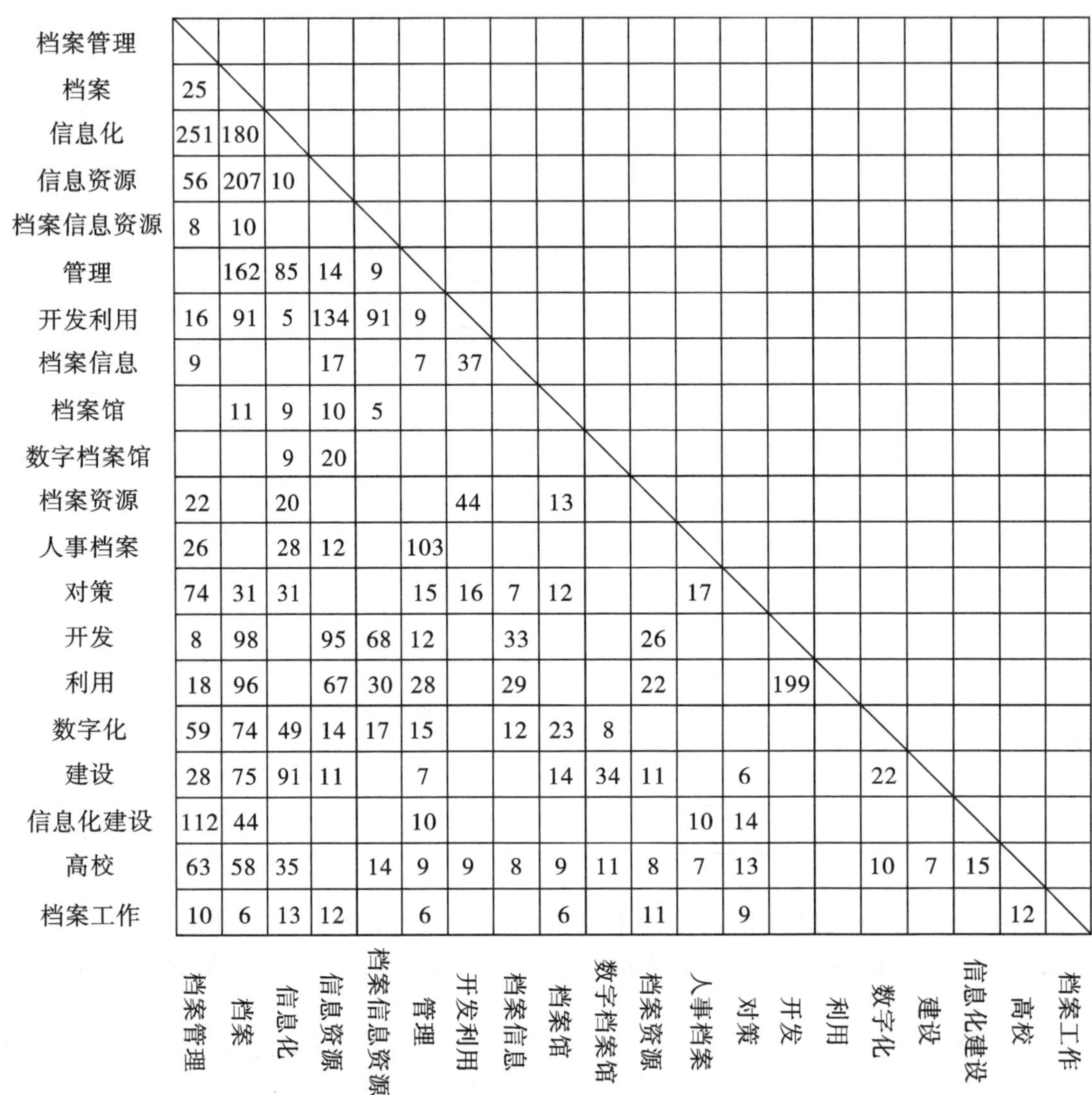

	档案管理	档案	信息化	信息资源	档案信息资源	管理	开发利用	档案信息	档案馆	数字档案馆	档案资源	人事档案	对策	开发	利用	数字化	建设	信息化建设	高校	档案工作
档案管理																				
档案	25																			
信息化	251	180																		
信息资源	56	207	10																	
档案信息资源	8	10																		
管理		162	85	14	9															
开发利用	16	91	5	134	91	9														
档案信息	9			17		7	37													
档案馆		11	9	10	5															
数字档案馆			9	20																
档案资源	22		20				44		13											
人事档案	26		28	12		103														
对策	74	31	31			15	16	7	12			17								
开发	8	98		95	68	12		33			26									
利用	18	96		67	30	28		29			22			199						
数字化	59	74	49	14	17	15		12	23	8										
建设	28	75	91	11		7			14	34	11		6			22				
信息化建设	112	44				10						10	14							
高校	63	58	35		14	9	9	8	9	11	8	7	13			10	7	15		
档案工作	10	6	13	12		6			6		11		9						12	

图 12.2　1980—2018 年档案资源研究文献高频关键词共现矩阵

图 12.2 显示,2017 年档案资源研究科文献关键词共现有 107 组,共现率为 53.5%。共现次数 200 次以上的关键词组合有 2 组,共现率为 1%。共现次数 100 ~ 199 次的关键词组合有 6 组,共现率为 3%。共现次数 80 ~ 99 次的关键词组合有 7 组,共现率为 3.5%。

以横轴为准计:

20 组共现关键词中有 16 组与档案管理直接相关,占共现关键词的 8.5%。

20 组共现关键词中有 14 组与档案直接相关,占共现关键词的 7%。

20 组共现关键词中有 12 组与信息化直接相关,占共现关键词的 6%。

20 组共现关键词中各有 11 组与信息资源、管理直接相关,分别占共现关键词的 5.5%。

20 组共现关键词中有 7 组与档案信息资源直接相关,占共现关键词的 3.5%。

20 组共现关键词中有 6 组与档案馆,占共现关键词的 4%。

20 组共现关键词中各有 5 组与档案信息、档案资源直接相关,分别占共现关键词的 2.5%。

20 组共现关键词中各有 4 组与开发利用、对策直接相关,分别占共现关键词的 2% 。

20 组共现关键词中各有 3 组与数字档案馆、人事档案直接相关,分别占共现关键词的 1.5% 。

20 组共现关键词中有 2 组与数字化直接相关,占共现关键词的 1% 。

余下的 4 组分别与开发、建设、信息化建设、高校 4 个关键词有关,但共现次数均为 1 组,属于低相差度高频词。

另有利用、档案工作 2 个无共现高频词。

共现次数 200 次以上的关键词组合有 2 组,分别是:

档案管理与信息化:251 次。

档案管理与信息资源:207 次。

共现次数 100 ~ 199 次的关键词组合有 6 组,分别是:

档案管理与信息化建设:112 次。

档案与信息化:180 次。

档案与管理:162 次。

信息资源与开发利用:134 次。

管理与人事档案:103 次。

开发与利用:199 次。

共现次数 80 ~ 99 次的关键词组合有 7 组,分别是:

档案与开发利用:91 次。

档案与开发:98 次。

档案与利用:96 次。

信息化与管理:85 次。

信息化与建设:91 次。

信息资源与开发:95 次。

档案信息资源与开发利用:91 次。

可见,研究的重点集中在信息开发利用与档案开发利用两个方向上。或者说,1980—2018 年档案资源研究主要是在信息开发利用与档案开发利用两个主要方向上展开的。

从共现组数看,由于高共现频率的 20 个高频关键词的共现组数达 107 组,特高、超高与高共现词有 15 组,占到了全部共现组的 14.02% 。1980—2018 年档案资源研究形成了突出的高相关共现关键词群,研究的集中趋势非常明显。

总之,共现矩阵显示研究主要是在信息开发利用与档案开发利用两个方向上,形成了突出的高相关共现关键词群,研究的集中趋势非常明显。

12.4.4 关键词共现网络

本部分采用关键词共现分析的方法,对 1980—2018 年档案资源研究的 25 386 篇文献进行分析。

在关键词共现网络中,关键词之间的关系可以用连线来表示,连线多少和粗细代表关键词间的亲疏程度,连线越多,代表该关键词与其他关键词共现次数越多,越是研究领域极其重要的和热点研究内容。使用知网提供的工具,可获得 1980—2018 年档案资源研究高频词共词网络图谱(扫描二维码)。

从高频词共词网络图谱中可以直观地看出:1980—2018 年档案资源研究可分为 6 个聚类群组。它们分别以“档案”“档案信息”“档案资源”“档案工作”“档案馆”“数字档案馆”为核心关键词,均为单核心群组,其中 5 个为单词群组。

在以“档案”为核心的群组中一共有15个相关关键词,除了“档案”之外,还有“档案管理”1个次核心关键词。两者间的距离较远,且没有直接联系。主核心关键词“档案”与“信息资源”近,共现率高;与“信息化”距离较远,共现率高;与“开放利用”近,共现率较高。

次核心关键词“档案管理”与“信息化”的距离与主核心关键词“档案”的距离大致相当,三者呈三角形,共现率高于与主核心关键词“档案”的共现率。

除“数字档案馆”之外,其他所有群组的关键词均处在“档案”“信息化”“档案管理”“档案信息资源”形成的菱形框内。所有群组呈内部交织状,关联性比较强。

可见,“档案”“信息化”“档案管理”“档案信息资源”是档案资源研究的高频高相关核心问题。虽然这些关键词处在整个网络的外围,但已经是并且仍然是今后的热点问题。

12.5 结语

综上,通过对1980—2018年档案资源研究文献的数据分析,我们可以得出如下结论:

自1980年首篇相关成果文献发表到2018年,从规模与发展速度上看,有文献发表的39年间,档案资源研究文献总量翻了13番多,年均增速为28.70%,约2/3的年份(25年)是正向增速,半数年份(21年)增速在两位数以上,其中3年的增速达到了三位数。总体上呈现不断上升的趋势。

从文献研究层次上看,档案资源研究涉及社会科学、自然科学、教育文化、信息及其他5类19个不同层次,总体上属于社会科学范畴,同时略偏重应用性研究。

从文献类型分布情况看,在档案资源研究中,一般性论文占绝对优势,政策性、宏观性研究论文比较薄弱。

从文献资源类型分布情况看,档案资源研究形成了以学术期刊为主,会议论文、硕博论文为辅,报纸为点缀的研究资源体系。

从样本文献的学科分布情况看,档案资源研究在保持与档案学高相关性的同时,具备非常明显的跨学科特性。

从样本文献的基金分布情况看,档案资源研究有548篇文献获39种基金资助,其中国家资助高于地方、部门资助3倍多。提供地方资助的有19个省份。

从研究人员分布情况看,档案资源研究已经形成以高校作者为主的一大批核心作者和以其为基础的高产作者群。

从研究机构分布情况看,档案资源研究已经形成了以高校为主,档案行政管理机关为辅的研究机构体系。

从文献来源分布情况看,档案资源研究总体上已经形成以档案学期刊为主,相关期刊及其他期刊为辅的成果发布与交流体系。

从主题词使用频率看,研究主题集中在档案资源、档案事务、机构、档案信息化、档案、人、文件7个方面。

从高频率关键词分布情况看,档案资源研究关注的重点近40%集中在档案资源、档案事务、机构、档案、信息化5类15个热词所涉及的问题上。

从高频词共现矩阵看,研究主要是在信息开发利用与档案开发利用两个方向上,形成了突出的高相关共现关键词群,研究的集中趋势非常明显。

共现网络表明,“档案”“信息化”“档案管理”“档案信息资源”是档案资源研究的高频高相关核心问题。虽然这些关键词处在整个网络的外围,但已经是并且仍然是今后的热点问题。

13 档案利用

利用，是一个汉语词汇，意思是利于发挥效用。“利用”一词最早出自《道德经》：“三十辐共一毂，当其无，有车之用。埏埴以为器，当其无，有器之用。凿户牖以为室，当其无，有室之用。故有之以为利，无之以为用。”

档案利用，是档案利用者通过档案利用工作系统查找、利用档案信息，满足其利用需求的行为过程，也是档案信息资源潜在的利用价值得以实现的过程。

档案利用是档案整个过程中的最终环节，国家、政府，以及档案馆工作人员，为档案所做的一切努力，包括档案安全保护最终目标就是能服务于现代化建设，服务于国家、服务于人民群众。

档案利用工作可区分为提供档案利用和利用档案。提供档案利用是档案管理部门及其人员直接提供档案，为了解查询问题的利用者提供服务；利用档案是利用者为了研究和解决问题，以阅览、复制、摘录等形式使用档案。

档案利用工作应当遵循以下要求：依法开展利用工作；主动、及时开展利用工作；不断完善档案服务方式和手段；掌握本单位近期的重点工作、重大活动，据此开展档案利用。

近几年来，档案利用为社会发展、国家建设、人民群众的根本利益做出了重要的贡献。档案利用从冷门行业逐渐发展成为现代化建设中不可或缺的力量。

档案利用，利用的是什么？即档案里包含的信息。那么，信息又是什么？360 百科解释说：信息，指音讯、消息、通信系统传输和处理的对象，泛指人类社会传播的一切内容。

信息有什么用？360 百科又解释说：人通过获得、识别自然界和社会的不同信息来区别不同事物，得以认识和改造世界。

正是信息具有这种帮助人们区别不同事物，认识和改造世界的作用，使得人们越来越需要信息，越来越依赖信息，越来越想获得更多的信息，越来越希望获得想要的信息。在这种需求之下，信息公开已经成为当今世界之大趋势。档案，作为信息的组成部分，在信息开放大势之下，自然成为人们期望开放的对象之一。如何开放，需要有一点档案视角。

信息对人类的有用性，从总体上讲是毋庸置疑的。但相对于某一个具体的社会成员，其有用性则是相对的，是由其个人的具体需求确定的。同一内容的信息，对于不同的社会成员有用性就不尽相同。因此，信息公开的形式也应当与信息需求的特点相匹配。对于总体需求不大，具体需求不确定的信息，开放就好，谁需要，谁去查就是了。对于总体需求大，需求确定的信息，公示为宜，人人可知，处处可见。

不同类型信息源的存在目的不同，其有用性亦不相同。比如：文件是为了办事，档案是为了记事，图书是为了传事，情报是为了探事。因此，文件、档案、图书、情报的开放方式与开放程度也自然不相同。这一点大家应该能够理解与认同。

面对信息开放大势下的各种不同需求，档案人需要全面审视档案信息的特性，不仅要从信息的共性方面来看待档案，顺应信息开放的大势，为社会提供便利的档案开放信息服务；也要从档案信息的个性方面来看待档案,尊重档案信息的特殊性,在必要的封闭期内为国家和社会保管好深层记忆。毕竟档案是要有一个封闭期的,否则档案就没有必要存在,档案管理人员这个职业同样没有必要存在了。

如何看待与对待档案开放,既不能简单的“一开尽开”,也不能永远“秘而不宣”。如何平衡,需要智慧,也需要耐心[①]。

13.1　样本选择

档案利用研究是档案学研究的重要内容,属于档案学科重要的基础性研究,同时也是档案工作与档案事业的重要组成部分。档案利用研究数据是重要的档案实践与档案学术资源,对档案利用研究数据进行定量研究,是用好用活档案资源,充分展示我国改革开放的历史进程、伟大成就和宝贵经验的一种方式。改革开放以来,档案利用研究得到了很大的进步与发展。总结、回顾档案利用研究发展历程,不仅是档案学建设发展的需要,也是档案工作、档案事业发展的需要。

我们以中国知网为样本来源,检索范围:中国学术期刊网络出版总库,特色期刊,中国博士学位论文全文数据库,中国优秀硕士学位论文全文数据库,中国重要会议论文全文数据库,国际会议论文全文数据库,中国重要报纸全文数据库,中国学术辑刊全文数据库。检索年限:不限。检索时间:2018 年 10 月 23 日。发表时间 between(1979-01-01,2018-10-24)并且(主题=利用或者题名=利用)(模糊匹配)。专辑导航:档案学、档案事业。数据库:文献跨库检索。样本文献总数:27 920 篇。

13.2　文献统计分析

本部分采用统计分析的方法,从文献总量、发展速度与年度分布,文献研究层次,文献类型,文献资源类型,文献学科分布 5 个方面入手,对样本文献进行分析。

13.2.1　文献总量、发展速度与年度分布

从总量上看,有文献发表的 40 年间,共发表文献 27 920 篇,以 1979 年 22 篇的基数计,40 年间翻了 10 番多。年均 698 篇,最少时(1979 年)22 篇,最多时(2013 年)1727 篇,40 年间增长了近 27 919 倍。中位数为 28 960 篇。总体趋势见图 13.1。

① 吴雁平. 信息开放大势下的档案信息开放研究文献汇编[EB/OL]. (2017-05-23)[2018-10-23]. http://bianke.cnki.net/home/corpus/12763.html.

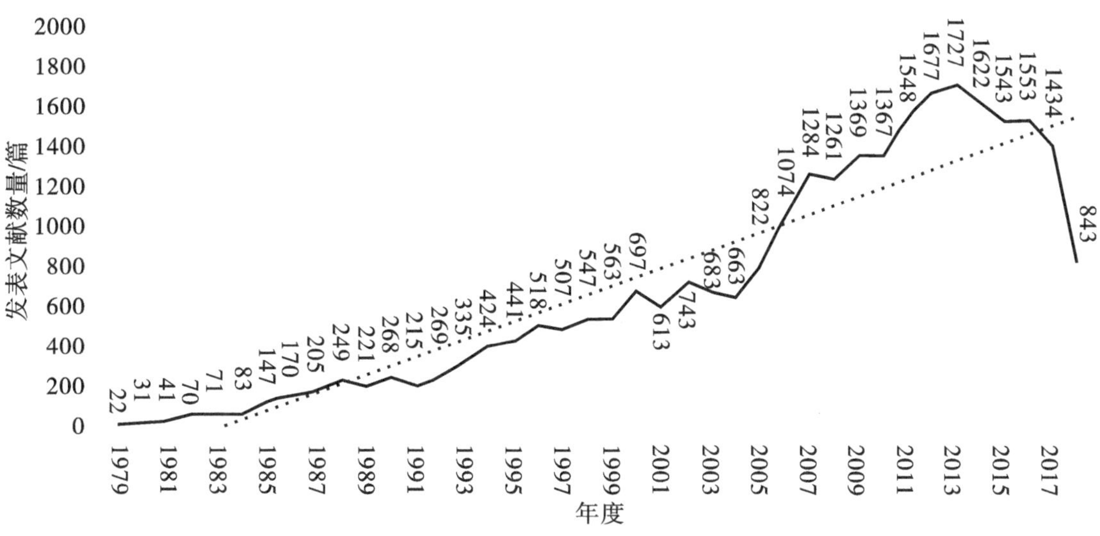

图 13.1　1979—2018 年档案利用研究文献发表数量及分布趋势

从年度分布情况看,1979—2018 年档案利用研究文献发表数量总体上呈现不断上升的趋势。绝大多数年份(27 年)为上升状态,下降年份(12 年)少。

大体上可分为三个阶段:

第一阶段(1979—2004 年),年平均增长率为 16.61%,为低位发展期,总体体量上了一个数量级。

第二阶段(2005—2013 年),年平均增长率为 11.71%,为低位超高速增长期,年发表文献数量又上一个台阶,并达到峰值。

第三阶段(2014—2018 年),年平均增长率为-11.84%,研究进入回落期。

具体的年度分布情况见表 13.1。

表 13.1　1979—2018 年档案利用研究文献年度分布情况

序号	年度	发表文献数量/篇	占全部样本/%	发展速度	年增速/%
1	1979	22	0.08		
2	1980	31	0.11	1.41	40.91
3	1981	41	0.15	1.32	32.26
4	1982	70	0.25	1.71	70.73
5	1983	71	0.25	1.01	1.43
6	1984	83	0.30	1.17	16.90
7	1985	147	0.53	1.77	77.11
8	1986	170	0.61	1.16	15.65
9	1987	205	0.73	1.21	20.59
10	1988	249	0.89	1.21	21.46
11	1989	221	0.79	0.89	-11.24
12	1990	268	0.96	1.21	21.27
13	1991	215	0.77	0.80	-19.78
14	1992	269	0.96	1.25	25.12

续表 13.1

序号	年度	发表文献数量/篇	占全部样本/%	发展速度	年增速/%
15	1993	335	1.20	1.25	24.54
16	1994	424	1.52	1.27	26.57
17	1995	441	1.58	1.04	4.01
18	1996	518	1.86	1.17	17.46
19	1997	507	1.82	0.98	-2.12
20	1998	547	1.96	1.08	7.89
21	1999	563	2.02	1.03	2.93
22	2000	697	2.50	1.24	23.80
23	2001	613	2.20	0.88	-12.05
24	2002	743	2.66	1.21	21.21
25	2003	683	2.45	0.92	-8.08
26	2004	663	2.37	0.97	-2.93
27	2005	822	2.94	1.24	23.98
28	2006	1074	3.85	1.31	30.66
29	2007	1284	4.60	1.20	19.55
30	2008	1261	4.52	0.98	-1.79
31	2009	1369	4.90	1.09	8.56
32	2010	1367	4.90	1.00	-0.15
33	2011	1548	5.54	1.13	13.24
34	2012	1677	6.01	1.08	8.33
35	2013	1727	6.19	1.03	2.98
36	2014	1622	5.81	0.94	-6.08
37	2015	1543	5.53	0.95	-4.87
38	2016	1553	5.56	1.01	0.65
39	2017	1434	5.14	0.92	-7.66
40	2018	843	3.02	0.59	-41.21
合计		27 920	100.00	43.62	461.81
最高值		1727	6.19	1.77	77.11
最低值		22	0.08	0.59	-41.21
平均值		698	2.50	1.12	11.84

自 1979 年首篇相关成果文献发表到 2018 年,档案利用研究文献总量翻了 10 番多,年均增速为 11.84%,大多数年份(27 年)为正向增速,近半数年份(19 年)增速在两位数以上,没有年份增速达到三位数,增速相对平稳。

13.2.2　文献研究层次

从文献研究层次分布情况看,27 920 篇样本文献涉及多个学科的 17 个不同层次。具体分布情况见表 13.2。

表 13.2　1979—2018 年档案利用研究文献层次分布情况

序号	层次	发表文献数量/篇	占全部样本/%
1	基础研究(社科)	15 951	57.13
2	行业指导(社科)	7894	28.27
3	职业指导(社科)	1697	6.08
4	工程技术(自科)	636	2.28
5	政策研究(社科)	377	1.35
6	基础与应用基础研究(自科)	219	0.78
7	大众文化	129	0.46
8	大众科普	111	0.40
9	基础教育与中等职业教育	75	0.27
10	专业实用技术(自科)	61	0.22
11	高等教育	57	0.20
12	文艺作品	55	0.20
13	行业技术指导(自科)	51	0.18
14	高级科普(社科)	24	0.09
15	经济信息	16	0.06
16	政报、公报、公告、文告	6	0.02
17	政策研究(自科)	2	0.01
18	其他	559	2.00
合计		27 920	100.00

从研究的学科大类看,可分为社会科学、自然科学、教育文化、信息与其他 5 类。其中社会科学 25 943篇,占 92.92%;自然科学 969 篇,占 3.47%;教育文化 427 篇,占 1.53%;信息 22 篇,占 0.08%;其他 559 篇,占 2.00%。研究明显属于社会科学的范畴,同时涉及自然科学、教育文化、信息及其他学科。

从基础理论研究与应用研究的角度看,属于基础理论研究的有 16 170 篇,占 57.92%;属于应用研究的有 11 750 篇,占 42.08%。研究略偏重理论性研究。

总之,档案利用研究涉及社会科学、自然科学、教育文化、信息及其他 5 类 17 个不同层次,总体上属于社会科学范畴,同时略偏重理论性研究。

13.2.3　文献类型

从文献类型分布情况看,27 920 篇样本文献中,涉及综述类、政策研究类和其他 3 个不同类型。

具体分布情况见表 13.3。

表 13.3　1979—2018 年档案利用研究文献类型分布情况

序号	文献类型	发表文献数量/篇	占全部样本/%
1	综述类	155	0.56
2	政策研究类	379	1.36
3	其他	27 386	98.09
合计		27 920	100.00

从表 13.3 看,一般性论证(其他)文献占比超过 98%,成为绝对主体;政策性(政策研究类)及宏观性(综述类文献)研究文献则显得十分单薄。

总之,在档案利用研究中,一般性论文占绝对优势,政策性、宏观性研究论文薄弱。

13.2.4　文献资源类型

从文献资源类型分布情况看,27 920 篇样本文献分布在期刊、硕士、国内会议、特色期刊、报纸、学术辑刊、博士、国际会议 8 种类型资源上。具体分布情况见表 13.4。

表 13.4　1979—2018 年档案利用研究文献资源类型分布

序号	资源类型	发表文献数量/篇	占全部样本/%
1	期刊	24 637	88.24
2	硕士	1083	3.88
3	国内会议	1014	3.63
4	特色期刊	886	3.17
5	报纸	180	0.64
6	学术辑刊	91	0.33
7	博士	21	0.08
8	国际会议	8	0.03
合计		27 920	100.00

有文献发表的 40 年间,期刊成为档案利用学术研究最主要的文献来源,档案利用研究者近 92% 的学术交流与沟通,有赖于这个平台。会议论文、硕博论文在总量上与期刊相差一个数量级,与期刊相比,只起着辅助作用。报纸在总量上与期刊相差两个数量级,与期刊相比,只起着点缀作用。

总之,档案利用研究已经形成了学术期刊为主,硕博论文、会议论文为辅,报纸为点缀的研究资源体系。

13.2.5　文献学科分布

从文献学科分布情况看,27 920 篇样本文献涉及学科超过 50 个。发表文献最多的 15 个学科分布情况见表 13.5。

表 13.5 1979—2018 年发表文献最多的 15 个学科分布情况

序号	学科	发表文献数量/篇	占全部样本/%
1	图书情报档案	23 489	84.13
2	教育	1167	4.18
3	工商管理	619	2.22
4	公共卫生与预防医学	314	1.12
5	法学	237	0.85
6	工业经济	224	0.80
7	城市经济	213	0.76
8	公共管理	162	0.58
9	农业经济	124	0.44
10	新闻传播	81	0.29
11	文化	64	0.23
12	计算机	60	0.21
13	历史	56	0.20
14	水利工程	51	0.18
15	政治	46	0.16
合计		26 907	96.37
总计		27 920	100.00
超出		1013	3.63

需要说明的是,15 个学科文献数少于实际文献数 1013 篇。再考虑到实际涉及的学科超过 50 个,全部学科文献的数量之和可能超过实际样本更多。图书情报档案专业文献只有 23 489 篇,占全部样本的 84.13%。可以推知,档案利用研究是一门具有明显学科交叉性的学科。除档案学本学科之外,与档案利用研究相关性最强的 8 个学科分别是:教育、工商管理、公共卫生与预防医学、法学、工业经济、城市经济、公共管理、农业经济。

可以说,档案利用研究在保持与档案学高相关性的同时,具有明显的跨学科特性。

13.3 文献计量分析

本部分采用计量分析的方法,从文献基金资助分布、文献作者分布、文献机构分布和文献来源分布 4 个方面对样本文献进行分析。

13.3.1 文献基金资助分布

从样本文献的基金分布情况看,27 920 篇样本文献中有 268 篇得到 37 种各类基金项目的支持,占全部样本的 0.96%。具体分布情况见表 13.6。

表13.6 1979—2018年档案利用获得基金资助分布情况

序号	基金名称	发表文献数量/篇	占基金资助文献/%	占全部样本/%
1	国家社会科学基金	201	75.00	0.720
2	国家自然科学基金	10	3.73	0.036
3	湖南省社会科学基金	7	2.61	0.025
4	江苏省教育厅人文社会科学研究基金	6	2.24	0.021
5	湖南省教委科研基金	4	1.49	0.014
6	航空科学基金	3	1.12	0.011
7	北京市教委科技发展基金	2	0.75	0.007
8	江苏省科委社会发展基金	2	0.75	0.007
9	四川省教委重点科研基金	2	0.75	0.007
10	湖南省软科学研究计划	2	0.75	0.007
11	安徽省教育厅科研基金	2	0.75	0.007
12	教育部科学技术研究项目	2	0.75	0.007
13	内蒙古自然科学基金	1	0.37	0.004
14	辽宁省教育厅高校科研基金	1	0.37	0.004
15	黑龙江省科技攻关计划	1	0.37	0.004
16	中国博士后科学基金	1	0.37	0.004
17	国家留学基金	1	0.37	0.004
18	河北省科技攻关计划	1	0.37	0.004
19	黑龙江省自然科学基金	1	0.37	0.004
20	黑龙江省社会科学基金	1	0.37	0.004
21	跨世纪优秀人才培养计划	1	0.37	0.004
22	广东省自然科学基金	1	0.37	0.004
23	甘肃省自然科学基金	1	0.37	0.004
24	吉林省科技发展计划基金	1	0.37	0.004
25	山西省软科学研究计划	1	0.37	0.004
26	宁夏大学科研基金	1	0.37	0.004
27	浙江省科技厅基金	1	0.37	0.004
28	福建省教委科研基金	1	0.37	0.004
29	陕西省自然科学基金	1	0.37	0.004
30	浙江省教委科研基金	1	0.37	0.004
31	四川省青年科技基金	1	0.37	0.004
32	四川省高等教育新世纪教育改革工程	1	0.37	0.004
33	全国教育科学规划	1	0.37	0.004
34	山东省软科学研究计划	1	0.37	0.004
35	山西农业大学科技创新基金	1	0.37	0.004

续表 13.6

序号	基金名称	发表文献数量/篇	占基金资助文献/%	占全部样本/%
36	美国中华医学基金	1	0.37	0.004
37	国家科技支撑计划	1	0.37	0.004
合计		268	100.00	0.960
总计		27 920		100.000

从基金的层次分布情况看,国家级基金 6 种 215 篇,占全部样本的 0.77%,占基金资助文献的 80.22%;地方基金 27 种 46 篇,占全部样本的 0.165%,占基金资助文献的 17.16%;部门基金 3 种 6 篇,占全部样本的 0.025%,占基金资助文献的 2.61%;其他资助 1 项,发表文献 1 篇,占全部样本的 0.004%,占基金资助文献的 0.37%。国家层面虽然种类少,但资助文献的数量远高于地方、部门基金的资助数量,是地方、部门基金资助数量之和的 4 倍多。

地方资助涉及安徽、北京、福建、甘肃、广东、河北、黑龙江、湖南、吉林、江苏、辽宁、内蒙古、宁夏、山东、山西、陕西、四川、浙江 18 个省份。

可见,档案利用研究有 268 篇文献获 37 种基金资助,其中国家资助高于地方、部门资助 3 倍有余。提供地方资助的有 18 个省份。

13.3.2 文献作者分布

从作者的分布情况看,27 920 篇文献中,前 40 位作者共发表文献 503 篇,占全部样本的 1.80%。发表文献最多的 40 位作者分布情况见表 13.7。

表 13.7 发表文献最多的 40 位作者分布情况

序号	作者	发表文献数量/篇	占全部样本/%
1	王巍	48	0.17
2	陈永生	31	0.11
3	马仁杰	28	0.10
4	赵屹	24	0.09
5	张锐	17	0.06
6	陈智为	17	0.06
7	刘东斌	16	0.06
8	黄霄羽	14	0.05
9	李财富	13	0.05
10	管先海	13	0.05
11	周晓林	13	0.05
12	周林兴	13	0.05
13	安小米	13	0.05
14	冯惠玲	12	0.04
15	向德才	12	0.04

续表 13.7

序号	作者	发表文献数量/篇	占全部样本/%
16	宗培岭	12	0.04
17	杨冬权	12	0.04
18	赵彦昌	11	0.04
19	裴友泉	11	0.04
20	张林华	10	0.04
21	魏玉玲	10	0.04
22	吴建华	9	0.03
23	李兴利	9	0.03
24	胡燕	9	0.03
25	李扬新	9	0.03
26	王文亮	9	0.03
27	李扬新	8	0.03
28	熊建文	8	0.03
29	杨飞	8	0.03
30	徐蔚	8	0.03
31	姜之茂	8	0.03
32	王宇晖	8	0.03
33	陈丽	8	0.03
34	吴振泉	8	0.03
35	陈晓晖	8	0.03
36	王协舟	8	0.03
37	李真	7	0.03
38	程淑云	7	0.03
39	严永官	7	0.03
40	吴瑞山	7	0.03
合计		503	1.80
总计		27 920	100.00

按照普赖斯提出的计算公式,核心作者候选人的最低发文数 $M=0.749\sqrt{N_{max}}$,其中 N_{max} 为最高产作者发文数量。有文献发表的40年间,档案利用研究文献作者中发表文献最多的为48篇,即 $N_{max}=48$,所以 $M=0.749\sqrt{48}\approx 5.189$。因此,凡发表文献5篇及以上的作者均为1979—2018年档案利用研究的重要作者。故表13.7中的前40位作者是档案利用研究的核心作者,而且是核心作者中的高产作者。

总之,档案利用研究已经形成了一大批核心作者和以核心作者为基础的高产作者群。从整体上看,无论是作者数量,还是发表文献数量,高校作者都是档案利用研究的主力。

13.3.3 文献机构分布

从研究机构分布情况看，27 920 篇文献中，前 40 个机构发表文献 4066 篇，占全部样本的14.56%。如果使用普赖斯公式计算，核心机构的最低发文数 $M=0.749\sqrt{N_{max}}$，其中 N_{max} 为最高产机构发文数量。这里 $N_{max}=324$，所以 $M=0.749\sqrt{324}\approx13.482$，即发表文献 14 篇及以上的为核心研究机构。据此，表 13.8 中 40 个机构全部是核心研究机构中的高产机构。发表文献最多的 40 个机构分布情况见表 13.8。

表 13.8 发表文献最多的 40 个机构分布情况

序号	机构	发表文献数量/篇	占全部样本/%
1	安徽大学	324	1.16
2	黑龙江大学	288	1.03
3	中国人民大学	279	1.00
4	上海大学	210	0.75
5	苏州大学	170	0.61
6	云南大学	161	0.58
7	山东大学	154	0.55
8	中山大学	147	0.53
9	四川大学	142	0.51
10	北京市档案局	137	0.49
11	广西民族大学	131	0.47
12	武汉大学	118	0.42
13	郑州大学	118	0.42
14	南京政治学院	106	0.38
15	辽宁大学	101	0.36
16	国家档案局	98	0.35
17	辽宁省档案局	88	0.32
18	河北大学	87	0.31
19	湘潭大学	85	0.30
20	吉林大学	85	0.30
21	南京大学	85	0.30
22	福建师范大学	72	0.26
23	浙江大学	70	0.25
24	南昌大学	69	0.25
25	四川省档案局	68	0.24
26	浙江省档案局	66	0.24
27	上海市档案局	62	0.22

续表 13.8

序号	机构	发表文献数量/篇	占全部样本/%
28	湖北大学	56	0.20
29	江苏省档案局	54	0.19
30	国华徐州发电有限公司	48	0.17
31	河南省濮阳市档案局	43	0.15
32	天津师范大学	42	0.15
33	中国第二历史档案馆	42	0.15
34	云南省档案局	41	0.15
35	黑龙江省档案局	39	0.14
36	湖南省档案局	38	0.14
37	中原油田分公司	37	0.13
38	中国矿业大学	36	0.13
39	山东省档案局	36	0.13
40	中国第一历史档案馆	33	0.12
合计		4066	14.56
总计		27 920	100.00

前40个核心高产机构中有24个是高校(发表文献3136篇,占核心高产研究机构发表文献数的77.13%),充分表明高校是档案利用研究极其重要的高产机构群的主体。

从前40个机构中各类机构发表文献的数量及占比情况看,24个高校,占60%;发表文献3136篇,占比达到了77.13%。其中前9位均为高校。12个档案局(馆),占30%;发表文献770篇,占比达到了18.94%。2个企业,占5%;发表文献85篇,占比达到了2.09%。2个档案馆,占5%;发表文献75篇,占比达到了1.85%。

总之,档案利用研究已经形成稳定的核心研究机构。其中高校在机构数量及发表文献数量上均为最高,档案行政管理机关次之,企业位列第三,档案馆位列第四。

13.3.4　文献来源分布

从文献来源分布情况看,27 920篇样本文献中,发表文献最多的14种期刊发表文献11 302篇,占全部样本的40.48%。具体分布情况见表13.9。

表13.9　发表文献最多的14种期刊分布情况

序号	期刊	发表文献数量/篇	占全部样本/%
1	《兰台世界》	2698	9.66
2	《黑龙江档案》	1080	3.87
3	《中国档案》	997	3.57
4	《档案与建设》	758	2.71
5	《浙江档案》	755	2.70

续表 13.9

序号	期刊	发表文献数量/篇	占全部样本/%
6	《兰台内外》	696	2.49
7	《北京档案》	686	2.46
8	《办公室业务》	637	2.28
9	《档案学通讯》	569	2.04
10	《档案管理》	515	1.84
11	《云南档案》	497	1.78
12	《机电兵船档案》	475	1.70
13	《山西档案》	471	1.69
14	《山东档案》	468	1.68
合计		11 302	40.48
总计		27 920	100.00

按照布拉德福定律,27 920 篇文献可分为核心区、相关区和非相关区,各个区的论文数量相等(约 9306 篇)。故发表论文数量居前 10 位的《兰台世界》《黑龙江档案》《中国档案》《档案与建设》《浙江档案》《兰台内外》《北京档案》《办公室业务》《档案学通讯》《档案管理》(9391 篇)处于核心区之中。其中 9 种为档案学期刊,档案学核心期刊 6 种,非核心期刊 3 种;其他相关专业期刊 1 种。

发表论文数量居第 11 ~ 14 位的《云南档案》《机电兵船档案》《山西档案》《山东档案》(1911 篇)处于核心区之中。4 种均为档案学普通期刊。

其他发表论文数量 468 篇以下的期刊部分在相关区,部分在非相关区。

总体上讲,档案学期刊,特别是档案学核心期刊,是档案利用研究成果发布与交流的主渠道、主阵地,承担着档案利用研究成果发布与交流的主体责任。

可见,档案利用研究总体上已经形成以档案学期刊,特别是档案学核心期刊为主体的研究成果发布与交流体系。

13.4 文献关键词词频及共现分析

本部分采用词频分析的方法,从主题词、高频关键词、关键词共现矩阵、关键词共现网络 4 个方面对样本文献进行分析。

13.4.1 主题词

从主题词使用频率看,档案利用研究涉及内容广泛,集中在档案利用、档案、档案事务、机构、档案人、文件、硬件 7 个方面。使用频率最高的 35 个主题词分布情况见表 13.10。

表13.10 使用频率最高的35个主题词分布情况

序号	主题词	使用频率/次	占全部样本/%
1	档案信息资源	4062	14.55
2	档案工作	3618	12.96
3	档案利用	3422	12.26
4	利用者	3288	11.78
5	档案馆	2913	10.43
6	文化机构	2816	10.09
7	开发利用	1983	7.10
8	档案提供利用	1965	7.04
9	档案管理	1735	6.21
10	档案信息	1659	5.94
11	利用档案	1616	5.79
12	档案室	1216	4.36
13	档案部门	1181	4.23
14	档案工作者	1133	4.06
15	档案管理工作	1094	3.92
16	档案局	1062	3.80
17	企业管理	893	3.20
18	电子文件	875	3.13
19	档案资源	828	2.97
20	档案展览	771	2.76
21	科技档案	764	2.74
22	档案事业	729	2.61
23	电子档案	723	2.59
24	档案信息化建设	703	2.52
25	档案宣传	683	2.45
26	馆藏档案	678	2.43
27	编研工作	653	2.34
28	文件材料	642	2.30
29	档案服务	615	2.20
30	《档案法》	612	2.19
31	档案管理人员	590	2.11
32	档案材料	548	1.96
33	档案资料	530	1.90
34	档案编研	509	1.82
35	计算机	504	1.81

续表 13.10

序号	主题词	使用频率/次	占全部样本/%
合计		47 613	170.53
总计		27 920(篇)	100.00
最高频率		4062	14.55
最低频率		504	1.81
平均频率		1360	4.87

从涉及的主题词看,使用频率最高的 35 个主题词共使用 47 613 频次,占全部样本的170.53%。也就是说,上述 35 个主题词涵盖了全部样本近两遍。其中使用频率最高的是“档案信息资源”(4062 频次),使用频率最低的是“计算机”(504 频次),平均使用频率为 1360 频次。

从主题词反映出的研究内容看,档案利用研究关注的 35 个主要问题又可归并为档案利用、档案、档案事务、机构、档案人、文件、硬件 7 个大类。

档案利用(档案利用、利用者、开发利用、档案提供利用、利用档案)共使用 12 274 频次,占全部样本的 43.96%。它涵盖了档案利用的主客体及利用提供与开发多个层面,是档案学界档案利用研究与关注的核心主题。

档案事务(档案工作、档案管理、档案管理工作、企业管理、档案展览、档案事业、编研工作、档案编研、档案宣传、档案服务)共使用 11 300 频次,占全部样本的 40.47%。它涵盖了档案事务的多个层面,主要集中在管理层面和部分具体档案业务层面,是档案学界研究与关注度第二高的主题。与档案利用研究在同一个数量级。

档案(档案信息资源、档案信息、档案资源、科技档案、电子档案、档案信息化建设、《档案法》、档案材料、档案资料、馆藏档案)共使用 11 107 频次,占全部样本的 39.48%。档案是档案学研究的本体,是档案学研究永恒的重点,在档案利用研究中,从涉及的 10 个主题看,更为注重对新型载体档案、各类档案所承载的信息的研究。它是 40 年来档案学界档案利用研究第三高的主题。

机构(档案馆、文化机构、档案室、档案部门、档案局)共使用 9188 频次,占全部样本的 32.91%。它是改革开放以来与档案事业、档案人关系最为密切的问题,也是档案学界一直关注的重要问题之一,研究对象聚集在档案馆、档案局、档案室三大主体。

档案人(档案工作者、档案管理人员)共使用 1723 频次,占全部样本的 6.17%。作为档案工作的主体,6.17% 的占比已经足以说明档案界研究的关注点从来没有离开过档案人自身。

文件(电子文件、文件材料)共使用 1517 频次,占全部样本的 5.43%。与“档案”相差一个数量级,大致只相当“档案”的 1/10,虽然与档案相关,但在档案利用研究中并非关注的重点。

硬件(计算机)共使用 504 频次,占全部样本的 1.81%。作为档案信息化的物质基础之一,不是档案利用研究关注的重点,但也不是完全无关。

可以说,档案利用研究所涉及的内容虽然十分广泛,但全部文献均包含在上述档案利用、档案、档案事务、机构、档案人、文件、硬件 7 类问题中。或者说,档案利用研究主要是围绕上述档案利用、档案、档案事务、机构、档案人、文件、硬件 7 个方面展开的。

13.4.2 高频关键词

表 13.11 是使用频率最高的 15 个高频关键词分布情况。15 个使用频率最高的关键词共使用 10 230频次,占全部样本文献的 36.67%。也就是说,近 2/5 的文献所研究的内容与这 15 个关键词有

关。其中使用频率最高的是“档案”（1655频次），使用频率最低的是“档案信息资源”（326频次），平均使用频率为682频次。

表13.11　使用频率最高的15个高频关键词分布情况

序号	关键词	使用频率/次	占全部样本/%
1	档案	1655	5.93
2	档案管理	1363	4.88
3	利用	1284	4.60
4	开发利用	911	3.26
5	档案利用	837	3.00
6	管理	791	2.83
7	信息资源	430	1.54
8	开发	414	1.48
9	信息化	414	1.48
10	档案信息	400	1.43
11	档案馆	363	1.30
12	对策	359	1.29
13	档案工作	342	1.22
14	科技档案	341	1.22
15	档案信息资源	326	1.17
合计		10 230	36.64
总计		27 920（篇）	100.00
平均		682	2.44

从关键词反映出的研究内容来看，档案利用研究关注度最高的15个问题可以归纳为档案利用、档案、档案事务、档案机构4个方面。它们占全部样本文献的36.64%，即接近全部研究文献的1/3。

档案利用（利用、开发利用、档案利用），使用3032频次，占比10.86%。它是档案利用研究关注的核心问题。简单地说，1/10以上的档案利用研究是围绕上述3个内容进行的。

档案（档案、档案信息、科技档案、档案信息资源、信息资源、信息化），使用3566频次，占比12.77%。它是档案利用研究关注度最高的问题。

档案事务（档案管理、管理、开发、对策、档案工作）使用频率为3269频次，占全部样本的11.71%。它是档案利用研究关注度第二高的问题。简单地说，超过1/10的档案利用研究是围绕“管理”与“开发对策”进行的。这反映出档案利用研究具有鲜明的管理性特征的同时，还具有明显的主动性。

档案机构（档案馆），使用频次363次，占比1.30%。研究集中在档案馆，表明档案馆较之档案行政管理机关、档案室在利用研究上更受关注。这也从另一个侧面反映出档案馆在档案利用上的主体地位。

因此，档案利用研究内容广泛，近40%的研究集中在档案利用、档案、档案事务、档案机构4类15个热词所涉及的问题上。

13.4.3 关键词共现矩阵

本部分采用关键词共现分析的方法,对1979—2018年档案利用研究的27 920篇文献进行分析。

矩阵提取使用频率最高的20个关键词,将这20个关键词形成20×20的共词矩阵。如果某两个关键词同时出现在一篇文章中,就表明这两者之间存在相关关系,关键词右侧或下方对应位置的数值表示篇数。图13.2是1979—2018年档案利用研究文献使用频率最高的20个高频关键词共现矩阵。

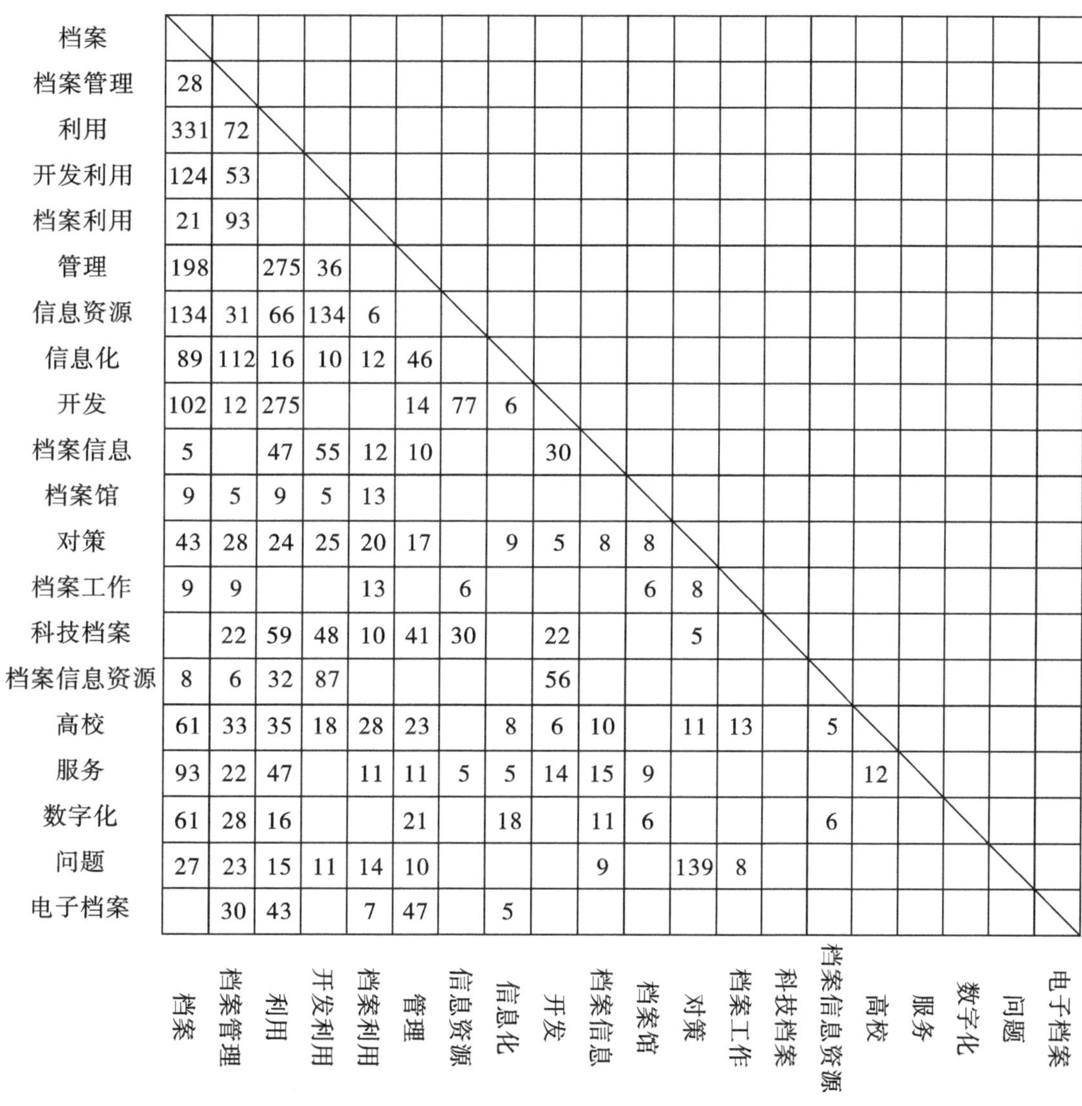

	档案	档案管理	利用	开发利用	档案利用	管理	信息资源	信息化	开发	档案信息	档案馆	对策	档案工作	科技档案	档案信息资源	高校	服务	数字化	问题	电子档案
档案																				
档案管理	28																			
利用	331	72																		
开发利用	124	53																		
档案利用	21	93																		
管理	198		275	36																
信息资源	134	31	66	134	6															
信息化	89	112	16	10	12	46														
开发	102	12	275			14	77	6												
档案信息	5		47	55	12	10			30											
档案馆	9	5	9	5	13															
对策	43	28	24	25	20	17		9	5	8	8									
档案工作	9	9			13		6				6	8								
科技档案		22	59	48	10	41	30		22			5								
档案信息资源	8	6	32	87					56											
高校	61	33	35	18	28	23		8	6	10		11	13		5					
服务	93	22	47		11	11	5	5	14	15	9					12				
数字化	61	28	16			21		18		11	6				6					
问题	27	23	15	11	14	10				9		139	8							
电子档案		30	43		7	47		5												

图13.2 1979—2018年档案利用研究文献高频关键词共现矩阵

图13.2显示,2017年档案利用研究文献关键词共现有112组,共现率为56%。共现次数300次以上的关键词组合有1组,共现率为0.5%。共现次数200~299次的关键词组合有2组,共现率为1%。共现次数100~199次的关键词组合有7组,共现率为3%。

以横轴为准计:

20组共现关键词中有17组与档案直接相关,占共现关键词的8.5%。

20组共现关键词中有16组与档案管理直接相关,占共现关键词的8%。

20组共现关键词中有14组与利用直接相关,占共现关键词的7%。

20组共现关键词中有11组与档案利用直接相关,占共现关键词的5.5%。

20组共现关键词中各有10组与管理、开发利用直接相关,分别占共现关键词的5%。

20组共现关键词中各有6组与信息化、开发直接相关,分别占共现关键词的3%。

20组共现关键词中有5组与档案信息直接相关,占共现关键词的2.5%。

20组共现关键词中各有4组与信息资源、对策、档案馆直接相关,分别占共现关键词的2%。

20组共现关键词中各有2组与档案工作、档案信息资源直接相关,分别占共现关键词的1%。

余下的1组与高校1个关键词有关,但共现次数为1组,属于低相差度高频词。

另外有科技档案、服务、数字化、问题、电子档案5个无共现高频词。

共现次数在300次以上的特高共现高频关键词有1组,即:

档案与利用:331次。

共现次数在200~299次的超高共现高频关键词有2组,分别是:

利用与管理:275次。

利用与开发:275次。

共现次数在100~199次的高共现高频关键词有7组,分别是:

档案与开发利用:124次。

档案与管理:198次。

档案与信息资源:134次。

档案与开发:102次。

档案管理与信息化:112次。

开发利用与信息资源:134次。

对策与问题:139次。

归纳起来,1979—2018年档案利用研究的重点集中在档案利用与信息开发两个方向上。或者说,1979—2018年档案利用研究主要是在档案利用与信息开发两个主要方向上展开的。

从共现组数看,由于高共现频率的20个高频关键词的共现组数达112组,特高、超高与高共现词有10组,占到了全部共现组的8.93%。1979—2018年档案利用研究形成了突出的高相关共现关键词群,研究的集中趋势明显。

共现矩阵显示,研究主要是在档案利用与信息开发两个方向上,形成了突出的高相关共现关键词群,研究的集中趋势明显。

13.4.4　关键词共现网络

本部分采用关键词共现分析的方法,对1979—2018年档案利用研究的27 920篇文献进行分析。

在关键词共现网络中,关键词之间的关系可以用连线来表示,连线多少和粗细代表关键词间的亲疏程度,连线越多,代表该关键词与其他关键词的共现次数越多,越是研究领域极其重要的和热点研究内容。使用知网提供的工具,可获得1979—2018年档案利用研究高频词共词网络图谱(扫描二维码)。

从高频词共词网络图谱中可以直观地看出:1979—2018年档案利用研究可分为6个聚类群组。它们分别以“利用”、“档案工作”、“档案馆”、“电子档案”、“数字化”与“信息化”、“问题”与“对策”为核心关键词。“利用”“档案工作”“档案馆”“电子档案”为单核心群组,其中“档案工作”“档案馆”“电子档案”3个为单词群组。“数字化”与“信息化”、“问题”与“对策”为双核心双词群组。

在以“利用”为核心的群组中一共有11个相关关键词,除了“利用”之外,还有“管理”“开发利用”

“档案利用”3 个次核心关键词。4 个主核心词与“信息资源”形成一个包围着除“档案工作”“档案馆”“电子档案”3 个单词群组之外的全部关键词,形成一个整体的关键词团。

在主群组中,核心关键词“利用”与“管理”“开发”“档案信息”的共现频率高,是研究的主要问题。其他关键词之间互有联系,或强或弱,错综交织。这表明档案利用涉及的问题多而杂。

“档案工作”“档案馆”“电子档案”3 个单核心单词群组中,“档案工作”“档案馆”之间存在联系,而与“电子档案”没有联系。

“数字化”与“信息化”、“问题”与“对策”和“档案工作”“档案馆”“电子档案”互有联系,但均没有与主群组中关键词的联系密切。

共现网络表现,“利用”“管理”“开发利用”“档案利用”是利用研究的高频高相关核心问题,并且日后仍然是热点问题。

13.5　结语

综上,通过对 1979—2018 年利用研究文献的数据分析,我们可以得出如下结论:

自 1979 年首篇相关成果文献发表到 2018 年,从规模与发展速度上看,40 年间,档案利用研究文献总量翻了 10 番多,年均增速 11.84%,大多数年份(27 年)为正向增速,近半数年份(19 年)增速在两位数以上,没有增速达到三位数,增速相对平稳。总体上呈现不断上升的趋势。

从文献研究层次上看,档案利用研究涉及社会科学、自然科学、教育文化、信息及其他 5 类 17 个不同层次,总体上属于社会科学范畴,同时略偏重应用性研究。

从文献类型分布情况看,在档案利用研究中,一般性论文占绝对优势,政策性、宏观性研究论文相对薄弱。

从文献资源类型分布情况看,档案利用研究形成了以学术期刊为主,会议论文、硕博论文为辅,报纸为点缀的研究资源体系。

从样本文献的学科分布情况看,档案利用研究在保持与档案学高相关性的同时,具备非常明显的跨学科特性。

从样本文献的基金分布情况看,档案利用研究有 268 篇文献获 37 种基金资助,其中国家资助高于地方、部门资助 3 倍有余。提供地方资助的有 18 个省份。

从研究作者分布情况看,档案利用研究已经形成一大批核心作者和以其为基础的高产作者群。

从研究机构分布情况看,档案利用研究已经形成稳定的核心研究机构。其中高校在机构数量及发表文献数量上均为最高,档案行政管理机关次之,企业位列第三,档案馆位列第四。

从文献来源分布情况看,档案利用研究总体上已经形成以档案学期刊,特别是档案学核心期刊为主体的成果发布与交流体系。

从主题词使用频率看,研究主题集中在档案利用、档案、档案事务、机构、档案人、文件、硬件 7 个方面。

从高频率关键词分布情况看,研究关注的重点近 40% 集中在档案利用、档案、档案事务、档案机构 4 类 15 个热词所涉及的问题上,档案馆在档案利用上的地位突出。

从高频词共现矩阵看,研究主要是在档案利用与信息开发两个方向上,形成了突出的高相关共现关键词群,研究的集中趋势明显。

共现网络表明,“利用”“管理”“开发利用”“档案利用”是档案利用研究的高频高相关核心问题,并且日后仍然是热点问题。

14　档案文化

言简意赅地说,“文化”是一种变成了习惯的生活方式和精神价值,最后的结果是形成了一群人的集体意识。

有人说,文化是相对于政治、经济而言的人类全部精神活动及其产品。有人说,文化是智慧族群的一切族群社会现象与族群内在精神的既有、传承、创造、发展的总和。也有人说,文化涵括智慧族群从过去到未来的历史,是族群基于自然的基础上所有活动内容,是族群所有物质表象与精神内在的整体。还有人说,具体的人类文化内容指族群的历史、地理、风土人情、传统习俗、工具、附属物、生活方式、宗教信仰、文学艺术、规范、律法、制度、思维方式、价值观念、审美情趣、精神图腾等。而具体的人类文化分为物质文化、哲学思想(制度文化和心理文化)。还有人认为,把非人类的智慧族群的文化称为亚文化比较恰当一些。虽然它们具有人类文化的共同点,但一个本质区别是人类的自主价值与自主意志是完全不同于其他智慧族群的。

就文化的概念而言,文就是“记录,表达和评述”,化就是“分析、理解和包容”。文化的特点是:有历史,有内容,有故事。不少哲学家、社会学家、人类学家、历史学家和语言学家一直努力,试图从各自学科的角度来界定文化的概念。

“文化”乃是“人文化成”一语的缩写。此语出自《易经・贲卦・彖辞》:“刚柔交错,天文也;文明以止,人文也。观乎天文,以察时变,观乎人文,以化成天下。”

所谓文,是指一切现象或形象。天文就是指自然现象,也就是由阴阳、刚柔、正负、雌雄等两端力量交互作用而形成的错综复杂、多姿多彩的自然世界。

所谓人文,是指自然现象经过人的认识、点化、改造、重组的活动。

人文活动可以分为两个层次:第一个是认识的层次,第二个是运用的层次。

对一切已存在的自然现象加以观察、认识、了解,使之成为确定的知识,便是初级的人文活动,也就是前引《易经》中的“文明以止”的意思。这一级的人文活动,其目的与意义是为进级的人文活动做基础、做准备。

进级的人文活动是运用由初级人文活动中所确定的种种知识来为人生服务的。这种服务也可以分为两层:一层是单纯为增加生活的方便而做的,如先民耕田以食、织布以衣、架木以居、斫轮以行,以至于当今所有的工业产品,都是人利用知识而将自然物的存在结构加以改造、重组而运用出来的。这可以说是一种以实用为重点的服务。至于在实用之上的另一层服务,我们可以称为以彰显意义为重的服务。那就是以利用这些自然物或人为加工物为代表与象征,以呈现出一套套人所独具的生活方式。这些独特的生活方式就是所谓礼仪,包括种种法规制度、风俗习惯。

文化大致可以表述为:①广泛的知识并能将之活学活用;②内心的精神和修养。

广义的文化是人类在社会历史发展过程中所创造的物质财富和精神财富的总和。它包括物质文化、制度文化和心理文化三个方面。物质文化是指人类创造的物质文明,包括交通工具、服饰、日常用品等。它是一种可见的显性文化。制度文化和心理文化分别指生活制度、家庭制度、社会制度以及思维方式、宗教信仰、审美情趣,包括文学、哲学、政治等方面的内容。它们属于不可见的隐性文化。

人类所创造的精神财富,包括宗教、信仰、风俗习惯、道德情操、学术思想、文学艺术、科学技术、各种制度等。李二和指出:“文化是一切生命文明行为的代称,大自然是人类文化的根本导师和启蒙者。我们几乎没有一样科学发明是凭空想来的,莫不受自然的启示。人类的文化是大自然的恩赐。”“文化本不属人类所独有,我们更应该以更开放和更宽容的态度解读文化。文化是生命衍生的所谓具有人文意味的现象,它是与生俱来的。许多生命的言语或行为都有着先天的文化属性,我们也许以示高贵而只愿意称它为本能。”

狭义的文化就是在历史上一定的物质生产方式的基础上发生和发展的社会精神生活形式的总和。1871 年,英国文化学家泰勒在《原始文化》一书中提出了狭义文化的早期经典学说,即文化是包括知识、信仰、艺术、道德、法律、习俗以及人作为社会成员而获得的任何其他的能力和习惯在内的复杂整体。

文化也可以称为社会团体共同的思维特征。“文化”虽有很多定义,但有一点还是很明确的,即文化的核心问题是人。有人才能创造文化。文化是人类智慧和创造力的体现。不同种族、不同民族的人创造不同的文化。人创造了文化,也享受文化,同时也被文化约束,最终又要不断地改造文化。我们都是文化的创造者,又是文化的享受者和改造者。人虽然要受文化的约束,但人在文化中永远是主动的。没有人的主动创造,文化便失去了光彩,失去了活力,甚至失去了生命。我们了解和研究文化,其实主要是观察和研究人的创造思想、创造行为、创造心理、创造手段及其最后成果。

人类传统的观念是,文化是一种社会现象。它是由人类长期创造形成的产物,同时又是一种历史现象,是人类社会与历史的积淀物。确切地说,文化是凝结在物质之中又游离于物质之外的,能够被传承的国家或民族的历史、地理、风土人情、传统习俗、生活方式、文学艺术、行为规范、思维方式、价值观念等,它是人类相互之间进行交流的并被普遍认可的一种能够传承的意识形态,是对客观世界感性上的知识与经验的升华。

不同的学科对文化有着不同的理解。

从哲学的角度看,文化从本质上讲是哲学思想的表现形式。由于哲学的时代和地域性从而决定了文化的不同风格。一般来说,哲学思想的变革引起社会制度的变化,与之伴随的是对旧文化的镇压和新文化的兴起。

从存在主义的角度看,文化是对一个人或一群人的存在方式的描述。人们存在于自然中,同时也存在于历史和时代中;时间是一个人或一群人存在于自然中的重要平台;社会、国家和民族(家族)是一个人或一群人存在于历史和时代中的另一个重要平台;文化是指人们在这种存在过程中的言说或表述方式、交往或行为方式、意识或认知方式。文化不仅用于描述一群人的外在行为,还包括作为个体的人的自我的心灵意识和感知方式,即一个人在回到自己内心世界时的一种自我的对话、观察的方式。

从文化研究的角度看,文化,即使是意识形态,也不是绝对排他的。对葛兰西来说,文化霸权并不是一种简单的、赤裸裸的压迫和被压迫关系。“统治集团的支配权并不是通过操纵群众来取得的,……统治阶级必须与对立的社会集团、阶级以及他们的价值观进行谈判,这种谈判的结果是一种真正的调停。……这就使得意识形态中任何简单的对立,都被这一过程消解了。”它成为一种从不同阶级锚地取来的不同文化和意识形态的动态的联合。

文化是人类创新活动永恒拓展的载体、创新水平提升的工具、传播的手段。档案文化亦是文化的一种,或者说是其一部分。

档案文化是指个体或社会化组织在特定的、历史性的社会情境和语境下形成的一切与档案有关的实物、文本、方式、制度、理念等,以及在此基础上借助一定的技术或工具所进行的档案文化实践活动。

档案文化可以分为广义和狭义两种。广义的档案文化范围较广,除了档案实体文化外,还包括档案管理文化、档案产品文化、档案事业文化和档案学文化等;而狭义的档案文化,主要是指档案实体文化。

也有学者认为:广义的档案文化是指广义档案直接记录的人类、国家、民族乃至个人的文化历程中所蕴含着的文化信息;狭义的档案文化,则是指狭义档案自身所体现和蕴含的文化内涵。

档案文化研究是档案学研究的老问题,但一直不温不火,直到2010年后才开始加速升温。2017年国际档案日的主题"档案、公民权利、跨文化交流"又为这个话题加了把火。

档案是人类有意识、有目的保存的信息。随着社会经济技术水平的发展,承载这些信息的物质载体五花八门,多种多样。建立和保存档案的主体也已经多元化,包括国家、法人(社会组织、团体、机构)和公民个人。

公民权利,是为公民所拥有、为宪法和法律所保障的合法权利,是公民依法享有的人身、政治、经济、文化等方面的权利。建立、保管、利用档案,是公民权利的组成部分。这一权利是宪法和民法、档案法等相关法律所赋予的,受法律保护。这种保护主要体现在两个方面:一是公民个人档案,非经公民同意,他人不得擅自使用;二是公民有权使用政府、企业、社会组织等公共机构形成和保管的档案。在这方面,政府、企业、社会组织等公共机构承担着更多的责任。要保障公民档案权利,就少不了档案开放。因此,怎样依法做好馆藏档案的开放工作,就成为档案行政管理机构和档案馆的一道必答题。

跨文化交流,是指处于不同文化背景中的人们之间的交流活动。这种交流的方式是双向,而不是单向的;交流的目的是互鉴,不是输出;交流的结果是融合,不是替代。档案是跨文化交流的载体,也是内容。在这方面,档案行政管理机构和档案馆负有主体责任,每一位档案工作者亦有义务。要进行跨文化的档案交流,同样少不了档案开放,没有开放的档案,用什么进行跨文化档案交流?同时,还应当有属于我们民族自己的档案文化,否则,又何谈"跨文化交流"?多年来,我们从跨文化交流中得到了来源原则、文件生命周期理论、文件连续体理论、前端控制论、全程管理论、年龄鉴定论、行政官员决定论、文件双重价值论、利用决定论、职能鉴定论、宏观职能鉴定论。然而,我们又与世界同行交流了哪些属于我们民族的档案文化?如果"空口无凭,立字为据",恐怕也难算成是"档案文化"。

因此,档案行政管理机构与档案馆要多思考,并认真对待档案开放问题。而档案工作者和档案学者,则应多研究、总结、归纳我们民族的档案文化,主动参与到跨文化档案交流之中。

14.1 样本选择

档案文化研究是档案学研究近年来的重要内容,属于档案学科热点研究内容的组成部分,同时也是当下档案工作与档案事业的重要组成部分。档案文化研究数据是重要的档案与档案学术资源,对档案文化研究数据进行定量研究,是用好用活档案资源,充分展示我国改革开放的历史进程、伟大成就和宝贵经验的一种方式。改革开放以来,特别是近十年,档案文化研究得到了快速发展。总结、回顾档案文化研究发展历程,不仅是档案学科建设发展的需要,也是档案工作、档案事业发展的需要。

我们以中国知网为样本来源,检索范围:中国学术期刊网络出版总库,特色期刊,中国博士学位论文全文数据库,中国优秀硕士学位论文全文数据库,中国重要会议论文全文数据库,国际会议论文全文数据库,中国重要报纸全文数据库,中国学术辑刊全文数据库。检索年限:不限。检索时间:2018年10月23日。发表时间between(1979-01-01,2018-10-24)并且(主题=档案文化或者题名=档案文化)(模糊匹配)。样本文献总数:6493篇。

14.2 文献统计分析

本部分采用统计分析的方法,从文献总量、发展速度与年度分布,文献研究层次,文献类型,文献资源类型,文献学科分布 5 个方面入手,对样本文献进行分析。

14.2.1 文献总量、发展速度与年度分布

从总量上看,有文献发表的 40 年间,共发表文献 6493 篇,以 1979 年 1 篇的基数计,40 年间翻了 12 番多。年均 162 篇,最少时(1979 年、1980 年、1983 年、1984 年、1987 年、1988 年)1 篇,最多时(2012 年)954 篇,40 年间增长了近 6492 倍。中位数为 3246 篇。总体趋势见图 14.1。

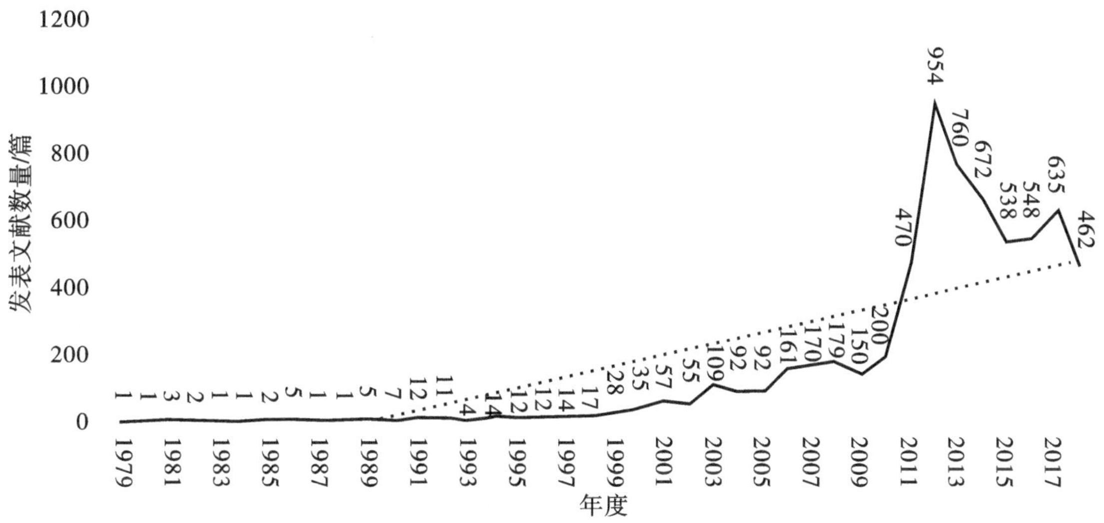

图 14.1 1979—2018 年档案文化研究文献发表数量及分布趋势

从年度分布情况看,1979—2018 年档案文化研究文献发表数量总体上呈现低速上升的趋势。绝大多数年份(20 年)为上升状态,下降年份(14 年)少,5 年持平。

大体上可分为四个阶段:

第一阶段(1979—2000 年),年平均增长率为 51.89%,为低位快速发展期,总体体量小(189 篇)。

第二阶段(2001—2010 年),年平均增长率为 24.50%,为中位快速增长期,年发表文献数量连上一个台阶。

第三阶段(2011—2012 年),年平均增长率为 118.99%,为高位快速上升期,到达峰值。

第四阶段(2013—2018 年),年平均增长率为-10.23%,研究进入回落期。

具体的年度分布情况见表 14.1。

表14.1　1979—2018年档案文化研究文献年度分布情况

序号	年度	发表文献数量/篇	占全部样本/%	发展速度	年增速/%
1	1979	1	0.02		
2	1980	1	0.02	1.00	0.00
3	1981	3	0.05	3.00	200.00
4	1982	2	0.03	0.67	-33.33
5	1983	1	0.02	0.50	-50.00
6	1984	1	0.02	1.00	0.00
7	1985	2	0.03	2.00	100.00
8	1986	5	0.08	2.50	150.00
9	1987	1	0.02	0.20	-80.00
10	1988	1	0.02	1.00	0.00
11	1989	5	0.08	5.00	400.00
12	1990	7	0.11	1.40	40.00
13	1991	12	0.18	1.71	71.43
14	1992	11	0.17	0.92	-8.33
15	1993	4	0.06	0.36	-63.64
16	1994	14	0.22	3.50	250.00
17	1995	12	0.18	0.86	-14.29
18	1996	12	0.18	1.00	0.00
19	1997	14	0.22	1.17	16.67
20	1998	17	0.26	1.21	21.43
21	1999	28	0.43	1.65	64.71
22	2000	35	0.54	1.25	25.00
23	2001	57	0.88	1.63	62.86
24	2002	55	0.85	0.96	-3.51
25	2003	109	1.68	1.98	98.18
26	2004	92	1.42	0.84	-15.60
27	2005	92	1.42	1.00	0.00
28	2006	161	2.48	1.75	75.00
29	2007	170	2.62	1.06	5.59
30	2008	179	2.76	1.05	5.29
31	2009	150	2.31	0.84	-16.20
32	2010	200	3.08	1.33	33.33
33	2011	470	7.24	2.35	135.00
34	2012	954	14.69	2.03	102.98
35	2013	760	11.70	0.80	-20.34

续表 14.1

序号	年度	发表文献数量/篇	占全部样本/%	发展速度	年增速/%
36	2014	672	10.35	0.88	-11.58
37	2015	538	8.29	0.80	-19.94
38	2016	548	8.44	1.02	1.86
39	2017	635	9.78	1.16	15.88
40	2018	462	7.12	0.73	-27.24
合计		6493	100.00	54.11	1511.21
最高值		954	14.69	5.00	400.00
最低值		1	0.02	0.20	-80.00
平均值		162	2.50	1.39	38.75

自 1979 年首篇相关文献发表到 2018 年,档案文化研究文献总量翻了 12 番多,年均增速为 38.75%,半数年份(20 年)是正向增速,近半数年份(17 年)增速在两位数以上,其中 7 年的增速达到了三位数。

14.2.2 文献研究层次

从文献研究层次分布情况看,6493 篇样本文献涉及多个学科的 17 个不同层次。具体分布情况见表 14.2。

表 14.2 1979—2018 年档案文化研究文献层次分布情况

序号	层次	发表文献数量/篇	占全部样本/%
1	基础研究(社科)	3671	56.54
2	行业指导(社科)	1726	26.58
3	职业指导(社科)	473	7.28
4	政策研究(社科)	96	1.48
5	文艺作品	37	0.57
6	大众文化	37	0.57
7	工程技术(自科)	33	0.51
8	基础教育与中等职业教育	26	0.40
9	基础与应用基础研究(自科)	25	0.39
10	大众科普	15	0.23
11	高等教育	13	0.20
12	专业实用技术(自科)	9	0.14
13	行业技术指导(自科)	5	0.08
14	政报、公报、公告、文告	2	0.03
15	高级科普(社科)	1	0.02

续表 14.2

序号	层次	发表文献数量/篇	占全部样本/%
16	党的建设与党员教育	1	0.02
17	其他	323	4.97
合计		6493	100.00

从研究的学科大类看,可分为社会科学、教育文化、自然科学与其他 4 类。其中社会科学 5967 篇,占 91.90%;教育文化 131 篇,占 2.02%;自然科学 72 篇,占 1.11%;其他 323 篇,占 4.97%。研究明显属于社会科学的范畴,同时涉及教育文化、自然科学及其他学科。

从基础理论研究与应用研究的角度看,属于基础理论研究的有 3696 篇,占 56.92%;属于应用研究的有 2797 篇,占 43.08%。研究略偏重理论性研究。

总之,档案文化研究涉及社会科学、教育文化、自然科学及其他 4 类 17 个不同层次,总体上属于社会科学范畴,同时略偏重理论性研究。

14.2.3 文献类型

从文献类型分布情况看,6493 篇样本文献中,涉及政策研究类、综述类和其他 3 个不同类型。具体分布情况见表 14.3。

表 14.3 1979—2018 年档案文化研究文献类型分布情况

序号	文献类型	发表文献数量/篇	占全部样本/%
1	综述类	88	1.36
2	政策研究类	96	1.48
3	其他	6309	97.17
合计		6493	100.00

从表 14.3 看,一般性论证(其他)文献占比超过 98%,成为绝对主体;政策性(政策研究类)及宏观性(综述类文献)研究文献则显得特别单薄。

总之,在档案文化研究中,一般性论文占绝对优势,政策性、宏观性研究论文薄弱。

14.2.4 文献资源类型

从文献资源类型分布情况看,6493 篇样本文献分布在期刊、特色期刊、国内会议、硕士、报纸、学术辑刊、博士、国际会议 8 种类型资源上。具体分布情况见表 14.4。

表 14.4 1979—2018 年档案文化研究文献资源类型分布情况

序号	资源类型	发表文献数量/篇	占全部样本/%
1	期刊	5138	79.13
2	特色期刊	441	6.79
3	国内会议	363	5.59

续表 14.4

序号	资源类型	发表文献数量/篇	占全部样本/%
4	硕士	289	4.45
5	报纸	188	2.90
6	学术辑刊	63	0.97
7	博士	10	0.15
8	国际会议	1	0.02
合计		6493	100.00

有文献发表的40年间，期刊成为档案文化学术研究最主要的文献来源，档案文化研究者超过86%的学术交流与沟通，有赖于这个平台。硕博论文、会议论文在总量上与期刊相差一个数量级，与期刊相比，只起着辅助作用。报纸在总量上与期刊相差两个数量级，与期刊相比，只起着点缀作用。

总之，档案文化研究已经形成了以学术期刊为主，硕博论文、会议论文为辅，报纸为点缀的研究资源体系。

14.2.5　文献学科分布

从文献学科分布情况看，6493篇样本文献涉及学科超过30个。发表文献最多的15个学科分布情况见表14.5。

表 14.5　1979—2018 年发表文献最多的 15 个学科分布情况

序号	学科	发表文献数量/篇	占全部样本/%
1	图书情报档案	5441	83.80
2	文化	262	4.04
3	工商管理	242	3.73
4	教育	158	2.43
5	公共卫生与预防医学	51	0.79
6	新闻传播	47	0.72
7	工业经济	35	0.54
8	旅游经济	24	0.37
9	城市经济	21	0.32
10	政治	19	0.29
11	民族	17	0.26
12	公共管理	14	0.22
13	历史	14	0.22
14	城乡规划与市政	12	0.18
15	法学	9	0.14
合计		6366	98.04

续表 14.5

序号	学科	发表文献数量/篇	占全部样本/%
总计		6493	100.00
		127	1.96

需要说明的是,按 15 个学科统计的文献数是 6366 篇,占实际样本数的 98.04%;而实际样本数为 6493 篇;15 个学科统计数少于实际文献数 127 篇。考虑到实际涉及的学科超过 30 个,全部学科文献的数量之和可能超过实际样本。由于图书情报档案专业文献只有 5441 篇,占全部样本的 83.80%。可以推知,档案文化研究是一门具有明显学科交叉属性的学科。除档案学本学科之外,与档案文化研究相关性最强的 3 个学科是:文化、工商管理、教育。

可以说,档案文化研究在保持与档案学学科高相关性的同时,具有明显的跨学科特性。

14.3　文献计量分析

本部分采用计量分析的方法,从文献基金资助分布、文献作者分布、文献机构分布和文献来源分布 4 个方面对样本文献进行分析。

14.3.1　文献基金资助分布

从样本文献的基金分布情况看,6493 篇样本文献中有 185 篇得到 14 种基金项目的支持,占全部样本的 2.849%。具体分布情况见表 14.6。

表 14.6　1979—2018 年档案文化获得基金资助分布情况

序号	基金名称	发表文献数量/篇	占基金资助文献/%	占全部样本/%
1	国家社会科学基金	155	83.78	2.387
2	江苏省教育厅人文社会科学研究基金	7	3.78	0.108
3	国家自然科学基金	6	3.24	0.092
4	黑龙江省社会科学基金	4	2.16	0.062
5	江苏省科委社会发展基金	4	2.16	0.062
6	安徽省高等学校青年教师科研资助项目	1	0.54	0.015
7	江苏省青蓝工程基金	1	0.54	0.015
8	中国博士后科学基金	1	0.54	0.015
9	湖南省社会科学基金	1	0.54	0.015
10	福建省教委科研基金	1	0.54	0.015
11	教育部留学回国人员科研启动基金	1	0.54	0.015
12	四川省教委重点科研基金	1	0.54	0.015

续表 14.6

序号	基金名称	发表文献数量/篇	占基金资助文献/%	占全部样本/%
13	天津市教委基金	1	0.54	0.015
14	河南省软科学研究计划	1	0.54	0.015
合计		185	100.00	2.849
总计		6493		100.000

从基金的层次分布情况看,国家级基金 3 种 162 篇,占全部样本的 2.495%,占基金资助文献的 87.57%;地方基金 10 种 22 篇,占全部样本的 0.339%,占基金资助文献的 11.89%;部门基金 1 种 1 篇,占全部样本的 0.015%,占基金资助文献的 0.54%。国家层面虽然种类少,但资助文献的数量远高于地方、部门基金的资助数量,是地方、部门基金资助数量之和的 7 倍多。

地方资助涉及安徽、福建、河南、黑龙江、湖南、江苏、四川、天津 8 个省份。

可见,档案文化研究有 185 篇文献获 14 种基金资助,其中国家资助高于地方、部门资助 6 倍有余。提供地方资助的有 8 个省份。

14.3.2　文献作者分布

从作者的分布情况看,6493 篇文献中,前 40 位作者共发表文献 329 篇,占全部样本的 5.07%。发表文献最多的 40 位作者分布情况见表 14.7。

表 14.7　发表文献最多的 40 位作者分布情况

序号	作者	发表文献数量/篇	占全部样本/%
1	倪丽娟	18	0.28
2	朱纪华	16	0.25
3	周林兴	15	0.23
4	赵焕林	14	0.22
5	周耀林	14	0.22
6	赵彦昌	12	0.18
7	黄凤平	10	0.15
8	任越	10	0.15
9	徐拥军	10	0.15
10	陈子丹	9	0.14
11	任汉中	9	0.14
12	王玉珏	9	0.14
13	冯子直	9	0.14
14	王云庆	9	0.14
15	朱兰兰	8	0.12
16	丁成明	8	0.12

续表 14.7

序号	作者	发表文献数量/篇	占全部样本/%
17	沈伟光	8	0.12
18	黄霄羽	8	0.12
19	朱天梅	7	0.11
20	高勇	7	0.11
21	戴旸	7	0.11
22	丁华东	7	0.11
23	宋夏南	7	0.11
24	邓达宏	7	0.11
25	赵局建	6	0.09
26	华林	6	0.09
27	孙成德	6	0.09
28	李萍	6	0.09
29	庞尊丽	6	0.09
30	王伟俊	6	0.09
31	席畅	6	0.09
32	刘芸	6	0.09
33	张卫东	6	0.09
34	赵跃	6	0.09
35	樊树娟	6	0.09
36	康蠡	5	0.08
37	张晓玲	5	0.08
38	丁海斌	5	0.08
39	马晨璠	5	0.08
40	谭必勇	5	0.08
合计		329	5.07
总计		6493	100.00

按照普赖斯提出的计算公式,核心作者候选人的最低发文数 $M=0.749\sqrt{N_{max}}$,其中 N_{max} 为最高产作者发文数量。有文献发表的40年间,档案文化研究文献作者中发表文献最多的为18篇,即 $N_{max}=18$,所以 $M=0.749\sqrt{18}\approx3.178$。因此,40年来凡发表文献3篇及以上的作者均为1979—2018年档案文化研究的重要作者。故表14.7中发表文献5篇以上(含5篇)的前40位作者不仅是核心作者,而且是核心作者中的高产作者。

总之,档案文化研究已经形成了一大批核心作者和以核心作者为基础的高产作者群。从整体上看,无论是作者数量,还是发表文献数量,高校作者都是档案文化研究的主力军。

14.3.3 文献机构分布

从研究机构分布情况看,6493 篇文献中,前 40 个机构发表文献 1527 篇,占全部样本的 25.07%。如果使用普赖斯公式计算,核心机构的最低发文数 $M=0.749\sqrt{N_{max}}$,其中 N_{max} 为最高产机构发文数量。这里 $N_{max}=126$,所以 $M=0.749\sqrt{126}=8.408$,即发表文献 8 篇及以上的为核心研究机构。据此,表 14.8 中的机构全部是核心研究机构中的高产机构。发表文献最多的 40 个机构分布情况见表 14.8。

表 14.8 发表文献最多的 40 个机构分布情况

序号	机构	发表文献数量/篇	占全部样本/%
1	黑龙江大学	126	1.94
2	云南大学	110	1.69
3	上海大学	104	1.60
4	浙江省档案局	95	1.46
5	中国人民大学	94	1.45
6	安徽大学	94	1.45
7	山东大学	83	1.28
8	南昌大学	68	1.05
9	辽宁大学	60	0.92
10	武汉大学	59	0.91
11	四川省档案局	51	0.79
12	辽宁省档案局	43	0.66
13	广西民族大学	41	0.63
14	上海市档案局	38	0.59
15	北京市档案局	38	0.59
16	江苏省档案局	34	0.52
17	湖北大学	34	0.52
18	云南省档案局	34	0.52
19	河北大学	30	0.46
20	福建师范大学	29	0.45
21	国家档案局	27	0.42
22	苏州大学	26	0.40
23	四川大学	26	0.40
24	沈阳市档案局	26	0.40
25	郑州大学	25	0.39
26	南京大学	20	0.31
27	陕西省档案局	18	0.28
28	浙江省嘉兴市档案局	18	0.28

续表 14.8

序号	机构	发表文献数量/篇	占全部样本/%
29	黑龙江省档案局	18	0.28
30	郑州航空工业管理学院	18	0.28
31	福建社会科学院	17	0.26
32	吉林大学	15	0.23
33	山东省档案局	15	0.23
34	湖北省档案局	15	0.23
35	湘潭大学	14	0.22
36	河南省档案局	13	0.20
37	福建省档案局	13	0.20
38	河北省档案局	13	0.20
39	南阳师范学院	13	0.20
40	南京市档案局	12	0.18
合计		1627	25.06
总计		6493	100.00

前40个核心高产机构中有22个是高校(发表文献1106篇,占核心高产研究机构发表文献数的67.98%),充分表明高校是40年间档案文化研究极其重要的高产机构群的主体。

从前40个机构中各类机构发表文献的数量及占比情况看,22个高校,占55%;发表文献1106篇,占比达到了67.98%。其中前3位均为高校。18个档案局(馆),占45%;发表文献521篇,占比达到了32.02%。

总之,档案文化研究已经形成稳定的研究机构。其中高校在机构数量及发表文献数量上均为最高,档案行政管理机关次之。

14.3.4　文献来源分布

从文献来源分布情况看,6493篇样本文献中,发表文献最多的15种期刊发表文献3545篇,占全部样本的54.60%。具体分布情况见表14.9。

表 14.9　发表文献最多的15种期刊分布情况

序号	期刊	发表文献数量/篇	占全部样本/%
1	《兰台世界》	599	9.23
2	《浙江档案》	457	7.04
3	《档案与建设》	326	5.02
4	《中国档案》	318	4.90
5	《黑龙江档案》	248	3.82
6	《北京档案》	204	3.14

续表 14.9

序号	期刊	发表文献数量/篇	占全部样本/%
7	《办公室业务》	184	2.83
8	《四川档案》	181	2.79
9	《上海档案》	158	2.43
10	《山东档案》	154	2.37
11	《云南档案》	148	2.28
12	《档案学通讯》	148	2.28
13	《档案管理》	144	2.22
14	《兰台内外》	142	2.19
15	《湖北档案》	134	2.06
合计		3545	54.60
总计		6493	100.00

按照布拉德福定律,6493 篇文献可分为核心区、相关区和非相关区,各个区的论文数量相等(约2164篇)。故发表论文数量居前 6 位的《兰台世界》《浙江档案》《档案与建设》《中国档案》《黑龙江档案》《北京档案》(2152 篇)处于核心区之中。它们均为档案学期刊,其中档案学核心期刊 4 种,非核心期刊 2 种。

发表论文数量居第 7 ~ 15 位的《办公室业务》《四川档案》《上海档案》《山东档案》《云南档案》《档案学通讯》《档案管理》《兰台内外》《湖北档案》(1393 篇)处于相关区中。其中 8 种为档案学期刊,包括档案学核心期刊 2 种,非核心期刊 6 种;1 种为相关学科期刊。

其他发表论文数量 134 篇以下的期刊部分在相关区,部分在非相关区。

总体上讲,档案学期刊,特别是档案学核心期刊,是档案文化研究成果发布与交流的主渠道、主阵地,承担着档案文化研究成果发布与交流的主体责任。

总之,档案文化研究总体上已经形成档案学期刊,尤其是档案学核心期刊为主,相关及其他期刊为辅助的成果发布与交流体系。

14.4 文献关键词词频及共现分析

本部分采用词频分析的方法,从主题词、高频关键词、关键词共现矩阵、关键词共现网络 4 个方面对样本文献进行分析。

14.4.1 主题词

从主题词使用频率看,40 年来,档案文化研究涉及内容广泛,集中在档案文化、档案机构、档案事务、档案、档案人 5 个方面。使用频率最高的 33 个主题词分布情况见表 14.10。

表 14.10　使用频率最高的 33 个主题词分布情况

序号	主题词	使用频率/次	占全部样本/%
1	档案文化建设	743	11.44
2	档案局	691	10.64
3	档案文化	656	10.10
4	档案工作	599	9.23
5	档案馆	541	8.33
6	文化机构	536	8.26
7	档案事业	460	7.08
8	档案部门	403	6.21
9	档案资源	361	5.56
10	档案工作者	268	4.13
11	档案信息资源	251	3.87
12	档案文化产品	215	3.31
13	档案管理	205	3.16
14	档案编研	201	3.10
15	档案利用	197	3.03
16	企业文化建设	194	2.99
17	国家档案局	177	2.73
18	综合档案馆	154	2.37
19	民生档案	154	2.37
20	档案服务	152	2.34
21	非物质文化遗产	144	2.22
22	档案信息	141	2.17
23	档案展览	137	2.11
24	非物质文化遗产档案	137	2.11
25	数字档案馆	136	2.09
26	文化功能	122	1.88
27	文化价值	120	1.85
28	企业档案	114	1.76
29	文化建设	107	1.65
30	馆藏档案	104	1.60
31	编研成果	104	1.60
32	开发利用	102	1.57
33	档案管理工作	102	1.57
合计		8728	134.42
总计		6493(篇)	100.00

续表 14.10

序号	主题词	使用频率/次	占全部样本/%
最高频率		743	11.44
最低频率		102	1.57
平均频率		264	4.07

从涉及的主题词看,使用频率最高的 33 个主题词共使用 8728 频次,占全部样本的134.42%。也就是说,上述 33 个主题词涵盖了全部样本一遍多。其中使用频率最高的是"档案文化建设"(743 频次),使用频率最低的是"开发利用""档案管理工作"(各 102 频次),平均使用频率为 264 频次。

从主题词反映出的研究内容看,档案文化研究关注的 33 个主要问题又可归并为档案文化、档案事务、档案机构、档案、档案人 5 个大类。

档案机构(档案局、档案馆、文化机构、档案部门、国家档案局、综合档案馆、数字档案馆)共使用2638频次,占全部样本的 40.63%。它是改革开放以来与档案事业、档案人关系最为密切的问题,也是档案学界一直关注的重要问题之一,主要聚焦档案局、档案馆,是档案学界档案文化研究与关注度最高的主题。

档案文化(档案文化建设、档案文化、档案文化产品、企业文化建设、非物质文化遗产、非物质文化遗产档案、文化功能、文化价值、文化建设)共使用 2438 频次,占全部样本的 37.55%。它涵盖了档案文化的多个层面,主要集中在档案文化与非物质文化两个方面,是档案学界档案文化研究与关注度第二高的主题。

档案事务(档案工作、档案事业、档案管理、档案编研、档案利用、档案服务、档案展览、编研成果、开发利用、档案管理工作)共使用 2259 频次,占全部样本的 34.79%。它涵盖了档案事务的多个层面,主要集中在管理与开发利用两个方面,是档案学界研究与关注度第三高的主题。

档案(档案信息、档案资源、档案信息资源、民生档案、企业档案、馆藏档案)共使用 1125 频次,占全部样本文献的 17.33%。档案是档案学研究的本体,是档案研究重点,在档案文化研究中,从涉及的 6 个主题看,注重的是对档案信息资源与具体档案的研究。

档案人(档案工作者)共使用 268 频次,占全部样本的 4.13%。作为档案工作的主体,4.13%这个数值已经足以说明档案界研究的关注点从来没有离开过档案人自身,但却没有涉及我们服务的对象。

在 5 个主题中,除档案人之外,其他 4 个的体量处于同一个量级,这在档案学研究中是不多见的。

可以说,档案文化研究所涉及内容虽然十分广泛,但全部文献均包含在上述档案文化、档案机构、档案事务、档案、档案人 5 类问题中。或者说,档案文化研究主要是围绕上述档案文化、档案机构、档案事务、档案、档案人 5 个方面展开的。

14.4.2 高频关键词

表 14.11 是使用频率最高的 15 个高频关键词分布情况。15 个使用频率最高的关键词共使用 2242 频次,占全部样本的 34.53%。也就是说,近 35%的文献所研究的内容与这 15 个关键词有关。其中使用频率最高的是"档案"(508 频次),使用频率最低的是"价值"(60 频次),平均使用频率为 149 频次。

表 14.11　使用频率最高的 15 个高频关键词分布情况

序号	关键词	使用频率/次	占全部样本/%
1	档案	508	7.82
2	档案文化	409	6.30
3	文化建设	149	2.29
4	档案管理	148	2.28
5	文化	139	2.14
6	档案馆	129	1.99
7	非物质文化遗产	127	1.96
8	档案工作	109	1.68
9	建设	97	1.49
10	企业文化	85	1.31
11	开发利用	84	1.29
12	档案文化建设	70	1.08
13	作用	67	1.03
14	企业档案	61	0.94
15	价值	60	0.92
合计		2242	34.53
总计		6493(篇)	100.00
平均		149	2.30

从关键词反映出的研究内容来看,档案文化研究关注度最高的 15 个问题可以归纳为档案文化、档案、档案事务、档案机构 4 个方面。它们占全部样本的 34.53%。

档案文化(档案文化、文化建设、文化、非物质文化遗产、企业文化、档案文化建设),使用 979 频次,占比 15.08%。它是档案文化研究关注度最高的问题。档案文化研究是围绕“文化”与“建设”两个方面进行的。

档案(档案、作用、企业档案、价值),使用696 频次,占比 10.72%。它是档案文化研究关注度次高的问题。研究偏重档案的作用与价值。

档案事务(档案管理、档案工作、建设、开发利用),使用 438 频次,占全部样本的 6.75%。档案文化研究是围绕“管理”与“开发利用”两个主要方向进行的。这反映出档案文化研究具有鲜明的管理性特征的同时,还具有突出的利用导向。

档案机构(档案馆),使用129 频次,占比 1.99%。研究集中在档案馆。它表明档案馆是档案文化研究的主要对象之一。

因此,档案文化研究内容广泛,近 40% 的研究集中在档案文化、档案、档案事务、档案机构 4 类 15 个热词所涉及的问题上。

14.4.3　关键词共现矩阵

本部分采用关键词共现分析的方法,对 1979—2018 年档案文化研究的 6493 篇文献进行分析。

矩阵提取使用频率最高的 20 个关键词,将这 20 个关键词形成 20×20 的共词矩阵。如果某两个关键词同时出现在一篇文章中，就表明这两者之间存在相关关系，关键词右侧或下方对应位置的数值表示篇数。图14.2是1979—2018年档案文化研究文献使用频率最高的20个高频关键词共现矩阵。

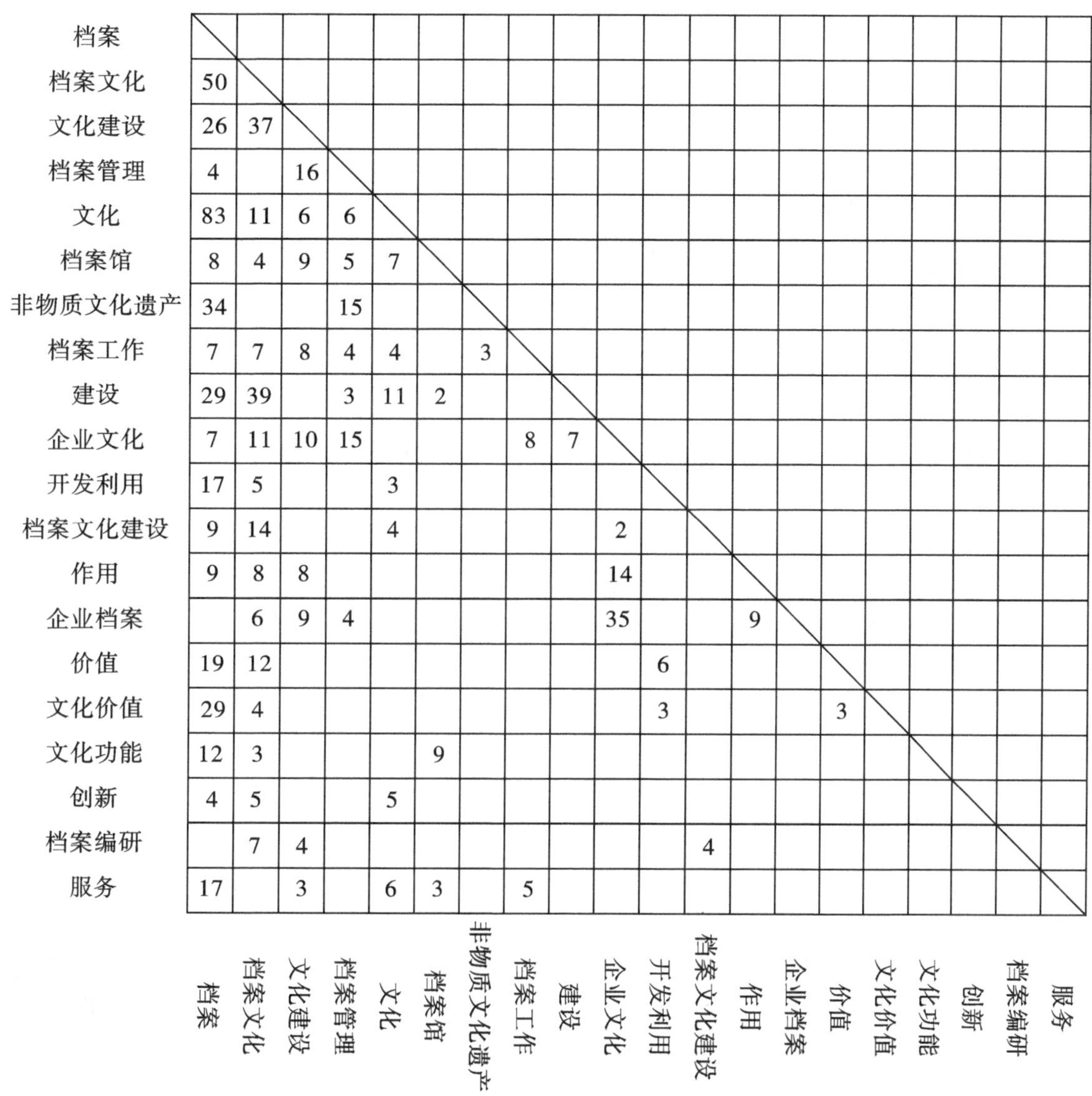

	档案	档案文化	文化建设	档案管理	文化	档案馆	非物质文化遗产	档案工作	建设	企业文化	开发利用	档案文化建设	作用	企业档案	价值	文化价值	文化功能	创新	档案编研	服务
档案																				
档案文化	50																			
文化建设	26	37																		
档案管理	4		16																	
文化	83	11	6	6																
档案馆	8	4	9	5	7															
非物质文化遗产	34			15																
档案工作	7	7	8	4	4		3													
建设	29	39		3	11	2														
企业文化	7	11	10	15				8	7											
开发利用	17	5			3															
档案文化建设	9	14			4					2										
作用	9	8	8							14										
企业档案		6	9	4						35			9							
价值	19	12									6									
文化价值	29	4									3				3					
文化功能	12	3				9														
创新	4	5			5															
档案编研		7	4									4								
服务	17		3		6	3		5												

图14.2 1979—2018年档案文化研究文献高频关键词共现矩阵

图14.2显示，档案文化研究文献关键词共现有70组，共现率为35%。共现次数80次以上的关键词组合有1组，共现率为0.5%。共现次数50～79次的关键词组合有1组，共现率为0.5%。共现次数20～49次的关键词组合有7组，共现率为3.5%。

共现次数在80次以上的特高共现高频关键词有1组，即：

档案与文化：83次。

共现次数在50～79次的超高共现高频关键词有1组，分别是：

档案与档案文化：50次。

共现次数在20～49次的高共现高频关键词有7组，分别是：

档案与文化建设：26次。

档案与非物质文化遗产：34次。

档案与建设：29次。

档案与文化价值:29次。

档案文化与文化建设:37次。

档案文化与建设:39次。

企业文化与企业档案:35次。

以横轴为准计:

20组共现关键词中有17组与档案直接相关,占共现关键词的8.5%。

20组共现关键词中有15组与档案文化直接相关,占共现关键词的7.5%。

20组共现关键词中有9组与文化建设直接相关,占共现关键词的4.5%。

20组共现关键词中各有7组与档案管理、文化直接相关,分别占共现关键词的3.5%。

20组共现关键词中各有3组与档案馆、企业文化直接相关,各占共现关键词的1.5%。

20组共现关键词中各有2组与档案工作、开发利用直接相关,分别占共现关键词的1%。

余下的5组分别与非物质文化遗产、建设、档案文化建设、作用、价值5个关键词有关,但共现次数均为1组,属于低相差度高频词。

另有企业档案、文化价值、文化功能、创新、档案编研、服务6个无共现高频词。

归纳起来,1979—2018年档案文化研究的重点集中在档案与文化两个方向上。或者说,1979—2018年档案文化研究主要是在档案与文化两个主要方向上展开的。

从共现组数看,由于高共现频率的20个高频关键词的共现组数达70组,特高、超高与高共现词有9组,占到了全部共现组的12.86%。1979—2018年档案文化研究形成了突出的高相关共现关键词群,研究的集中趋势十分突出。

共现矩阵显示,研究主要集中在信息化与管理两个方向上,形成了突出的高相关共现关键词群,研究的集中趋势明显。

14.4.4　关键词共现网络

本部分采用关键词共现分析的方法,对1979—2018年档案文化研究的6493篇文献进行分析。

在关键词共现网络中,关键词之间的关系可以用连线来表示,连线多少和粗细代表关键词间的亲疏程度,连线越多,代表该关键词与其他关键词的共现次数越多,越是研究领域极其重要的和热点研究内容。使用知网提供的工具,可获得1979—2018年档案文化研究高频词共词网络图谱(扫描二维码)。

从高频词共词网络图谱中可以直观地看出:1979—2018年档案文化研究可分为6个聚类群组。它们分别以“档案文化”、“创新”、“非物质文化遗产”、“档案文化建设”与“档案编研”、“文化功能”与“档案馆”、“价值”与“开发利用”为核心关键词。

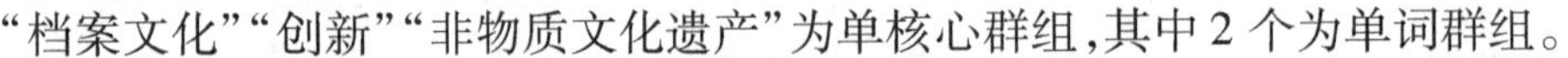

“档案文化”“创新”“非物质文化遗产”为单核心群组,其中2个为单词群组。

“档案文化建设”与“档案编研”、“文化功能”与“档案馆”、“价值”与“开发利用”为双核心群组,其中“档案文化建设”与“档案编研”、“文化功能”与“档案馆”为双词群组,“价值”与“开发利用”为多词群组。

在以“档案文化”为核心的群组中一共有10个相关关键词,除了“档案文化”之外,还有“文化建设”与“建设”两个次核心关键词。两者与主关键词间的距离相似,共现率相当,但两者间没有关联。群组内各关键词间关联性相对松散。

主群组与其他5个群组均有关联,但其他5个群组基本上处于主群组外围。主群组除与“档案文化建设”与“档案编研”群组相对关系密切外,与其他4个群组的联系稀松,共现率也不高。

“创新”、“非物质文化遗产”、“档案文化建设”与“档案编研”、“文化功能”与“档案馆”、“价值”与“开发利用”5个外围群组之间没有直接关联。这表明“档案文化”研究主题分散,集中度不高。

共现网络表明,“档案文化”与“文化建设”“建设”是档案文化研究的高频高相关核心问题。研究主题分散,集中度不高是“档案文化”研究的显著特征。

14.5 结语

综上,通过对 1979—2018 年档案文化研究文献的数据分析,我们可以得出如下结论:

从规模与发展速度上看,自 1979 年首篇相关文献发表到 2018 年,档案文化研究文献总量翻了 12 番多,年均增速为 38.75%,半数年份(20 年)是正向增速,近半数年份(17 年)增速在两位数以上,其中 7 年的增速达到了三位数。总体上呈现低速上升的趋势。

从文献研究层次上看,档案文化研究涉及社会科学、教育文化、自然科学及其他 4 类 17 个不同层次,总体上属于社会科学范畴,同时略偏重理论性研究。

从文献类型分布情况看,在档案文化研究中,一般性论文占绝对优势,政策性、宏观性研究论文薄弱。

从文献资源类型分布情况看,档案文化研究形成了以学术期刊为主,硕博论文、会议论文为辅,报纸为点缀的研究资源体系。

从样本文献的学科分布情况看,档案文化研究在保持与档案学高相关性的同时,具备非常明显的跨学科特性。

从样本文献的基金分布情况看,档案文化研究有 185 篇文献获 14 种基金资助,其中国家资助高于地方、部门资助之和 6 倍有余。提供地方资助的有 8 个省份。

从研究作者分布情况看,档案文化研究已经形成以高校作者为主的一批核心作者和以其为基础的高产作者群。

从研究机构分布情况看,档案文化研究已经形成稳定的研究机构。其中高校在机构数量及发表文献数量上均为最高,档案行政管理机关次之。

从文献来源分布情况看,总体上已经形成以档案学期刊,尤其是档案学核心期刊为主,相关及其他期刊为辅的档案文化研究成果发布与交流体系。

从主题词使用频率看,研究主题集中在档案文化、档案机构、档案事务、档案、档案人 5 个方面。

从高频率关键词分布看,档案文化研究关注的重点近 40% 集中在档案文化、档案、档案事务、档案机构 4 类 15 个热词所涉及的问题上。

从高频词共现矩阵看,研究主要集中在信息化与管理两个方向上,形成了突出的高相关共现关键词群,研究的集中趋势明显。

共现网络表明,“档案文化”与“文化建设”“建设”是档案文化研究的高频高相关核心问题。研究主题分散,集中度不高是“档案文化”研究的显著特征。

15　档案安全

安全是指没有受到威胁,没有危险、危害、损失。人类与生存环境资源的和谐相处,互相不伤害,不存在危险、危害的隐患,是免除了不可接受的损害风险的状态。安全是在人类生产过程中,将系统的运行状态对人类的生命、财产、环境可能产生的损害控制在人类能接受水平以下的状态。

中国当前的国家安全观包括政治安全、国土安全、军事安全、经济安全、文化安全、社会安全、科技安全、信息安全、生态安全、资源安全、核安全 11 种。档案安全属于信息安全的范畴。

安全的特有属性就是“没有危险”。单是没有外在威胁,并不是安全的特有属性;单是没有内在的疾患,也不是安全的特有属性。包括没有威胁和没有疾患这样内外两个方面的“没有危险”,则是安全的特有属性了。没有危险是安全的特有属性,因而可以说安全就是没有危险的状态。

“没有危险”的状态是安全,而且这种状态是客观的,是不依人的主观意志为转移的。无论是安全主体自身,还是安全主体的旁观者,都不可能仅仅因为对于安全主体的感觉或认识不同而真正改变主体的安全状态。

没有危险作为一种客观状态,不是一种实体性存在,而是一种属性,因而它必然依附一定的实体。当安全依附于人时,那么便是“人的安全”;当安全依附于国家时,那么便是“国家安全”;而当安全依附于世界时,便是“世界安全”。这样,一些承载安全的实体,是安全所依附的实体,也就是安全的主体。因此在定义“安全”概念时,必须把安全是一种属性而不是一种实体这一特点反映出来。所以可以进一步说,安全是主体没有危险的客观状态。

正因为安全是客观的,因而它与安全感是两个不同的概念。有人认为安全既是一种客观状态,又是一种主观状态(心态)。我们认为,安全作为一种状态是客观的,它不是也不包括主观感觉,甚至可以说它没有任何主观成分,是不依人的主观愿望为转移的客观存在。

安全管理的对象是风险,管理的结果要么是安全,要么是事故。即“安全的规律”,确切地说,即事故发生的规律,就是事故是怎么发生的。事故是一系列事件发生的后果。这些事件是一系列的,一件接一件发生的,就是“一连串的事件”。所以,安全管理上就有了“事故链”原理。事故让人们看到了一个锁链:初始原因→间接原因→直接原因→事故→伤害。这是一个链条,传统、社会环境、人的不安全行为或物的不安全状态、人的失误、事故伤害;又像一张张多米诺骨牌,一旦第一张倒下,就会导致第二张、第三张直至最后一张骨牌倒下,最终导致事故发生,出现相应的损失。按照“事故链”原理,事故是因为某个环节在连续的时间内出现了缺陷,这些不止一个的缺陷构成了整个安全体系的失效,酿成大祸。

档案安全是指立档单位、档案馆对馆(室)藏档案实体和信息内容采取有效的保护措施,避免受到自然灾害或人为侵害,并使其处于安全状态。

档案安全管理则是指立档单位、档案馆对馆(室)藏档案实体和信息内容采取有效的保护措施,避免受到自然灾害或人为侵害,并使其处于安全状态的管理工作。档案安全管理的目的是加强档案安全管理工作,杜绝各类危害档案安全的事故发生,确保档案资料安全,并最大限度地延长档案寿命。

档案安全管理工作遵循严格管理、预防为主、防治结合、确保安全的原则。内容包括档案实体安全管理、电子档案安全管理和档案库房安全管理。

(1)档案实体安全管理包括:①收集和归档。各单位应确保在工作活动过程中形成的具有保存价值的文件材料收集齐全、完整、真实、准确,并及时归档(包括电子版本)。②及时移交。各单位应依法定期向市档案馆移交具有长远保存价值的档案。③规范制度。建立健全档案调归卷制度,规范档案提供利用过程中借阅登记、利用效果登记和及时归卷的程序;建立档案、人员出入库登记制度,确保档案安全万无一失。④定期核查。档案室工作人员每年应对室藏档案进行一次清点核对,做到登记台账与档案实体相符。⑤档案修复完善。对老化、破损、褪色、霉变等受损档案载体,必须采取抢救措施,按档案保护技术要求进行修复或复制。⑥档案的存放。不同载体材质的档案应分类存放、规范保存。对特殊载体档案的存放,按其特性和要求,使用规范、合理的装具加以保管和保存。⑦珍贵档案的保管。档案馆(室)应对珍贵、重要的档案进行复制,并用复制件代替原件提供利用,其中特别珍贵、重要、有特殊意义的档案和特殊载体、对保管条件有特殊要求的档案,可建特藏室专门管理。

(2)电子档案安全管理。电子文件指在数字设备及环境中生成,以数码形式存储于磁带、磁盘、光盘等载体,依赖计算机等数字设备阅读、处理,并可在通信网络上传送的文件。电子档案整理、归档过程的安全管理包括:建立和执行科学的归档制度,保证电子档案内容逻辑上的准确,归档时要尽可能地以主流技术统一电子档案的保存格式。

电子档案保管和利用过程中的信息安全包括:①要保证电子档案载体物理上的安全。②要对电子档案载体进行有效的检测与维护。③要密切关注计算机技术的发展方向,不断对历年来电子档案使用的软件升级、更新情况进行记录、保存,适时对电子档案的格式进行转换。④加强对电子文件利用活动的管理,保证电子档案的信息安全。

电子档案运行环境主要是计算机系统,保证电子档案运行环境的安全管理就是对计算机系统的安全管理。

(3)档案库房安全管理是档案安全管理的基础,档案库房安全保护是保证档案安全的基本条件。档案安全保护需要做到“八防”。仅仅靠人工管理不能保证档案库房安全,需要档案库房安全保护智能化综合管理系统全方位的一站式保护档案库房安全管理。

15.1 样本选择

档案安全研究是档案学研究的重要内容,属于档案学科重要的组成部分,同时也是档案工作与档案事业的重要组成部分。档案安全研究数据是重要的档案与档案学术资源,对档案安全研究数据进行定量研究,是用好用活档案资源,充分展示我国改革开放的历史进程、伟大成就和宝贵经验的一种方式。改革开放以来,档案安全研究得到了长足进步与发展。总结、回顾档案安全研究发展历程,不仅是档案学建设发展的需要,也是档案工作、档案事业发展的需要。

我们以中国知网为样本来源,检索范围:中国学术期刊网络出版总库,特色期刊,中国博士学位论文全文数据库,中国优秀硕士学位论文全文数据库,中国重要会议论文全文数据库,国际会议论文全文数据库,中国重要报纸全文数据库,中国学术辑刊全文数据库。检索年限:不限。检索时间:2018 年 10 月 23 日。发表时间 between(1979-01-01,2018-10-23)并且(主题=档案安全或者题名=档案安全)(模糊匹配)。样本文献总数:8257 篇。

15.2 文献统计分析

本部分采用统计分析的方法,从文献总量、发展速度与年度分布,文献研究层次,文献类型,文献资源类型,文献学科分布5个方面入手,对样本文献进行分析。

15.2.1 文献总量、发展速度与年度分布

从总量上看,有文献发表的39年间,共发表文献8257篇,以1979年1篇的基数计,39年间翻了13番多。年均212篇,最少时(1979年)1篇,最多时(2017年)1031篇,39年间增长了近8256倍。中位数为4128篇。总体趋势见图15.1。

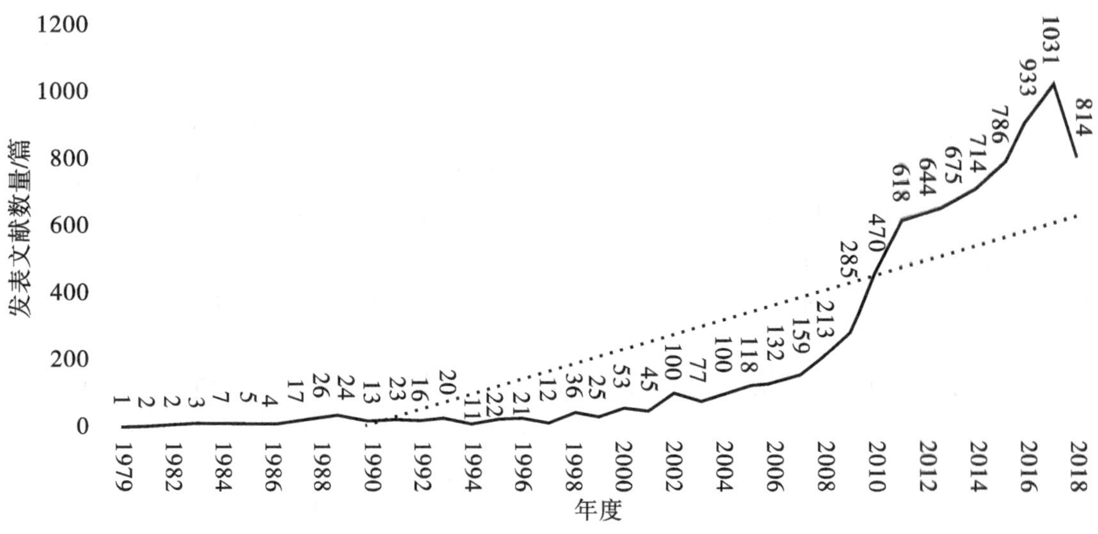

图15.1 1979—2018年档案安全研究文献发表数量及分布趋势

从年度分布情况看,1979—2018年档案安全研究文献发表数量总体上呈现低速上升趋势。绝大多数年份(25年)为上升状态,下降年份(12年)少,1年持平。

大体上可分为四个阶段:

第一阶段(1979—2001年),年平均增长率为43.08%,为低位发展期,总体体量小,一直处在十位数以内。

第二阶段(2002—2009年),年平均增长率为30.90%,为中位加速增长期,年发表文献数量上一个数量级。

第三阶段(2010—2017年),年平均增长率为18.81%,为高位稳定增长期,数量上一个数量级,达到峰值。

第四阶段(2018年),年增长率为-21.05%,研究进入回落期。

具体的年度分布情况见表15.1。

表 15.1　1979—2018 年档案安全研究文献年度分布情况

序号	年度	发表文献数量/篇	占全部样本/%	发展速度	年增速/%
1	1979	1	0.01		
2	1981	2	0.02	2.00	100.00
3	1982	2	0.02	1.00	0.00
4	1983	3	0.04	1.50	50.00
5	1984	7	0.08	2.33	133.33
6	1985	5	0.06	0.71	-28.57
7	1986	4	0.05	0.80	-20.00
8	1987	17	0.21	4.25	325.00
9	1988	26	0.31	1.53	52.94
10	1989	24	0.29	0.92	-7.69
11	1990	13	0.16	0.54	-45.83
12	1991	23	0.28	1.77	76.92
13	1992	16	0.19	0.70	-30.43
14	1993	20	0.24	1.25	25.00
15	1994	11	0.13	0.55	-45.00
16	1995	22	0.27	2.00	100.00
17	1996	21	0.25	0.95	-4.55
18	1997	12	0.15	0.57	-42.86
19	1998	36	0.44	3.00	200.00
20	1999	25	0.30	0.69	-30.56
21	2000	53	0.64	2.12	112.00
22	2001	45	0.54	0.85	-15.09
23	2002	100	1.21	2.22	122.22
24	2003	77	0.93	0.77	-23.00
25	2004	100	1.21	1.30	29.87
26	2005	118	1.43	1.18	18.00
27	2006	132	1.60	1.12	11.86
28	2007	159	1.93	1.20	20.45
29	2008	213	2.58	1.34	33.96
30	2009	285	3.45	1.34	33.80
31	2010	470	5.69	1.65	64.91
32	2011	618	7.48	1.31	31.49
33	2012	644	7.80	1.04	4.21
34	2013	675	8.17	1.05	4.81
35	2014	714	8.65	1.06	5.78

续表 15.1

序号	年度	发表文献数量/篇	占全部样本/%	发展速度	年增速/%
36	2015	786	9.52	1.10	10.08
37	2016	933	11.30	1.19	18.70
38	2017	1031	12.49	1.11	10.50
39	2018	814	9.86	0.79	-21.05
合计		8257	100.00	50.81	1281.23
最高值		1031	12.49	4.25	325.00
最低值		1	0.01	0.54	-45.83
平均值		212	2.56	1.34	33.72

自1979年首篇相关文献发表到2018年,档案安全研究文献总量翻了13番多,年均增速为33.72%,多数年份(25年)是正向增速,22年增速在两位数以上,其中6年的增速达到了三位数。

15.2.2　文献研究层次

从文献研究层次分布情况看,8257篇样本文献涉及多个学科的18个不同层次。具体分布情况见表15.2。

表 15.2　1979—2018 年档案安全研究文献层次分布情况

序号	层次	发表文献数量/篇	占全部样本/%
1	基础研究(社科)	4220	51.11
2	行业指导(社科)	2244	27.18
3	职业指导(社科)	893	10.82
4	工程技术(自科)	216	2.62
5	基础与应用基础研究(自科)	84	1.02
6	政策研究(社科)	80	0.97
7	大众文化	55	0.67
8	大众科普	36	0.44
9	行业技术指导(自科)	33	0.40
10	文艺作品	24	0.29
11	专业实用技术(自科)	23	0.28
12	高等教育	17	0.21
13	经济信息	16	0.19
14	基础教育与中等职业教育	16	0.19
15	政报、公报、公告、文告	10	0.12
16	高级科普(社科)	7	0.08
17	政策研究(自科)	3	0.04

续表 15.2

序号	层次	发表文献数量/篇	占全部样本/%
18	其他	280	3.39
合计		8257	100.00

从研究的学科大类看,可分为社会科学、自然科学、教育文化、信息与其他 5 类。其中社会科学 7444篇,占 90.15%;自然科学 359 篇,占 4.35%;教育文化 148 篇,占 1.79%;信息 26 篇,占 0.31%;其他 280 篇,占 3.39%。研究明显属于社会科学的范畴,同时涉及自然科学、教育文化、信息及其他学科。

从基础理论研究与应用研究的角度看,属于基础理论研究的有 4304 篇,占 52.13%;属于应用研究的有 3953 篇,占 47.87%。研究略偏重基础理论研究。

总之,档案安全研究涉及社会科学、自然科学、教育文化、信息及其他 5 类 18 个不同层次,总体上属于社会科学范畴,略偏重基础理论研究。

15.2.3 文献类型分布

从文献类型分布情况看,8257 篇样本文献中,涉及综述类文献、政策研究类和其他 3 个不同类型。具体分布情况见表 15.3。

表 15.3 1979—2018 年档案安全研究文献类型分布情况

序号	文献类型	发表文献数量/篇	占全部样本/%
1	综述类文献	63	0.76
2	政策研究类	83	1.01
3	其他	8111	98.23
合计		8257	100.00

从表 15.3 看,一般性论证(其他)文献占比超过 98%,是研究的绝对主体;政策性(政策研究类)及宏观性(综述类文献)研究文献则显得十分单薄。

总之,在档案安全研究中,一般性论文占绝对优势,政策性、宏观性研究论文薄弱。

15.2.4 文献资源类型

从文献资源类型分布情况看,8257 篇样本文献分布在期刊、国内会议、特色期刊、硕士、报纸、学术辑刊、博士、国际会议 8 种类型资源上。具体分布情况见表 15.4。

表 15.4 1979—2018 年档案安全研究文献资源类型分布情况

序号	资源类型	发表文献数量/篇	占全部样本/%
1	期刊	7206	87.27
2	国内会议	338	4.09
3	特色期刊	326	3.95

续表 15.4

序号	资源类型	发表文献数量/篇	占全部样本/%
4	硕士	222	2.69
5	报纸	113	1.37
6	学术辑刊	38	0.46
7	博士	9	0.11
8	国际会议	5	0.06
合计		8257	100.00

有文献发表的39年间,期刊成为档案安全学术研究最主要的文献来源,档案安全研究者超过91%的学术交流与沟通,有赖于这个平台。会议论文、硕博论文在总量上与期刊相差一个数量级,与期刊相比,只起着辅助作用。报纸在总量上与期刊相差两个数量级,与期刊相比,只起着点缀作用。

总之,档案安全研究已经形成了以学术期刊为主,会议论文、硕博论文为辅,报纸为点缀的研究资源体系。

15.2.5　文献学科分布

从文献学科分布情况看,8257篇样本文献涉及学科超过30个。发表文献最多的15个学科分布情况见表15.5。

表 15.5　1979—2018 年发表文献最多的 15 个学科分布情况

序号	学科	发表文献数量/篇	占全部样本/%
1	图书情报档案	6950	84.17
2	教育	301	3.65
3	工商管理	183	2.22
4	计算机	143	1.73
5	公共卫生与预防医学	128	1.55
6	工业经济	127	1.54
7	公共管理	73	0.88
8	国民经济	48	0.58
9	城市经济	38	0.46
10	法学	36	0.44
11	安全	25	0.30
12	公安	22	0.27
13	农业经济	21	0.25
14	政治	18	0.22
15	保险	14	0.17
合计		8127	98.43

续表 15.5

序号	学科	发表文献数量/篇	占全部样本/%
总计		8257	100.00
		130	1.57

需要说明的是,按 15 个学科统计的文献数为 8127 篇,占实际样本数的 98.43%;而实际样本数为 8257 篇;15 个学科统计数少于实际文献数 130 篇。考虑到实际涉及的学科超过 30 个,全部学科文献的数量之和有可能超过实际样本。加上图书情报档案专业文献只有 6950 篇,占全部样本的84.17%。可以推知,档案安全研究是一门具有明显学科交叉性的学科。除档案学本学科之外,与档案安全研究相关性最强的 5 个学科分别是:教育、工商管理、计算机、公共卫生与预防医学、工业经济。

可以说,档案安全研究在保持与档案学学科高相关性的同时,具有明显的跨学科特性。

15.3　文献计量分析

本部分采用计量分析的方法,从文献基金资助分布、文献作者分布、文献机构分布和文献来源分布 4 个方面对样本文献进行分析。

15.3.1　文献基金资助分布

从样本文献的基金分布情况看,8257 篇样本文献中有 139 篇得到 29 种基金项目的支持,占全部样本的 1.683%。具体分布情况见表 15.6。

表 15.6　1979—2018 年档案安全获得基金资助分布情况

序号	基金名称	发表文献数量/篇	占基金资助文献/%	占全部样本/%
1	国家社会科学基金	79	56.83	0.957
2	国家自然科学基金	7	5.04	0.085
3	北京市科技计划项目	6	4.32	0.073
4	江苏省教育厅人文社会科学研究基金	5	3.60	0.061
5	河南省软科学研究计划	4	2.88	0.048
6	黑龙江省自然科学基金	3	2.16	0.036
7	湖南省社会科学基金	3	2.16	0.036
8	安徽省高等学校青年教师科研资助项目	3	2.16	0.036
9	浙江省教委科研基金	3	2.16	0.036
10	黑龙江省社会科学基金	3	2.16	0.036
11	河南省科技攻关计划	3	2.16	0.036

续表 15.6

序号	基金名称	发表文献数量/篇	占基金资助文献/%	占全部样本/%
12	江苏省普通高校自然科学研究计划项目	2	1.44	0.024
13	航空科学基金	2	1.44	0.024
14	宁夏大学科研基金	1	0.72	0.012
15	天津市教委基金	1	0.72	0.012
16	重庆市教委科研基金	1	0.72	0.012
17	内蒙古教育厅基金	1	0.72	0.012
18	辽宁省教育厅高校科研基金	1	0.72	0.012
19	江苏省科委社会发展基金	1	0.72	0.012
20	安徽省软科学研究计划	1	0.72	0.012
21	中国地质调查局地质调查项目经费	1	0.72	0.012
22	湖南省自然科学基金	1	0.72	0.012
23	教育部基金	1	0.72	0.012
24	湖北省自然科学基金	1	0.72	0.012
25	陕西省教委基金	1	0.72	0.012
26	广东省医学科研基金	1	0.72	0.012
27	山东省软科学研究计划	1	0.72	0.012
28	河北省科技攻关计划	1	0.72	0.012
29	国家科技支撑计划	1	0.72	0.012
合计		139	100.00	1.683
总计		8257		100.000

从基金的层次分布情况看，国家级基金 3 种 87 篇，占全部样本的 1.054%，占基金资助文献的 62.59%；地方基金 23 种 48 篇，占全部样本的 0.581%，占基金资助文献的 34.53%；部门基金 3 种 4 篇，占全部样本的 0.048%，占基金资助文献的 2.88%。国家层面虽然种类少，但资助文献的数量高于地方、部门基金的资助数量，约是地方、部门基金资助数量之和的 2 倍。

地方资助涉及安徽、北京、广东、河北、河南、黑龙江、湖北、湖南、江苏、辽宁、内蒙古、宁夏、山东、陕西、天津、浙江、重庆 17 个省份。

档案安全研究有 139 篇文献获 29 种基金资助，其中国家资助约高于地方、部门资助 1 倍。提供地方资助的有 17 个省份。

15.3.2　文献作者分布

从作者的分布情况情况看，8257 篇文献中，前 40 位作者共发表文献 267 篇，占全部样本的 3.23%。发表文献最多的 40 位作者分布情况见表 15.7。

表 15.7 发表文献最多的 40 位作者发表文献分布及占全部文献百分比情况

序号	作者	发表文献数量/篇	占全部样本/%
1	张健	15	0.18
2	向立文	14	0.17
3	谭燕萍	13	0.16
4	黄凤平	11	0.13
5	彭远明	10	0.12
6	刘芸	9	0.11
7	卞咸杰	9	0.11
8	黄丽华	8	0.10
9	项文新	8	0.10
10	杨冬权	8	0.10
11	许桂清	8	0.10
12	周耀林	8	0.10
13	赵跃	7	0.08
14	张照余	7	0.08
15	梁绍红	7	0.08
16	聂云霞	7	0.08
17	方昀	7	0.08
18	于海燕	6	0.07
19	张锐	6	0.07
20	张美芳	6	0.07
21	黄霄羽	6	0.07
22	张娟	5	0.06
23	赵国强	5	0.06
24	薛四新	5	0.06
25	王良城	5	0.06
26	修中建	5	0.06
27	赵国强	5	0.06
28	刘维荣	5	0.06
29	王巍	5	0.06
30	李广都	5	0.06
31	丁成明	5	0.06
32	陈乐人	5	0.06
33	张楼岩	4	0.05
34	刘家真	4	0.05
35	陈永生	4	0.05

续表 15.7

序号	作者	发表文献数量/篇	占全部样本/%
36	程妍妍	4	0.05
37	徐杰	4	0.05
38	管先海	4	0.05
39	田淑华	4	0.05
40	毕建新	4	0.05
合计		267	3.23
总计		8257	100.00

按照普赖斯提出的计算公式,核心作者候选人的最低发文数 $M=0.749\sqrt{N_{max}}$,其中 N_{max} 为最高产作者文章数量。档案安全研究文献作者中发表文献最多的为 15 篇,即 $N_{max}=15$,所以 $M=0.749\sqrt{15}\approx2.901$。因此,凡发表文献 3 篇及以上的作者均为 1979—2018 年档案安全研究的重要作者。故表 15.7 中的前 40 位作者不仅是核心作者,而且是核心作者中的高产作者。

总之,档案安全研究已经形成了一批核心作者和以核心作者为基础的高产作者群。从整体上看,无论是作者数量,还是发表文献数量,高校作者都是档案安全研究的主力。

15.3.3 文献机构分布

从研究机构分布情况看,8257 篇文献中,前 40 个机构发表文献 1176 篇,占全部样本的 14.24%。如果使用普赖斯公式计算,核心机构的最低发文数 $M=0.749\sqrt{N_{max}}$,其中 N_{max} 为最高产机构发文数量。这里 $N_{max}=70$,所以 $M=0.749\sqrt{70}\approx6.267$,即发表文献 6 篇及以上的为核心研究机构。据此,表 15.8 中的前 40 个机构全部是核心研究机构中的高产机构。发表文献最多的 40 个机构分布情况见表 15.8。

表 15.8 发表文献最多的 40 个机构分布情况

序号	机构	发表文献数量/篇	占全部样本/%
1	浙江省档案局	70	0.85
2	黑龙江大学	65	0.79
3	南京政治学院	64	0.78
4	国家档案局	59	0.71
5	安徽大学	59	0.71
6	苏州大学	58	0.70
7	中国人民大学	48	0.58
8	云南省档案局	48	0.58
9	武汉大学	46	0.56
10	广西民族大学	45	0.54
11	湘潭大学	44	0.53

续表 15.8

序号	机构	发表文献数量/篇	占全部样本/%
12	北京市档案局	41	0.50
13	四川省档案局	39	0.47
14	河北大学	32	0.39
15	辽宁大学	31	0.38
16	上海大学	31	0.38
17	辽宁省档案局	29	0.35
18	云南大学	28	0.34
19	江苏省档案局	25	0.30
20	郑州大学	24	0.29
21	吉林大学	21	0.25
22	国家档案局档案科学技术研究所	20	0.24
23	中山大学	19	0.23
24	福建师范大学	18	0.22
25	广东省档案局	18	0.22
26	河南省档案局	16	0.19
27	黑龙江省档案局	15	0.18
28	吉林省档案管理局	15	0.18
29	南昌大学	15	0.18
30	湖北省档案局	14	0.17
31	南京大学	14	0.17
32	山东大学	13	0.16
33	云南省昭通市档案局	12	0.15
34	盐城师范学院	12	0.15
35	中国第一历史档案馆	12	0.15
36	山东省档案局	12	0.15
37	攀枝花学院	11	0.13
38	中国船舶重工集团公司	11	0.13
39	浙江大学	11	0.13
40	国家新闻出版广电总局	11	0.13
合计		1176	14.24
总计		8257	100.00

前 40 个核心高产机构中有 22 个是高校(发表文献 907 篇,占核心高产研究机构发表文献数的 77.13%),表明高校是档案安全研究极其重要的高产机构群的主体。

从前 40 个机构中各类机构发表文献的数量及占比情况看,22 个高校,占 55%;发表文献 907 篇,占比达到了 77.13%。14 个档案局,占 27.5%;发表文献 413 篇,占比达到了 35.12%。1 个事业单位,占 2.5%;发表文献 20 篇,占比达到了 1.7%。1 个档案馆,占 2.5%;发表文献 12 篇,占比达到了 1.02%。1 个企业,占 2.5%;发表文献 11 篇,占比达到了 0.94%。1 个其他行政机构,占 2.5%;发表文献 11 篇,占比达到了 0.94。

总之,档案安全研究已经形成稳定的研究机构。其中高校在机构数量及发表文献的数量上占比均为最高,档案行政管理机关次之,事业单位、档案馆、企业、其他行政机构并列第三。

15.3.4　文献来源分布

从文献来源分布情况看,8257 篇样本文献中,发表文献最多的 11 种期刊发表文献 3082 篇,占全部文献的 37.33%。具体分布情况见表 15.9。

表 15.9　发表文献最多的 11 种期刊分布情况

序号	期刊	发表文献数量/篇	占全部样本/%
1	《兰台世界》	758	9.18
2	《办公室业务》	549	6.65
3	《黑龙江档案》	461	5.58
4	《中国档案》	393	4.76
5	《兰台内外》	168	2.03
6	《浙江档案》	158	1.91
7	《城建档案》	130	1.57
8	《云南档案》	124	1.50
9	《档案与建设》	122	1.48
10	《湖北档案》	112	1.36
11	《北京档案》	107	1.30
合计		3082	37.33
总计		8257	100.00

按照布拉德福定律,8257 篇文献可分为核心区、相关区和非相关区,各个区的论文数量相等(约2752篇)。故发表论文数量居前 8 位的《兰台世界》《办公室业务》《黑龙江档案》《中国档案》《兰台内外》《浙江档案》《城建档案》《云南档案》(2741 篇)处于核心区之中。其中 7 种为档案学期刊,包括档案学核心期刊 2 种,非核心期刊 5 种;1 种为其他相关专业期刊。

发表论文数量居第 9 ~ 11 位的《档案与建设》《湖北档案》《北京档案》(341 篇)处于相关区之中。它们均为档案学期刊,其中档案学核心期刊 2 种,非核心期刊 1 种。

其他发表论文数量 107 篇以下的期刊部分在相关区,部分在非相关区。

总体上讲,档案学期刊,主要是地方档案行政管理机关主办的档案学期刊,是档案安全研究成果发布与交流的主渠道、主阵地,承担着档案安全研究成果发布与交流的主体责任。

总之,档案安全研究总体上已经形成以档案学期刊为主,相关及其他期刊为辅的成果发布与交流体系。

15.4 文献关键词词频及共现分析

本部分采用词频分析的方法，从主题词、高频关键词、关键词共现矩阵、关键词共现网络4个方面对样本文献进行分析。

15.4.1 主题词

从主题词使用频率看，档案安全研究涉及内容广泛，集中在档案安全、档案事务、档案机构、档案、档案人、文件、硬件7个方面。使用频率最高的37个主题词分布情况见表15.10。

表15.10 使用频率最高的37个主题词分布情况

序号	主题词	使用频率/次	占全部样本/%
1	档案安全	1201	14.55
2	档案管理	761	9.22
3	档案局	642	7.78
4	电子档案	627	7.59
5	电子文件	556	6.73
6	信息安全	511	6.19
7	档案信息化建设	505	6.12
8	档案工作	474	5.74
9	档案信息	439	5.32
10	档案管理工作	435	5.27
11	档案安全管理	363	4.40
12	档案馆	361	4.37
13	数字档案馆	347	4.20
14	文化机构	337	4.08
15	数字档案	336	4.07
16	档案信息资源	300	3.63
17	档案事业	300	3.63
18	档案库房	274	3.32
19	档案部门	270	3.27
20	档案信息化	267	3.23
21	档案安全体系	258	3.12
22	档案安全工作	254	3.08
23	国家档案局	252	3.05

续表 15.10

序号	主题词	使用频率/次	占全部样本/%
24	电子档案信息	239	2.89
25	档案管理人员	230	2.79
26	企业管理	222	2.69
27	安全保管	219	2.65
28	档案室	205	2.48
29	计算机	200	2.42
30	档案信息化管理	195	2.36
31	安全管理	171	2.07
32	民生档案	168	2.03
33	档案工作者	161	1.95
34	档案保密	148	1.79
35	档案信息安全管理	145	1.76
36	保密工作	143	1.73
37	档案数据	141	1.71
合计		12 657	153.29
总计		8257(篇)	100.00
最高频率		1201	14.55
最低频率		141	1.71
平均频率		342	4.14

从涉及的主题词看,使用频率最高的37个主题词共使用12 657频次,占全部样本的153.29%。也就是说,上述37个主题词涵盖了全部样本一遍以上。其中使用频率最高的是“档案安全”(1201频次),使用频率最低的是“档案数据”(141频次),平均使用频率为342频次。

从主题词反映出的研究内容看,档案安全研究关注的37个主要问题又可归并为档案安全、档案事务、档案机构、档案、档案人、文件、硬件7个大类。

档案安全(档案安全、信息安全、档案安全管理、档案安全体系、档案安全工作、安全管理、档案保密、档案信息安全管理、保密工作、安全保管、档案库房)共使用3689频次,占全部样本的44.65%。它涵盖了档案安全的多个方面,主要集中在档案安全、信息安全、安全管理三个层面,是档案学界档案安全研究与关注度最高的主题。

档案(电子档案、档案信息化建设、档案信息、数字档案、档案信息资源、档案信息化、电子档案信息、档案信息化管理、民生档案、档案数据)共使用3217频次,占全部样本的38.96%。档案是档案学研究的本体,理应是重点,但在档案安全研究研究中,从涉及的主题看,更注重对档案信息和档案信息化的研究。它是改革开放以来档案学界研究与关注度第二高的主题。

档案机构(档案局、档案馆、数字档案馆、文化机构、档案部门、国家档案局、档案室)共使用2414频次,占全部样本的29.23%。它是改革开放以来档案学界研究与关注度第三高的主题。它是与档案事业、档案人关系最为密切的问题,也是档案学界一直关注的重要问题之一。但重心仍然在档案局、档案馆、档案室三大主体上。

档案事务(档案管理、档案工作、档案管理工作、档案事业、企业管理)共使用2192频次,占全部样本的26.55%。主要集中在管理层面。它是档案学界研究与关注度第四高的主题。但与档案安全研究在同一个数量级。

文件(电子文件)共使用556频次,占全部样本的6.73%。与前四个主题相比,总量上相差一个数量级。

档案人(档案管理人员、档案工作者)共使用391频次,占全部样本的4.74%。作为档案工作的主体和档案服务对象,一直是档案学研究的对象之一,在档案安全研究中也不例外。与前四个主题相比,总量上相差一个数量级。

硬件(计算机)共使用200频次,占全部样本的2.42%。与前四个主题相比,总量上相差一个数量级。

可以说,档案安全研究所涉及的内容虽然十分广泛,但全部文献均包含在上述档案安全、档案事务、档案机构、档案、档案人、文件、硬件7类问题中。或者说,档案安全研究主要是围绕上述档案安全、档案事务、档案机构、档案、档案人、文件、硬件7个方面展开的。

15.4.2 高频关键词

表15.11是使用频率最高的15个高频关键词分布情况。15个使用频率最高的关键词共使用4215频次,占全部样本的51.05%。也就是说,超过半数的文献所研究的内容与这15个关键词有关。其中使用频率最高的是“档案管理”(760频次),使用频率最低的是“问题”(149频次),平均使用频率为281频次。

表15.11 使用频率最高的15个高频关键词分布情况

序号	关键词	使用频率/次	占全部样本/%
1	档案管理	760	9.20
2	档案	489	5.92
3	信息安全	352	4.26
4	信息化	339	4.11
5	安全	331	4.01
6	电子档案	322	3.90
7	管理	252	3.05
8	安全管理	217	2.63
9	对策	192	2.33
10	电子文件	177	2.14
11	数字档案	167	2.02
12	档案安全	163	1.97
13	数字化	153	1.85
14	档案信息	152	1.84
15	问题	149	1.80
合计		4215	51.05
总计		8257(篇)	100.00
平均		281	3.40

从关键词反映出的研究内容来看,档案安全研究关注度最高的15个问题可以归纳为档案事务、档案安全、档案、档案信息化、文件5个方面。它们占全部样本的51.05%,略超过全部研究文献的半数。

档案事务(档案管理、管理、对策、问题),使用1353频次,占全部样本的16.39%。它是档案安全研究关注度最高的问题。15%以上的档案安全研究是围绕"管理"与"问题对策"进行的。这反映出档案安全研究具有鲜明的管理性特征的同时,还具有突出的问题导向。

档案安全(信息安全、安全、安全管理、档案安全),使用1063频次,占比12.87%。它是档案安全研究关注度第二高的问题。

档案(档案、电子档案、数字档案),使用978频次,占比11.84%。研究涉及传统与非传统档案。

档案信息化(档案信息、信息化、数字化),使用644频次,占比7.80%。研究集中在档案信息、信息化、数字化上,对应的是档案安全的三个重要领域。

文件(电子文件),使用177频次,占比2.14%。与上面档案的信息化与数字化相对应。

因此说,档案安全研究内容广泛,过半数的研究集中在档案事务、档案安全、档案、档案信息化、文件5类15个热词所涉及的问题上。

15.4.3　关键词共现矩阵

本部分采用关键词共现分析的方法,对1979—2018年档案安全研究的8257篇文献进行分析。

矩阵提取使用频率最高的20个关键词,将这20个关键词形成20×20的共词矩阵。如果某两个关键词同时出现在一篇文章中,就表明这两者之间存在相关关系,关键词右侧或下方对应位置的数值表示篇数。图15.2是1979—2018年档案安全研究文献使用频率最高的20个高频关键词共现矩阵。

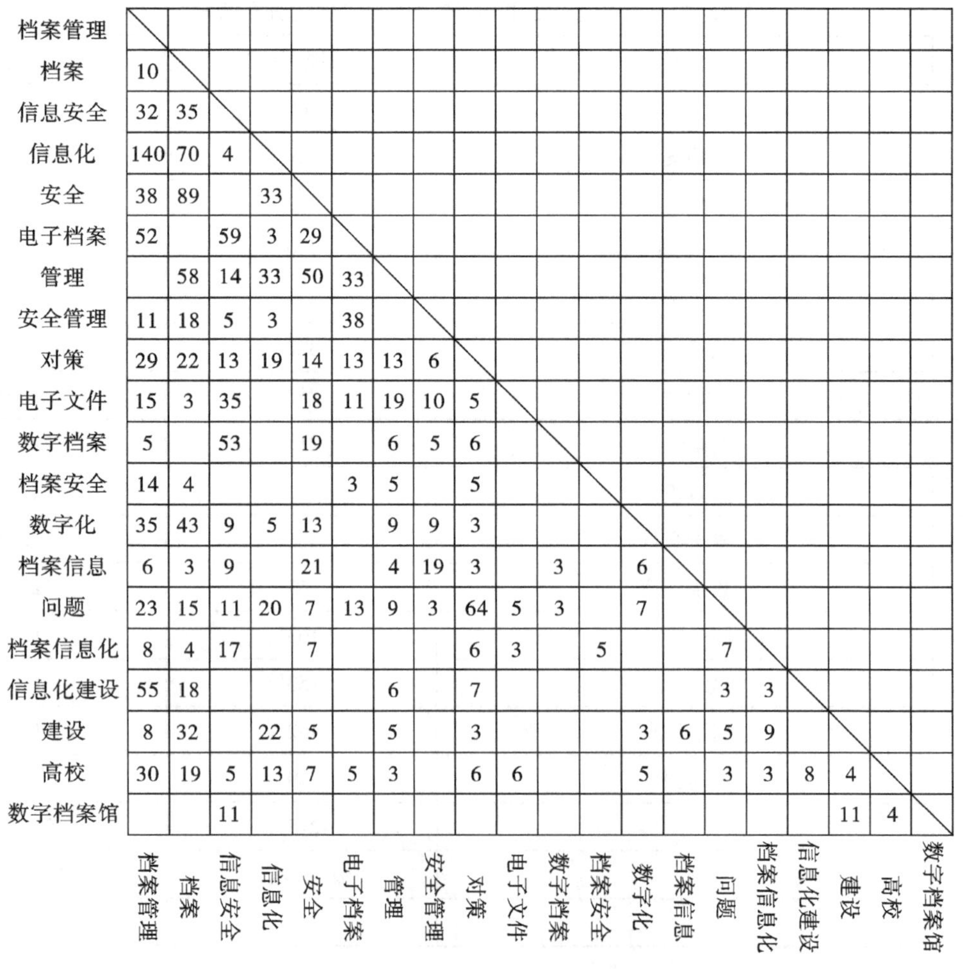

	档案管理	档案	信息安全	信息化	安全	电子档案	管理	安全管理	对策	电子文件	数字档案	档案安全	数字化	档案信息	问题	档案信息化	信息化建设	建设	高校	数字档案馆
档案管理																				
档案	10																			
信息安全	32	35																		
信息化	140	70	4																	
安全	38	89		33																
电子档案	52		59	3	29															
管理		58	14	33	50	33														
安全管理	11	18	5	3		38														
对策	29	22	13	19	14	13	13	6												
电子文件	15	3	35		18	11	19	10	5											
数字档案	5		53		19		6	5	6											
档案安全	14	4				3	5		5											
数字化	35	43	9	5	13		9	9	3											
档案信息	6	3	9		21		4	19	3		3		6							
问题	23	15	11	20	7	13	9	3	64	5	3		7							
档案信息化	8	4	17		7				6	3		5			7					
信息化建设	55	18					6		7						3	3				
建设	8	32		22	5		5		3				3	6	5	9				
高校	30	19	5	13	7	5	3		6	6			5		3	3	8	4		
数字档案馆			11															11	4	

图15.2　1979—2018年档案安全研究文献高频关键词共现矩阵

图 15.2 显示,以横轴为准计:

20 组共现关键词中有 17 组与档案管理直接相关,占共现关键词的 8.5%。

20 组共现关键词中有 15 组与档案直接相关,占共现关键词的 7.5%。

20 组共现关键词中有 13 组与信息安全直接相关,占共现关键词的 6.5%。

20 组共现关键词中有 11 组与安全直接相关,占共现关键词的 5.5%。

20 组共现关键词中各有 10 组与管理、对策直接相关,分别占共现关键词的 5%。

20 组共现关键词中有 9 组与信息化直接相关,占共现关键词的 4.5%。

20 组共现关键词中有 7 组与电子档案直接相关,占共现关键词的 3.5%。

20 组共现关键词中有 6 组与安全管理直接相关,占共现关键词的 3%。

20 组共现关键词中各有 4 组与数字化、问题直接相关,分别占共现关键词的 2%。

20 组共现关键词中各有 3 组与电子文件、档案信息化直接相关,分别占共现关键词的 1.5%。

20 组共现关键词中各有 2 组与数字档案、建设直接相关,分别占共现关键词的 1%。

余下的 4 组分别与档案安全、档案信息、信息化建设、高校 4 个关键词有关,但共现次数均为 1 组,属于低相差度高频词。

另有数字档案馆 1 个无共现高频词。

2017 年档案安全研究文献关键词共现有 120 组,共现率为 60%。共现次数 100 次以上的关键词组合有 1 组,共现率为 0.5%。共现次数 70 ~ 99 次的关键词组合有 2 组,共现率为 1%。共现次数 50 ~ 69 次的关键词组合有 7 组,共现率为 4.5%。

共现次数在 100 次以上的特高共现高频关键词有 1 组,即:

档案管理与信息化:140 次。

共现次数在 70 ~ 99 次的超高共现高频关键词有 2 组,分别是:

档案与安全:89 次。

档案与信息化:70 次。

共现次数在 50 ~ 69 次的高共现高频关键词有 7 组,分别是:

档案管理与电子档案:52 次。

档案管理与信息化建设:55 次。

档案与管理:58 次。

信息安全与电子档案:59 次。

信息安全与数字档案:53 次。

安全与管理:50 次。

对策与问题:64 次。

归纳起来,1979—2018 年档案安全研究的重点集中在信息化与管理两个方向上。或者说,1979—2018 年档案安全研究主要是在信息安全与管理两个主要方向上展开的。

从共现组数看,由于高共现频率的 20 个高频关键词的共现组数达 120 组,特高、超高与高共现词有 10 组,占到了全部共现组的 8.33%。1979—2018 年档案安全研究形成了少量的高相关共现关键词群,研究的集中趋势明显。

共现矩阵显示档案安全研究在信息安全与管理两个主要方向上展开,形成少量高相关共现关键词群,研究的集中趋势明显。

15.4.4 关键词共现网络

本部分采用关键词共现分析的方法,对 1979—2018 年档案安全研究的 8257 篇文献进行分析。

在关键词共现网络中,关键词之间的关系可以用连线来表示,连线多少和粗细代表关键词间的亲疏程度,连线越多,代表该关键词与其他关键词的共现次数越多,越是研究领域极其重要的和热点研究内容。使用知网提供的工具,可获得1979—2018年档案安全研究高频词共词网络图谱(扫描二维码)。

从高频词共词网络图谱中可以直观地看出:1979—2018年档案安全研究可分为6个聚类群组。它们分别以"档案""档案安全""档案信息化""高校""信息化建设""数字档案馆"为核心关键词,均为单核心群组,其中5个为单词群组。

在以"档案"为核心的群组中一共有13个相关关键词,除了"档案"之外,还有"信息化""安全""电子档案""信息安全"4个次核心关键词。

主核心关键词"档案"与"信息化""安全"距离较近,共现率较高,是主群组中的核心问题。"档案信息化"与"电子档案""信息安全"距离较远,与"信息安全"共现率低,与"电子档案"没有直接关联,只是通过"管理"产生关联,是主群组中的次要问题。其他主群组中的关键词,均处在这5个关键词的中间,相互间有关联,但亲密程度不如与主次核心。

"档案安全""档案信息化""高校""信息化建设""数字档案馆"5个群组中,"档案信息化""高校""信息化建设"处在主核心群组之中,与主核心群组关联性较强。

"档案安全""档案信息化""高校""信息化建设""数字档案馆"相互关联不强,互相之间只有少数有关联,大多没有直接联系。

"档案安全""数字档案馆"在整个图形的边沿,目前不是重点。

共现网络表明,"档案""信息化""安全""电子档案""信息安全"是档案安全研究的高频高相关核心问题。"档案安全""数字档案馆"不是档案安全研究的重点。

15.5 结语

综上,通过对1979—2018年档案安全研究文献的数据分析,我们可以得出如下结论:

自1979年首篇相关文献发表到2018年,从规模与发展速度上看,有文献发表的39年间,档案安全研究文献总量翻了13番多,年均增速为33.72%,多数年份(25年)是正向增速,22年增速在两位数以上,其中6年的增速达到了三位数。总体上呈现低速上升趋势。

从文献研究层次上看,档案安全研究涉及社会科学、自然科学、教育文化、信息及其他学科5类18个不同层次,总体上属于社会科学范畴,略偏重基础理论研究。

从文献类型分布情况看,在档案安全研究中,一般性论文占绝对优势,政策性、宏观性研究论文薄弱。

从文献资源类型分布情况看,档案安全研究形成了以学术期刊为主,会议论文、硕博论文为辅,报纸为点缀的研究资源体系。

从样本文献的学科分布情况看,档案安全研究在保持与档案学高相关性的同时,具备非常明显的跨学科特性。

从样本文献的基金分布情况看,档案安全研究有139篇文献获29种基金资助,其中国家资助约高于地方、部门资助之和1倍。提供地方资助的有17个省份。

从研究人员分布情况看,档案安全研究已经形成以高校作者为主的核心作者和以其为基础的高产作者群。

从研究机构分布情况看,档案安全研究已经形成稳定的研究机构。其中高校在机构数量及发表文献的数量上占比均为最高,档案行政管理机关次之,事业单位、档案馆、企业、其他行政机构并列第三。

从文献来源分布情况看，档案安全研究总体上已经形成以档案学期刊为主，相关及其他期刊为辅的成果发布与交流体系。

从主题词使用频率看，研究主题集中在档案安全、档案事务、档案机构、档案、档案人、文件、硬件 7 个方面。

从高频率关键词分布情况看，档案安全研究关注的重点过半数集中在档案事务、档案安全、档案、档案信息化、文件 5 类 15 个热词所涉及的问题上。

从高频词共现矩阵看，档案安全研究在信息安全与管理两个主要方向上展开，形成少量高相关共现关键词群，研究的集中趋势明显。

共现网络表明，“档案”“信息化”“安全”“电子档案”“信息安全”是档案安全研究的高频高相关核心问题。“档案安全”“数字档案馆”不是档案安全研究的重点。

16 档案产业

产业是社会分工的产物,它随着社会分工的产生而产生,并随着社会分工的发展而发展。在远古时代,人类共同劳动,共同生活。

(1)产业的内涵与外延。生产物质产品的集合体,包括农业、工业、交通运输业等部门,一般不包括商业。有时专指工业,如产业革命。有时泛指一切生产物质产品和提供劳务活动的集合体,包括农业、工业、交通运输业、邮电通信业、商业饮食服务业、文教卫生业等部门。

产业是指由利益相互联系的、具有不同分工的、由各个相关行业所组成的业态总称,尽管它们的经营方式、经营形态、企业模式和流通环节有所不同,但是,它们的经营对象和经营范围是围绕着共同产品而展开的,并且可以在构成业态的各个行业内部完成各自的循环。

(2)产业的分类。20 世纪 20 年代,国际劳工局最早对产业做了比较系统的划分,即把一个国家的所有产业分为初级生产部门、次级生产部门和服务部门。后来,许多国家在划分产业时都参照了国际劳工局的分类方法。第二次世界大战以后,西方国家大多采用了三次产业分类法。

在中国,产业的划分是:第一产业为农业,包括农、林、牧、渔各业;第二产业为工业,包括采掘、制造、自来水、电力、蒸汽、热水、煤气和建筑等各业;第三产业分流通和服务两部分,共 4 个层次:①流通部门,包括交通运输、邮电通信、商业、饮食、物资供销和仓储等业。②为生产和生活服务的部门,包括金融、保险、地质普查、房地产、公用事业、居民服务、旅游、咨询信息服务和各类技术服务等业。③为提高科学文化水平和居民素质服务的部门,包括教育、文化、广播、电视、科学研究、卫生、体育和社会福利等业。④为社会公共需要服务的部门,包括国家机关、政党机关、社会团体以及军队和警察等。

(3)产业的层次。为适应产业经济学的各个领域在进行产业分析时的不同目的的需要,产业可划分为若干层次,这就是"产业集合"的阶段性。具体地说,产业在产业经济学中有三个层次。第一层次是以同一商品市场为单位划分的产业,即产业组织,现实中的企业关系结构在不同产业中是不相同的。产业内的企业关系结构对该产业的经济效益有极其重要的影响,要实现某一产业的最佳经济效益须使该产业符合两个条件:首先,该产业内的企业关系结构的性质使该产业内的企业有足够的改善经营、提高技术、降低成本的压力;其次,充分利用"规模经济"使该企业的单位成本最低。第二层次是以技术和工艺的相似性为根据划分的产业,即产业联系。一个国家在一定时期内所进行的社会再生产过程中,各个产业部门通过一定的经济技术关系发生着投入和产出,即中间产品的运动,它真实地反映了社会再生产过程中的比例关系及变化规律。第三层次大致以经济活动的阶段为根据,将国民经济划分为若干大部分所形成的产业,即产业结构。

档案产业是指以营利为目的,以市场为目标的从事档案产品及档案服务的生产、流通、消费和传播等活动的经营性组织的集合。或者说,档案产业是指从事档案产品生产和提供档案服务的经营性行业。

16.1　样本选择

档案产业研究是档案学研究的内容之一，属于档案学科的组成部分，同时也是当今档案工作与档案事业的组成部分。档案产业研究数据是重要的档案与档案学术资源，对档案产业研究数据进行定量研究，是用好用活档案资源，展示我国改革开放的历史进程、伟大成就和宝贵经验的一种方式。改革开放以来，档案产业研究不止一次被提出，时起时伏。总结、回顾档案产业研究发展历程，不仅是档案学建设发展的需要，也是档案工作、档案事业发展的需要。

我们以中国知网为样本来源，检索范围：中国学术期刊网络出版总库，特色期刊，中国博士学位论文全文数据库，中国优秀硕士学位论文全文数据库，中国重要会议论文全文数据库，国际会议论文全文数据库，中国重要报纸全文数据库，中国学术辑刊全文数据库。检索年限：不限。检索时间：2018 年 10 月 24 日。发表时间 between（1984-01-01，2018-10-24）并且（主题＝档案产业或者题名＝档案产业）（模糊匹配）。样本文献总数：202 篇。

16.2　文献统计分析

本部分采用统计分析的方法，从文献总量、发展速度与年度分布，文献研究层次，文献类型，文献资源类型，文献学科分布 5 个方面入手，对样本文献进行分析。

16.2.1　文献总量、发展速度与年度分布

从总量上看，有文献发表的 28 年来，共发表文献 202 篇，以 1984 年 1 篇的基数计，28 年间翻了近 8 番。年均 7 篇，最少时（1984 年、1985 年、1991 年）1 篇，最多时（2013 年）19 篇，28 年间增长了 201 倍。中位数为 101 篇。总体趋势见图 16.1。

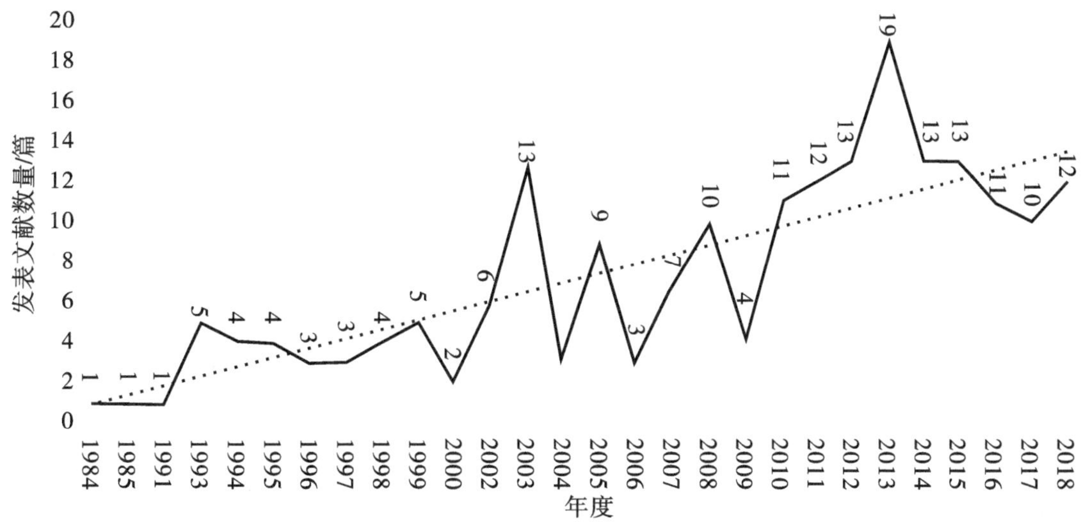

图 16.1　1984—2018 年档案产业研究文献发表数量及分布趋势

从年度分布情况看,1984—2018 年档案产业研究文献发表数量总体上呈现波动上升趋势。近半数年份(13 年)为上升状态,下降年份(9 年)少,5 年持平。

大体上可分为三个阶段:

第一阶段(1984—2000 年),年平均增长率为 35.33%,为低位发展期,总体体量小(22 篇),起伏幅度小,低位运行。

第二阶段(2001—2009 年),年平均增长率为 61.16%,为大幅度波动增长期,年发表文献数量上一个台阶,波动幅度大,周期短。

第三阶段(2010—2018 年),年平均增长率为 22.50%,为大跨度持续增长期。达到峰值,进入下一个波动周期。

具体的年度分布情况见表 16.1。

表 16.1　1984—2018 年档案产业研究文献年度分布情况

序号	年度	发表文献数量/篇	占全部样本/%	发展速度	年增速/%
1	1984	1	0.50		
2	1985	1	0.50	1.00	0.00
3	1991	1	0.50	1.00	0.00
4	1993	5	2.48	5.00	400.00
5	1994	4	1.98	0.80	-20.00
6	1995	4	1.98	1.00	0.00
7	1996	3	1.49	0.75	-25.00
8	1997	3	1.49	1.00	0.00
9	1998	4	1.98	1.33	33.33
10	1999	5	2.48	1.25	25.00
11	2000	2	0.99	0.40	-60.00
12	2002	6	2.97	3.00	200.00
13	2003	13	6.44	2.17	116.67
14	2004	3	1.49	0.23	-76.92
15	2005	9	4.46	3.00	200.00
16	2006	3	1.49	0.33	-66.67
17	2007	7	3.47	2.33	133.33
18	2008	10	4.95	1.43	42.86
19	2009	4	1.98	0.40	-60.00
20	2010	11	5.45	2.75	175.00
21	2011	12	5.94	1.09	9.09
22	2012	13	6.44	1.08	8.33
23	2013	19	9.41	1.46	46.15
24	2014	13	6.44	0.68	-31.58
25	2015	13	6.44	1.00	0.00

续表 16.1

序号	年度	发表文献数量/篇	占全部样本/%	发展速度	年增速/%
26	2016	11	5.45	0.85	-15.38
27	2017	10	4.95	0.91	-9.09
28	2018	12	5.94	1.20	20.00
合计		202	100.00	37.45	1045.12
最高值		19	9.41	5.00	400.00
最低值		1	0.50	0.23	-76.92
平均值		7	3.57	1.39	38.71

自 1984 年首篇相关文献发表到 2018 年，档案产业研究文献总量翻了近 8 番，年均增速为 38.71%，近半数年份（13 年）是正向增速，超过 1/3 的年份（11 年）增速在两位数以上，其中 5 年的增速达到了三位数。

16.2.2　文献研究层次

从文献研究层次分布情况看，202 篇样本文献涉及多个学科的 11 个不同层次。具体分布情况见表 16.2。

表 16.2　1984—2018 年档案产业研究文献层次分布情况

序号	层次	发表文献数量/篇	占全部样本/%
1	基础研究（社科）	105	51.98
2	行业指导（社科）	70	34.65
3	职业指导（社科）	10	4.95
4	政策研究（社科）	5	2.48
5	大众文化	3	1.49
6	工程技术（自科）	3	1.49
7	文艺作品	1	0.50
8	大众科普	1	0.50
9	高等教育	1	0.50
10	行业技术指导（自科）	1	0.50
11	其他	2	0.99
合计		202	100.00

从研究的学科大类看，可分为社会科学、自然科学、教育文化与其他 4 类。其中社会科学 190 篇，占 94.06%；自然科学 4 篇，占 1.98%；教育文化 6 篇，占 2.97%；其他 2 篇，占 0.99%。研究明显属于社会科学的范畴，同时涉及自然科学、教育文化及其他学科。

从基础理论研究与应用研究的角度看，属于基础理论研究的有 105 篇，占 51.98%；属于应用研究的有 97 篇，占 48.02%。研究略偏重基础理论研究。

总之,档案产业研究涉及社会科学、自然科学、教育文化及其他 4 类 11 个不同层次,总体上属于社会科学范畴,同时略偏重基础理论研究。

16.2.3　文献类型

从文献类型分布情况看,202 篇样本文献中,涉及综述类、政策研究类和其他 3 个不同类型。具体分布情况见表 16.3。

表 16.3　1984—2018 年档案产业研究文献类型分布情况

序号	文献类别	发表文献数量/篇	占全部样本/%
1	综述类	1	0.50
2	政策研究类	5	2.48
3	其他	196	97.03
合计		202	100.00

从表 16.3 看,一般性论证(其他)文献占比超过 97%,是绝对主体;政策性(政策研究类)及宏观性(综述类)研究文献则显得非常单薄。

总之,在档案产业研究中,一般性论文占绝对优势,政策性、宏观性研究论文非常薄弱。

16.2.4　文献资源类型

从文献资源类型分布情况看,202 篇样本文献分布在期刊、国内会议、特色期刊、硕士、报纸、博士 6 种类型资源上。具体分布情况见表 16.4。

表 16.4　1984—2018 年档案产业研究文献资源类型分布情况

序号	资源类型	发表文献数量/篇	占全部样本/%
1	期刊	175	86.63
2	国内会议	8	3.96
3	硕士	8	3.96
4	特色期刊	8	3.96
5	报纸	2	0.99
6	博士	1	0.50
合计		202	100.00

有文献发表的 28 年间,期刊成为档案产业学术研究最主要的文献来源,档案产业研究者近 90% 的学术交流与沟通,有赖于这个平台。硕博论文、会议论文、报纸在总量上与期刊相差一个数量级,与期刊相比,只起着辅助或点缀作用。

总之,档案产业研究已经形成了以学术期刊为主,硕博论文、会议论文为辅,报纸为点缀的研究资源体系。

16.2.5　文献学科分布

从文献学科分布情况看,202 篇样本文献涉及 15 个学科。15 个学科发表文献的数量及其在全部样本中的占比分布情况见表 16.5。

表 16.5　1984—2018 年发表文献学科分布情况

序号	学科	发表文献数量/篇	占全部样本/%
1	图书情报档案	181	89.60
2	文化	26	12.87
3	教育	5	2.48
4	旅游经济	4	1.98
5	工业经济	4	1.98
6	新闻传播	3	1.49
7	农业经济	3	1.49
8	工商管理	2	0.99
9	区域经济	2	0.99
10	城市经济	2	0.99
11	影视	1	0.50
12	公共管理	1	0.50
13	通信经济	1	0.50
14	政治	1	0.50
15	法学	1	0.50
合计		237	117.33
总计		202	100.00
超出		35	17.33

需要说明的是,15 个学科统计的文献数为 237 篇,占实际样本数的 117.33%;而实际样本数为 202 篇;15 个学科统计数多于实际文献数 35 篇。再考虑图书情报档案专业文献只有 181 篇,占全部样本的 89.60%。可见档案产业研究是一门具有明显学科交叉性的学科。除档案学本学科之外,与档案产业研究相关性最强的 9 个学科分别是:文化、教育、旅游经济、工业经济、新闻传播、农业经济、工商管理、区域经济、城市经济。

可以说,档案产业研究在保持与档案学学科高相关性的同时,明显具有跨学科特性。

16.3　文献计量分析

本部分采用计量分析的方法,从文献基金资助分布、文献作者分布、文献机构分布和文献来源分布 4 个方面对样本文献进行分析。

16.3.1　文献基金资助分布

从样本文献的基金分布情况看,202篇样本文献中有2篇得到2种基金项目的支持,占全部样本的0.99%。具体分布情况见表16.6。

表16.6　1984—2018年档案产业获得基金资助分布情况

序号	基金名称	发表文献数量/篇	占基金资助文献/%	占全部样本/%
1	江苏省科委社会发展基金	1	50.00	0.495
2	江苏省教育厅人文社会科学研究基金	1	50.00	0.495
合计		2	100.00	0.990
总计		202		100.000

从基金的层次分布情况看,地方基金2种2篇,占全部样本的0.99%。地方资助仅涉及江苏1个省。

总之,档案产业研究有2篇文献获地方2种基金资助,仅涉及江苏省。

16.3.2　文献作者分布

从作者的分布情况看,202篇文献中,前40位作者共发表文献52篇,占全部样本的25.74%。发表文献前40位作者分布情况见表16.7。

表16.7　发表文献前40位作者分布情况

序号	作者	发表文献数量/篇	占全部样本/%
1	胡振荣	5	2.48
2	崔花淑	2	0.99
3	曾昭阁	2	0.99
4	王舒雅	2	0.99
5	郑碧莲	2	0.99
6	李海啸	2	0.99
7	王素红	2	0.99
8	周书生	2	0.99
9	闫海	2	0.99
10	张延冬	1	0.50
11	郝丽艳	1	0.50
12	田宏	1	0.50
13	任传惠	1	0.50
14	刘明	1	0.50
15	黄海	1	0.50

续表 16.7

序号	作者	发表文献数量/篇	占全部样本/%
16	韦亚	1	0.50
17	郭佩素	1	0.50
18	钟世谋	1	0.50
19	孙京殿	1	0.50
20	翁丽娟	1	0.50
21	杨春晓	1	0.50
22	钱丽	1	0.50
23	李兆明	1	0.50
24	张小蓉	1	0.50
25	王立萍	1	0.50
26	沈宣	1	0.50
27	龙岗	1	0.50
28	高文	1	0.50
29	王惠	1	0.50
30	田福星	1	0.50
31	赵乃康	1	0.50
32	荆绍福	1	0.50
33	冉朝霞	1	0.50
34	胡娟	1	0.50
35	王协舟	1	0.50
36	李玉江	1	0.50
37	常镠镠	1	0.50
38	周建华	1	0.50
39	黄明嫚	1	0.50
40	杨婉悌	1	0.50
合计		52	25.74
总计		202	100.00

按照普赖斯提出的计算公式，核心作者候选人的最低发文数 $M=0.749\sqrt{N_{max}}$，其中 N_{max} 为最高产作者发文数量。有文献发表的 28 年来，档案产业研究文献作者中发表文献最多的为 5 篇，即$N_{max}=5$，所以 $M=0.749\sqrt{5}\approx1.675$。因此，凡发表文献 2 篇以上（含 2 篇）的作者均为 1984—2018 年档案产业研究的重要作者。故表 16.7 中的胡振荣、崔花淑、曾昭阁、王舒雅、郑碧莲、李海啸、王素红、周书生、闫海 9 位作者是核心作者中的高产作者。

可见，档案产业研究已经形成了一批高产作者群。从整体上看，无论是作者数量，还是发表文献数量，高校作者为主力。

16.3.3　文献机构分布

从研究机构分布情况看,202篇文献中,前40个机构发表文献71篇,占全部样本的35.15%。如果使用普赖斯公式计算,核心机构的最低发文数 $M=0.749\sqrt{N_{max}}$,其中 N_{max} 为最高产机构发文数量。这里 $N_{max}=5$,所以 $M=0.749\sqrt{5}=1.675$,即发表2篇及以上的为核心研究机构。据此,表16.8中的南阳师范学院、湖南省档案局、山东大学、沈阳市档案局、中国人民大学、四川省档案局、云南大学、湘潭大学、安徽省东华工程科技股份有限公司、浙江省宁海县档案局、安徽大学、云南省档案局、江苏省徐州市档案局、北京航天试验技术研究所、南京师范大学、中山大学、苏州大学、东北林业大学、成都大学、上海大学20个机构是核心研究机构中的高产机构。发表文献最多的40个机构分布情况见表16.8。

表16.8　发表文献最多的40个机构分布情况

序号	机构	发表文献数量/篇	占全部样本/%
1	南阳师范学院	5	2.48
2	湖南省档案局	5	2.48
3	山东大学	3	1.49
4	沈阳市档案局	3	1.49
5	中国人民大学	3	1.49
6	四川省档案局	3	1.49
7	云南大学	3	1.49
8	湘潭大学	2	0.99
9	安徽省东华工程科技股份有限公司	2	0.99
10	浙江省宁海县档案局	2	0.99
11	安徽大学	2	0.99
12	云南省档案局	2	0.99
13	江苏省徐州市档案局	2	0.99
14	北京航天试验技术研究所	2	0.99
15	南京师范大学	2	0.99
16	中山大学	2	0.99
17	苏州大学	2	0.99
18	东北林业大学	2	0.99
19	成都大学	2	0.99
20	上海大学	2	0.99
21	浙江大学	1	0.50
22	扬州大学	1	0.50
23	德州学院	1	0.50
24	山西省石楼县档案局	1	0.50

续表 16.8

序号	机构	发表文献数量/篇	占全部样本/%
25	上海市奉贤区档案局	1	0.50
26	湖北省浠水县档案局	1	0.50
27	四川省攀枝花市档案局	1	0.50
28	南京信息工程大学	1	0.50
29	南昌大学	1	0.50
30	太原市档案局	1	0.50
31	湖南财经高等专科学校	1	0.50
32	中国铁路物资总公司	1	0.50
33	山东省档案局	1	0.50
34	武汉大学	1	0.50
35	河海大学	1	0.50
36	海南师范大学	1	0.50
37	浙江省宁波市城建档案馆	1	0.50
38	广东电网公司惠州惠阳供电局	1	0.50
39	南京理工大学	1	0.50
40	中共郑州市委党校	1	0.50
合计		71	35.15
总计		202	100.00

前40个核心研究机构中有24个是高校（发表文献43篇，占核心研究机构发表文献数的60.56%），表明高校是28年间档案产业核心研究机构的主体。

从前40个机构中各类机构发表文献的数量及占比情况看，24个高校，占60%；发表文献43篇，占比达到了60.56%。12个档案局，占30%；发表文献23篇，占比达到了32.39%。2个企业，占5%；发表文献2篇，占比达到了2.82%。1个事业单位，占2.5%；发表文献2篇，占比达到了2.82%。1个档案馆，占2.5%；发表文献1篇，占比1.41%。

据此，高校在机构数量及发表文献的数量上占比均为最高，档案行政管理机关次之，企业位列第三，事业单位位列第四，档案馆位列第五。

总之，档案产业研究已经形成高校、档案行政管理机关、企业、事业机构、档案馆共同参与的研究队伍。

16.3.4　文献来源分布

从文献来源分布情况看，202篇样本文献中，发表文献最多的15种期刊发表文献124篇，占全部样本的61.39%。具体分布情况见表16.9。

表16.9　发表文献最多的15种期刊分布情况

序号	期刊	发表文献数量/篇	占全部样本/%
1	《兰台世界》	18	8.91
2	《黑龙江档案》	17	8.42
3	《档案时空》	11	5.45
4	《云南档案》	10	4.95
5	《北京档案》	9	4.46
6	《中国档案》	8	3.96
7	《四川档案》	8	3.96
8	《档案与建设》	7	3.47
9	《机电兵船档案》	7	3.47
10	《山西档案》	6	2.97
11	《浙江档案》	5	2.48
12	《办公室业务》	5	2.48
13	《档案学通讯》	5	2.48
14	《档案管理》	4	1.98
15	《湖北档案》	4	1.98
合计		124	61.39
总计		202	100.00

按照布拉德福定律,202篇文献可分为核心区、相关区和非相关区,各个区的论文数量相等(约67篇)。故发表论文数量居前5位的《兰台世界》《黑龙江档案》《档案时空》《云南档案》《北京档案》(65篇)处于核心区之中。它们均为档案学期刊,其中档案学核心期刊1种,非核心期刊4种。

发表论文数量处于第6~15位的《中国档案》《四川档案》《档案与建设》《机电兵船档案》《山西档案》《浙江档案》《办公室业务》《档案学通讯》《档案管理》《湖北档案》(59篇)处于相关区之中。它们多为档案学期刊,其中档案学核心期刊5种,非核心期刊4种,相关期刊1种。

其他发表论文数量4篇以下的期刊部分在相关区,部分在非相关区。

总体上讲,档案学期刊是档案产业研究成果发布与交流的主渠道、主阵地。

总之,档案产业研究已经形成以档案学期刊为主,相关及其他期刊为辅的成果发布与交流体系。

16.4　文献关键词词频及共现分析

本部分采用词频分析的方法,从主题词、高频关键词、关键词共现矩阵、关键词共现网络4个方面对样本文献进行分析。

16.4.1　主题词

从主题词使用频率看,档案产业研究涉及内容广泛,集中在档案产业、档案事务、档案机构、档案、文件 5 个方面。使用频率最高的 32 个主题词分布情况见表 16.10。

表 16.10　使用频率最高的 32 个主题词分布情况

序号	主题词	使用频率/次	占全部样本/%
1	档案文化产业	43	21.29
2	档案事业	21	10.40
3	档案工作	18	8.91
4	文化产业	18	8.91
5	档案部门	15	7.43
6	档案信息	15	7.43
7	档案管理	13	6.44
8	产业化	12	5.94
9	档案馆	11	5.45
10	档案资源	10	4.95
11	文件材料	10	4.95
12	文化机构	10	4.95
13	企业管理	10	4.95
14	产业结构	9	4.46
15	文化产业发展	9	4.46
16	第三产业	8	3.96
17	档案局	8	3.96
18	经济体制	7	3.47
19	产业园区	7	3.47
20	市场经济	7	3.47
21	档案信息资源	7	3.47
22	档案管理工作	6	2.97
23	档案服务	6	2.97
24	档案文化	6	2.97
25	档案中介机构	6	2.97
26	档案利用	5	2.48
27	文化资源	5	2.48
28	档案文化产品	5	2.48
29	思维形式	4	1.98
30	高校产业	4	1.98
31	教育产业	4	1.98
32	档案产业	4	1.98
合计		323	159.90

续表16.10

序号	主题词	使用频率/次	占全部样本/%
总计		202(篇)	100.00
最高频率		43	21.29
最低频率		4	1.98
平均频率		10	5.00

从涉及的主题词看,使用频率最高的32个主题词共使用323频次,占全部样本的159.90%。也就是说,上述32个主题词涵盖了全部样本一遍以上。其中使用频率最高的是"档案文化产业"(43频次),使用频率最低的是"档案产业"(4频次),平均使用频率为10频次。

从主题词反映出的研究内容看,档案产业研究关注的32个主要问题又可归并为档案产业、档案事务、档案机构、档案、文件5个大类。

档案产业(档案文化产业、文化产业、产业化、产业结构、文化产业发展、第三产业、产业园区、高校产业、教育产业、档案产业、经济体制、市场经济、档案文化、文化资源、档案文化产品)共使用148频次,占全部样本的73.27%。它涉及档案产业和与档案产业相关的多个主题,内容庞杂,是档案学界档案产业研究与关注度最高的主题。

档案事务(档案事业、档案工作、档案部门、档案管理、企业管理、档案管理工作、档案服务、档案利用、思维形式)共使用98频次,占全部样本的48.51%。它涵盖了档案事务的多个层面,主要集中在管理与服务利用两个方面,是档案学界研究与关注度第二高的主题。但与档案产业研究相比,相差一个数量级。

档案机构(档案馆、文化机构、档案局、档案中介机构)共使用35频次,占全部样本的17.33%。它是改革开放以来与档案事业、档案人关系最为密切的问题,也是档案学界一直关注的重要问题之一。在档案产业研究中,档案中介机构代替档案室成为继档案馆、档案局之外的第三大主体。

档案(档案信息、档案资源、档案信息资源)共使用32频次,占全部样本的15.84%。档案是档案学研究的本体,在档案产业研究中,从涉及的3个主题看,更注重对档案信息和档案资源的研究。

文件(文件材料)共使用10频次,占全部样本的4.95%。

可以说,档案产业研究所涉及的内容虽然十分广泛,但全部样本均包含在上述档案产业、档案事务、档案机构、档案、文件5类问题中。或者说,档案产业研究主要是围绕上述档案产业、档案事务、档案机构、档案、文件5个方面展开的。

16.4.2　高频关键词

表16.11是使用频率最高的15个高频关键词分布情况。15个使用频率最高的关键词共使用104频次,占全部样本的51.49%。也就是说,超半数的文献所研究的内容与这15个关键词有关。其中使用频率最高的是"档案"(23频次),使用频率最低的是"建设""档案事业""管理""文化资源""发展""创新""档案信息"(各3频次),平均使用频率为7频次。

表16.11　使用频率最高的15个高频关键词分布情况

序号	关键词	使用频率/次	占全部样本/%
1	档案	23	11.39
2	文化产业	22	10.89

续表 16.11

序号	关键词	使用频率/次	占全部样本/%
3	档案文化产业	12	5.94
4	档案文化	8	3.96
5	档案管理	5	2.48
6	档案产业	5	2.48
7	对策	4	1.98
8	产业	4	1.98
9	建设	3	1.49
10	档案事业	3	1.49
11	管理	3	1.49
12	文化资源	3	1.49
13	发展	3	1.49
14	创新	3	1.49
15	档案信息	3	1.49
合计		104	51.49
总计		202(篇)	100.00
平均		7	3.43

从关键词反映出的研究内容来看,档案产业研究关注度最高的 15 个问题可以归纳为档案产业、档案事务、档案 3 个方面。它们占全部样本的 51.49%。

档案产业(文化产业、档案文化产业、档案文化、档案产业、产业、文化资源),使用 54 频次,占比 26.73%。它是档案产业研究关注度最高的主题。从 6 个主题词看,档案产业研究是围绕“文化”进行的。这反映出档案产业研究具有鲜明的文化特性。

档案(档案、档案信息),使用 26 频次,占比 12.87%。它是档案产业研究关注度第二高的主题。研究偏重档案自身。

档案事务(档案管理、对策、建设、档案事业、管理、发展、创新),使用 24 频次,占全部样本的 11.88%。它是档案产业研究关注度第三高的主题。档案产业研究是围绕“管理”与“创新发展”进行的。这反映出档案产业研究不仅具有鲜明的管理性特征,还具有突出的发展导向。

因此,档案产业研究内容广泛,半数以上的研究集中在档案产业、档案事务、档案 3 类 15 个热词所涉及的问题上。

16.4.3 关键词共现矩阵

本部分采用关键词共现分析的方法,对 1984—2018 年档案产业研究的 202 篇文献进行分析。

矩阵提取使用频率最高的 20 个关键词,将这 20 个关键词形成 20×20 的共词矩阵。如果某两个关键词同时出现在一篇文章中,就表明这两者之间存在相关关系,关键词右侧或下方对应位置的数值表示篇数。图 16.2 是 1984—2018 年档案产业研究文献使用频率最高的 20 个高频关键词共现矩阵。

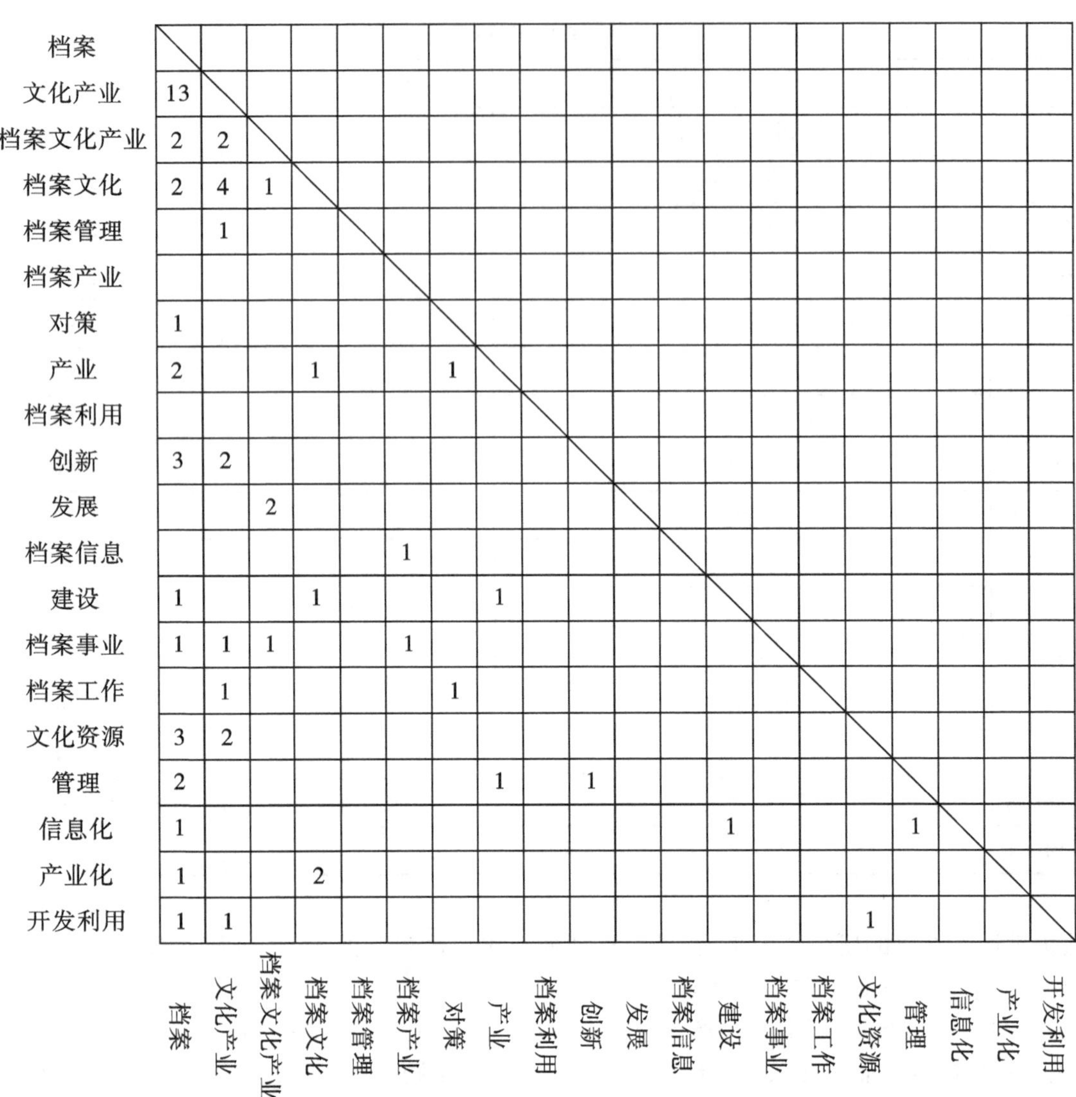

	档案	文化产业	档案文化产业	档案文化	档案管理	档案产业	对策	产业	档案利用	创新	发展	档案信息	建设	档案事业	档案工作	文化资源	管理	信息化	产业化	开发利用
档案																				
文化产业	13																			
档案文化产业	2	2																		
档案文化	2	4	1																	
档案管理		1																		
档案产业																				
对策	1																			
产业	2			1			1													
档案利用																				
创新	3	2																		
发展			2																	
档案信息						1														
建设	1			1				1												
档案事业	1	1	1			1														
档案工作		1					1													
文化资源	3	2																		
管理	2							1		1										
信息化	1												1				1			
产业化	1			2																
开发利用	1	1														1				

图16.2　1984—2018年档案产业研究文献高频关键词共现矩阵

图16.2显示,2017年档案产业研究文献关键词共现有37组,共现率为18.5%。共现次数10次以上的关键词组合有1组,共现率为0.5%。共现次数3~9次的关键词组合有3组,共现率为1.5%。共现次数2次的关键词组合有9组,共现率为4.5%。

以横轴为准计:

20组共现关键词中有13组与档案直接相关,占共现关键词的6.5%。

20组共现关键词中有8组与文化产业直接相关,占共现关键词的4%。

20组共现关键词中各有3组与档案文化产业、档案文化直接相关,各占共现关键词的1%。

20组共现关键词中各有2组与档案产业、对策、产业直接相关,各占共现关键词的1.5%。

余下的4组分别与创新、建设、文化资源、管理4个关键词有关,但共现次数均为1组,属于低相差度高频词。

另有档案管理、档案利用、发展、档案信息、档案事业、档案工作、信息化、产业化、开发利用9个无共现高频词。

共现次数在10次以上的高共现高频关键词有1组,即:

档案与文化产业:13次。

共现次数在3~9次的共现高频关键词有3组,分别是:

档案与创新:3次。

档案与文化资源:3次。

文化产业与档案文化:4次。

共现次数为2次的共现高频关键词有9组,分别是:

档案与档案文化产业:2次。

档案与档案文化:2次。

档案与产业:2次。

档案与管理:2次。

文化产业与档案文化产业:2次。

文化产业与创新:2次。

文化产业与文化资源:2次。

档案文化产业与发展:2次。

档案文化与产业化:2次。

归纳起来,1984—2018年档案产业研究的重点集中在档案文化与文化产业两个方向上。或者说,1984—2018年档案产业研究主要是在档案文化与文化产业两个主要方向上展开的。

从共现组数看,由于高共现频率的20个高频关键词的共现组数达37组,高共现词有13组,占到了全部共现组的35.14%。可见1984—2018年档案产业研究形成了相对较高共现关键词群,研究的集中趋势比较明显。

共现矩阵显示,研究主要是在档案文化与文化产业两个方向上展开的,形成了相对突出的较高相关共现关键词群,研究的集中趋势比较明显。

16.4.4 关键词共现网络

共现网络表明,“档案”“档案文化产业”“档案产业”是档案产业研究的高频高相关核心问题。研究的整体性不高,热点不突出。

本节采用关键词共现分析的方法,对1984—2018年档案产业研究的202篇文献进行分析。

在关键词共现网络中,关键词之间的关系可以用连线来表示,连线多少和粗细代表关键词间的亲疏程度,连线越多,代表该关键词与其他关键词的共现次数越多,越是研究领域极其重要的和热点研究内容。使用知网提供的工具,可获得1984—2018年档案产业研究高频词共词网络图谱(扫描二维码)。

从高频词共词网络图谱中可以直观地看出:1984—2018年档案产业研究可分为6个聚类群组。它们分别以“档案”、“档案产业”、“档案利用”、“档案管理”、“档案文化产业”与“发展”、“档案工作”与“对策”为核心关键词。“档案”“档案产业”“档案利用”“档案管理”为单核心群组,其中“档案”“档案产业”为多词群组,“档案利用”“档案管理”为单词群组。“档案文化产业”与“发展”、“档案工作”与“对策”为双核心双词群组。

在以“档案”为核心的群组中一共有11个相关关键词,除了“档案”之外,还有“文化产业”与“档案文化”2个次核心关键词。三者间的距离一个相对较近(档案文化),一个相对较远(文化产业),但共现率相当。距离较近、联系相对较为密切的还有“管理”“创新”。群组内各关键词间关联性相对松散。群组与除“档案利用”群组之外的4个群组有关联。但4个群组均在主群组外围,且联系稀松。

“档案产业”多词群组的3个关键词通过“档案产业”核心词单线联系。除与“档案”主群组相关联外,与“档案文化产业”群组亦是单线联系。

“档案工作”与“对策”、“档案文化产业”与“发展”两个双核心双词群组虽然距离不远,但仅与

"档案"一核心群组相关联,相互之间没有关联。

"档案管理""档案利用"更是远离核心群组和其他群组。

共现网络表明,"档案""档案文化产业""档案产业"是档案产业研究的高频高相关核心问题。研究的整体性不高,热点不突出。

16.5 结语

综上,通过对1984—2018年档案产业研究文献的数据分析,我们可以得出如下结论:

自1984年首篇相关文献发表到2018年,从规模与发展速度上看,有文献发表的28年间,档案产业研究文献总量翻了近8番,年均增速为38.71%,近半数年份(13年)是正向增速,超过1/3的年份(11年)增速在两位数以上,其中5年的增速达到了三位数。总体上呈现波动上升趋势。

从文献研究层次上看,研究涉及社会科学、自然科学、教育文化及其他4类11个不同层次,总体上属于社会科学范畴,同时略偏重基础理论研究。

从文献类型分布情况看,在研究中,一般性论文占绝对优势,政策性、宏观性研究论文非常薄弱。

从文献资源类型分布情况看,档案产业研究形成了以学术期刊为主,硕博论文、会议论文为辅,报纸为点缀的研究资源体系。

从样本文献的学科分布情况看,档案产业研究在保持与档案学高相关性的同时,具备非常明显的跨学科特性。

从样本文献的基金分布情况看,档案产业研究有2篇文献获地方2种基金资助,提供地方资助的仅有江苏省。

从研究作者分布情况看,档案产业研究已经形成以高校作者为主的一批高产作者。

从研究机构分布情况看,档案产业研究已经形成高校、档案行政管理机关、企业、事业机构、档案馆共同参与的研究队伍。

从文献来源分布情况看,档案产业研究已经形成以档案学期刊为主,相关及其他期刊为辅的成果发布与交流体系。

从主题词使用频率看,研究主题集中在档案产业、档案事务、档案机构、档案、文件5个方面。

从高频率关键词分布情况看,档案产业研究关注的重点半数以上集中在档案产业、档案事务、档案3类15个热词所涉及的问题上。

从高频词共现矩阵看,研究主要是在档案文化与文化产业两个方向上展开的,形成了相对突出的较高相关共现关键词群,研究的集中趋势比较明显。

共现网络表明,"档案""档案文化产业""档案产业"是档案产业研究的高频高相关核心问题。研究的整体性不高,热点不突出。

17 信用档案

所谓信用，是指依附在人之间、单位之间和商品交易之间形成的一种相互信任的生产关系和社会关系。信誉构成了人之间、单位之间、商品交易之间的双方自觉自愿的反复交往，消费者甚至愿意付出更多的钱来延续这种关系。言不信者，行不果。人而无信，不知其可也！

信用是指我们过去履行承诺的正面记录。它是一种行为艺术，是一种人人可以尝试与自我管理的行为管理模式。

对于“信用”一词，《新帕格雷夫经济大辞典》的解释是：“提供信贷（credit）意味着把对某物（如一笔钱）的财产权给以让渡，以交换在将来的某一特定时刻对另外的物品（如另外一部分钱）的所有权。”《牛津法律大辞典》的解释是：“信用（credit），指在得到或提供货物或服务后并不立即而是允诺在将来付给报酬的做法。”《货币银行学》的解释是：“信用是以还本付息为条件的暂时让渡资本的使用权的借贷行为。”

公共信用也称政府信用，是指一个国家各级政府举债的能力。政府为对人民提供各种服务，诸如国防、教育、交通、保健及社会福利，需要庞大的经费支出。但是政府税收的增加往往赶不上支出的增加，因此政府每年出现庞大的赤字。为弥补财政赤字，政府发行或出售各种信用工具。这些信用工具代表政府对持有人所做出的将来偿还借款的承诺。这种偿还债务的承诺来自公共机关，因此称为公共信用。

企业信用泛指一个企业法人授予另一个企业法人的信用，其本质是卖方企业对买方企业的货币借贷。它包括生产制造企业在信用管理中对企业法人性质的客户进行的赊销，即产品信用销售。在产品赊销过程中，授信方通常是材料供应商、产品制造商和批发商，而买方则是产品赊销的受益方，它们是各种各样的企业客户或代理商。买方以自己企业的名义取得卖方所授予的信用。企业信用还涉及商业银行、财务公司、其他金融机构对企业的信贷，以及使用即期汇款付款和预付货款方式以外的贸易方式所产生的信用。

消费者信用是指消费者以对未来偿付的承诺为条件的商品或劳务的交易关系。事实上，消费者信用作为市场经济中的交易工具已经有很长的历史了。第二次世界大战以后，科技突飞猛进，生产力大幅提高。为了推销商品，商人设计出许多推销方式，诸如分期付款、赊购证、信用卡等。消费者信用的出现扩大了市场的规模并使消费者可以提前享受到他们所要的东西。如果以信用的使用目的为标准，消费者信用可以再分为零售信用和现金信用等。

国际信用是指国际借贷行为，包括以赊销商品形式提供的国际商业信用、以银行贷款形式提供的国际银行信用以及政府间相互提供的信用。

信用含有信任和借贷两层含义，分为社会学和经济学范畴。信用的这一本质内涵，决定信用具有社会性，具有伦理和文化特征。具有偿还和付息是经济和金融范畴中的信用的基本特征。

个人信用档案是专业化的、独立的第三方机构为企业或个人等建立的信用档案，依法采集、客观记录信用信息，并依法对外提供信用报告的一种活动。中国人民银行组织建成的这一全国统一的企业和个人信用信息基础数据库,主要记录了这些企业和个人在金融领域的信贷信息,以及在环保等方面遵纪守法的信息。目前,银行业金融机构已经将查询企业和个人信用档案作为审办信贷业务必不可少的环节。人力资源与社会保障、环保、质检等部门也利用征信系统,为其行业信用建设和执法管理提供了帮助。

中国个人信用信息基础数据库于2006年1月正式在全国运行,个人信用基础数据库是目前世界上最大的个人征信数据库。中国人民银行加快完善信贷征信体系,建成了全国集中统一的企业和个人信用信息基础数据库,截至2007年6月末,个人信用基础数据库已为5.7亿自然人建立了信用档案。

个人信用档案收集的信息已经从最初的银行信息延伸到非银行信息,包括贷款信息、信用卡信息、个人住房公积金缴存信息、社会保障信息,是否按时缴纳电话、水、电、燃气费等公共事业费用的信息,以及法院民事判决、欠税等公共信息。

个人信用档案共有七大栏目:个人基本信息、信用交易信息、个人开立结算账户信息、个人非银行信息、特殊交易信息、特别记录、查询记录。

个人基本信息栏目包括个人姓名、地址、工作单位、居住地址、职业等;信用交易信息栏目记录了个人的贷款、信用卡、为他人担保等信息;在个人非银行信息栏目里,还可查看到自己的个人住房公积金、个人养老保险金、法院判决情况等信息。

为保护市民隐私,人民银行采取了授权查询、限定用途、信息安全、查询记录、违规处罚五项措施。在没有市民书面授权时,任何人看不到信用情况。银行也只有在办理贷款、信用卡、担保等业务时,才能查看市民信用报告。银行若违规查询市民个人信用信息,或将查询结果挪作他用,将被罚款1万元至3万元,涉嫌犯罪的将移送司法机关。

在银行没有信用记录的,最简单的方法是先与银行发生借贷关系,比如在银行办理一张信用卡或一笔贷款,并尽快归还贷款及信用卡透支额。一旦发现个人信用记录有错,市民应及时申请纠正。

市民的反映渠道有三种:由市民本人或委托他人,向所在地人民银行分支机构征信管理部门反映;直接向人民银行征信中心反映;委托直接涉及出错信息的银行经办机构反映。市民提交的异议申请,通常在15个工作日内得到回复。

2019年7月,国务院办公厅印发《关于加快推进社会信用体系建设构建以信用为基础的新型监管机制的指导意见》。

17.1 样本选择

信用档案研究是档案学研究新内容,属于档案学科的一个组成部分,同时也是信用社会下档案工作与档案事业的重要组成部分。信用档案研究数据是重要的档案与档案学术资源,对信用档案研究数据进行定量研究,是用好用活档案资源,充分展示我国改革开放的历史进程、伟大成就和宝贵经验的一种方式。改革开放以来,信用档案研究得到了发展。总结、回顾信用档案研究发展历程,不仅是档案学建设发展的需要,也是档案工作、档案事业发展的需要。

我们以中国知网为样本来源,检索范围:中国学术期刊网络出版总库,特色期刊,中国博士学位论文全文数据库,中国优秀硕士学位论文全文数据库,中国重要会议论文全文数据库,国际会议论文全文数据库,中国重要报纸全文数据库,中国学术辑刊全文数据库。检索年限:不限。检索时间:2018年10月23日。发表时间 between(1979-08-01,2018-10-24)并且(主题=信用档案或者题名=信用档案)(模糊匹配)。样本文献总数:917篇。相关研究成果首次发表于1993年。

17.2 文献统计分析

本部分采用统计分析的方法,从文献总量、发展速度与年度分布,文献研究层次,文献类型,文献资源类型,文献学科分布5个方面入手,对样本文献进行分析。

17.2.1 文献总量、发展速度与年度分布

从总量上看,有文献发表的25年间,共发表文献917篇,以1993年1篇的基数计,25年间翻了近10番。年均37篇,最少时(1993—1996年)1篇,最多时(2001年)108篇,25年间增长了近916倍。中位数为458篇。总体趋势见图17.1。

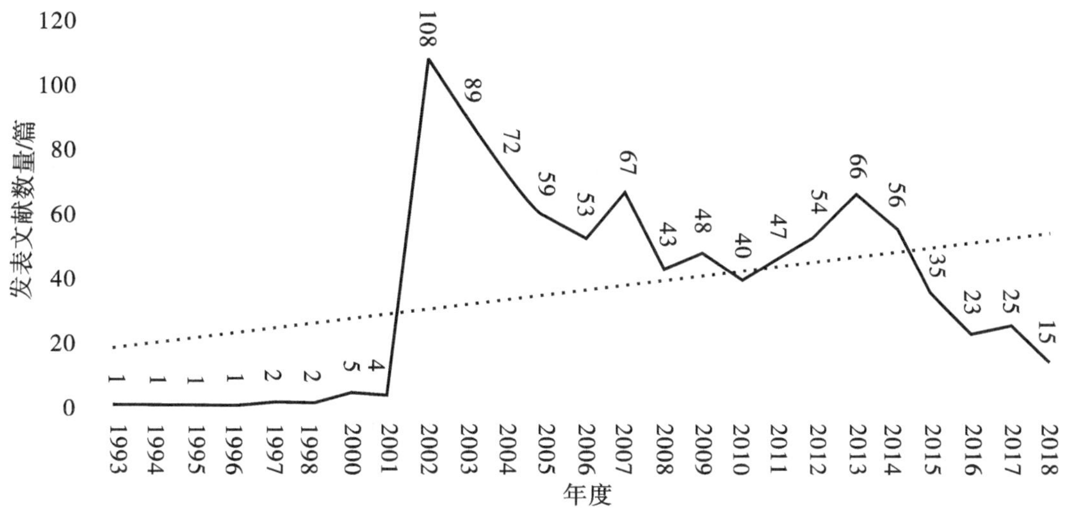

图17.1 1995—2018年信用档案研究文献发表数量及分布趋势

从年度分布情况看,1995—2018年信用档案研究文献发表数量总体上呈现快起快落的小角度上升趋势。9个年份为上升状态,11个年份为下降状态,4年持平。

大体上可分为五个阶段:

第一阶段(1993—2001年),年平均增长率为32.86%,为低位发展期,总体体量小(17篇),一直处在低位。

第二阶段(2002年),年增长率为2600.00%,为井喷式超高速增长期,年发表文献数量连上两个台阶,直接冲至峰顶。

第三阶段(2003—2010年),年平均增长率为-9.92%,为持续下降期。这个阶段前半段直线下落,后半段波动下落。

第四阶段(2011—2013年),年平均增长率为18.21%,为回调上升期。

第五阶段(2014—2018年),年增长率为-23.65%,再次进入回落期。

具体的年度分布情况见表17.1。

表17.1 1995—2018年信用档案研究文献年度分布情况

序号	年度	发表文献数量/篇	占全部样本/%	发展速度	年增速/%
1	1993	1	0.11		
2	1994	1	0.11	1.00	0.00
3	1995	1	0.11	1.00	0.00
4	1996	1	0.11	1.00	0.00
5	1997	2	0.22	2.00	100.00
6	1998	2	0.22	1.00	0.00
7	2000	5	0.55	2.50	150.00
8	2001	4	0.44	0.80	-20.00
9	2002	108	11.78	27.00	2600.00
10	2003	89	9.71	0.82	-17.59
11	2004	72	7.85	0.81	-19.10
12	2005	59	6.43	0.82	-18.06
13	2006	53	5.78	0.90	-10.17
14	2007	67	7.31	1.26	26.42
15	2008	43	4.69	0.64	-35.82
16	2009	48	5.23	1.12	11.63
17	2010	40	4.36	0.83	-16.67
18	2011	47	5.13	1.18	17.50
19	2012	54	5.89	1.15	14.89
20	2013	66	7.20	1.22	22.22
21	2014	56	6.11	0.85	-15.15
22	2015	35	3.82	0.63	-37.50
23	2016	23	2.51	0.66	-34.29
24	2017	25	2.73	1.09	8.70
25	2018	15	1.64	0.60	-40.00
合计		917	100.00	50.87	2687.01
最高值		108	11.78	27.00	2600.00
最低值		1	0.11	0.60	-40.00
平均值		37	4.00	2.12	111.96

自1993年首篇相关文献发表到2018年,信用档案研究文献总量翻了近10番,年均增速为111.96%,9年是正向增速,其中8年增速在两位数以上,2年的增速达到了三位数,1年甚至达到四位数。

17.2.2　文献研究层次

从文献研究层次分布情况看,917 篇样本文献涉及多个学科的 15 个不同层次。具体分布情况见表 17.2。

表 17.2　1995—2018 年信用档案研究文献层次分布情况

序号	学科	发表文献数量/篇	占全部样本/%
1	基础研究(社科)	532	58.02
2	行业指导(社科)	278	30.32
3	职业指导(社科)	52	5.67
4	工程技术(自科)	11	1.20
5	政策研究(社科)	8	0.87
6	大众文化	4	0.44
7	经济信息	3	0.33
8	基础与应用基础研究(自科)	3	0.33
9	高等教育	3	0.33
10	政报、公报、公告、文告	2	0.22
11	高级科普(社科)	2	0.22
12	基础教育与中等职业教育	2	0.22
13	大众科普	2	0.22
14	行业技术指导(自科)	1	0.11
15	其他	14	1.53
合计		917	100.00

从研究的学科大类看,可分为社会科学、自然科学、教育文化、信息与其他 5 类。其中社会科学 872 篇,占 95.09%;自然科学 15 篇,占 1.64%;教育文化 11 篇,占 1.20%;信息 5 篇,占 0.55%;其他 14 篇,占 1.53%。研究明显属于社会科学的范畴,同时涉及自然科学、教育文化、信息及其他学科。

从基础理论研究与应用研究的角度看,属于基础理论研究的有 535 篇,占 58.34%;属于应用研究的有 382 篇,占 41.66%。研究略偏重基础理论研究。

总之,信用档案研究涉及社会科学、自然科学、教育文化、信息及其他 5 类 15 个不同层次,总体上属于社会科学范畴,同时略偏重基础理论研究。

17.2.3　文献类型

从文献类型分布情况看,917 篇样本文献中,涉及综述类、政策研究类和其他 3 个不同类型,具体分布情况见表 17.3。

从表 17.3 看,一般性论证(其他)文献占比超过 98%,成为绝对主体;政策性(政策研究类)及宏观性(综述类文献)研究文献则显得十分单薄。

总之,25 年来,在信用档案研究中,一般性论文占绝对优势,政策性、宏观性研究论文薄弱。

表 17.3　1995—2018 年信用档案研究文献类型分布情况

序号	文献类型	发表文献数量/篇	占全部样本/%
1	综述类	5	0.55
2	政策研究类	8	0.87
3	其他	904	98.58
合计		917	100.00

17.2.4　文献资源类型

从文献资源类型分布情况看,917 篇样本文献分布在期刊、国内会议、硕士、特色期刊、报纸、国际会议 6 种类型资源上。具体分布情况见表 17.4。

表 17.4　1995—2018 年信用档案研究文献资源类型分布情况

序号	资源类型	发表文献数量/篇	占全部样本/%
1	期刊	807	88.00
2	国内会议	40	4.36
3	硕士	39	4.25
4	特色期刊	23	2.51
5	报纸	5	0.55
6	国际会议	2	0.22
合计		917	100.00

有文献发表的 25 年间,期刊成为信用档案学术研究最主要的文献来源,信用档案研究者超过 90% 的学术交流与沟通,有赖于这个平台。会议论文、硕士论文在总量上与期刊相差一个数量级,与期刊相比,只起着辅助作用。报纸在总量上与期刊相差两个数量级,与期刊相比,只起着点缀作用。

总之,信用档案研究已经形成了以学术期刊为主,会议论文、硕士论文为辅,报纸为点缀的研究资源体系。

17.2.5　文献学科分布

从文献学科分布情况看,917 篇样本文献涉及学科超过 50 个。发表文献最多的 15 个学科分布情况见表 17.5。

表 17.5 1995—2018 年发表文献最多的 15 个学科分布情况

序号	学科	发表文献数量/篇	占全部样本/%
1	图书情报档案	874	95.31
2	工商管理	90	9.81
3	教育	51	5.56
4	国民经济	21	2.29
5	工业经济	14	1.53
6	金融	12	1.31
7	城市经济	7	0.76
8	法学	5	0.55
9	食品	5	0.55
10	公共卫生与预防医学	4	0.44
11	公共管理	3	0.33
12	商业经济	3	0.33
13	马克思主义	2	0.22
14	物流经济	2	0.22
15	计算机	2	0.22
合计		1095	119.41
总计		917	100.00
超出		178	19.41

需要说明的是,按 15 个学科统计的文献数为 1095 篇,占实际样本数的 119.41%;而实际样本数为 917 篇;15 个学科统计数多于实际文献数 178 篇。再考虑到实际涉及的学科超过 50 个,全部学科文献的数量之和远远超过实际样本数量。图书情报档案专业文献只有 874 篇,占全部样本的 95.31%。可以看出,信用档案研究是一门具有明显学科交叉性的学科。除档案学本学科之外,与信用档案研究相关性最强的 5 个学科分别是:工商管理、教育、国民经济、工业经济、金融。

可以说,信用档案研究在保持与档案学学科高相关性的同时,具有明显的跨学科特性。

17.3 文献计量分析

本部分采用计量分析的方法,从文献基金资助分布、文献作者分布、文献机构分布和文献来源分布 4 个方面对样本文献进行分析。

17.3.1 文献基金资助分布

从样本文献的基金分布情况看,917 篇样本文献中有 12 篇得到 5 种基金项目的支持,占全部样本的 1.309%。具体分布情况见表 17.6。

表17.6 1995—2018年信用档案获得基金资助分布情况

序号	基金名称	发表文献数量/篇	占基金资助文献/%	发表文献数量/篇
1	国家自然科学基金	5	41.67	0.545
2	国家社会科学基金	3	25.00	0.327
3	全国教育科学规划	2	16.67	0.218
4	上海市高等学校科学技术发展基金	1	8.33	0.109
5	安徽省高等学校青年教师科研资助项目	1	8.33	0.109
合计		12	100.00	1.309
总计		917		100.000

从基金的层次分布情况看,国家级基金2种8篇,占全部样本的0.872%,占获基金资助文献的66.67%;地方基金2种2篇,占全部样本的0.218%,占获基金资助文献的16.66%;部门基金1种2篇,占全部文献的0.218%,占获基金资助文献的16.67%。国家层面虽然种类少,但资助文献的数量高于地方、部门基金的资助数量,是地方、部门基金资助数量之和的2倍。

地方资助涉及安徽、上海2个省份。

总之,信用档案研究有12篇文献获5种基金资助,其中国家资助高于地方、部门资助之和1倍。提供地方资助的有2个省份。

17.3.2 文献作者分布

从作者的分布情况看,917篇文献中,前40位作者共发表文献98篇,占全部样本的10.67%。前40位作者发表文献分布情况见表17.7。

表17.7 发表文献前40位作者分布情况

序号	作者	发表文献数量/篇	占全部样本/%
1	傅薇	7	0.76
2	张建忠	4	0.44
3	冯湘君	4	0.44
4	肖文建	4	0.44
5	杜晓丹	3	0.33
6	王博	3	0.33
7	张兆忠	3	0.33
8	张建伟	3	0.33
9	吴雁平	3	0.33
10	陈正月	3	0.33
11	郭玉杰	3	0.33
12	朱武梅	2	0.22
13	马晓芳	2	0.22

续表 17.7

序号	作者	发表文献数量/篇	占全部样本/%
14	钟闻	2	0.22
15	任越	2	0.22
16	孙相娟	2	0.22
17	王玲	2	0.22
18	李洪波	2	0.22
19	高全忠	2	0.22
20	刘丽佳	2	0.22
21	张金娜	2	0.22
22	覃兆刿	2	0.22
23	闫娜好	2	0.22
24	郝慧明	2	0.22
25	杨莉	2	0.22
26	黄桂阳	2	0.22
27	毋非非	2	0.22
28	朱静	2	0.22
29	胡小平	2	0.22
30	刘寅斌	2	0.22
31	柴红艳	2	0.22
32	卜鉴民	2	0.22
33	胡琦	2	0.22
34	盖红	2	0.22
35	赵景祥	2	0.22
36	李小平	2	0.22
37	姚莉	2	0.22
38	王丽萍	2	0.22
39	任文娜	2	0.22
40	郑美虹	2	0.22
合计		98	10.69
总计		917	100.00

按照普赖斯提出的计算公式，核心作者候选人的最低发文数 $M=0.749\sqrt{N_{max}}$，其中 N_{max} 为最高产作者发文数量。有文献发表的 25 年来，信用档案研究文献作者中发表文献最多的为 7 篇，即$N_{max}=7$，所以 $M=0.749\sqrt{7}=1.982$。因此，凡发表文献 2 篇以上（含 2 篇）的作者均为 1995—2018 年间信用档案研究的重要作者。故表 17.7 中的前 40 位作者不仅是核心作者，而且是核心作者中的高产作者。

总之，信用档案研究已经形成了一批核心作者和以核心作者为基础的高产作者群。

17.3.3 文献机构分布

从研究机构分布情况看,917 篇文献中,前 40 个机构发表文献 197 篇,占全部样本的 21.48%。如果使用普赖斯公式计算,核心机构的最低发文数 $M=0.749\sqrt{N_{max}}$,其中 N_{max} 为最高产机构发文数量。这里 $N_{max}=18$,所以 $M=0.749\sqrt{18}=3.178$,即发表文献 3 篇及以上的为核心研究机构。据此,表17.8 中的安徽大学、黑龙江大学、苏州大学、中山大学、山东大学、广西民族大学、四川大学、湖北大学、临沂师范学院、武汉大学、上海大学、辽宁省档案局、湘潭大学、郑州大学、济南市档案局、江苏省射阳县农村信用合作社联合社、江苏省南通市档案局、南开大学、国家档案局、中国人民大学、山西大学、辽宁省阜新市档案局、辽宁大学、石家庄市档案局、邵阳学院、河南省开封市档案局、南京市档案局、华东师范大学、新乡学院、福建省泉州市城建档案馆、福建社会科学院、山西省档案局、山东省莱芜市档案局、南京政治学院是核心研究机构中的高产机构。发表文献最多的 40 个机构分布情况见表 17.8。

表 17.8 发表文献最多的 40 个机构分布情况

序号	机构	发表文献数量/篇	占全部样本/%
1	安徽大学	18	1.96
2	黑龙江大学	15	1.64
3	苏州大学	13	1.42
4	中山大学	12	1.31
5	山东大学	10	1.09
6	广西民族大学	7	0.76
7	四川大学	6	0.65
8	湖北大学	6	0.65
9	临沂师范学院	6	0.65
10	武汉大学	6	0.65
11	上海大学	6	0.65
12	辽宁省档案局	5	0.55
13	湘潭大学	5	0.55
14	郑州大学	5	0.55
15	济南市档案局	4	0.44
16	江苏省射阳县农村信用合作社联合社	4	0.44
17	江苏省南通市档案局	4	0.44
18	南开大学	4	0.44
19	国家档案局	4	0.44
20	中国人民大学	3	0.33
21	山西大学	3	0.33
22	辽宁省阜新市档案局	3	0.33
23	辽宁大学	3	0.33

续表 17.8

序号	机构	发表文献数量/篇	占全部样本/%
24	石家庄市档案局	3	0.33
25	邵阳学院	3	0.33
26	河南省开封市档案局	3	0.33
27	南京市档案局	3	0.33
28	华东师范大学	3	0.33
29	新乡学院	3	0.33
30	福建省泉州市城建档案馆	3	0.33
31	福建社会科学院	3	0.33
32	山西省档案局	3	0.33
33	山东省莱芜市档案局	3	0.33
34	南京政治学院	3	0.33
35	湖北省十堰市档案局	2	0.22
36	黑龙江省孙吴县规划办公室	2	0.22
37	武汉职业技术学院	2	0.22
38	福建师范大学	2	0.22
39	中国兵器工业勘察设计研究院	2	0.22
40	广西民族学院	2	0.22
合计		197	21.48
总计		917	100.00

前40个核心研究机构中有25个是高校(发表文献149篇,占核心研究机构发表文献数的75.64%),表明高校是信用档案研究极其重要的高产机构群的主体。

从前40个机构中各类机构发表文献的数量及占比情况看,25个高校,占62.5%;发表文献149篇,占比达到了75.64%。其中前11位均为高校。11个档案局(馆),占27.5%;发表文献37篇,占比达到了18.78%。1个其他行政机构,占2.5%;发表文献4篇,占比达到了2.03%。1个档案馆,占2.5%;发表文献3篇,占比达到了1.52%。1个企业,占2.5%;发表文献1篇,占比达到了0.51%。1个事业单位,占2.5%;发表文献1篇,占比达到了0.51%。

总之,25年来,信用档案研究已经形成相对稳定的研究机构。其中高校在机构数量及发表文献的数量上均为最高,档案行政管理机关次之,其他行政机构位列第三,档案馆位列第四,企业、事业单位位列第五。

17.3.4　文献来源分布

从文献来源分布情况看,917篇样本文献中,发表文献最多的15种期刊,发表文献541篇,占全部样本的59.00%。具体分布情况见表17.9。

表17.9　发表文献最多的15种期刊分布情况

序号	期刊	发表文献数量/篇	占全部样本/%
1	《兰台世界》	115	12.54
2	《黑龙江档案》	79	8.62
3	《档案与建设》	43	4.69
4	《中国档案》	40	4.36
5	《机电兵船档案》	33	3.60
6	《浙江档案》	30	3.27
7	《湖北档案》	29	3.16
8	《山东档案》	28	3.05
9	《兰台内外》	23	2.51
10	《山西档案》	23	2.51
11	《北京档案》	22	2.40
12	《档案管理》	21	2.29
13	《办公室业务》	19	2.07
14	《云南档案》	19	2.07
15	《档案时空》	17	1.85
合计		541	59.00
总计		917	100.00

按照布拉德福定律,917篇文献可分为核心区、相关区和非相关区,各个区的论文数量相等(约306篇)。故发表论文数量居前5位的《兰台世界》《黑龙江档案》《档案与建设》《中国档案》《机电兵船档案》(310篇)处于核心区之中。它们均为档案学期刊,其中档案学核心期刊2种,非核心期刊3种。

发表论文数量居第6~15位的《浙江档案》《湖北档案》《山东档案》《兰台内外》《山西档案》《北京档案》《档案管理》《办公室业务》《云南档案》《档案时空》(231篇)处于相关区之中。它们多为档案学期刊,其中档案学核心期刊3种,非核心期刊6种,相关期刊1种。

其他发表论文数量17篇以下的期刊部分在相关区,部分在非相关区。

总体上讲,档案学期刊,主要是地方档案行政管理机关主办的档案学期刊,是信用档案研究成果发布与交流的主渠道。

因此,信用档案研究总体上已经形成以档案学期刊为主,相关及其他期刊为辅的成果发布与交流体系。

17.4　文献关键词词频及共现分析

本部分采用词频分析的方法,从主题词、高频关键词、关键词共现矩阵、关键词共现网络4个方面对样本文献进行分析。

17.4.1　主题词

从主题词使用频率看，信用档案研究涉及内容广泛，集中在信用档案、档案事务、经济管理、档案机构、档案、文件、国家地区 7 个方面。使用频率最高的 31 个主题词分布情况见表 17.10。

表 17.10　使用频率最高的 31 个主题词分布情况

序号	主题词	使用频率/次	占全部样本/%
1	信用档案	360	39.26
2	企业信用档案	103	11.23
3	企业管理	101	11.01
4	个人信用档案	88	9.60
5	市场经济	56	6.11
6	经济体制	55	6.00
7	档案工作	54	5.89
8	档案局	52	5.67
9	信用档案体系	50	5.45
10	信用记录	43	4.69
11	金融机构	43	4.69
12	档案部门	42	4.58
13	档案管理	38	4.14
14	社会信用体系	37	4.03
15	诚信档案	37	4.03
16	人事管理	33	3.60
17	大学生信用档案	33	3.60
18	人事档案管理	32	3.49
19	档案管理工作	31	3.38
20	文件材料	28	3.05
21	档案管理体系	27	2.94
22	人事档案	27	2.94
23	美利坚合众国	26	2.84
24	北美洲	26	2.84
25	档案信息化建设	21	2.29
26	档案信息	20	2.18
27	现行文件	20	2.18
28	信用体系建设	19	2.07
29	食品安全信用档案	19	2.07
30	企业文化建设	17	1.85

续表 17.10

序号	主题词	使用频率/次	占全部样本/%
31	社会信用体系建设	17	1.85
合计		1555	169.57
总计		917(篇)	100.00
最高频率		360	39.26
最低频率		17	1.85
平均频率		50	5.47

从涉及的主题词看,使用频率最高的31个主题词共使用1555频次,占全部样本的169.57%。也就是说,上述31个主题词涵盖了全部样本文献近两遍。其中使用频率最高的是“信用档案”(360频次),使用频率最低的是“企业文化建设”“社会信用体系建设”(各17频次),平均使用频率为50频次。

从主题词反映出的研究内容看,信用档案研究关注的31个主要问题又可归并为信用档案、档案事务、经济管理、档案机构、档案、文件、国家地区7个大类。

信用档案(信用档案、企业信用档案、个人信用档案、信用档案体系、信用记录、金融机构、社会信用体系、诚信档案、大学生信用档案、信用体系建设、食品安全信用档案、社会信用体系建设)共使用849频次,占全部样本的92.58%。它涵盖了信用档案的多个层面,主要集中在各类信用档案和信用体系两个方面,是档案学界信用档案研究与关注度最高的主题。

企业管理(企业管理、市场经济、经济体制、企业文化建设)共使用229频次,占全部样本的24.97%。它主要集中在市场与企业两个层面,是档案学界研究与关注度第二高的主题。但与信用档案研究相比,相差一个数量级。

档案事务(档案工作、档案管理、人事管理、人事档案管理、档案管理工作、档案管理体系)共使用215频次,占全部样本的23.45%。它涵盖了档案事务的多个层面,主要集中在管理层面,是档案学界研究与关注度第三高的主题。

档案机构(档案局、档案部门)共使用94频次,占全部样本的10.25%。它是改革开放以来与档案事业、档案人关系最为密切的问题,也是档案学界一直关注的重要问题之一。在信用档案研究中只涉及笼统的档案机构与档案局。

档案(人事档案、档案信息化建设、档案信息)共使用68频次,占全部样本的7.42%。档案是档案学研究的本体,在信用档案研究中,从涉及的3个主题看,更注重对档案所承载的信息和信息化的研究。

国家地区(美利坚合众国、北美洲)共使用52频次,占全部样本的5.68%。

文件(文件材料、现行文件)共使用48频次,占全部样本的5.23%。

可以说,信用档案研究所涉及的内容虽然十分广泛,但全部文献均包含在上述信用档案、档案事务、经济管理、档案机构、档案、文件、国家地区7类问题中。或者说,信用档案研究主要是围绕上述信用档案、档案事务、经济管理、档案机构、档案、文件、国家地区7个方面展开的。

17.4.2　高频关键词

表17.11是使用频率最高的15个高频关键词。15个使用频率最高的关键词共使用435频次,占全部样本的47.44%。也就是说,近半数的文献所研究的内容与这15个关键词有关。其中使用频率

最高的是“信用档案”(134 频次),使用频率最低的是“企业信用档案”“企业档案”(各 17 频次),平均使用频率为 29 频次。

表 17.11　使用频率最高的 15 个高频关键词分布情况

序号	关键词	使用频率/次	占全部样本/%
1	信用档案	134	14.61
2	档案管理	36	3.93
3	信用	34	3.71
4	档案	30	3.27
5	管理	30	3.27
6	人事档案	27	2.94
7	大学生	22	2.40
8	个人信用档案	19	2.07
9	建设	17	1.85
10	信用体系	16	1.74
11	诚信	16	1.74
12	诚信档案	15	1.64
13	对策	15	1.64
14	企业信用档案	12	1.31
15	企业档案	12	1.31
合计		435	47.44
总计		917(篇)	100.00
平均		29	3.16

从关键词反映出的研究内容来看,信用档案研究关注度最高的 15 个问题可以归纳为信用档案、档案事务、档案、人 4 个方面。它们占全部样本的 47.44%。

信用档案(信用档案、信用、个人信用档案、信用体系、诚信、诚信档案、企业信用档案),使用 246 频次,占比 26.83%。它是信用档案研究关注度最高的问题。简单地说,1/4 以上的信用档案研究是围绕上述内容进行的。

档案事务(档案管理、管理、建设、对策),使用 98 频次,占全部样本的 10.69%。它是信用档案研究关注度第二高的问题。简单地说,超过 1/10 的信用档案研究是围绕“管理”进行的。这反映出信用档案研究具有鲜明的管理性特征。

档案(档案、人事档案、企业档案),使用 69 频次,占比 7.52%。研究偏重专业专门档案。

人(大学生),使用 22 频次,占比 2.40%。在信用档案涉及的人群中,大学生的被关注度最高。

因此,信用档案研究内容广泛,近半数的研究集中在信用档案、档案事务、档案、人 4 类 15 个热词所涉及的问题上。

17.4.3　关键词共现矩阵

本部分采用关键词共现分析的方法,对 1995—2018 年信用档案研究的 917 篇文献进行分析。

矩阵提取使用频率最高的 20 个关键词,将这 20 个关键词形成 20×20 的共词矩阵。如果某两个关键词同时出现在一篇文章中,就表明这两者之间存在相关关系,关键词右侧或下方对应位置的数值表示篇数。图 17.2 是 1995—2018 年信用档案研究文献使用频率最高的 20 个高频关键词共现矩阵。

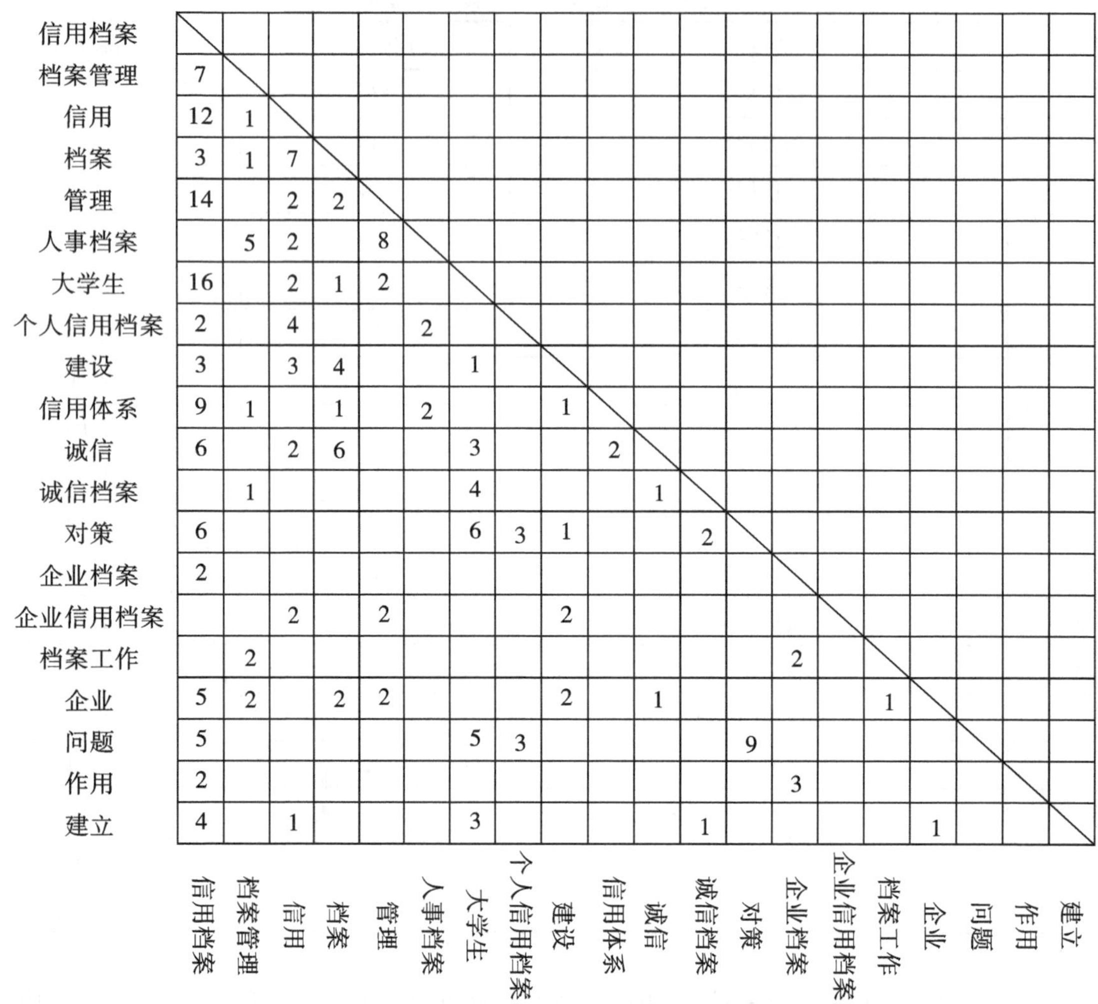

	信用档案	档案管理	信用	档案	管理	人事档案	大学生	个人信用档案	建设	信用体系	诚信	诚信档案	对策	企业档案	企业信用档案	档案工作	企业	问题	作用	建立
信用档案																				
档案管理	7																			
信用	12	1																		
档案	3	1	7																	
管理	14		2	2																
人事档案		5	2		8															
大学生	16		2	1	2															
个人信用档案	2		4			2														
建设	3		3	4			1													
信用体系	9	1		1		2			1											
诚信	6		2	6			3			2										
诚信档案		1					4				1									
对策	6						6	3	1			2								
企业档案	2																			
企业信用档案			2		2				2											
档案工作		2												2						
企业	5	2		2	2				2		1					1				
问题	5						5	3					9							
作用	2													3						
建立	4		1				3					1					1			

图 17.2　1995—2018 年信用档案研究文献高频关键词共现矩阵

图 17.2 显示,2017 年信用档案研究文献关键词共现有 65 组,共现率为 32.5%。共现次数 10 次以上的关键词组合有 3 组,共现率为 1.5%。共现次数 6~9 次的关键词组合有 9 组,共现率为 4.5%。

以横轴为准计:

20 组共现关键词中有 15 组与信用档案直接相关,占共现关键词的 7.5%。

20 组共现关键词中有 9 组与信用直接相关,占共现关键词的 4.5%。

20 组共现关键词中有 7 组与档案管理直接相关,占共现关键词的 3.5%。

20 组共现关键词中各有 6 组与档案、大学生直接相关,分别占共现关键词的 3%。

20 组共现关键词中各有 4 组与管理、建设接相关,分别占共现关键词的 2%。

20 组共现关键词中各有 2 组与人事档案、个人信用档案、诚信档案、诚信、企业档案直接相关,分别占共现关键词的 1%。

余下的 4 组分别与信用体系、对策、档案工作、企业 4 个关键词有关,但共现次数均为 1 组,属于低相差度高频词。

另有企业信用档案、问题、作用、建立 4 个无共现高频词。

共现次数在10次以上的特高共现高频关键词有3组,分别是:

信用档案与大学生:16次。

信用档案与管理:14次。

信用档案与信用:12次。

共现次数在6~9次的超高共现高频关键词有9组,分别是:

信用档案与信用体系:9次。

信用档案与档案管理:7次。

信用档案与诚信:6次。

信用档案与对策:6次。

档案与诚信:6次。

大学生与对策:6次。

信用与档案:7次。

管理与人事档案:8次。

对策与问题:9次。

归纳起来,1993—2018年信用档案研究的重点集中在信用档案、信用与体系3个方向上。或者说,1993—2018年信用档案研究主要是在信用档案、信用与体系3个主要方向上展开的。

从共现组数看,由于高共现频率的20个高频关键词的共现组数有65组,较高的共现词有12组,占到了全部共现组的18.46%。可见1993—2018年信用档案研究形成了明显的较高相关共现关键词群,研究的集中趋势较为明显。

共现矩阵显示,研究主要集中在信用档案、信用与体系3个方向上,形成了较高的相关共现关键词群,研究的集中趋势较为明显。

17.4.4　关键词共现网络

本部分采用关键词共现分析的方法,对1995—2018年信用档案研究的917篇文献进行分析。

在关键词共现网络中,关键词之间的关系可以用连线来表示,连线多少和粗细代表关键词间的亲疏程度,连线越多,代表该关键词与其他关键词共现次数越多,越是研究领域极其重要的和热点研究内容。使用知网提供的工具,可获得1995—2018年信用档案研究高频词共词网络图谱(扫描二维码)。

从高频词共词网络图谱中可以直观地看出:1995—2018年信用档案研究可分为6个聚类群组。它们分别以“大学生”“人事档案”“企业档案”“信用档案”“个人信用档案”“企业信用档案”为核心关键词,均为单核心群组,其中1个多单词群组,1个三单词群组,1个双单词群组,3个单词群组。

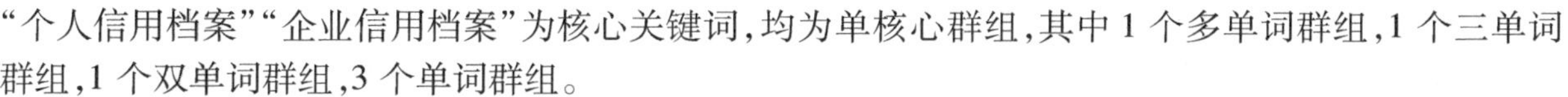

在以“大学生”为核心的群组中一共有11个相关关键词,除了“大学生”之外,还有“信用”与“档案”两个次核心关键词。三者间的距离一个相对较近(档案),一个相对较远(信用),共现率均不高。群组与其他5个群组均有关联,其中与“信用档案”“个人信用档案”群组距离近且有高共现率。“大学生”虽然是主群组的核心关键词,但自身使用频率不高,与群组内其他关键词的关联性不强,与群组内半数关键词没有直接关联,与其他5个群组中的“人事档案”“企业档案”“企业信用档案”没有关联。

“人事档案”“企业档案”“企业信用档案”3个外围群组之间有微弱的直接关联。

“企业档案”“信用档案”“个人信用档案”3个群组之间亦有微弱的直接关联。

“人事档案”“企业信用档案”与“信用档案”“个人信用档案”群组间没有关联。

共现网络表明,“大学生”“信用档案”“个人信用档案”“人事档案”是信用档案研究的高频高相关核心问题。

17.5 结语

综上,通过对1995—2018年信用档案研究文献的数据分析,我们可以得出如下结论:

自1993年首篇相关成果文献发表到2018年,从规模与发展速度上看,信用档案研究文献总量翻了近10番,年均增速为111.96%,9年是正向增速,其中8年增速在两位数以上,2年的增速达到了三位数,1年甚至达到四位数。总体上呈现快起快落的小角度上升趋势。

从文献研究层次上看,信用档案研究涉及社会科学、自然科学、教育文化、信息及其他学科5类15个不同层次,总体上属于社会科学范畴,同时略偏重基础理论研究。

从文献类型分布情况看,信用档案研究中一般性论文占绝对优势,政策性、宏观性研究论文薄弱。

从文献资源类型分布情况看,信用档案研究形成了以学术期刊为主,会议论文、硕士论文为辅,报纸为点缀的研究资源体系。

从样本文献的学科分布情况看,信用档案研究在保持与档案学高度相关的同时,具备非常明显的跨学科特性。

从样本文献的基金分布情况看,信用档案研究有12篇文献获5种基金资助,其中国家资助高于地方、部门资助1倍。提供地方资助的有2个省份。

从研究作者分布情况看,信用档案研究已经形成以高校作者为主的一大批核心作者和以其为基础的高产作者群。

从研究机构分布情况看,信用档案研究已经形成相对稳定的研究机构。其中高校在机构数量及发表文献的数量上均为最高,档案行政管理机关次之,其他行政机构位列第三,档案馆位列第四,企业事业单位位列第五。

从文献来源分布情况看,信用档案研究总体上已经形成以档案学期刊为主,相关及其他期刊为辅的成果发布与交流体系。

从主题词使用频率看,研究主题集中在信用档案、档案事务、经济管理、档案机构、档案、文件、国家地区7个方面。

从高频率关键词分布情况看,研究关注的重点近半数集中在信用档案、档案事务、档案、人4类15个热词所涉及的问题上。

从高频词共现矩阵看,研究主要是在信用档案、信用与体系3个方向上展开的,形成了较高的相关共现关键词群,研究的集中趋势较为明显。

共现网络表明,“大学生”“信用档案”“个人信用档案”“人事档案”是信用档案研究的高频高相关核心问题。

18　民生档案

现代意义上的民生概念有广义和狭义之分。

广义上的民生概念是指,凡是同民生有关的,包括直接相关和间接相关的事情都属于民生范围内的事情。这个概念的优点是充分强调民生问题的高度重要性和高度综合性,但其明显的不足在于,概念范围太大。从直接相关和间接相关的角度看,广义上的民生概念几乎可以延伸到经济、社会、政治、文化等任一领域,无所不包,甚至还可以包括历史观方面的问题。这样一来,由于不易操作和把握,反倒容易冲淡人们对于直接、切身、具体、真正的民生的关注和改善,使民生问题难以同改善民生的具体政策和措施有效地结合起来。孙中山对民生的界定大致是从广义的角度来立论的。由于广义上的民生概念太大,所包括的内容过于庞大,所涉及的面过于宽泛,同具体政策层面上的民生问题难以吻合,难以把握,所以,在具体政策和实际生活领域,人们一般不使用广义上的民生概念。

狭义上的民生概念主要是从社会层面上着眼的。从这个角度看,所谓民生,主要是指民众的基本生存和生活状态,以及民众的基本发展机会、基本发展能力和基本权益保护的状况,等等。狭义上的民生概念相对来说比较准确,也容易把握,容易同具体层面上的民生政策吻合。我们平时所使用的民生概念一般都是狭义的民生概念。比如,如今社会上流行的说法——要"加快以改善民生为重点的社会建设"一语中的"民生",就是从社会层面上着眼的。

从人权角度看,民生就是人的全部生存权和普遍发展权。从需求角度看,民生是指与实现人的生存权利有关的全部需求和与实现人的发展权利有关的普遍需求。前者强调的是生存条件,后者追求的是生活质量,即保证生存条件的全部需求和改善生活质量的普遍需求。

从责任角度看,民生是党和政府施政的最高准则。

档案工作要"以民生需求为导向","满足民生需求","各级档案部门要以服务民生为重点","创造性地开展民生档案工作","把涉及民生的档案及时建立并完整收集起来",并提出"民生所想,就是档案工作之所向;民生所需,就是档案工作之所趋"。

在《关于加强民生档案工作的意见》(档发〔2008〕12 号)中,国家档案局要求全国各级档案部门要把做好民生档案工作作为档案部门贯彻十七大精神和落实科学发展观的战略举措来抓。"档案界"论坛的会员也认为,"与民生休戚相关的档案最有生命力""档案工作的确应服务民生",倡议要把档案"和民生挂钩"以提升档案馆在社会中的地位。

18.1　样本选择

民生档案研究是档案学研究新且重要的内容,属于档案学科的重要组成部分,同时也是当下档案工作与档案事业的重要组成部分。民生档案研究数据是重要的档案与档案学术资源,对民生档案研究数据进行定量研究,是用好用活档案资源,充分展示我国改革开放的历史进程、伟大成就和宝贵经验的一种方式。改革开放以来,民生档案研究得到了长足进步与发展。总结、回顾民生档案研究发展历程,不仅是档案学建设发展的需要,也是档案工作、档案事业发展的需要。

我们以中国知网为样本来源,检索范围:中国学术期刊网络出版总库,特色期刊,中国博士学位论文全文数据库,中国优秀硕士学位论文全文数据库,中国重要会议论文全文数据库,国际会议论文全文数据库,中国重要报纸全文数据库,中国学术辑刊全文数据库。检索年限:不限。检索时间:2018 年 10 月 24 日。发表时间 between(1979-01-01,2018-10-24)并且(主题=民生档案或者题名=民生档案)(模糊匹配)。样本文献总数:2614 篇。

18.2　文献统计分析

本部分采用统计分析的方法,从文献总量、发展速度与年度分布,文献研究层次,文献类型,文献资源类型,文献学科分布 5 个方面入手,对样本文献进行分析。

18.2.1　文献总量、发展速度与年度分布

从总量上看,有文献发表的 13 年间,共发表文献 2614 篇,以 2006 年 1 篇的基数计,13 年间翻了 11 番多。年均 201 篇,最少时(2006 年)1 篇,最多时(2009 年)334 篇,13 年间增长了近 12 189 倍。中位数为 1307 篇。总体趋势见图 18.1。

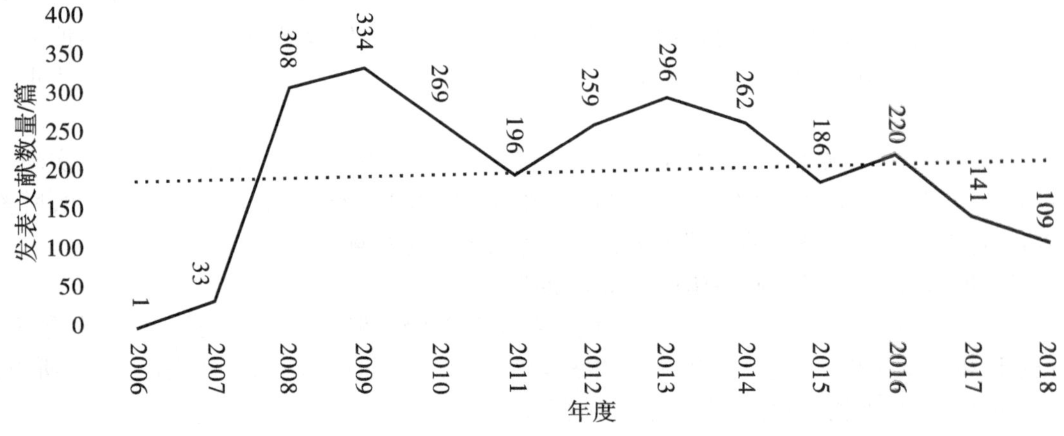

图 18.1　2006—2018 年民生档案研究文献发表数量及分布趋势

从年度分布情况看,2006—2018 年民生档案研究文献发表数量总体上呈现初期快速上升、中后期阶梯式下降趋势。6 年为上升状态,6 年为下降年份,升降平稳。

大体上可分为两个阶段:

第一阶段(2006—2009 年),年平均增长率为 1347.26%,为低位井喷式发展期,两年间增加 300 倍以上,直接冲达峰值。

第二阶段(2009—2018 年),年平均增长率为-9.00%,为高位波动缓降期,年发表文献数量呈台阶式下降。

具体的年度分布情况见表 18.1。

表 18.1　2006—2018 年民生档案研究文献年度分布情况

序号	年度	发表文献数量/篇	占全部样本/%	发展速度	年增速/%
1	2006	1	0.04		
2	2007	33	1.26	33.00	3200.00
3	2008	308	11.78	9.33	833.33
4	2009	334	12.78	1.08	8.44
5	2010	269	10.29	0.81	-19.46
6	2011	196	7.50	0.73	-27.14
7	2012	259	9.91	1.32	32.14
8	2013	296	11.32	1.14	14.29
9	2014	262	10.02	0.89	-11.49
10	2015	186	7.12	0.71	-29.01
11	2016	220	8.42	1.18	18.28
12	2017	141	5.39	0.64	-35.91
13	2018	109	4.17	0.77	-22.70
合计		2614	100.00	51.61	3960.79
最高值		334	12.78	33.00	3200.00
最低值		1	0.04	0.64	-35.91
平均值		201	7.69	4.30	330.07

自 2006 年首篇相关文献发表到 2018 年，民生档案研究文献总量翻了 11 番多，年均增速为 330.07%，6 个年份上升，4 个年份增速在两位数以上，其中 1 年的增速达到了三位数，1 个年份的增速达四位数。

18.2.2　文献研究层次

从文献研究层次分布情况看，2614 篇样本文献涉及多个学科的 17 个不同层次。具体分布情况见表 18.2。

表 18.2　2006—2018 年民生档案研究文献层次分布情况

序号	学科	发表文献数量/篇	占全部样本/%
1	基础研究（社科）	1325	50.69
2	行业指导（社科）	811	31.03
3	职业指导（社科）	206	7.88
4	政策研究（社科）	79	3.02
5	大众文化	7	0.27
6	高级科普（社科）	5	0.19
7	工程技术（自科）	5	0.19

续表 18.2

序号	学科	发表文献数量/篇	占全部样本/%
8	政报、公报、公告、文告	4	0.15
9	大众科普	4	0.15
10	基础与应用基础研究(自科)	3	0.11
11	文艺作品	3	0.11
12	党的建设与党员教育	2	0.08
13	专业实用技术(自科)	2	0.08
14	行业技术指导(自科)	2	0.08
15	高等教育	1	0.04
16	基础教育与中等职业教育	1	0.04
17	其他	154	5.89
合计		2614	100.00

从研究的学科大类看,可分为社会科学、自然科学、教育文化与其他4类。其中社会科学2426篇,占92.81%;自然科学12篇,占0.46%;教育文化22篇,占0.84%;其他154篇,占5.89%。研究明显属于社会科学的范畴,同时涉及自然科学、教育文化及其他学科。

从基础理论研究与应用研究的角度看,属于基础理论研究的有1328篇,占50.80%;属于应用研究的有1286篇,占49.20%。理论研究与应用研究大体平衡。

总之,民生档案研究涉及社会科学、自然科学、教育文化及其他4类17个不同层次,总体上属于社会科学范畴,研究大体平衡。

18.2.3 文献类型

从文献类型分布情况看,2614篇样本文献中,涉及综述类、政策研究类和其他3个不同类型。具体分布情况见表18.3。

表 18.3 2006—2018 年民生档案研究文献类型分布情况

序号	文献类型	发表文献数量/篇	占全部样本/%
1	综述类	18	0.69
2	政策研究类	79	3.02
3	其他	2517	96.29
合计		2614	100.00

从表18.3看,一般性论证(其他)文献占比超过96%,成为主体;政策性(政策研究类)及宏观性(综述类)研究文献则显得十分单薄。

总之,在民生档案研究中,一般性论文占绝对优势,政策性、宏观性研究论文薄弱。

18.2.4 文献资源类型

从文献资源类型分布情况看,2614 篇样本文献分布在期刊、国内会议、特色期刊、报纸、硕士、学术辑刊、国际会议 7 种类型资源上。具体分布情况见表 18.4。

表 18.4 2006—2018 年民生档案研究文献资源类型分布情况

序号	资源类型	发表文献数量/篇	占全部样本/%
1	期刊	2105	80.53
2	国内会议	195	7.46
3	特色期刊	159	6.08
4	报纸	105	4.02
5	硕士	41	1.57
6	学术辑刊	8	0.30
7	国际会议	1	0.04
合计		2614	

有文献发表的 13 年间,期刊成为民生档案学术研究最主要的文献来源,民生档案研究者近 93% 的学术交流与沟通,有赖于这个平台。会议论文、报纸在总量上与期刊相差一个数量级,与期刊相比,只起着辅助作用。硕士论文在总量上与期刊相差两个数量级,与期刊相比,只起着点缀作用。

总之,民生档案研究已经形成了以学术期刊为主,会议论文、报纸为辅,硕士论文为点缀的研究资源体系。

18.2.5 文献学科分布

从样本文献的学科分布情况看,2614 篇样本文献涉及学科超过 100 个。发表文献最多的 15 个学科分布情况见表 18.5。

表 18.5 2006—2018 年发表文献最多的 15 个学科分布情况

序号	学科	发表文献数量/篇	占全部样本/%
1	图书情报档案	2260	86.46
2	公共管理	34	1.30
3	政治	33	1.26
4	教育	23	0.88
5	社会	10	0.38
6	法学	9	0.34
7	公共卫生与预防医学	8	0.31
8	保险	8	0.31
9	工商管理	8	0.31

续表 18.5

序号	学科	发表文献数量/篇	占全部样本/%
10	农业经济	5	0.19
11	城市经济	5	0.19
12	历史	3	0.11
13	计算机	2	0.08
14	工业经济	2	0.08
15	劳动经济	1	0.04
合计		2411	92.23
总计		2614	100.00
不足		203	7.77

需要说明的是,按 15 个学科统计的文献数为 2411 篇,占实际样本数的 92.23%;而实际样本数为 2614 篇;15 个学科统计数少于实际文献数 203 篇。再考虑到实际涉及的学科超过 100 个,全部学科文献的数量之和有可能超过实际样本。加之图书情报档案专业文献只有 2260 篇,占全部样本的 86.46%。可以推知,民生档案研究是一门具有明显学科交叉性的学科。除档案学本学科之外,与民生档案研究相关性最强的 4 个学科分别是:公共管理、政治、教育、社会。

可以说,民生档案研究在保持与档案学学科高度相关的同时,具有明显的跨学科特性。

18.3 文献计量分析

本部分采用计量分析的方法,从文献基金资助分布、文献作者分布、文献机构分布和文献来源分布 4 个方面对样本文献进行分析。

18.3.1 文献基金资助分布

从样本文献的基金分布情况看,2614 篇样本文献中有 25 篇得到 4 种基金项目的支持,占全部样本的 0.956%。具体分布情况见表 18.6。

表 18.6　2006—2018 年民生档案获得基金资助分布情况

序号	基金名称	发表文献数量/篇	占基金资助文献/%	占全部样本/%
1	国家社会科学基金	18	72.00	0.689
2	湖南省社会科学基金	5	20.00	0.191
3	安徽省教育厅科研基金	1	4.00	0.038
4	湖南省软科学研究计划	1	4.00	0.038
合计		25	100.00	0.956
总计		2614		100.000

从基金的层次分布情况看，国家级基金 1 种 18 篇，占全部样本的 0.689%，占获基金资助文献的 72.00%；地方基金 3 种 7 篇，占全部样本的 0.268%，占基金资助文献的 28.00%。国家层面虽然种类少，但资助文献的数量高于地方的资助数量，是地方基金资助数量之和的 2 倍多。

地方资助涉及安徽、湖南 2 个省份。

总之，民生档案研究有 25 篇文献获 4 种基金资助，其中国家资助高于地方、部门资助之和 1 倍多。提供地方资助的有 2 个省份。

18.3.2　文献作者分布

从作者的分布情况看，2614 篇文献中，前 40 位作者共发表文献 185 篇，占全部样本的 7.08%。发表文献前 40 位作者分布情况见表 18.7。

表 18.7　发表文献前 40 位作者分布情况

序号	作者	发表文献数量/篇	占全部样本/%
1	张林华	12	0.46
2	李广都	11	0.42
3	丁成明	9	0.34
4	曹航	8	0.31
5	黄凤平	8	0.31
6	刘芸	7	0.27
7	严永官	6	0.23
8	陈波	5	0.19
9	胡莹	5	0.19
10	赵焕林	5	0.19
11	丁继武	5	0.19
12	孙静	5	0.19
13	徐辉	5	0.19
14	朱纪华	5	0.19
15	郭禹彤	4	0.15
16	付永革	4	0.15
17	杨冬权	4	0.15
18	何文丽	4	0.15
19	张楼岩	4	0.15
20	安小米	4	0.15
21	郑锦霞	4	0.15
22	朱思霖	4	0.15
23	朱显武	4	0.15
24	罗崇菊	4	0.15

续表 18.7

序号	作者	发表文献数量/篇	占全部样本/%
25	嵇秋红	4	0.15
26	范晓莉	3	0.11
27	闭线林	3	0.11
28	管先海	3	0.11
29	朱平	3	0.11
30	肖秋会	3	0.11
31	张欣	3	0.11
32	何伟	3	0.11
33	程怀岗	3	0.11
34	宋懿	3	0.11
35	张晓岚	3	0.11
36	王青	3	0.11
37	周璇	3	0.11
38	臧耀成	3	0.11
39	方维华	3	0.11
40	邵继红	3	0.11
合计		185	7.08
总计		2614	100.00

按照普赖斯提出的计算公式,核心作者候选人的最低发文数 $M=0.749\sqrt{N_{max}}$,其中 N_{max} 为最高产作者发文数量。有文献发表的13年间,民生档案研究文献作者中发表文献最多的为12篇,即 $N_{max}=12$,所以 $M=0.749\sqrt{12}=2.595$。因此,凡发表文献3篇以上(含3篇)的作者均为2006—2018年民生档案研究的重要作者。故表18.7中的40位作者不仅是核心作者,而且是核心作者中的高产作者。

总之,民生档案研究已经形成了一批核心作者和以核心作者为基础的高产作者群。从整体上看,无论是作者数量,还是发表文献数量,档案行政管理机构作者都是民生档案研究的主力。

18.3.3 文献机构分布

从研究机构分布情况看,2614篇文献中,前40个机构发表文献422篇,占全部样本的16.14%。如果使用普赖斯公式计算,核心机构的最低发文数 $M=0.749\sqrt{N_{max}}$,其中 N_{max} 为最高产机构发文数量。这里 $N_{max}=43$,所以 $M=0.749\sqrt{43}=4.912$,即发表文献5篇及以上的为核心研究机构。据此,表18.8中的40个机构全部是核心研究机构中的高产机构。发表文献最多的40个机构分布情况见表18.8。

表 18.8 发表文献最多的 40 个机构分布情况

序号	机构	发表文献数量/篇	占全部样本/%
1	上海大学	43	1.64
2	浙江省档案局	31	1.19
3	四川省档案局	26	0.99
4	辽宁省档案局	19	0.73
5	云南省档案局	17	0.65
6	黑龙江省哈尔滨市档案局	14	0.54
7	黑龙江省齐齐哈尔市档案局	13	0.50
8	安徽大学	12	0.46
9	上海市档案局	11	0.42
10	上海市奉贤区档案局	11	0.42
11	南京理工大学	11	0.42
12	北京市档案局	10	0.38
13	国家档案局	9	0.34
14	江苏省太仓市档案局	9	0.34
15	南昌大学	8	0.31
16	辽宁省鞍山市档案局	8	0.31
17	中国人民大学	8	0.31
18	辽宁大学	8	0.31
19	江苏省常州市档案局	8	0.31
20	浙江省湖州市档案局	8	0.31
21	陕西省档案局	8	0.31
22	辽宁省大连市档案局	8	0.31
23	江苏省张家港市档案局	8	0.31
24	甘肃省张家川县档案局	7	0.27
25	黑龙江大学	7	0.27
26	郑州大学	7	0.27
27	华南农业大学	7	0.27
28	天津市档案局	7	0.27
29	湖北省武汉市档案局	7	0.27
30	江苏省徐州市档案局	7	0.27
31	海南医学院	7	0.27
32	河南省档案局	7	0.27
33	武汉大学	7	0.27
34	黑龙江省肇东市档案局	7	0.27
35	湖北省档案局	7	0.27

续表 18.8

序号	机构	发表文献数量/篇	占全部样本/%
36	浙江省杭州市档案局	6	0.23
37	南京市档案局	6	0.23
38	北京市平谷区档案局	6	0.23
39	吉林省档案管理局	6	0.23
40	成都市档案馆	6	0.23
合计		422	16.14
总计		2614	100.00

前 40 个核心高产机构中有 28 个是档案行政管理机关(发表文献 291 篇,占核心高产研究机构发表文献数的 68.96%),充分表明档案行政管理机关是民生档案研究重要的机构群体。

从前 40 个机构中各类机构发表文献的数量及占比情况看,11 个高校,占 27.5%;发表文献 125 篇,占比达到了 29.62%。28 个档案局,占 70%;发表文献 291 篇,占比达到了 68.96%。1 个档案馆,占 2.5%;发表文献 6 篇,占比达到了 1.42%。

民生档案研究已经形成稳定的研究机构。其中档案行政管理机关在机构数量及发表文献数量上均为最高,高校次之,档案馆位列第三。

18.3.4　文献来源分布

从文献来源分布情况看,2614 篇样本文献中,发表文献最多的 15 种期刊,发表文献 1837 篇,占全部样本的 70.28%。具体分布情况见表 18.9。

表 18.9　发表文献最多的 15 种期刊分布情况

序号	期刊	发表文献数量/篇	占全部样本/%
1	《兰台世界》	259	9.91
2	《黑龙江档案》	206	7.88
3	《中国档案》	190	7.27
4	《浙江档案》	170	6.50
5	《档案与建设》	141	5.39
6	《四川档案》	132	5.05
7	《上海档案》	110	4.21
8	《山东档案》	97	3.71
9	《北京档案》	94	3.60
10	《湖北档案》	85	3.25
11	《中国档案报》	80	3.06
12	《兰台内外》	79	3.02
13	《陕西档案》	76	2.91

续表 18.9

序号	期刊	发表文献数量/篇	占全部样本/%
14	《档案时空》	59	2.26
15	《档案天地》	59	2.26
合计		1837	70.28
总计		2614	100.00

按照布拉德福定律,2614 篇文献可分为核心区、相关区和非相关区,各个区的论文数量相等(约871 篇)。故发表论文数量居前 5 位的《兰台世界》《黑龙江档案》《中国档案》《浙江档案》《档案与建设》(966 篇)处于核心区之中。它们均为档案学期刊,其中档案学核心期刊 3 种,非核心期刊 2 种。

发表论文数量居第 6 ~ 15 位的《四川档案》《上海档案》《山东档案》《北京档案》《湖北档案》《中国档案报》《兰台内外》《陕西档案》《档案时空》《档案天地》(966 篇)处于核心区之中。它们均为档案学期刊,其中档案学核心期刊 1 种,非核心期刊 9 种。

其他发表论文数量 59 篇以下的期刊在非相关区。

总体上讲,档案学期刊,主要是地方档案行政管理机关主办的档案学期刊,是民生档案研究成果发布与交流的主渠道、主阵地,承担着民生档案研究成果发布与交流的责任。

总之,民生档案研究总体上已经形成以档案学期刊为主,相关及其他期刊为辅的成果发布与交流体系。

18.4 文献关键词词频及共现分析

本部分采用词频分析的方法,从主题词、高频关键词、关键词共现矩阵、关键词共现网络 4 个方面对样本文献进行分析。

18.4.1 主题词

从主题词使用频率看,民生档案研究涉及内容广泛,集中在民生档案、档案机构、档案事务、档案、档案人、文件 6 个方面。使用频率最高的 32 个主题词分布情况见表 18.10。

表 18.10 使用频率最高的 32 个主题词使用分布情况

序号	主题词	使用频率/次	占全部样本/%
1	民生档案	2081	79.61
2	档案局	678	25.94
3	档案工作	419	16.03
4	档案部门	262	10.02
5	档案馆	251	9.60
6	档案事业	245	9.37
7	文化机构	232	8.88

续表 18.10

序号	主题词	使用频率/次	占全部样本/%
8	服务民生	227	8.68
9	档案资源体系	224	8.57
10	国家档案局	173	6.62
11	综合档案馆	160	6.12
12	档案资源	148	5.66
13	档案室	139	5.32
14	档案服务	138	5.28
15	档案信息资源	129	4.93
16	数字档案馆	117	4.48
17	市档案馆	107	4.09
18	档案信息化建设	105	4.02
19	婚姻档案	100	3.83
20	国家综合档案馆	96	3.67
21	档案工作者	94	3.60
22	档案收集	88	3.37
23	档案安全	87	3.33
24	档案管理	86	3.29
25	档案管理工作	81	3.10
26	馆藏档案	80	3.06
27	文件材料	76	2.91
28	县档案馆	76	2.91
29	农村档案	75	2.87
30	归档范围	70	2.68
31	两个体系	58	2.22
32	档案利用	52	1.99
合计		6954	266.03
总计		2614(篇)	100.00
最高频率		2081	79.61
最低频率		52	1.99
平均频率		217	8.31

从涉及的主题词看,使用频率最高的32个主题词共使用6954频次,占全部样本的266.03%。也就是说,上述32个主题词涵盖了全部样本近3遍。其中使用频率最高的是“民生档案”(2081频次),使用频率最低的是“档案利用”(52频次),平均使用频率为217频次。

从主题词反映出的研究内容看,民生档案研究关注的32个主要问题又可归并为民生档案、档案事务、档案机构、档案、档案人、文件6个大类。

民生档案（民生档案、服务民生、婚姻档案、两个体系、档案利用）共使用2518频次，占全部样本的96.33%。它涵盖了民生档案的多个层面，主要集中在利用与服务两个方面，是档案学界民生档案研究与关注度最高的主题。

档案机构（档案局、档案部门、档案馆、文化机构、国家档案局、综合档案馆、档案室、数字档案馆、市档案馆、国家综合档案馆、县档案馆）共使用2291频次，占全部样本的87.64%。它是改革开放以来与档案事业、档案人关系最为密切的问题，也是档案学界一直关注的重要问题之一，涉及各级档案局、档案馆和档案室。

档案事务（档案工作、档案事业、档案服务、档案信息化建设、档案收集、档案安全、档案管理、档案管理工作、归档范围）共使用1319频次，占全部样本的50.46%。它涵盖了档案事务的多个层面，主要集中在管理、服务、收集、利用、安全等具体业务上，是档案学界研究与关注度第三高的主题。但与民生档案研究相比，在同一个数量级。

档案（档案资源体系、档案资源、档案信息资源、馆藏档案、农村档案）共使用656频次，占全部样本的25.10%。档案是档案学研究的本体，理应是重点，但在民生档案研究研究中，从涉及的5个主题看，更注重对档案资源及体系的研究。

档案人（档案工作者）共使用94频次，占全部样本的3.60%。

文件（文件材料）共使用76频次，占全部样本的2.91%。

可以说，民生档案研究所涉及的内容虽然十分广泛，但全部文献均包含在上述民生档案、档案机构、档案事务、档案、档案人、文件6类问题中。或者说，民生档案研究主要是围绕上述民生档案、档案机构、档案事务、档案、档案人、文件6个方面展开的。

18.4.2　高频关键词

表18.11是使用频率最高的15个高频关键词分布情况。15个使用频率最高的关键词共使用634频次，占全部样本的24.25%。也就是说，近1/4的文献所研究的内容与这15个关键词有关。其中使用频率最高的是“民生档案”（286频次），使用频率最低的是“档案馆”“档案资源”“民生档案管理”（各15频次），平均使用频率为42频次。

表18.11　使用频率最高的15个高频关键词及使用词频

序号	关键词	使用频率/次	占全部样本/%
1	民生档案	286	10.94
2	民生	48	1.84
3	档案	45	1.72
4	档案管理	37	1.42
5	服务	34	1.30
6	档案工作	26	0.99
7	管理	24	0.92
8	档案利用	19	0.73
9	现状	18	0.69
10	建设	18	0.69
11	利用	17	0.65

续表 18.11

序号	关键词	使用频率/次	占全部样本/%
12	档案服务	17	0.65
13	档案馆	15	0.57
14	档案资源	15	0.57
15	民生档案管理	15	0.57
合计		634	24.25
总计		2614(篇)	100.00
平均		42	1.62

从关键词反映出的研究内容来看,民生档案研究关注度最高的15个问题可以归纳为民生档案、档案事务、档案、档案机构4个方面。它们占全部样本的24.25%。

民生档案(民生档案、民生、民生档案管理),使用349频次,占比13.35%。它是民生档案研究关注度最高的问题。简单地说,10%以上的民生档案研究是围绕上述三个关键词进行的。

档案事务(档案管理、服务、档案工作、管理、档案利用、现状、建设、利用、档案服务),使用210频次,占全部样本的8.03%。它是民生档案研究关注度第二高的问题。简单地说,接近10%的民生档案研究是围绕"管理""服务""利用"进行的。这反映出民生档案研究不仅具有鲜明的管理性特征,还具有突出的应用导向。

档案(档案、档案资源),使用60频次,占比2.30%。研究偏重档案资源。与上述两个关键词的使用频率相差一个数量级。

档案机构(档案馆),使用频次15次,占比0.57%。研究集中在档案馆上。与"档案"在一个数量级上,与前两个关键词相差一个数量级。

因此,民生档案研究内容广泛,近1/4的研究集中在民生档案、档案事务、档案、档案机构4类15个热词所涉及的问题上。

18.4.3　关键词共现矩阵

本部分采用关键词共现分析的方法,对2006—2018年民生档案研究的2614篇文献进行分析。

矩阵提取使用频率最高的20个关键词,将这20个关键词形成20×20的共词矩阵。如果某两个关键词同时出现在一篇文章中,就表明这两者之间存在相关关系,关键词右侧或下方对应位置的数值表示篇数。图18.2是2006—2018年民生档案研究文献使用频率最高的20个高频关键词共现矩阵。

图18.2显示,2017年民生档案研究文献关键词共现有54组,共现率为27%。共现次数20次以上的关键词组合有1组,共现率为0.5%。共现次数10~19次的关键词组合有12组。

以横轴为准计:

20组共现关键词中有18组与民生档案直接相关,占共现关键词的9%。

20组共现关键词中有8组与民生直接相关,占共现关键词的4%。

20组共现关键词中有6组与服务直接相关,占共现关键词的3%。

20组共现关键词中有5组与档案直接相关,占共现关键词的2.5%。

20组共现关键词中有3组与档案管理、管理直接相关,分别占共现关键词的2%。

20组共现关键词中各有2组与档案工作、档案利用、建设、现状、档案资源直接相关,分别占共现关键词的1%。

20 组共现关键词中有 1 组与“对策”直接相关，占共现关键词的 0.5%，属于低相差度高频词。另有档案服务、利用、档案馆、民生档案管理、思考、高校、服务民生、资源整合 8 个无共现高频词。

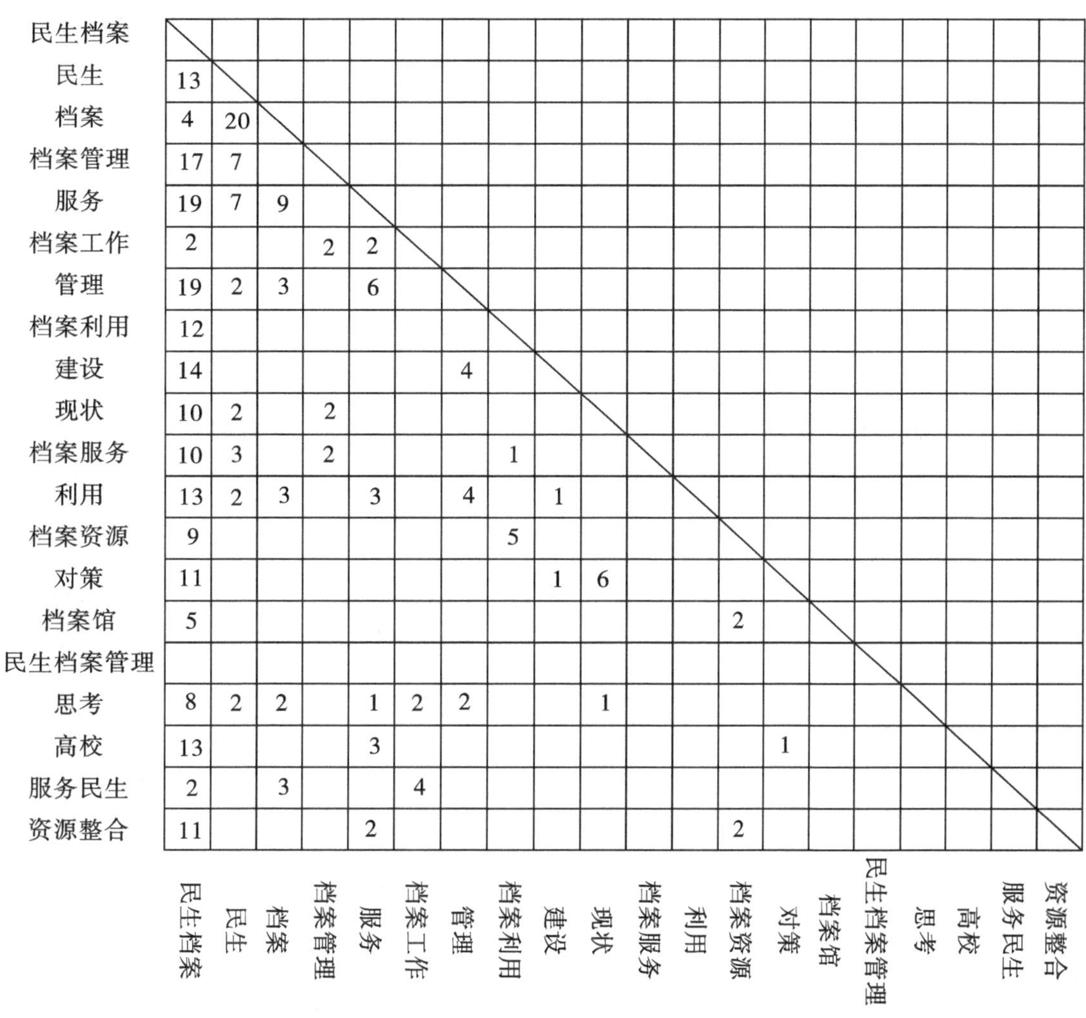

	民生档案	民生	档案	档案管理	服务	档案工作	管理	档案利用	建设	现状	档案服务	利用	档案资源	对策	档案馆	民生档案管理	思考	高校	服务民生	资源整合
民生档案																				
民生	13																			
档案	4	20																		
档案管理	17	7																		
服务	19	7	9																	
档案工作	2			2	2															
管理	19	2	3		6															
档案利用	12																			
建设	14						4													
现状	10	2		2																
档案服务	10	3		2				1												
利用	13	2	3		3		4		1											
档案资源	9							5												
对策	11								1	6										
档案馆	5												2							
民生档案管理																				
思考	8	2	2		1	2	2			1										
高校	13				3									1						
服务民生	2		3			4														
资源整合	11				2								2							

图 18.2 2006—2018 年民生档案研究文献高频关键词共现矩阵

共现次数为 20 次的高频关键词有 1 组，即：

民生与档案：20 次。

共现次数在 10～19 次的超高共现高频关键词有 12 组，分别是：

民生档案与民生：13 次。

民生档案与档案管理：17 次。

民生档案与服务：19 次。

民生档案与管理：19 次。

民生档案与档案利用：12 次。

民生档案与建设：14 次。

民生档案与现状：10 次。

民生档案与档案服务：10 次。

民生档案与利用：13 次。

民生档案与对策：11 次。

民生档案与高校：13 次。

民生档案与资源整合:11 次。

归纳起来,2006—2018 年民生档案研究的重点集中在民生档案的服务利用方向上。或者说,2006—2018 年民生档案研究主要是在民生档案利用服务方向上展开的。

从共现组数看,由于高共现频率的 20 个高频关键词的共现组数达 54 组,高共现词有 13 组,占到了全部共现组的 24.07% 。可见,2006—2018 年民生档案研究形成了突出的高相关共现关键词群,研究的集中趋势十分明显。

共现矩阵显示,民生档案研究主要是在民生档案利用服务方向上展开的,形成了突出的高相关共现关键词群,研究的集中趋势十分明显。

18.4.4　关键词共现网络

本部分采用关键词共现分析的方法,对 2006—2018 年民生档案研究的 2614 篇文献进行分析。

在关键词共现网络中,关键词之间的关系可以用连线来表示,连线多少和粗细代表关键词间的亲疏程度,连线越多,代表该关键词与其他关键词的共现次数越多,越是研究领域极其重要的和热点研究内容。使用知网提供的工具,可获得 2006—2018 年民生档案研究高频词共词网络图谱(扫描二维码)。

从高频词共词网络图谱中可以直观地看出:2006—2018 年民生档案研究可以分为 6 个聚类群组。它们分别以“民生”、“档案资源”、“问题”与“对策”、“高校”、“建设”、“民生档案管理”为核心关键词。其中,“民生”“档案资源”为单核心多词群组,“问题”与“对策”为双核心双词群组,“高校”“建设”“民生档案管理”为单词群组。

在以“民生”为核心的群组中一共有 10 个相关关键词,除了“民生”之外,还有“档案”“档案管理”“服务”3 个次核心关键词。四者间的距离一个相对较近(服务);一个相对较远(档案),但共现率高;一个距离居中,但共现率比较低(档案管理)。群组内各关键词间关联性相对松散。

主群组与其他 5 个群组中的“档案资源”、“问题”与“对策”、“高校”、“建设”有关联,但关联性不强。五个群组均在主群组外围。

“档案资源”群组和“问题”与“对策”群组有单线联系,“高校”群组、“建设”群组和“问题”与“对策”群组有联系。

“民生档案管理”与其他 5 个群组均没有联系,且远离各群组。

共现网络表明,“民生”与“档案资源”是民生档案研究的高频高相关核心问题。“民生档案管理”处在整个网络外围的位置,属于非热点问题,但可能成为日后研究热点问题。

18.5　结语

综上,通过对 2006—2018 年民生档案研究文献的数据分析,我们可以得出如下结论:

自 2006 年首篇相关文献发表到 2018 年,从规模与发展速度上看,民生档案研究文献总量翻了 11 番多,年均增速为 330.07% ,6 个年份上升,4 个年份增速在两位数以上,其中 1 年的增速达到了三位数,1 个年份的增速达四位数。总体上呈现初期快速上升、中后期阶梯式下降趋势。

从文献研究层次上看,民生档案研究涉及社会科学、自然科学、教育文化及其他 4 类 17 个不同层次,总体上属于社会科学范畴,理论研究与应用研究大体平衡。

从文献类型分布情况看,在民生档案研究中,一般性论文占绝对优势,政策性、宏观性研究论文薄弱。

从文献资源类型分布情况看,民生档案研究形成了以学术期刊为主,会议论文、报纸为辅,硕士论文为点缀的研究资源体系。

从样本文献的学科分布情况看,民生档案研究在保持与档案学高度相关的同时,具备非常明显的跨学科特性。

从样本文献的基金分布情况看,民生档案研究有 25 篇文献获 4 种基金资助,其中国家资助高于地方、部门资助之和 1 倍多。提供地方资助的有 2 个省。

从研究作者分布情况看,民生档案研究已经形成以档案行政管理机构作者为主的一批核心作者和以其为基础的高产作者群。

从研究机构分布情况看,民生档案研究已经形成稳定的研究机构。其中档案行政管理机关在机构数量及发表文献数量上均为最高,高校次之,档案馆位列第三。

从文献来源分布情况看,总体上已经形成以档案学期刊为主,相关及其他期刊为辅的民生档案研究成果发布与交流体系。

从主题词使用频率看,研究主题集中在民生档案、档案机构、档案事务、档案、档案人、文件 6 个方面。

从高频率关键词分布情况看,民生档案研究关注的重点近 1/4 集中在民生档案、档案事务、档案、档案机构 4 类 15 个热词所涉及的问题上。

从高频词共现矩阵看,民生档案研究主要是在民生档案利用服务方向上展开,形成了突出的高相关共现关键词群,研究的集中趋势十分明显。

共现网络表明,“民生”与“档案资源”是民生档案研究的高频高相关核心问题。“民生档案管理”处在整个网络外围的位置,属于非热点问题,但可能成为日后研究的热点。

19 文件

广义的文件指公文书信或指有关政策、理论等方面的文章。文件的范畴很广泛，电脑上运行的如杀毒、游戏等软件或程序都可以叫文件。

狭义的文件一般特指文书，或者叫作公文。文件是人们在各种社会活动中产生的记录。狭义的文件并不能等同于“档案”，它们的主要区别在于是否具有保存价值以及是否具备原始记录的性质。如果两者都具备，则可以称之为“档案”，否则只能算作文件。虽然两者有很大的交集，但绝不能等同。

文件与档案关系的特殊性，决定了文件一直是档案学研究的重要内容之一。

19.1 样本选择

文件研究是档案学研究的重要内容，属于档案学科重要的组成部分，同时也是档案工作与档案事业的重要组成部分。文件研究数据是重要的档案与档案学术资源，对文件研究数据进行定量研究，是用好用活档案资源，充分展示我国改革开放的历史进程、伟大成就和宝贵经验的一种方式。改革开放以来，文件研究有所进步与发展。总结、回顾文件研究发展历程，不仅是档案学建设发展的需要，也是档案工作、档案事业发展的需要。

我们以中国知网为样本来源，检索范围：中国学术期刊网络出版总库，特色期刊，中国博士学位论文全文数据库，中国优秀硕士学位论文全文数据库，中国重要会议论文全文数据库，国际会议论文全文数据库，中国重要报纸全文数据库，中国学术辑刊全文数据库。检索年限：不限。检索时间：2018 年 10 月 23 日。发表时间 between(1979-01-01,2018-10-22)并且(主题=文件或者题名=文件)(模糊匹配)。专辑导航：档案学、档案事业。数据库：文献跨库检索。样本文献总数：36 338 篇。

19.2 文献统计分析

本部分采用统计分析的方法，从文献总量、发展速度与年度分布，文献研究层次，文献类型，文献资源类型，文献学科分布 5 个方面入手，对样本文献进行分析。

19.2.1 文献总量、发展速度与年度分布

从总量上看，有文献发表的 40 年间，共发表文献 36 338 篇，以 1979 年 34 篇的基数计，40 年间翻

了10番多。年均908篇,最少时(1979年)34篇,最多时(2013年)1996篇,40年间增长了近1068倍。中位数为18 169篇。总体趋势见图19.1。

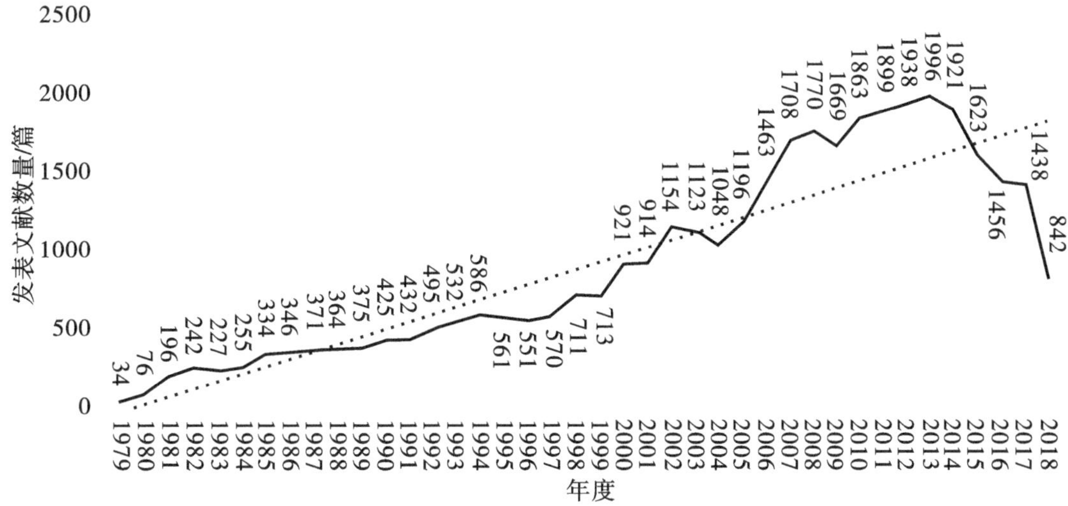

图19.1 1979—2018年文件研究文献发表数量及分布趋势

从年度分布情况看,1979—2018年文件研究文献发表数量总体上呈现前中期不断上升、后期连续下降的趋势。绝大多数年份(26年)为上升状态,下降年份(13年)少。

大体上可分为三个阶段:

第一阶段(1979—1997年),年平均增长率为22.14%,为低位持续发展期,总体体量上了一个量级。

第二阶段(1998—2013年),年平均增长率为8.75%,为中位波动增长期,年发表文献数量再上一个量级,达到峰值。

第三阶段(2014—2018年),年增长率为-14.45%,研究进入持续回落期。

具体的年度分布情况见表19.1。

表19.1 1979—2018年文件研究文献年度分布情况

序号	年度	发表文献数量/篇	占全部样本/%	发展速度	年增速/%
1	1979	34	0.09		
2	1980	76	0.21	2.24	123.53
3	1981	196	0.54	2.58	157.89
4	1982	242	0.67	1.23	23.47
5	1983	227	0.62	0.94	-6.20
6	1984	255	0.70	1.12	12.33
7	1985	334	0.92	1.31	30.98
8	1986	346	0.95	1.04	3.59
9	1987	371	1.02	1.07	7.23
10	1988	364	1.00	0.98	-1.89
11	1989	375	1.03	1.03	3.02

续表19.1

序号	年度	发表文献数量/篇	占全部样本/%	发展速度	年增速/%
12	1990	425	1.17	1.13	13.33
13	1991	432	1.19	1.02	1.65
14	1992	495	1.36	1.15	14.58
15	1993	532	1.46	1.07	7.47
16	1994	586	1.61	1.10	10.15
17	1995	561	1.54	0.96	-4.27
18	1996	551	1.52	0.98	-1.78
19	1997	570	1.57	1.03	3.45
20	1998	711	1.96	1.25	24.74
21	1999	713	1.96	1.00	0.28
22	2000	921	2.53	1.29	29.17
23	2001	914	2.52	0.99	-0.76
24	2002	1154	3.18	1.26	26.26
25	2003	1123	3.09	0.97	-2.69
26	2004	1048	2.88	0.93	-6.68
27	2005	1196	3.29	1.14	14.12
28	2006	1463	4.03	1.22	22.32
29	2007	1708	4.70	1.17	16.75
30	2008	1770	4.87	1.04	3.63
31	2009	1669	4.59	0.94	-5.71
32	2010	1863	5.13	1.12	11.62
33	2011	1899	5.23	1.02	1.93
34	2012	1938	5.33	1.02	2.05
35	2013	1996	5.49	1.03	2.99
36	2014	1921	5.29	0.96	-3.76
37	2015	1623	4.47	0.84	-15.51
38	2016	1456	4.01	0.90	-10.29
39	2017	1438	3.96	0.99	-1.24
40	2018	842	2.32	0.59	-41.45
合计		36 338	100.00	43.66	466.35
最高值		1996	5.49	2.58	157.89
最低值		34	0.09	0.59	-41.45
平均值		908	2.50	1.12	11.96

自1979年首篇相关成果文献发表到2018年,文件研究文献总量翻了10番多,年均增速为

11.96%，大多数年份(26 年)是正向增速，1/4 的年份(13 年)增速在两位数以上，其中 2 年的增速达到了三位数。

19.2.2　文献研究层次

从文献研究层次分布情况看，36 338 篇样本文献涉及多个学科的 21 个不同层次。具体分布情况见表 19.2。

表 19.2　1979—2018 年文件研究文献层次分布情况

序号	学科	发表文献数量/篇	占全部样本/%
1	基础研究(社科)	20 434	56.23
2	行业指导(社科)	10 934	30.09
3	职业指导(社科)	1970	5.42
4	工程技术(自科)	848	2.33
5	政策研究(社科)	347	0.95
6	基础与应用基础研究(自科)	292	0.80
7	政报、公报、公告、文告	144	0.40
8	行业技术指导(自科)	96	0.26
9	大众科普	86	0.24
10	专业实用技术(自科)	82	0.23
11	基础教育与中等职业教育	80	0.22
12	高等教育	78	0.21
13	大众文化	71	0.20
14	文艺作品	39	0.11
15	高级科普(社科)	26	0.07
16	经济信息	26	0.07
17	政策研究(自科)	2	0.01
18	标准与质量控制(自科)	2	0.01
19	高级科普(自科)	1	0.00
20	党的建设与党员教育	1	0.00
21	其他	779	2.14
合计		36 338	100.00

从研究的学科大类看，可分为社会科学、自然科学、教育文化、信息与其他 5 类。其中社会科学 33 711篇，占 92.77%；自然科学 1323 篇，占 3.64%；教育文化 355 篇，占 0.98%；信息 170 篇，占 0.47%；其他 779 篇，占 2.14%。研究明显属于社会科学的范畴，同时涉及自然科学、教育文化、信息及其他学科。

从基础理论研究与应用研究的角度看，属于基础理论研究的有 20 726 篇，占 57.04%；属于应用研究的有 15 612 篇，占 42.96%。研究略偏重基础理论研究。

总之,文件研究涉及社会科学、自然科学、教育文化、信息及其他 5 类 21 个不同层次,总体上属于社会科学范畴,略偏重基础理论研究。

19.2.3　文献类型

从文献类型分布看,36 338 篇样本文献中,涉及综述类、政策研究类和其他 3 个不同类型。具体分布见表 19.3。

表 19.3　1979—2018 年文件研究文献类型分布情况

序号	文献类型	发表文献数量/篇	占全部样本/%
1	综述类	380	1.05
2	政策研究类	349	0.96
3	其他	35 609	97.99
合计		36 338	100.00

从表 19.3 看,一般性论证(其他)文献占比接近 98%,成为绝对主体;政策性(政策研究类)及宏观性(综述类)研究文献则显得十分单薄。

总之,文件研究中一般性论文占绝对优势,政策性、宏观性研究论文薄弱。

19.2.4　文献资源类型

从文献资源类型分布看,36 338 篇样本文献分布在期刊、国内会议、特色期刊、硕士、报纸、学术辑刊、国际会议、博士 8 种类型资源上。具体分布情况见表 19.4。

表 19.4　1979—2018 年文件研究文献资源类型分布情况

序号	资源类型	发表文献数量/篇	占全部样本/%
1	期刊	33 016	90.86
2	国内会议	1276	3.51
3	特色期刊	1091	3.00
4	硕士	604	1.66
5	报纸	190	0.52
6	学术辑刊	122	0.34
7	国际会议	25	0.07
8	博士	14	0.04
合计		36 338	100.00

有文献发表的 40 年间,期刊成为文件学术研究最主要的文献来源,文件研究者近 93% 的学术交流与沟通,有赖于这个平台。会议论文在总量上与期刊相差一个数量级,与期刊相比,只起着辅助作用。硕博论文在总量上与会议论文又相差一个数量级,与期刊差着两个数量级,与期刊相比,只起着少量的辅助作用。报纸在总量上与期刊相差三个数量级,与期刊相比,只起着微小的点缀作用。

总之,文件研究已经形成了以学术期刊为主,会议论文、硕博论文为辅,报纸为点缀的研究资源体系。

19.2.5 文献学科分布

从样本文献的学科分布情况看,36 338 篇样本文献涉及学科至少超过 50 个。发表文献最多的 15 个学科分布情况见表 19.5。

表 19.5 1979—2018 年发表文献最多的 15 个学科分布情况

序号	学科	发表文献数量/篇	占全部样本/%
1	图书情报档案	29 434	81.00
2	教育	911	2.51
3	工商管理	724	1.99
4	工业经济	464	1.28
5	法学	229	0.63
6	公共卫生与预防医学	219	0.60
7	国民经济	181	0.50
8	公共管理	177	0.49
9	管理学	159	0.44
10	建筑科学	155	0.43
11	水利工程	133	0.37
12	城市经济	123	0.34
13	计算机	121	0.33
14	农业经济	94	0.26
15	交通运输经济	84	0.23
合计		33 208	91.39
总计		36 338	100.00

需要说明的是,按 15 个学科统计的文献数为 33 208 篇,占实际样本数的 91.39%;而实际样本数为 36 338 篇;15 个学科统计数少于实际文献数 3130 篇。考虑到实际涉及的学科超过 50 个,全部学科文献的数量之和可能超过实际样本。加之图书情报档案专业文献只有 29 434 篇,占全部样本的 81.00%。可以推知,文件研究是一门具有明显学科交叉性的学科。除档案学本学科之外,与文件研究相关性最强的 12 个学科分别是:教育、工商管理、工业经济、法学、公共卫生与预防医学、国民经济、公共管理、管理学、建筑科学、水利工程、城市经济、计算机。

可以说,文件研究在保持与档案学学科高相关性的同时,具有明显的跨学科特性。

19.3 文献计量分析

本部分采用计量分析的方法,从文献基金资助分布、文献作者分布、文献机构分布和文献来源分布4个方面对样本文献进行分析。

19.3.1 文献基金资助分布

从样本文献的基金分布情况看,36 338篇样本文献中有459篇得到39种基金项目的支持,占全部样本的1.263%。具体分布情况见表19.6。

表19.6 1979—2018年文件获得基金资助分布情况

序号	基金名称	发表文献数量/篇	占基金资助文献/%	占全部样本/%
1	国家社会科学基金	318	69.28	0.875
2	国家自然科学基金	51	11.11	0.140
3	跨世纪优秀人才培养计划	10	2.18	0.028
4	湖南省社会科学基金	6	1.31	0.017
5	航空科学基金	6	1.31	0.017
6	教育部科学技术研究项目	6	1.31	0.017
7	中国博士后科学基金	5	1.09	0.014
8	国家留学基金	4	0.87	0.011
9	湖南省教委科研基金	3	0.65	0.008
10	河南省科技攻关计划	3	0.65	0.008
11	北京市科技计划项目	3	0.65	0.008
12	安徽省高等学校青年教师科研资助项目	3	0.65	0.008
13	天津市科学基金	3	0.65	0.008
14	浙江省教委科研基金	3	0.65	0.008
15	江苏省教育厅人文社会科学研究基金	3	0.65	0.008
16	河南省软科学研究计划	3	0.65	0.008
17	教育部留学回国人员科研启动基金	2	0.44	0.006
18	黑龙江省社会科学基金	2	0.44	0.006
19	北京市教委科技发展基金	2	0.44	0.006
20	国家科技支撑计划	2	0.44	0.006
21	中国地质调查局地质调查项目经费	2	0.44	0.006
22	江苏省科委社会发展基金	2	0.44	0.006
23	江苏省普通高校自然科学研究计划项目	1	0.22	0.003

续表 19.6

序号	基金名称	发表文献数量/篇	占基金资助文献/%	占全部样本/%
24	湖北省教委科研基金	1	0.22	0.003
25	黑龙江省自然科学基金	1	0.22	0.003
26	广西科学基金	1	0.22	0.003
27	甘肃省教委科研基金	1	0.22	0.003
28	山东省软科学研究计划	1	0.22	0.003
29	河北省科技攻关计划	1	0.22	0.003
30	北京市自然科学基金	1	0.22	0.003
31	福建省软科学研究计划	1	0.22	0.003
32	四川省高等教育新世纪教育改革工程	1	0.22	0.003
33	山东省教委基金	1	0.22	0.003
34	宁夏高校科研基金	1	0.22	0.003
35	江苏省自然科学基金	1	0.22	0.003
36	江苏省计算机信息处理技术重点实...	1	0.22	0.003
37	天津市教委基金	1	0.22	0.003
38	重庆市软科学研究计划	1	0.22	0.003
39	吉林大学创新基金	1	0.22	0.003
合计		459	100.00	1.263
总计		36 338		100.000

从基金的层次分布情况看,国家级基金 5 种 380 篇,占全部样本的 1.046%,占获基金资助文献的 82.79%;地方基金 29 种 53 篇,占全部样本的 0.146%,占获基金资助文献的 11.55%;部门基金 5 种 26 篇,占全部样本的 0.072%,占获基金资助文献的 5.66%。国家层面虽然种类少,但资助文献的数量远高于地方、部门基金的资助数量,是地方、部门基金资助数量之和的近 5 倍。

地方资助涉及安徽、北京、福建、甘肃、广西、河北、河南、黑龙江、湖北、湖南、吉林、江苏、宁夏、山东、四川、天津市、浙江、重庆 18 个省份。

总之,文件研究有 459 篇文献获 39 种基金资助,其中国家资助高于地方、部门资助之和约 4 倍。提供地方资助的有 18 个省份。

19.3.2 文献作者分布

从作者的分布情况看,36 338 篇文献中,前 40 位作者共发表文献 1030 篇,占全部样本的 2.83%。发表文献最多的 40 位作者分布情况见表 19.7。

表 19.7 发表文献最多的 40 位作者分布情况

序号	作者	发表文献数量/篇	占全部样本/%
1	黄霄羽	57	0.16
2	吴品才	56	0.15

续表 19.7

序号	作者	发表文献数量/篇	占全部样本/%
3	安小米	50	0.14
4	王茂跃	45	0.12
5	傅荣校	44	0.12
6	刘家真	44	0.12
7	张照余	41	0.11
8	刘越男	37	0.10
9	张正强	35	0.10
10	刘东斌	34	0.09
11	李兆明	32	0.09
12	赵屹	32	0.09
13	邹吉辉	26	0.07
14	王英玮	25	0.07
15	冯惠玲	24	0.07
16	黄存勋	24	0.07
17	何嘉荪	22	0.06
18	周文泓	22	0.06
19	桑毓域	22	0.06
20	王巍	21	0.06
21	肖秋会	21	0.06
22	何嘉荪	19	0.05
23	吴雁平	19	0.05
24	霍振礼	19	0.05
25	黄项飞	18	0.05
26	潘连根	18	0.05
27	张宁	18	0.05
28	向德才	18	0.05
29	柳瑛	17	0.05
30	周毅	17	0.05
31	徐拥军	16	0.04
32	丁枫	16	0.04
33	于英香	16	0.04
34	程妍妍	16	0.04
35	陈勇	16	0.04
36	傅荣校	15	0.04
37	杨安莲	15	0.04

续表 19.7

序号	作者	发表文献数量/篇	占全部样本/%
38	马林青	15	0.04
39	黄世喆	14	0.04
40	张健	14	0.04
合计		1030	2.83
总计		36 338	100.00

按照普赖斯提出的计算公式,核心作者候选人的最低发文数 $M=0.749\sqrt{N_{max}}$,其中 N_{max} 为最高产作者文数量。有文献发表的40年间,文件研究文献作者中发表文献最多的为57篇,即 $N_{max}=57$,所以 $M=0.749\sqrt{57}=5.655$。因此,40年来凡发表文献6篇及以上的作者均为1979—2018年文件研究的重要作者。故表19.7中的40位作者不仅是核心作者,而且是核心作者中的高产作者。

总之,文件研究已经形成了一批核心作者和以核心作者为基础的高产作者群。从整体上看,无论是作者数量,还是发表文献数量,高校作者都是文件研究的主力。

19.3.3 文献机构分布

从研究机构分布情况看,36 338篇文献中,前40个机构发表文献5383篇,占全部样本的14.81%。如果使用普赖斯公式计算,核心机构候选者发表文章的最低数量 $M=0.749\sqrt{N_{max}}$,其中 N_{max} 为最高产机构发文章。这里 $N_{max}=805$,所以 $M=0.749\sqrt{805}=21.251$,即发表文献21篇及以上的为核心研究机构。据此,表19.8中的40个机构全部是核心研究机构中的高产机构。发表文献最多的40个机构分布情况见表19.8。

表 19.8 发表文献最多的 40 个机构分布情况

序号	机构	发表文献数量/篇	占全部样本/%
1	中国人民大学	805	2.22
2	苏州大学	353	0.97
4	南京政治学院	266	0.73
5	国家档案局	246	0.68
6	武汉大学	238	0.65
9	安徽大学	234	0.64
10	上海大学	210	0.58
12	四川大学	209	0.58
14	浙江大学	199	0.55
16	浙江省档案局	182	0.50
17	辽宁大学	170	0.47
18	黑龙江大学	149	0.415
19	天津师范大学	146	0.40

续表 19.8

序号	机构	发表文献数量/篇	占全部样本/%
21	中山大学	134	0.37
22	广西民族大学	129	0.36
24	北京市档案局	123	0.34
25	南京大学	117	0.32
26	山东大学	102	0.28
27	湘潭大学	92	0.25
29	辽宁省档案局	84	0.23
31	郑州大学	83	0.23
32	云南大学	79	0.22
36	四川省档案局	79	0.22
37	吉林大学	71	0.20
3	河南省濮阳市档案局	70	0.19
7	江苏省档案局	69	0.19
8	杭州大学	64	0.18
11	郑州航空工业管理学院	63	0.17
13	云南省档案局	61	0.17
15	湖南省档案局	60	0.17
20	湖北大学	57	0.16
23	河北大学	56	0.15
28	安徽师范大学	52	0.14
30	中原油田分公司	51	0.14
33	河南省档案局	49	0.13
34	国家档案局档案科学技术研究所	48	0.13
35	湖北省档案局	47	0.13
38	广西民族学院	47	0.13
39	上海市档案局	45	0.12
40	福建师范大学	44	0.12
合计		5383	14.81
总计		36 338	100.00

前40个核心高产机构中有26个是高校(发表文献4169篇,占核心高产机构发表文献数的77.43%),充分表明高校是文件研究极其重要的高产机构群的主体。

从前40个机构中各类机构发表文献的数量及占比情况看,26个高校,占65%;发表文献4169篇,占比达到了77.43%。其中前3位均为高校。12个档案局,占30%;发表文献1115篇,占比达到了20.71%。1个企业,占2.5%;发表文献51篇,占比达到了0.95%。1个事业单位,占2.5%;发表文献48篇,占比达到了0.89%。

总之,文件研究已经形成稳定的研究机构。其中高校在机构数量及发表文献数量上均为最高,档案行政管理机关次之,企业、事业单位位列第三。

19.3.4　文献来源分布

从文献来源分布情况看,36 338 篇样本文献中,发表文献最多的 15 种期刊,发表文献 16 908 篇,占全部样本的 46.53%。具体分布情况见表 19.9。

表 19.9　发表文献最多的 15 种期刊分布情况

序号	期刊	发表文献数量/篇	占全部样本/%
1	《兰台世界》	2468	6.79
2	《中国档案》	1879	5.17
3	《浙江档案》	1679	4.62
4	《档案学通讯》	1444	3.97
5	《档案与建设》	1073	2.95
6	《黑龙江档案》	1055	2.90
7	《北京档案》	1017	2.80
8	《档案管理》	963	2.65
9	《机电兵船档案》	867	2.39
10	《档案》	829	2.28
11	《办公室业务》	743	2.04
12	《山西档案》	736	2.03
13	《档案时空》	734	2.02
14	《四川档案》	711	1.96
15	《兰台内外》	710	1.95
合计		16 908	46.53
总计		36 338	100.00

按照布拉德福定律,36 338 篇文献可分为核心区、相关区和非相关区,各个区的论文数量相等(约 12 113 篇)。故发表论文数量居前 8 位的《兰台世界》《中国档案》《浙江档案》《档案学通讯》《档案与建设》《黑龙江档案》《北京档案》《档案管理》(11 578 篇)处于核心区之中。8 种均为档案学期刊,其中档案学核心期刊 6 种,非核心期刊 2 种。

发表论文数量居第 9 ~ 15 位的《机电兵船档案》《档案》《办公室业务》《山西档案》《档案时空》《四川档案》《兰台内外》(5330 篇)处于相关区之中。6 种为档案学期刊,均为非核心期刊;其他相关期刊 1 种。

其他发表论文数量 710 篇以下的期刊部分在相关区,部分在非相关区。

总体上讲,档案学期刊,特别是档案学核心期刊和地方档案行政管理机关主办的档案学期刊,是文件研究成果发布与交流的主渠道、主阵地,承担着文件研究成果发布与交流的主体责任。

总之,文件研究总体上已经形成以档案学期刊为主,相关专业其他期刊为辅的成果发布与交流体系。

19.4　文献关键词词频及共现分析

本部分采用词频分析的方法,从主题词、高频关键词、关键词共现矩阵、关键词共现网络4个方面对样本文献进行分析。

19.4.1　主题词

从主题词使用频率看,文件研究涉及内容广泛,集中在文件、档案事务、档案、档案机构、档案人、硬件6个方面。使用频率最高的36个主题词分布情况见表19.10。

表19.10　使用频率最高的36个主题词分布情况

序号	主题词	使用频率/次	占全部样本/%
1	文件材料	7641	21.03
2	电子文件	6991	19.24
3	档案管理	3645	10.03
4	档案工作	3088	8.50
5	电子档案	2915	8.02
6	文件归档	2090	5.75
7	档案管理工作	1800	4.95
8	档案馆	1762	4.85
9	文化机构	1750	4.82
10	档案室	1685	4.64
11	档案局	1559	4.29
12	计算机	1552	4.27
13	现行文件	1463	4.03
14	档案文件	1401	3.86
15	企业管理	1283	3.53
16	文书档案	1282	3.53
17	党政档案	1242	3.42
18	保管期限	1240	3.41
19	档案部门	1224	3.37
20	归档文件	1114	3.07
21	纸质文件	1083	2.98
22	档案信息化建设	1035	2.85
23	归档范围	967	2.66

续表 19.10

序号	主题词	使用频率/次	占全部样本/%
24	档案信息资源	912	2.51
25	档案工作者	874	2.41
26	纸质档案	823	2.26
27	立卷归档	772	2.12
28	档案材料	766	2.11
29	国家档案局	691	1.90
30	数字档案馆	688	1.89
31	文书处理	670	1.84
32	档案信息	669	1.84
33	档案管理人员	622	1.71
34	科技档案	616	1.70
35	项目档案	609	1.68
36	保管时限	602	1.66
合计		59 126	162.71
总计		36 338(篇)	100.00
最高频率		7641	21.03
最低频率		602	1.66
平均频率		1642	4.52

从涉及的主题词看,使用频率最高的 36 个主题词共使用 59 126 频次,占全部样本的162.71%。也就是说,上述 36 个主题词涵盖了全部样本文献接近两遍。其中使用频率最高的是“文件材料”(7641 频次),使用频率最低的是“保管时限”(602 频次),平均使用频率为 1642 频次。

从主题词反映出的研究内容看,文件研究关注的 36 个主要问题又可归并为文件、档案事务、档案、档案机构、档案人、硬件 6 个大类。

文件(文件材料、电子文件、文件归档、现行文件、档案文件、归档文件、纸质文件、文书处理)共使用 22 453 频次,占全部样本的 61.79%。它涵盖了文件的多种情况和称谓,是档案学界文件研究与关注度最高的主题。

档案事务(档案管理、档案工作、档案管理工作、企业管理、档案信息化建设、档案信息资源、档案信息)共使用 12 432 频次,占全部样本的 34.21%。它涵盖了档案事务的多个层面,主要集中在管理与信息两个方面,是档案学界研究与关注度第二高的主题。但与文件研究相比,规模上相差一个数量级。

档案(电子档案、文书档案、党政档案、保管期限、归档范围、纸质档案、立卷归档、档案材料、科技档案、项目档案、保管时限)共使用 11 834 频次,占全部样本的 32.57%。档案是档案学研究的本体,理应是重点,但在文件研究中,从涉及的主题看,涉及不同载体、不同类型档案及档案工作具体环节的研究。

档案机构(档案馆、文化机构、档案室、档案局、档案部门、国家档案局、数字档案馆)共使用 9359 频次,占全部样本的 25.76%。它是改革开放以来与档案事业、档案人关系最为密切的问题,也是档案学界一直关注的重要问题之一。主要集中在档案局、档案馆、档案室三大主体上。

档案人(档案工作者、档案管理人员)共使用1490频次,占全部样本的4.12%。作为档案工作的主体,说明档案界研究的关注点从来没有离开过档案人自身,但却没有涉及我们服务的对象。

硬件(计算机)共使用1552频次,占全部样本的4.27%。

可以说,文件研究所涉及的内容虽然十分广泛,但全部文献均包含在上述文件、档案事务、档案、档案机构、档案人、硬件6类问题上。或者说,文件研究主要是围绕上述文件、档案事务、档案、档案机构、档案人、硬件6个方面展开的。

19.4.2　高频关键词

表19.11是使用频率最高的15个高频关键词分布情况。15个使用频率最高的关键词共使用11 069频次,占全部样本的30.46%。也就是说,超过30%的文献所研究的内容与这15个关键词有关。其中使用频率最高的是“档案管理”(2066频次),使用频率最低的是“收集”(202频次),平均使用频率为738频次。

表19.11　使用频率最高的15个高频关键词分布情况

序号	关键词	使用频率/次	占全部样本/%
1	档案管理	2066	5.69
2	电子文件	1927	5.30
3	档案	1480	4.07
4	管理	1257	3.46
5	电子档案	967	2.66
6	归档	477	1.31
7	信息化	463	1.27
8	对策	459	1.26
9	问题	359	0.99
10	档案工作	346	0.95
11	文书档案	302	0.83
12	数字化	292	0.80
13	文件	239	0.66
14	高校	233	0.64
15	收集	202	0.56
合计		11 069	30.46
总计		36 338	100.00
平均		738	2.03

从关键词反映出的研究内容来看,文件研究关注度最高的15个问题可以归纳为文件、档案事务、档案、机构4个方面。它们占全部样本的30.46%。

档案事务(档案管理、管理、对策、问题、档案工作、收集),使用4689频次,占全部样本的12.90%。它是文件研究关注度最高的问题。

档案(档案、电子档案、归档、信息化、文书档案、数字化),使用3981频次,占比10.96%。它是文件研究关注度第二高的问题。

文件(电子文件、文件),使用2166频次,占比5.96%。它是文件研究关注度第三高的问题。

机构(高校),使用233频次,占比0.64%。研究集中在高校。表明高校较之其他机构在文件研究上有更高的热情。

因此,文件研究内容比较广泛,超过30%的研究集中在文件、档案事务、档案、机构4类15个热词所涉及的问题上。

19.4.3　关键词共现矩阵

本部分采用关键词共现分析的方法,对1979—2018年文件研究的36 338篇文献进行分析。

矩阵提取使用频率最高的20个关键词,将这20个关键词形成20×20的共词矩阵。如果某两个关键词同时出现在一篇文章中,就表明这两者之间存在相关关系,关键词右侧或下方对应位置的数值表示篇数。图19.2是1979—2018年文件研究文献使用频率最高的20个高频关键词共现矩阵。

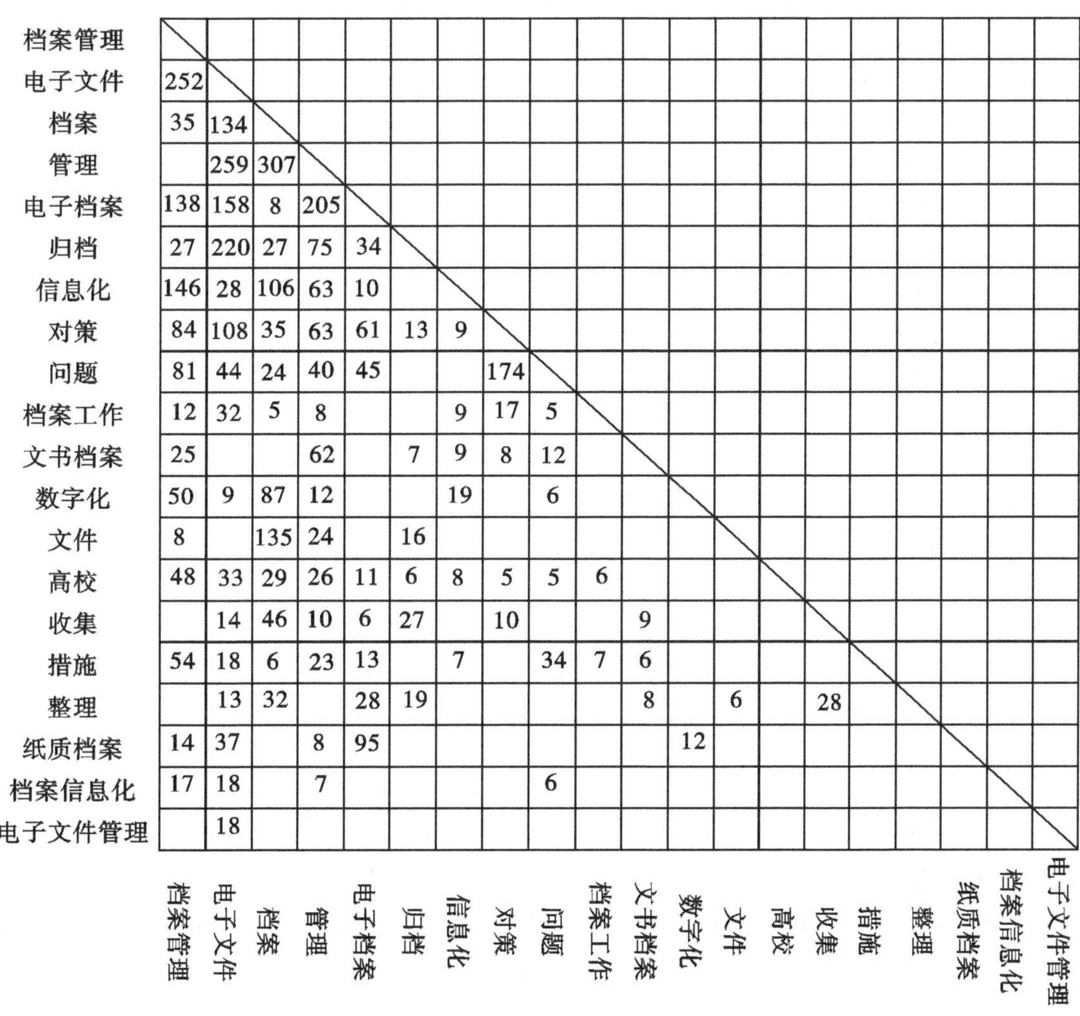

	档案管理	电子文件	档案	管理	电子档案	归档	信息化	对策	问题	档案工作	文书档案	数字化	文件	高校	收集	措施	整理	纸质档案	档案信息化	电子文件管理
档案管理																				
电子文件	252																			
档案	35	134																		
管理		259	307																	
电子档案	138	158	8	205																
归档	27	220	27	75	34															
信息化	146	28	106	63	10															
对策	84	108	35	63	61	13	9													
问题	81	44	24	40	45			174												
档案工作	12	32	5	8			9	17	5											
文书档案	25			62		7	9	8	12											
数字化	50	9	87	12			19		6											
文件	8		135	24		16														
高校	48	33	29	26	11	6	8	5	5	6										
收集		14	46	10	6	27		10			9									
措施	54	18	6	23	13		7		34	7	6									
整理		13	32		28	19					8		6		28					
纸质档案	14	37		8	95							12								
档案信息化	17	18		7					6											
电子文件管理		18																		

图19.2　1979—2018年文件研究文献高频关键词共现矩阵

图19.2显示,2017年文件研究文献关键词共现有98组,共现率为49%。共现次数300次以上的关键词组合有1组,共现率为0.5%。共现次数200～299次的关键词组合有4组,共现率为2%。共现次数100～199次的关键词组合有8组,共现率为4%。

以横轴为准计:

20组共现关键词中有16组与电子文件直接相关,占共现关键词的8%。

20组共现关键词中有15组与档案管理直接相关,占共现关键词的7.5%。

20组共现关键词中有14组与管理直接相关,占共现关键词的7%。

20组共现关键词中有13组与档案直接相关,占共现关键词的6.5%。

20组共现关键词中有9组与电子档案直接相关,占共现关键词的4.5%。

20组共现关键词中各有6组与归档、信息化、问题直接相关,分别占共现关键词的3%。

20组共现关键词中有5组与对策直接相关,占共现关键词的2.5%。

20组共现关键词中有2组与档案工作直接相关,占共现关键词的1%。

20组共现关键词中有3组与文书档案直接相关,分别占共现关键词的1.5%。

余下的3组分别与数字化、文件、收集3个关键词有关,但共现次数均为1组,属于低相差度高频词。

另有高校、措施、整理、纸质档案、档案信息化、电子文件管理6个无共现高频词。

共现次数在300次以上的特高共现高频关键词有1组,即:

档案与管理:307次。

共现次数在200~299次之间的超高共现高频关键词有4组,分别是:

档案管理与电子文件:252频次。

电子文件与管理:259频次。

电子文件与归档:220频次。

管理与电子档案:205频次。

共现次数在100~199次的高共现高频关键词有8组,分别是:

档案管理与电子档案:138频次。

档案管理与信息化:146频次。

电子文件与档案:134频次。

电子文件与电子档案:158频次。

电子文件与对策:108频次。

档案与信息化:106频次。

档案与文件:135频次。

对策与问题:174频次。

归纳起来,1979—2018年文件研究的重点集中在档案管理、电子文件、电子档案、档案4个方面。或者说,1979—2018年文件研究主要是在档案管理、电子文件、电子档案、档案4个主要方向上展开的。

从共现组数看,由于高共现频率的20个高频关键词的共现组数达98组,特高、超高与高共现词有13组,占到了全部共现组的13.27%。可见,1979—2018年文件研究形成了较为突出的高相关共现关键词群,研究的集中趋势明显。

共现矩阵显示,研究主要是在档案管理、电子文件、电子档案、档案4个方向上展开的,形成了较为突出的高相关共现关键词群,研究的集中趋势明显。

19.4.4 关键词共现网络

本部分采用关键词共现分析的方法,对1979—2018年文件研究的36 338篇文献进行分析。

在关键词共现网络中,关键词之间的关系可以用连线来表示,连线多少和粗细代表关键词间的亲疏程度,连线越多,代表该关键词与其他关键词的共现次数越多,越是研究领域极其重要的和热点研究内容。使用知网提供的工具,可获得 1979—2018 年文件研究高频词共词网络图谱(扫描二维码)。

从高频词共词网络图谱中可以直观地看出:1979—2018 年文件研究可分为 6 个聚类群组。它们分别以“档案”“档案工作”“纸质档案”“文书档案”“档案信息化”“电子文件管理”为核心关键词,均为单核心群组,其中 5 个为单词群组。

在以“档案”为核心的群组中一共有 14 个相关关键词,除了“档案”之外,还有“档案管理”“管理”“电子档案”3 个次核心关键词。四者间的距离一个相对较近(电子档案),一个相对较远(档案管理),一个居中(管理),“管理”的共现率最高,“档案管理”的共现率居中,电子档案的共现率最低。距离较近、联系相对较为密切的还有“信息化”“对策”“高校”“措施”。距离较远,关系紧密的有“文件”“信息化”。群组内各关键词间关联性相对紧密。

“档案”主群组与其他 5 个群组中的“档案工作”“纸质档案”“文书档案”“档案信息化”有关联,其中“档案工作”“纸质档案”“文书档案”群组在主群组中间,与主群组多个关键词相关联,但关联性不强。“档案信息化”群组在主群组外围。与“电子文件管理”没有联系。

“档案工作”“纸质档案”“文书档案”群组之间或有弱联系,或没有直接联系,或通过“档案”主群组有间接联系。

“档案信息化”“电子文件管理”群组相互之间没有联系,与“档案工作”“纸质档案”“文书档案”群组亦没有联系。两个群组相对处于“档案”主群组的外围。

共现网络表明,“档案”“档案管理”“管理”“电子档案”是文件研究的高频高相关核心问题。“档案信息化”“电子文件管理”处在整个网络外围的位置,属于非热点问题。

19.5　结语

综上,通过对 1979—2018 年文件研究文献的数据分析,我们可以得出如下结论:

自 1979 年首篇相关成果文献发表到 2018 年,从规模与发展速度上看,文件研究文献总量翻了 10 番多,年均增速为 11.96%,大多数年份(26 年)是正向增速,1/3 的年份(13 年)增速在两位数以上,其中 2 年的增速达到了三位数。总体上呈现前中期不断上升、后期连续下降的趋势。

从文献研究层次上看,文件研究涉及社会科学、自然科学、教育文化、信息及其他 5 类 21 个不同层次,总体上属于社会科学范畴,偏重基础理论研究。

从文献类型分布情况看,在文件研究中,一般性论文占绝对优势,政策性、宏观性研究论文薄弱。

从文献资源类型分布情况看,文件研究形成了以学术期刊为主,会议论文、硕博论文为辅,报纸为点缀的研究资源体系。

从样本文献的学科分布情况看,文件研究在保持与档案学学科高相关性的同时,具备特别明显的跨学科特性。

从样本文献的基金分布情况看,文件研究有 459 篇文献获 39 种基金资助,其中国家资助高于地方、部门资助约 4 倍。提供地方资助的有 18 个省份。

从研究作者分布情况看,文件研究已经形成以高校作者为主的一批核心作者和以其为基础的高产作者群。

从研究机构分布情况看,文件研究已经形成稳定的研究机构。其中高校在机构数量及发表文献数量上均为最高,档案行政管理机关次之,企业事业单位位列第三。

从文献来源分布情况看,文件研究总体上已经形成以档案学期刊为主,相关专业其他期刊为辅的成果发布与交流体系。

从主题词使用频率看,研究主题集中在文件、档案事务、档案、档案机构、档案人、硬件6个方面。

从高频率关键词分布情况看,文件研究关注的重点超过30%集中在文件、档案事务、档案、机构4类15个热词所涉及的问题上。

从高频词共现矩阵看,研究主要是在档案管理、电子文件、电子档案、档案4个方向上,形成了较为突出的高相关共现关键词群,研究的集中趋势明显。

共现网络表明,“档案”“档案管理”“管理”“电子档案”是文件研究的高频高相关核心问题。“档案信息化”“电子文件管理”处在整个网络外围的位置,属于非热点问题。

20　电子文件

电子文件是指在数字设备及环境中生成，以数码形式存储于磁带、磁盘、光盘等载体，依赖计算机等设备阅读、处理并可以在通信网络上传递的文件。

电子文件有两个基本特征：第一，电子文件由电子计算机生成和处理，其信息以二进制数字代码记录和表示，因此亦可称为“数字文件”。这是电子文件与以往所有其他形式文件的基本区别，也是电子文件信息与其他数字信息的共同点。数字信息使用0和1两种数码的组合来记录信息，每一个0或1叫作1个比特，需要记录的信息用一串比特存储于计算机存储器（包括内存储器和各种外存储器）中，并可通过通信网络进行传输。第二，电子文件是文件的一种类型，应该具有文件的各种属性，特别是要有特定的用途和效力。这是电子文件与其他数字信息的基本区别，也是电子文件与其他形式文件的共同点。

从逻辑上说，电子文件是“数字信息”和“文件”两个概念的交集，它是具有文件特征的数字信息，又是以数字信息为特征的文件。

电子文件的种类有：①文本文件；②图像文件；③图形文件；④影像文件；⑤声音文件；⑥超媒体链接文件；⑦程序文件；⑧数据文件。

需要指出的是，广义的“电子文件”一般指由任何机构、组织或个人形成的所有电子记录，与传统文件、档案概念相对应。按照现代文档一体化的理念，广义的电子文件概念同时涵盖了归档前的电子文件和归档电子文件。而狭义的“电子文件”，特指由政府部门、公共机构形成的电子化文件，它具有文件的各种属性，且一般是公务活动中形成的（但不限于公文，还包括各类业务文件材料和数据），具备一定规范化的形成、审核、流转等程序和管理要求，具有真实性、完整性和有效性。档案登记备份所指的电子文件是广义的电子文件。

电子数据是指基于计算机应用、通信和现代管理技术等电子化技术手段形成的，包括文字、图形符号、数字、字母等的用户和计算机环境数据，它包括各类电子文件和电子文档。电子数据概念的外延比电子文件更广泛，形成环境更多样，既包括公务活动中形成的电子文件数据，也包括非公务活动中形成个人信息和系统环境信息等（如临时数据、系统环境、应用软件环境等）。

电子文档一般指计算机术语中的文档文件（一般指文字表格型的文档，如Word文档、Excel文档，但也可用于图形、图像、音频视频等其他媒体类型的文档），包括系统文档（如帮助手册、系统配置文档等）和用户文档，属于电子数据的一类，与电子文件概念有交叉但不相互包含。电子文档概念则在档案术语中较少使用。

电子公文是指符合公文特征的电子文件。一般指电子形式的各类红头文件，有特定的版式和形成、办理流程要求，需以签章等形式加以确认。电子公文属于电子文件的一种类型。

20.1 样本选择

电子文件研究是档案学研究的重要内容,属于档案学科极其重要的组成部分,同时也是信息社会下档案工作与档案事业的重要组成部分。电子文件研究数据是重要的档案与档案学术资源,对电子文件研究数据进行定量研究,是用好用活档案资源,充分展示我国改革开放的历史进程、伟大成就和宝贵经验的一种方式。改革开放以来,电子文件研究得到了长足进步与发展。总结、回顾电子文件研究发展历程,不仅是档案学建设发展的需要,也是档案工作、档案事业发展的需要。

我们以中国知网为样本来源,检索范围:中国学术期刊网络出版总库,特色期刊,中国博士学位论文全文数据库,中国优秀硕士学位论文全文数据库,中国重要会议论文全文数据库,国际会议论文全文数据库,中国重要报纸全文数据库,中国学术辑刊全文数据库。检索年限:不限。检索时间:2018 年 10 月 23 日。发表时间 between(1979-01-01,2018-10-22)并且(主题=电子文件或者题名=电子文件)(模糊匹配)。样本文献总数:13 018 篇。

20.2 文献统计分析

本部分采用统计分析的方法,从文献总量、发展速度与年度分布,文献研究层次,文献类型,文献资源类型,文献学科分布 5 个方面入手,对样本文献进行分析。

20.2.1 文献总量、发展速度与年度分布

从总量上看,有文献发表的 31 年间,共发表文献 13 018 篇,以 1986 年 1 篇的基数计,31 年间翻了 13 番多。年均 428 篇,最少时(1986 年、1987 年、1988 年、1989 年、1990 年、1993 年)1 篇,最多时(2011 年)1018 篇,31 年间增长了近 13 017 倍。中位数为 6509 篇。总体趋势见图 20.1。

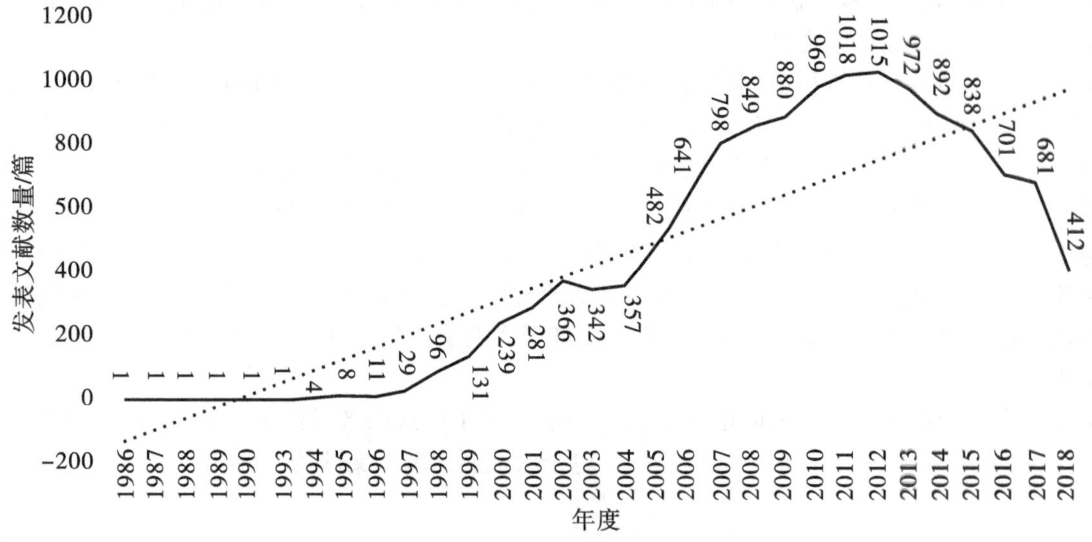

图 20.1 1986—2018 年电子文件研究文献发表数量及分布趋势

从年度分布情况看,1986—2018 年电子文件研究文献发表数量总体上呈现前期低位平稳、中期快速上升、后期持续下降的趋势。绝大多数年份(17 年)为上升状态,下降年份(8 年)少,5 年持平。

大体上可分为三个阶段:

第一阶段(1986—1997 年),年平均增长率为 66.79%,为低位发展期,总体体量小(58 篇),一直处在低位。

第二阶段(1998—2011 年),年平均增长率为 436.66%,为中低位高速增长期,年发表文献数量连上两个数量级台阶。达到峰值。

第三阶段(2012—2018 年),年平均增长率为-11.07%,研究进入回落期。

具体的年度分布情况见表 20.1。

表 20.1　1986—2018 年电子文件研究文献年度分布情况

序号	年度	发表文献数量/篇	占全部样本/%	发展速度	年增速/%
1	1986	1	0.01		
2	1987	1	0.01	1.00	0.00
3	1988	1	0.01	1.00	0.00
4	1989	1	0.01	1.00	0.00
5	1990	1	0.01	1.00	0.00
6	1993	1	0.01	1.00	0.00
7	1994	4	0.03	4.00	300.00
8	1995	8	0.06	2.00	100.00
9	1996	11	0.08	1.38	37.50
10	1997	29	0.22	2.64	163.64
11	1998	96	0.74	3.31	231.03
12	1999	131	1.01	1.36	36.46
13	2000	239	1.84	1.82	82.44
14	2001	281	2.16	1.18	17.57
15	2002	366	2.81	1.30	30.25
16	2003	342	2.63	0.93	-6.56
17	2004	357	2.74	1.04	4.39
18	2005	482	3.70	1.35	35.01
19	2006	641	4.92	1.33	32.99
20	2007	798	6.13	1.24	24.49
21	2008	849	6.52	1.06	6.39
22	2009	880	6.76	1.04	3.65
23	2010	969	7.44	1.10	10.11
24	2011	1018	7.82	1.05	5.06
25	2012	1015	7.80	1.00	-0.29
26	2013	972	7.47	0.96	-4.24

续表 20.1

序号	年度	发表文献数量/篇	占全部样本/%	发展速度	年增速/%
27	2014	892	6.85	0.92	-8.23
28	2015	838	6.44	0.94	-6.05
29	2016	701	5.38	0.84	-16.35
30	2017	681	5.23	0.97	-2.85
31	2018	412	3.16	0.60	-39.50
合计		13 018	100.00	40.37	1036.91
最高值		1018	7.82	4.00	300.00
最低值		1	0.01	0.60	-39.50
平均值		420	3.23	1.35	34.56

自1986年首篇相关成果文献发表到2018年,电子文件研究文献总量翻了13番多,年均增速为34.56%,大多数年份(17年)是正向增速,其中13年增速在两位数以上,其中4年的增速达到了三位数。

20.2.2　文献研究层次

从文献研究层次分布情况看,13 018篇样本文献涉及多个学科的19个不同层次。具体分布情况见表20.2。

表 20.2　1986—2018 年电子文件研究文献层次分布情况

序号	学科	发表文献数量/篇	占全部样本/%
1	基础研究(社科)	7424	57.03
2	行业指导(社科)	3267	25.10
3	职业指导(社科)	976	7.50
4	工程技术(自科)	473	3.63
5	政策研究(社科)	143	1.10
6	基础与应用基础研究(自科)	89	0.68
7	大众科普	62	0.48
8	高等教育	55	0.42
9	基础教育与中等职业教育	53	0.41
10	大众文化	35	0.27
11	专业实用技术(自科)	33	0.25
12	文艺作品	25	0.19
13	行业技术指导(自科)	22	0.17
14	高级科普(社科)	16	0.12
15	经济信息	7	0.05

续表 20.2

序号	学科	发表文献数量/篇	占全部样本/%
16	政报、公报、公告、文告	4	0.03
17	标准与质量控制(自科)	1	0.01
18	党的建设与党员教育	1	0.01
19	其他	332	2.55
合计		13 018	100.00

从研究的学科大类看,可分为社会科学、自然科学、教育文化、信息与其他 5 类。其中社会科学 11 826篇,占 90.84%;自然科学 618 篇,占 4.75%;教育文化 231 篇,占 1.77%;信息 11 篇,占 0.08%;其他 332 篇,占 2.55%。研究明显属于社会科学的范畴,同时涉及自然科学、教育文化、信息及其他学科。

从基础理论研究与应用研究的角度看,属于基础理论研究的有 7513 篇,占 57.71%;属于应用研究的有 5505 篇,占 42.29%。研究略偏重应用性研究。

总之,电子文件研究涉及社会科学、自然科学、教育文化、信息及其他 5 类 19 个不同层次,总体上属于社会科学范畴,略偏重基础理论研究。

20.2.3 文献类型

从文献类型分布情况看,13 018 篇样本文献中,涉及综述类、政策研究类和其他 3 个不同类型。具体分布情况见表 20.3。

表 20.3 1986—2018 年电子文件研究文献类型分布情况

序号	文献类型	发表文献数量/篇	占全部样本/%
1	综述类	194	1.49
2	政策研究类	143	1.10
3	其他	12 681	97.41
合计		13 018	100.00

从表 20.3 看,一般性论证(其他)文献占比超过 97%,成为绝对主体;政策性(政策研究类)及宏观性(综述类文献)研究文献则显得特别单薄。

总之,在电子文件研究中,一般性论文占绝对优势,政策性、宏观性研究论文薄弱。

20.2.4 文献资源类型

从文献资源类型分布情况看,13 018 篇样本文献分布在期刊、国内会议、特色期刊、硕士、报纸、学术辑刊、国际会议、博士 8 种类型资源上。具体分布情况见表 20.4。

表20.4　1986—2018年电子文件研究文献资源类型分布情况

序号	资源类型	发表文献数量/篇	占全部样本/%
1	期刊	11 403	87.59
2	国内会议	608	4.67
3	特色期刊	475	3.65
4	硕士	368	2.83
5	报纸	74	0.57
6	学术辑刊	59	0.45
7	国际会议	21	0.16
8	博士	10	0.08
合计		13 018	100.00

有文献发表的31年间,期刊成为电子文件学术研究最主要的文献来源,电子文件研究者近93%的学术交流与沟通,有赖于这个平台。会议论文、硕博论文在总量上与期刊相差两个数量级,与期刊相比,只起着少量的辅助作用。报纸在总量上与期刊相差三个数量级,与期刊相比,更是只起着点缀作用。

总之,电子文件研究已经形成了以学术期刊为主,会议论文、硕博论文为辅,报纸为点缀的研究资源体系。

20.2.5　文献学科分布

从文献学科分布情况看,13 018篇样本文献涉及学科超过50个。发表文献最多的15个学科见表20.5。

表20.5　1986—2018年发表文献最多的15个学科分布情况

序号	学科	发表文献数量/篇	占全部样本/%
1	图书情报档案	12 043	92.51
2	教育	461	3.54
3	工商管理	233	1.79
4	工业经济	127	0.98
5	法学	105	0.81
6	公共卫生与预防医学	92	0.71
7	公共管理	82	0.63
8	计算机	76	0.58
9	城市经济	44	0.34
10	管理学	37	0.28
11	建筑科学	25	0.19
12	交通运输	22	0.17

续表 20.5

序号	学科	发表文献数量/篇	占全部样本/%
13	农业经济	22	0.17
14	交通运输经济	19	0.15
15	国民经济	18	0.14
合计		13 406	102.98
总计		13 018	100.00
超出		388	2.98

需要说明的是,按15个学科统计的文献数为13 406篇,占实际样本数的102.98%;而实际样本数为13 018篇;15个学科统计数多于实际文献数388篇。再考虑到实际涉及的学科超过30个,全部学科文献的数量之和可能超过实际样本更多。图书情报档案专业文献只有12 043篇,占全部样本的92.51%。可以推知,电子文件研究是一门具有明显学科交叉性的学科。除档案学本学科之外,与电子文件研究相关性最强的4个学科分别是:教育、工商管理、工业经济、法学。

可以说,电子文件研究在保持与档案学学科高相关性的同时,具有明显的跨学科特性。

20.3 文献计量分析

本部分采用计量分析的方法,从文献基金资助分布、文献作者分布、文献机构分布和文献来源分布4个方面对样本文献进行分析。

20.3.1 文献基金资助分布

从样本文献的基金分布情况看,13 018篇样本文献中有320篇得到33种基金项目的支持,占全部样本的2.458%。具体分布情况见表20.6。

表20.6 1986—2018年电子文件获得基金资助分布

序号	基金名称	发表文献数量/篇	占基金资助文献/%	占全部样本/%
1	国家社会科学基金	222	69.38	1.705
2	国家自然科学基金	46	14.38	0.353
3	航空科学基金	5	1.56	0.038
4	跨世纪优秀人才培养计划	4	1.25	0.031
5	安徽省高等学校青年教师科研资助项目	3	0.94	0.023
6	河南省科技攻关计划	3	0.94	0.023
7	天津市科学基金	3	0.94	0.023
8	北京市科技计划项目	2	0.63	0.015
9	黑龙江省社会科学基金	2	0.63	0.015

续表20.6

序号	基金名称	发表文献数量/篇	占基金资助文献/%	占全部样本/%
10	江苏省教育厅人文社会科学研究基金	2	0.63	0.015
11	北京市教委科技发展基金	2	0.63	0.015
12	教育部留学回国人员科研启动基金	2	0.63	0.015
13	河南省软科学研究计划	2	0.63	0.015
14	中国博士后科学基金	2	0.63	0.015
15	湖南省社会科学基金	2	0.63	0.015
16	山东省教委基金	1	0.31	0.008
17	江苏省科委社会发展基金	1	0.31	0.008
18	教育部科学技术研究项目	1	0.31	0.008
19	江苏省计算机信息处理技术重点实验	1	0.31	0.008
20	湖南省教委科研基金	1	0.31	0.008
21	国家留学基金	1	0.31	0.008
22	国家科技基础条件平台建设计划	1	0.31	0.008
23	北京市自然科学基金	1	0.31	0.008
24	山东省软科学研究计划	1	0.31	0.008
25	安徽省教育厅科研基金	1	0.31	0.008
26	浙江省教委科研基金	1	0.31	0.008
27	宁夏高校科研基金	1	0.31	0.008
28	四川省教委重点科研基金	1	0.31	0.008
29	四川省高等教育新世纪教育改革工程	1	0.31	0.008
30	中国地质调查局地质调查项目经费	1	0.31	0.008
31	福建省软科学研究计划	1	0.31	0.008
32	吉林大学创新基金	1	0.31	0.008
33	国家科技支撑计划	1	0.31	0.008
合计		320	100.00	2.458
总计		13 018		100.000

从基金的层次分布情况看,国家级基金6种273篇,占全部样本的2.097%,占基金资助文献的85.31%;地方基金22种34篇,占全部样本的0.261%,占基金资助文献的10.63%;部门基金5种13篇,占全部样本的0.100%,占基金资助文献的4.06%。国家层面种类少,资助文献的数量远高于地方、部门基金的资助数量,是地方、部门基金资助数量之和的近6倍。

地方资助涉及安徽、北京、福建、河南、黑龙江、湖南、吉林、江苏、宁夏、山东、四川、天津、浙江等13个省份。

总之,电子文件研究有320篇文献获33种基金资助,其中国家资助高于地方、部门资助近5倍。提供地方资助的有13个省份。

20.3.2 文献作者分布

从作者的分布情况看,13 018 篇文献中,前 40 位作者共发表文献 615 篇,占全部样本的 4.72%。发表文献最多的 40 位作者分布情况见表 20.7。

表 20.7 发表文献最多的 40 位作者分布情况

序号	作者	发表文献数量/篇	占全部样本/%
1	刘家真	39	0.30
2	刘越男	37	0.28
3	张正强	34	0.26
4	傅荣校	32	0.25
5	安小米	28	0.22
6	赵屹	27	0.21
7	吴品才	24	0.18
8	于英香	21	0.16
9	程妍妍	17	0.13
10	肖秋会	16	0.12
11	陈勇	15	0.12
12	李泽锋	14	0.11
13	张健	14	0.11
14	何嘉荪	14	0.11
15	马林青	14	0.11
16	冯惠玲	14	0.11
17	金更达	13	0.10
18	麻新纯	13	0.10
19	张宁	13	0.10
20	王健	12	0.09
21	杨安莲	12	0.09
22	张照余	12	0.09
23	方昀	11	0.08
24	于丽娟	11	0.08
25	周文泓	11	0.08
26	桑毓域	11	0.08
27	王萍	11	0.08
28	王英玮	10	0.08
29	黄霄羽	10	0.08
30	余厚洪	10	0.08

续表 20.7

序号	作者	发表文献数量/篇	占全部样本/%
31	黄玉明	10	0.08
32	梁绍红	10	0.08
33	张文浩	10	0.08
34	薛四新	10	0.08
35	章燕华	10	0.08
36	赵生辉	9	0.07
37	陈晓晖	9	0.07
38	吴雁平	9	0.07
39	陈永生	9	0.07
40	蔡学美	9	0.07
合计		615	4.72
总计		13 018	100.00

按照普赖斯提出的计算公式,核心作者候选人的最低发文数 $M=0.749\sqrt{N_{max}}$,其中 N_{max} 为最高产作者发文数量。有文献发表的31年来,电子文件研究文献作者中发表文献最多的为39篇,即 $N_{max}=39$,所以 $M=0.749\sqrt{39}\approx5.809$。因此,凡发表6篇及以上文献的作者均为1986—2018年电子文件研究的重要作者。故表20.7中的40位作者不仅是核心作者,而且是核心作者中的高产作者。

总之,电子文件研究已经形成了一大批核心作者和以核心作者为基础的高产作者群。从整体上看,无论是作者数量,还是发表文献数量,高校作者都是电子文件研究的主力。

20.3.3 文献机构分布

从研究机构分布情况看,13 018篇文献中,前40个机构发表文献2744篇,占全部样本的21.08%。如果使用普赖斯公式计算,核心机构的最低发文数 $M=0.749\sqrt{N_{max}}$,其中 N_{max} 为最高产机构发文数量。这里 $N_{max}=435$,所以 $M=0.749\sqrt{435}\approx15.622$,即发表文献16篇及以上的为核心研究机构。据此,表20.8中的40个机构全部是核心研究机构中的高产机构。发表文献最多的40个机构分布情况见表20.8。

表 20.8 发表文献最多的40个机构分布情况

序号	机构	发表文献数量/篇	占全部样本/%
1	中国人民大学	435	3.34
2	南京政治学院	203	1.56
3	武汉大学	162	1.24
4	苏州大学	151	1.16
5	安徽大学	148	1.14
6	上海大学	131	1.01
7	浙江大学	131	1.01

续表 20.8

序号	机构	发表文献数量/篇	占全部样本/%
8	浙江省档案局	119	0.91
9	辽宁大学	105	0.81
10	四川大学	77	0.59
11	国家档案局	76	0.58
12	黑龙江大学	75	0.58
13	中山大学	75	0.58
14	广西民族大学	71	0.55
15	天津师范大学	69	0.53
16	湘潭大学	55	0.42
17	北京市档案局	53	0.41
18	吉林大学	44	0.34
19	南京大学	43	0.33
20	郑州航空工业管理学院	38	0.29
21	郑州大学	36	0.28
22	山东大学	35	0.27
23	国家档案局档案科学技术研究所	32	0.25
24	云南大学	31	0.24
25	河北大学	30	0.23
26	江苏省档案局	30	0.23
27	福建师范大学	26	0.20
28	湖北大学	26	0.20
29	广西民族学院	25	0.19
30	辽宁省档案局	25	0.19
31	清华大学	24	0.18
32	中原油田分公司	20	0.15
33	扬州大学	19	0.15
34	天津市档案局	19	0.15
35	河南大学	19	0.15
36	西北大学	19	0.15
37	绍兴文理学院	18	0.14
38	南阳师范学院	17	0.13
39	开封大学	16	0.12
40	东南大学	16	0.12
合计		2744	21.08
总计		13 018	100.00

前40个核心高产机构中有32个是高校(发表文献2370篇,占核心高产机构发表文献数的86.37%),充分表明高校是电子文件研究极其重要的高产机构群的主体。

从前40个机构中各类机构发表文献的数量及占比情况看,32个高校,占80%;发表文献2370篇,占比达到了86.37%。其中前7位均为高校。6个档案局,占15%;发表文献322篇,占比11.73%。1个事业单位,占2.5%;发表文献32篇,占比达到了1.17%。1个企业,占2.5%;发表文献20篇,占比达到了0.73%。

总之,电子文件研究已经形成稳定的研究机构。其中高校在机构数量及发表文献的数量上均为最高,档案行政管理机关次之,事业单位位列第三,企业位列第四。

20.3.4 文献来源分布

从文献来源分布情况看,13 018篇样本文献中,发表文献最多的14种期刊,发表文献4125篇,占全部样本的36.60%。具体分布情况见表20.9。

表20.9 发表文献最多的14种期刊分布情况

序号	期刊	发表文献数量/篇	占全部样本/%
1	《兰台世界》	1104	8.48
2	《黑龙江档案》	375	2.88
3	《中国档案》	369	2.83
4	《浙江档案》	359	2.76
5	《办公室业务》	342	2.63
6	《档案学通讯》	295	2.27
7	《北京档案》	277	2.13
8	《机电兵船档案》	267	2.05
9	《兰台内外》	252	1.94
10	《档案与建设》	246	1.89
11	《档案管理》	232	1.78
12	《档案学研究》	230	1.77
13	《黑龙江史志》	223	1.71
14	《城建档案》	194	1.49
合计		4765	36.60
总计		13 018	100.00

按照布拉德福定律,13 018篇文献可分为核心区、相关区和非相关区,各个区的论文数量相等(约4334篇)。故发表论文数量居前12位的《兰台世界》《黑龙江档案》《中国档案》《浙江档案》《办公室业务》《档案学通讯》《北京档案》《机电兵船档案》《兰台内外》《档案与建设》《档案管理》《档案学研究》(4348篇)处于核心区之中。其中11种为档案学期刊,包括档案学核心期刊7种,非核心期刊4种;1种为其他相关专业期刊。

发表论文数量居第13~14位的《黑龙江史志》《城建档案》和其他发表论文数量194篇以下的期刊部分在相关区,部分在非相关区。

总体上讲,档案学期刊,特别是档案学核心期刊,是电子文件研究成果发布与交流的主渠道、主阵地,承担着电子文件研究成果发布与交流的主体责任。

总之,电子文件研究总体上已经形成以档案学期刊,尤其是档案学核心期刊为主,相关及其他期刊为辅的成果发布与交流体系。

20.4　文献关键词词频及共现分析

本部分采用词频分析的方法,从主题词、高频关键词、关键词共现矩阵、关键词共现网络4个方面对样本文献进行分析。

20.4.1　主题词

从主题词使用频率看,电子文件研究涉及内容广泛,集中在电子文件、文件、档案、档案事务、档案机构、自动化、档案人7个方面。使用频率最高的34个主题词分布情况见表20.10。

表20.10　使用频率最高的34个主题词分布情况

序号	主题词	使用频率/次	占全部样本/%
1	电子文件	7002	53.79
2	电子档案	3019	23.19
3	文件归档	1592	12.23
4	档案管理	1384	10.63
5	计算机	1121	8.61
6	纸质文件	1034	7.94
7	档案信息化建设	795	6.11
8	纸质档案	757	5.82
9	档案管理工作	626	4.81
10	数字档案馆	587	4.51
11	档案工作	583	4.48
12	档案信息资源	511	3.93
13	档案部门	460	3.53
14	原始性	439	3.37
15	档案馆	418	3.21
16	文化机构	410	3.15
17	档案工作者	385	2.96
18	企业管理	367	2.82
19	档案信息	355	2.73
20	电子文件管理系统	353	2.71

续表20.10

序号	主题词	使用频率/次	占全部样本/%
21	档案信息化	339	2.60
22	档案管理系统	333	2.56
23	电子文件中心	308	2.37
24	档案局	294	2.26
25	归档管理	288	2.21
26	文件材料	279	2.14
27	电子档案信息	256	1.97
28	电子文件档案	252	1.94
29	办公自动化	236	1.81
30	国家档案局	233	1.79
31	档案室	226	1.74
32	档案信息化管理	225	1.73
33	归档工作	220	1.69
34	前端控制	219	1.68
合计		25 906	199.00
总计		13 018(篇)	100.00
最高频率		7002	53.79
最低频率		219	1.69
平均频率		762	5.98

从涉及的主题词看,使用频率最高的34个主题词共使用25 906频次,占全部样本的199.00%。也就是说,上述34个主题词涵盖了全部样本文献近两遍。其中使用频率最高的是“电子文件”(7002频次),使用频率最低的是“前端控制”(219频次),平均使用频率为762频次。

从主题词反映出的研究内容看,电子文件研究关注的34个主要问题又可归并为电子文件、文件、档案、档案事务、档案机构、自动化、档案人7个大类。

电子文件(电子文件、电子文件管理系统、电子文件中心、电子文件档案、归档工作、前端控制)共使用8354频次,占全部样本的64.17%。它涵盖了电子文件的多个层面,主要集中在管理方面,它是档案学界电子文件研究与关注度最高的主题。

档案(电子档案、档案管理、档案信息资源、档案信息、归档管理、纸质档案、原始性)共使用6753频次,占全部样本的51.87%。

档案信息化(档案信息化、档案管理系统、电子档案信息、档案信息化管理、档案信息化建设、计算机、办公自动化)共使用3305频次,占全部样本的25.39%。

文件(文件归档、纸质文件、文件材料)共使用2906频次,占全部样本的22.32%。它是与档案学界电子文件研究相关性最高的主题。

档案机构(数字档案馆、档案部门、档案馆、文化机构、档案局、国家档案局、档案室)共使用2628频次,占全部样本的20.19%,仍然集中在档案局、档案馆、档案室三个主体上。

档案事务(档案管理工作、档案工作、企业管理)共使用1576频次,占全部样本的12.11%。

档案人(档案工作者)共使用385频次,占全部样本的2.96%。作为档案工作的主体,电子文件研究的关注点仍然没有离开过档案人自身,但没有涉及我们服务的对象。

可以说,电子文件研究所涉及的内容虽然十分广泛,但全部文献均包含在上述电子文件、文件、档案、档案事务、档案机构、档案信息化、档案人7类问题中。或者说,电子文件研究主要是围绕上述电子文件、文件、档案、档案事务、档案机构、档案信息化、档案人7个方面展开的。

20.4.2　高频关键词

表20.11是使用频率最高的15个高频关键词分布情况。15个使用频率最高的关键词共使用7562频次,占全部样本的58.09%。也就是说,近60%的文献所研究的内容与这15个关键词有关。其中使用频率最高的是“电子文件”(1930频次),使用频率最低的是“数字档案馆”(142频次),平均使用频率为504频次。

表20.11　使用频率最高的15个高频关键词分布情况

序号	关键词	使用频率/次	占全部样本/%
1	电子文件	1930	14.83
2	电子档案	1078	8.28
3	档案管理	1024	7.87
4	管理	748	5.75
5	档案	642	4.93
6	信息化	382	2.93
7	归档	319	2.45
8	对策	291	2.24
9	问题	204	1.57
10	数字化	181	1.39
11	档案信息化	165	1.27
12	电子文件管理	160	1.23
13	纸质档案	153	1.18
14	档案工作	143	1.10
15	数字档案馆	142	1.09
合计		7562	58.09
总计		13 018(篇)	100.00
平均		504	3.87

从关键词反映出的研究内容来看,电子文件研究关注度最高的15个问题可以归纳为电子文件、档案、档案事务、档案信息化、档案机构5个方面。它们占全部样本文献的58.09%。

档案事务(档案管理、管理、对策、问题、档案工作),使用2410频次,占全部样本的18.51%,居首位。它是电子文件研究关注度最高的问题。简单地说,接近20%的电子文件研究是围绕档案事务进行的。这反映出电子文件研究具有鲜明的管理性特征。

电子文件(电子文件、电子文件管理、归档),使用2409频次,占比18.51%。研究关注度与“档案事务”持平。简单地说,近 1/5 的电子文件研究是围绕上述 3 个关键词进行的。

档案(电子档案、档案、纸质档案),使用 1873 频次,占比 14.39%。

档案信息化(档案信息化、信息化、数字化),使用 728 频次,占比 5.59%。研究集中在“化”上。

机构(数字档案馆),使用 142 频次,占比 1.09%。

因此,电子文件研究内容广泛,近 60% 的研究集中在电子文件、档案、档案事务、档案信息化、档案机构 5 大类 15 个热词所涉及的问题上。

20.4.3　关键词共现矩阵

本节采用关键词共现分析的方法,对 1986—2018 年电子文件研究的 13 018 篇文献进行分析。

矩阵提取使用频率最高的 20 个关键词,将这 20 个关键词形成 20×20 的共词矩阵。如果某两个关键词同时出现在一篇文章中,就表明这两者之间存在相关关系,关键词右侧或下方对应位置的数值表示篇数。图 20.2 是 1986—2018 年电子文件研究文献使用频率最高的 20 个高频关键词共现矩阵。

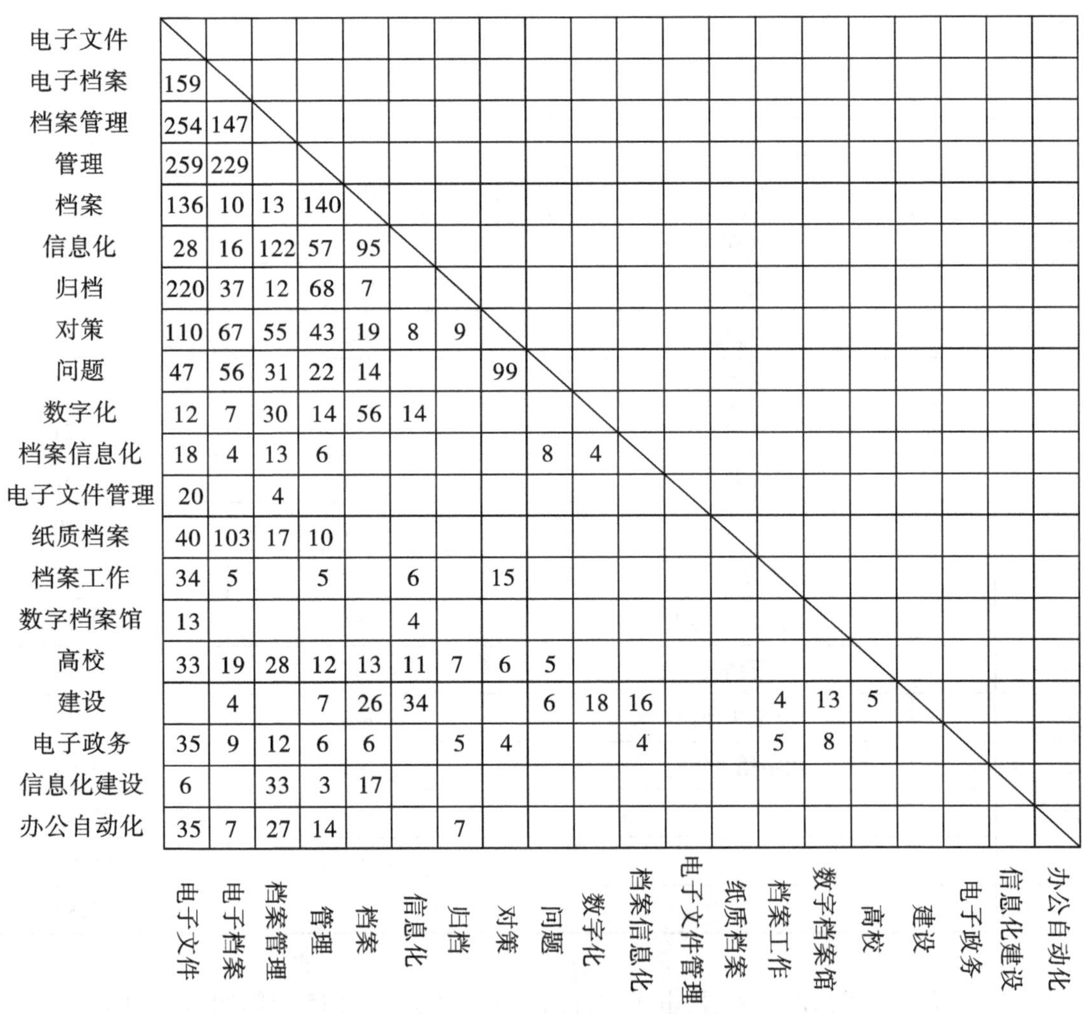

	电子文件	电子档案	档案管理	管理	档案	信息化	归档	对策	问题	数字化	档案信息化	电子文件管理	纸质档案	档案工作	数字档案馆	高校	建设	电子政务	信息化建设	办公自动化
电子文件																				
电子档案	159																			
档案管理	254	147																		
管理	259	229																		
档案	136	10	13	140																
信息化	28	16	122	57	95															
归档	220	37	12	68	7															
对策	110	67	55	43	19	8	9													
问题	47	56	31	22	14			99												
数字化	12	7	30	14	56	14														
档案信息化	18	4	13	6					8	4										
电子文件管理	20		4																	
纸质档案	40	103	17	10																
档案工作	34	5		5		6		15												
数字档案馆	13					4														
高校	33	19	28	12	13	11	7	6	5											
建设		4		7	26	34			6	18	16			4	13	5				
电子政务	35	9	12	6	6		5	4			4			5	8					
信息化建设	6		33	3	17															
办公自动化	35	7	27	14			7													

图 20.2　1986—2018 年电子文件研究文献高频关键词共现矩阵

图 20.2 显示,2017 年电子文件研究文献关键词共现有 95 组,共现率为 47.5%。共现次数 200 次以上的关键词组合有 4 组,共现率为 2%。共现次数 100～199 次的关键词组合有 7 组,共现率为 3.5%。共现次数 50～99 次的关键词组合有 8 组,共现率为 4%。

以横轴为准计：

20 组共现关键词中有 18 组与电子文件直接相关，占共现关键词的 9%。

20 组共现关键词中有 15 组与电子档案直接相关，占共现关键词的 7.5%。

20 组共现关键词中有 14 组与管理直接相关，占共现关键词的 7%。

20 组共现关键词中有 13 组与档案管理直接相关，占共现关键词的 6.5%。

20 组共现关键词中有 9 组与档案直接相关，占共现关键词的 5%。

20 组共现关键词中有 6 组与信息化直接相关，占共现关键词的 3%。

20 组共现关键词中有 4 组与归档、对策直接相关，分别占共现关键词的 2%。

20 组共现关键词中有 3 组与问题直接相关，占共现关键词的 1.5%。

20 组共现关键词中各有 2 组与数字化、档案信息化、档案工作、数字档案馆直接相关，分别占共现关键词的 1%。

余下的 1 组与高校 1 个关键词有关，但共现次数为 1 组，属于低相差度高频词。

另外，电子文件管理、纸质档案、建设、电子政务、信息化建设、办公自动化 6 个无共现高频词。

共现次数在 200 次以上的特高共现高频关键词有 4 组，分别是：

电子文件与档案管理：254 次。

电子文件与管理：259 次。

电子文件与归档：220 次。

电子档案与管理：229 次。

共现次数在 100 ~ 199 次的超高共现高频关键词有 7 组，分别是：

电子文件与电子档案：159 次。

电子文件与档案：136 次。

电子文件与对策：110 次。

电子档案与档案管理：147 次。

电子档案与纸质档案：103 次。

档案管理与信息化：122 次。

管理与档案：140 次。

共现次数在 50 ~ 99 次的高共现高频关键词有 8 组，分别是：

电子档案与对策：67 次。

电子档案与问题：56 次。

档案管理与对策：55 次。

管理与信息化：57 次。

管理与归档：68 次。

档案与信息化：95 次。

档案与数字化：56 次。

对策与问题：99 次。

归纳起来，1986—2018 年电子文件研究的重点集中在电子文件、电子档案、管理、信息化 4 个方向上。或者说，1986—2018 年电子文件研究主要是在电子文件、电子档案、管理、信息化 4 个主要方向上展开的。

从共现组数看，由于高共现频率的 20 个高频关键词的共现组数达 95 组，特高、超高与高共现词有 19 组，占到了全部共现组的 20%。可见，1986—2018 年电子文件研究形成了突出的高相关共现关键词群，研究的集中趋势非常明显。

共现矩阵显示，研究主要是在电子文件、电子档案、管理、信息化 4 个方向上，形成了突出的高相关共现关键词群，研究的集中趋势非常明显。

20.4.4 关键词共现网络

本节采用关键词共现分析的方法,对 1986—2018 年电子文件研究的 13 018 篇文献进行分析。

在关键词共现网络中,关键词之间的关系可以用连线来表示,连线多少和粗细代表关键词间的亲疏程度,连线越多,代表该关键词与其他关键词的共现次数越多,越是研究领域极其重要的和热点研究内容。使用知网提供的工具,可获得 1986—2018 年电子文件研究高频词共词网络图谱(扫描二维码)。

从高频词共词网络图谱中可以直观地看出:1986—2018 年电子文件研究可分为 6 个聚类群组。它们分别以"电子档案"、"档案工作"、"建设"、"信息化建设"、"电子文件管理"、"数字档案馆"与"电子政务"为核心关键词。5 个为单核心群组,其中 4 个为单词群组;1 个为双核心双词群组。

在以"电子档案"为核心的群组中一共有 11 个相关关键词,除了"电子档案"之外,还有"档案""档案管理""管理"3 个次核心关键词。三者间的距离一个相对较近(管理),且共现频率高;两个相对较远("档案""档案管理"),但共现率相当。距离较近、联系相对较为密切的还有"信息化""纸质档案""高校"。群组内各关键词间关联性相对紧密。

群组与其他 5 个群组均有关联,其中"数字档案馆"与"电子政务"群组的部分内容(电子政务)嵌入主群组中间,与主群组多个关键词相关联。其他 4 个群组在主群组周边或外围。

"档案工作"、"建设"、"数字档案馆"与"电子政务"3 个群组相距近,相关之间有多重关联,并与主群组关系紧密。

"信息化建设""电子文件管理"两个群组之间没有关联,只与核心主群组有联系,与"档案工作"、"建设"、"数字档案馆"与"电子政务"3 个群组没有直接联系。

共现网络表明,"电子档案"与"档案""档案管理""管理"是电子文件研究的高频高相关核心问题。"数字档案馆""档案工作""信息化建设""电子文件管理"处在整个网络外围的位置,是日后的热点问题。

20.5 结语

综上,通过对 1986—2018 年电子文件研究文献的数据分析,我们可以得出如下结论:

自 1986 年首篇相关成果文献发表到 2018 年,从规模与发展速度上看,电子文件研究文献总量翻了 13 番多,年均增速为 34.56%,大多数年份(17 年)是正向增速,其中 13 年增速在两位数以上,其中 4 年的增速达到了三位数。总体上呈现前期低位平稳、中期快速上升、后期持续下降的趋势。

从文献研究层次上看,电子文件研究涉及社会科学、自然科学、教育文化、信息及其他学科 5 类 19 个不同层次,总体上属于社会科学范畴,偏重基础理论研究。

从文献类型分布情况看,在电子文件研究中,一般性论文占绝对优势,政策性、宏观性研究论文薄弱。

从文献资源类型分布情况看,电子文件研究形成了以学术期刊为主,会议论文、硕博论文为辅,报纸为点缀的研究资源体系。

从样本文献的学科分布情况看,电子文件研究在保持与档案学高相关性的同时,具备非常明显的跨学科特性。

从样本文献的基金分布情况看,电子文件研究有 320 篇文献获 33 种基金资助,其中国家资助高于地方、部门资助近 5 倍。提供地方资助的有 13 个省份。

从研究作者分布情况看,电子文件研究已经形成以高校作者为主的一大批核心作者和以其为基础的高产作者群。

从研究机构分布情况看,电子文件研究已经形成稳定的研究机构。其中高校在机构数量及发表文献的数量上均为最高,档案行政管理机关次之,事业单位列第三,企业列第四。

从文献来源分布情况看,总体上已经形成以档案学期刊,尤其是档案学核心期刊为主,相关及其他期刊为辅的电子文件研究成果发布与交流体系。

从主题词使用频率看,研究主题集中在电子文件、文件、档案、档案事务、档案机构、自动化、档案人 7 个方面。

从高频率关键词分布情况看,电子文件研究关注的重点近 60% 集中在电子文件、档案、档案事务、档案信息化、档案机构 5 类 15 个热词所涉及的问题上。

从高频词共现矩阵看,研究主要是在电子文件、电子档案、管理、信息化 4 个方向上展开的,形成了突出的高相关共现关键词群,研究的集中趋势非常明显。

共现网络表明,“电子档案”与“档案”“档案管理”“管理”是电子文件研究的高频高相关核心问题。“数字档案馆”“档案工作”“信息化建设”“电子文件管理”处在整个网络外围的位置,是日后的热点问题。

21 文件中心

文件中心是一种社会化、集约化和专业化的档案管理机构,它的设置一般不像档案室一样隶属于一种文件形成单位,而是按地区、按系统建立的介于文件形成单位和地方综合档案馆的一种过渡性档案管理机构。

文件中心最早诞生于第二次世界大战时期的美国。当时美国一些军事机关把利用率较低的非现行文件移出办公室单独保存,逐渐形成一种独立的机构,称为文件中心。战后各政府机关因档案文件大量增加,机关本身无法容纳,纷纷要求向国家档案馆移交,而国家档案馆亦无法容纳。为解决这个矛盾,联邦政府于 1952 年决定在全国划分档案区,建立了 14 个联邦文件中心,其中 2 个是全国性的,12 个是地区性的。此后,欧洲一些国家也成立了类似的机构,名称不一。如英国的海斯中间档案馆、法国的枫丹白露现代档案城、苏联的联合机关档案馆和跨机关档案馆等。在美国,除联邦文件中心外,还有本机关的、州的,甚至以营利为目的的商业性文件中心。

建立文件中心的理论根据是文件生命过程三阶段论:现行阶段,也叫文书处理阶段,由文件形成单位自行保存;非现行阶段,也叫休眠阶段,由文件中心保存;最后处理阶段,即销毁或永久保存阶段,按规定的保管期限由各机关自行销毁或移交档案馆永久保存。

文件中心所保管的文件属原形成单位所有,保持原来的顺序和标记,只供原形成单位使用,其他单位未征得原形成单位同意不得利用。文件一旦从文件中心移交到档案馆,就成为公共财产,可在解密后向公众开放。

建立文件中心可使政府机关或私人企业的办公室摆脱大量非现行文件的沉重负担,提高工作效率,降低文件保管费用,并保证有永久保存价值的文件得到妥善保护,最终移交档案馆。但也有少数档案工作者认为有了文件中心会拖延对文件的鉴定和向档案馆的移交,不利于档案利用。

21.1 样本选择

文件中心研究是档案学研究最热门的研究内容之一,属于档案学科重要的组成部分,同时也是档案工作与档案事业的重要组成部分。文件中心研究数据是重要的档案与档案学术资源,对文件中心研究数据进行定量研究,是用好用活档案资源,充分展示我国改革开放的历史进程、伟大成就和宝贵经验的一种方式。改革开放以来,文件中心研究有所进步与发展。总结、回顾文件中心研究发展历程,不仅是档案学建设发展的需要,也是档案工作、档案事业发展的需要。

我们以中国知网为样本来源,检索范围:中国学术期刊网络出版总库,特色期刊,中国博士学位论文全文数据库,中国优秀硕士学位论文全文数据库,中国重要会议论文全文数据库,国际会议论文全文数据库,中国重要报纸全文数据库,中国学术辑刊全文数据库。检索年限:不限。检索时间:2018 年

10 月 23 日。发表时间 between(1979-01-01,2018-10-25)并且(主题=文件中心或者题名=文件中心)(模糊匹配)。样本文献总数:1061 篇。

21.2 文献统计分析

本部分采用统计分析的方法,从文献总量、发展速度与年度分布,文献研究层次,文献类型,文献资源类型,文献学科分布 5 个方面入手,对样本文献进行分析。

21.2.1 文献总量、发展速度与年度分布

从总量上看,有文献发表的 40 年间,共发表文献 1061 篇,以 1979 年 1 篇的基数计,40 年间翻了 10 番多。年均 508 篇,最少时(1979 年、1980 年)1 篇,最多时(2008 年)80 篇,40 年间增长了近 1 060 倍。中位数为 530 篇。总体趋势见图 21.1。

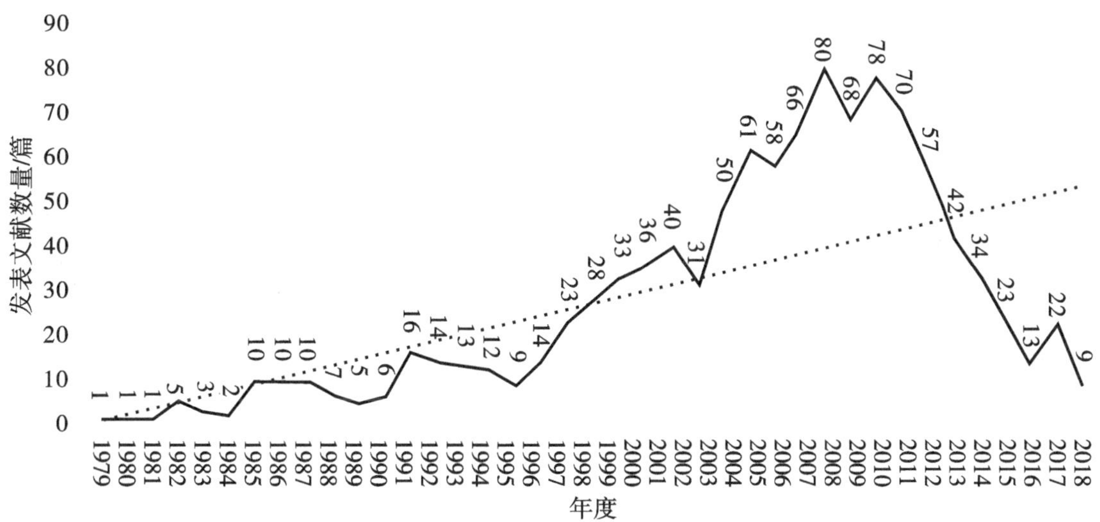

图 21.1 1979—2018 年文件中心研究文献发表数量及分布趋势

从年度分布情况看,1979—2018 年文件中心研究文献发表数量总体上呈现中角度不断上升的趋势。少数年份(16 年)为上升状态,多数年份(19 年)为下降状态,4 年持平。

大体上可分为三个阶段:

第一阶段(1979—1996 年),年平均增长率为 50.15%,为低位高速波动发展期,总体体量上长一个数量级。

第二阶段(1997—2008 年),年平均增长率为 22.54%,为中位波动快速增长期,总量增速比较快。

第三阶段(2009—2018 年),年平均增长率为-14.02%,研究进入持续回落期。

具体的年度分布情况见表 21.1。

表21.1　1979—2018年文件中心研究文献年度分布情况

序号	年度	发表文献数量/篇	占全部样本/%	发展速度	年增速/%
1	1979	1	0.09		
2	1980	1	0.09	1.00	0.00
3	1982	1	0.09	1.00	0.00
4	1983	5	0.47	5.00	400.00
5	1984	3	0.28	0.60	-40.00
6	1985	2	0.19	0.67	-33.33
7	1986	10	0.94	5.00	400.00
8	1987	10	0.94	1.00	0.00
9	1988	10	0.94	1.00	0.00
10	1989	7	0.66	0.70	-30.00
11	1990	5	0.47	0.71	-28.57
12	1991	6	0.57	1.20	20.00
13	1992	16	1.51	2.67	166.67
14	1993	14	1.32	0.88	-12.50
15	1994	13	1.23	0.93	-7.14
16	1995	12	1.13	0.92	-7.69
17	1996	9	0.85	0.75	-25.00
18	1997	14	1.32	1.56	55.56
19	1998	23	2.17	1.64	64.29
20	1999	28	2.64	1.22	21.74
21	2000	33	3.11	1.18	17.86
22	2001	36	3.39	1.09	9.09
23	2002	40	3.77	1.11	11.11
24	2003	31	2.92	0.78	-22.50
25	2004	50	4.71	1.61	61.29
26	2005	61	5.75	1.22	22.00
27	2006	58	5.47	0.95	-4.92
28	2007	66	6.22	1.14	13.79
29	2008	80	7.54	1.21	21.21
30	2009	68	6.41	0.85	-15.00
31	2010	78	7.35	1.15	14.71
32	2011	70	6.60	0.90	-10.26
33	2012	57	5.37	0.81	-18.57
34	2013	42	3.96	0.74	-26.32
35	2014	34	3.20	0.81	-19.05

续表 21.1

序号	年度	发表文献数量/篇	占全部样本/%	发展速度	年增速/%
36	2015	23	2.17	0.68	-32.35
37	2016	13	1.23	0.57	-43.48
38	2017	22	2.07	1.69	69.23
39	2018	9	0.85	0.41	-59.09
合计		1061	100.00	47.33	932.77
最高值		80	7.54	5.00	400.00
最低值		1	0.09	0.41	-59.09
平均值		27	2.56	1.25	24.55

自 1979 年首篇相关成果文献发表到 2018 年，文件中心研究文献总量翻了 10 番多，年均增速为 24.55%，少数年份(16 年)是正向增速，11 个年份增速在两位数以上，其中 3 年的增速达到了三位数。

21.2.2 文献研究层次

从文献研究层次分布情况看，1061 篇样本文献涉及多个学科的 8 个不同层次。具体分布情况见表 21.2。

表 21.2 1979—2018 年文件中心研究文献层次分布情况

序号	学科	发表文献数量/篇	占全部样本/%
1	基础研究(社科)	674	63.52
2	行业指导(社科)	326	30.73
3	职业指导(社科)	30	2.83
4	工程技术(自科)	9	0.85
5	政策研究(社科)	6	0.57
6	基础与应用基础研究(自科)	3	0.28
7	大众科普	1	0.09
8	其他	12	1.13
合计		1061	100.00

从研究的学科大类看，可分为社会科学、自然科学、教育文化与其他 4 类。其中社会科学 1 036 篇，占 97.64%；自然科学 12 篇，占 1.13%；教育文化 1 篇，占 0.09%；其他 12 篇，占 1.13%。研究明显属于社会科学的范畴，同时涉及自然科学、教育文化及其他学科。

从基础理论研究与应用研究的角度看，属于基础理论研究的有 677 篇，占 63.81%；属于应用研究的有 384 篇，占 46.19%。研究偏重基础理论研究。

总之，文件中心研究涉及社会科学、自然科学、教育文化及其他 4 大类 8 个不同层次，总体上属于社会科学范畴，同时偏重基础理论研究。

21.2.3 文献类型

从文献类型分布情况看,1061篇样本文献中,涉及综述类、政策研究类和其他3个不同类型。具体分布情况见表21.3。

表21.3 1979—2018年文件中心研究文献类型分布情况

序号	文献类型	发表文献数量/篇	占全部样本/%
1	综述类	25	2.36
2	政策研究类	6	0.57
3	其他	1 030	97.08
合计		1061	100.00

从表21.3看,一般性论证(其他)文献占比超过97%,成为绝对主体;政策性(政策研究类)及宏观性(综述类)研究文献则显得非常单薄。

总之,在文件中心研究中,一般性论文占绝对优势,政策性、宏观性研究论文薄弱。

21.2.4 文献资源类型

从文献资源类型分布情况看,1061篇样本文献分布在期刊、硕士、国内会议、特色期刊、报纸5种类型资源上。具体分布情况见表21.4。

表21.4 1979—2018年文件中心研究文献资源类型分布情况

序号	资源类型	发表文献数量/篇	占全部样本/%
1	期刊	960	90.48
2	硕士	49	4.62
3	国内会议	34	3.20
4	特色期刊	13	1.23
5	报纸	5	0.47
合计		1061	100.00

可见,期刊成为文件中心学术研究最主要的文献来源,文件中心研究者近92%的学术交流与沟通,有赖于这个平台。硕士论文、会议论文在总量上与期刊相差一个数量级,与期刊相比,只起着辅助作用。报纸在总量上与期刊相差两个数量级,与期刊相比,只起着点缀作用。

总之,文件中心研究已经形成了以学术期刊为主,硕士论文、会议论文为辅,报纸为点缀的研究资源体系。

21.2.5 文献学科分布

从文献学科分布看,1061篇样本文献涉及学科超过50个。发表文献最多的12个学科分布情况见表21.5。

表21.5 1979—2018年发表文献最多的12个学科分布情况

序号	学科	发表文献数量/篇	占全部样本/%
1	图书情报档案	861	81.15
2	法学	6	0.57
3	教育	5	0.47
4	工商管理	4	0.38
5	计算机	3	0.28
6	工业经济	2	0.19
7	公共管理	2	0.19
8	通信经济	1	0.09
9	公共卫生与预防医学	1	0.09
10	政治	1	0.09
11	城市经济	1	0.09
12	城乡规划与市政	1	0.09
合计		888	83.69
总计		1061	100.00
相差		173	16.31

需要说明的是,按12个学科统计的文献数为888篇,占实际样本数的83.69%;而实际样本数为1061篇;12个学科统计数少于实际文献数173篇。再考虑到实际涉及的学科超过50个,全部学科文献的数量之和有可能超过实际样本。考虑到图书情报档案专业文献只有861篇,占全部样本的81.15%。可以合理推测,文件中心研究是一门具有明显学科交叉性的学科。除档案学本学科之外,与文件中心研究相关性最强的6个学科分别是:法学、教育、工商管理、计算机、工业经济、公共管理。

可以说,文件中心研究在保持与档案学学科高相关性的同时,具有明显的跨学科特性。

21.3 文献计量分析

本部分采用计量分析的方法,从文献基金资助分布、文献作者分布、文献机构分布和文献来源分布4个方面对样本文献进行分析。

21.3.1 文献基金资助分布

从样本文献的基金分布情况看,1061篇样本文献中有21篇得到5种基金项目的支持,占全部样本的1.979%。具体分布情况见表21.6。

表 21.6　1979—2018 年文件中心获得基金资助分布情况

序号	基金名称	文献数量/篇	占基金资助文献/%	占全部样本/%
1	国家社会科学基金	15	71.43	1.414
2	跨世纪优秀人才培养计划	3	14.29	0.283
3	北京市教委科技发展基金	1	4.76	0.094
4	航空科学基金	1	4.76	0.094
5	国家自然科学基金	1	4.76	0.094
合计		21	100.00	1.979
总计		1061		100.000

从基金的层次分布情况看,国家级基金 2 种 16 篇,占全部样本的 1.508%,占基金资助文献的 76.19%;地方基金 1 种 1 篇,占全部样本的 0.094%,占基金资助文献的 4.76%;部门基金 2 种 4 篇,占全部样本的 0.377%,占基金资助文献的 19.05%。国家层面虽然种类少,但资助文献的数量远高于地方、部门基金的资助数量,是地方、部门基金资助数量之和的 3 倍多。

地方资助涉仅及北京 1 市。

总之,文件中心研究有 21 篇文献获 5 种基金资助,其中国家资助高于地方、部门资助 2 倍多。提供地方资助的只有北京 1 市。

21.3.2　文献作者分布

从作者的分布情况看,1061 篇文献中,前 40 位作者共发表文献 172 篇,占全部样本的 16.21%。发表文献最多的 40 位作者分布情况见表 21.7。

表 21.7　发表文献最多的 40 位作者分布情况

序号	作者	发表文献数量/篇	占全部样本/%
1	黄霄羽	29	2.73
2	黄项飞	8	0.75
3	王茂跃	8	0.75
4	张照余	8	0.75
5	余厚洪	6	0.57
6	李明娟	6	0.57
7	肖秋会	6	0.57
8	吴雁平	5	0.47
9	傅荣校	5	0.47
10	吴品才	5	0.47
11	金丹	4	0.38
12	刘家真	4	0.38
13	纪红卫	4	0.38

续表 21.7

序号	作者	发表文献数量/篇	占全部样本/%
14	周毅	3	0.28
15	于英香	3	0.28
16	黄惠珍	3	0.28
17	刘新妍	3	0.28
18	陈忠海	3	0.28
19	徐品坚	3	0.28
20	张关雄	3	0.28
21	陈勇	3	0.28
22	李焕军	3	0.28
23	林清澄	3	0.28
24	潘连根	3	0.28
25	林鹏	3	0.28
26	刘越男	3	0.28
27	王霞	3	0.28
28	赵屹	3	0.28
29	黄玉明	3	0.28
30	张敏	3	0.28
31	曹书芝	3	0.28
32	李田养	3	0.28
33	陈琼	3	0.28
34	张文成	2	0.19
35	胡兴	2	0.19
36	徐玉清	2	0.19
37	黄存勋	2	0.19
38	赵慧玲	2	0.19
39	毛巧珍	2	0.19
40	梁凯	2	0.19
合计		172	16.21
总计		1061	100.00

按照普赖斯提出的计算公式，核心作者候选人的最低发文数 $M=0.749\sqrt{N_{max}}$，其中 N_{max} 为最高产作者发文数量。有文献发表的 40 年间，文件中心研究文献作者中发表文献最多的为 29 篇，即 $N_{max}=29$，所以 $M=0.749\sqrt{29}\approx 4.034$。因此，表 21.7 中发表文献 4 篇以上（含 4 篇）的黄霄羽、黄项飞、王茂跃、张照余、余厚洪、李明娟、肖秋会、吴雁平、傅荣校、吴品才、金丹、刘家真、纪红卫为 1979—2018 年文件中心研究的重要作者。此外，表 21.7 中发表文献 4 篇以下、2 篇以上（含 2 篇）的作者，是这一研究的高产作者。

总之,文件中心研究已经形成以高校作者为主的一批核心作者和高产作者群。从整体上看,无论是作者数量,还是发表文献数量,高校作者都是文件中心研究的主力。

21.3.3 文献机构分布

从研究机构分布情况看,1061篇文献中,前40个机构发表文献417篇,占全部样本的39.30%。如果使用普赖斯公式计算,核心机构的最低发文数 $M=0.749\sqrt{N_{max}}$,其中 N_{max} 为最高产机构文章数量。这里 $N_{max}=61$,所以 $M=0.749\sqrt{61}\approx5.849$,即发表文献6篇及以上的为核心研究机构。据此,表21.8中的中国人民大学、苏州大学、安徽大学、武汉大学、北京市档案局、黑龙江大学、广西民族大学、上海大学、南京政治学院、四川大学、郑州大学、辽宁大学、浙江大学、国家档案局、福建省晋江市档案局、安徽师范大学、广东省深圳市档案局、江苏省常州市档案局、江苏省档案局、江苏大学、辽宁科技学院、河南省开封市档案局、辽宁省档案局、丽水学院是核心研究机构中的高产机构。发表文献最多的40个机构分布情况见表21.8。

表21.8 发表文献最多的40个机构分布情况

序号	机构	发表文献数量/篇	占全部样本/%
1	中国人民大学	61	5.75
2	苏州大学	39	3.68
3	安徽大学	28	2.64
4	武汉大学	19	1.79
5	北京市档案局	16	1.51
6	黑龙江大学	15	1.41
7	广西民族大学	15	1.41
8	上海大学	14	1.32
9	南京政治学院	13	1.23
10	四川大学	13	1.23
11	郑州大学	12	1.13
12	辽宁大学	12	1.13
13	浙江大学	11	1.04
14	国家档案局	10	0.94
15	福建省晋江市档案局	8	0.75
16	安徽师范大学	8	0.75
17	广东省深圳市档案局	8	0.75
18	江苏省常州市档案局	8	0.75
19	江苏省档案局	7	0.66
20	江苏大学	7	0.66
21	辽宁科技学院	6	0.57
22	河南省开封市档案局	6	0.57

续表 21.8

序号	机构	发表文献数量/篇	占全部样本/%
1	中国人民大学	61	5.75
23	辽宁省档案局	6	0.57
24	丽水学院	6	0.57
25	湘潭大学	5	0.47
26	安徽省档案局	5	0.47
27	浙江省绍兴市档案局	5	0.47
28	山东大学	5	0.47
29	云南大学	5	0.47
30	江苏省张家港市档案局	4	0.38
31	南阳师范学院	4	0.38
32	国家档案局档案科学技术研究所	4	0.38
33	辽宁医学院	4	0.38
34	南昌大学	4	0.38
35	北京市宣武区档案局	4	0.38
36	山东省档案局	4	0.38
37	江苏省南通市档案局	4	0.38
38	山西省档案局	4	0.38
39	绍兴文理学院	4	0.38
40	盐城工学院	4	0.38
合计		417	39.30
总计		1061	100.00

前40个核心高产机构中有23个是高校(发表文献308篇,占核心研究机构发表文献数的73.86%),充分表明高校是文件中心研究极其重要的高产机构群的主体。

从前40个机构中各类机构发表文献的数量及占比情况看,23个高校,占57.5%;发表文献308篇,占比达到了73.86%。其中前4位均为高校。16个档案局,占40%;发表文献105篇,占比达到了25.18%。1个事业单位,占2.5%;发表文献4篇,占比达到了0.96%。

总之,文件中心研究已经形成稳定的研究机构。其中高校在机构数量及发表文献数量上均为最高,档案行政管理机关次之,事业单位位列第三。

21.3.4　文献来源分布

从文献来源分布情况看,1061篇样本文献中,发表文献最多的11种期刊,发表文献607篇,占全部文献的57.21%。具体分布情况见表21.9。

表21.9 发表文献最多的11种期刊分布情况

序号	期刊	发表文献数量/篇	占全部样本/%
1	《兰台世界》	98	9.24
2	《中国档案》	96	9.05
3	《档案与建设》	79	7.45
4	《档案学通讯》	69	6.50
5	《浙江档案》	67	6.31
6	《北京档案》	66	6.22
7	《湖北档案》	30	2.83
8	《档案》	29	2.73
9	《档案管理》	28	2.64
10	《档案学研究》	23	2.17
11	《上海档案》	22	2.07
合计		607	57.21
总计		1061	100.00

按照布拉德福定律,1061篇文献可分为核心区、相关区和非相关区,各个区的论文数量相等(约354篇)。故发表论文数量居前4位的《兰台世界》《中国档案》《档案与建设》《档案学通讯》(342篇)处于核心区之中。4种均为档案学期刊,其中档案学核心期刊3种,非核心期刊1种。

发表论文数量居第5~11位的《浙江档案》《北京档案》《湖北档案》《档案》《档案管理》《档案学研究》《上海档案》(265篇)处于相关区之中。它们均为档案学期刊,其中档案学核心期刊4种,非核心期刊3种。

其他发表论文数量21篇及以下的期刊少部分在相关区,大部分在非相关区。

总体上讲,档案学期刊,主要是档案学核心期刊,是文件中心研究成果发布与交流的主渠道、主阵地,承担着文件中心研究成果发布与交流的主体责任。

总之,文件中心研究总体上已经形成以档案学期刊特别是档案学核心期刊为主,相关及其他期刊为辅的成果发布与交流体系。

21.4 文献关键词词频及共现分析

本部分采用词频分析的方法,从主题词、高频关键词、关键词共现矩阵、关键词共现网络4个方面对样本文献进行分析。

21.4.1 主题词

从主题词使用频率看,文件中心研究涉及内容广泛,集中在文件中心、档案机构、档案事务、国家地区、档案、档案人6个方面。使用频率最高的34个主题词分布情况见表21.10。

表 21.10 使用频率最高的 34 个主题词分布情况

序号	主题词	使用频率/次	占全部样本/%
1	文件中心	390	36.76
2	中间性档案馆	384	36.19
3	电子文件中心	267	25.16
4	现行文件	168	15.83
5	档案馆	136	12.82
6	文化机构	133	12.54
7	档案室	114	10.74
8	北美洲	101	9.52
9	数字档案馆	91	8.58
10	文件生命周期	91	8.58
11	美利坚合众国	89	8.39
12	档案局	85	8.01
13	机关档案室	80	7.54
14	档案工作	69	6.50
15	电子文件	69	6.50
16	档案管理	52	4.90
17	商业性文件中心	50	4.71
18	档案部门	43	4.05
19	档案信息化建设	40	3.77
20	国家档案局	39	3.68
21	电子档案	34	3.20
22	国家档案馆	34	3.20
23	档案信息资源	31	2.92
24	企业管理	30	2.83
25	中华人民共和国	28	2.64
26	永靖县	27	2.54
27	机关档案	27	2.54
28	档案文件	27	2.54
29	档案事业	24	2.26
30	文件材料	24	2.26
31	利用者	22	2.07
32	档案工作者	22	2.07
33	文件归档	22	2.07
34	国家结构	21	1.98
合计		2864	269.93

续表21.10

序号	主题词	使用频率/次	占全部样本/%
总计		1061(篇)	100.00
最高频率		390	36.76
最低频率		21	1.98
平均频率		84	7.94

从涉及的主题词看,使用频率最高的34个主题词共使用2864频次,占全部样本的269.93%。也就是说,上述34个主题词涵盖了全部样本文献近3遍。其中使用频率最高的是“文件中心”(390频次),使用频率最低的是“国家结构”(21频次),平均使用频率为84频次。

从主题词反映出的研究内容看,文件中心研究关注的34个主要问题又可归并为文件中心、档案机构、档案事务、国家地区、档案、档案人6个大类。

文件中心(文件中心、中间性档案馆、电子文件中心、现行文件、文件生命周期、电子文件、商业性文件中心、档案文件、文件材料、文件归档)共使用1492频次,占全部样本的140.62%。它涵盖了文件中心的多个层面,主要集中在文件、文件中心两个方面,是档案学界文件中心研究关注度最高的主题。

档案机构(档案馆、文化机构、档案室、数字档案馆、档案局、机关档案室、档案部门、国家档案局、国家档案馆)共使用755频次,占全部样本的71.16%。它是改革开放以来与档案事业、档案人关系最为密切的问题,也是档案学界始终最为关注的重要问题之一。与文件中心研究相比,相差一个数量级。

档案事务(档案事业、档案工作、档案管理、档案信息化建设、档案信息资源、企业管理)共使用246频次,占全部样本的23.19%。它涵盖了档案事务的多个层面,主要集中在管理与信息化两个层面,是档案学界研究与关注度第三高的主题。但与文件中心研究相比,相差一个数量级。

国家地区(北美洲、美利坚合众国、中华人民共和国、永靖县、国家结构)共使用266频次,占全部样本的25.07%。北美洲和美国是电子文件研究重要的参考系。

档案(电子档案、机关档案)共使用61频次,占全部样本的5.75%。档案是档案学研究的本体,在文件中心研究中,更注重对新型载体档案的研究。研究与文件中心研究相差两个数量级。

档案人(利用者、档案工作者)共使用44频次,占全部样本的4.15%。档案界研究的关注点从来没有离开过档案人自身和我们服务的对象。研究与文件中心研究相差两个数量级。

可以说,文件中心研究所涉及的内容虽然十分广泛,但全部文献均包含在上述文件中心、档案事务、档案机构、国家地区档案、档案人6类问题中。或者说,文件中心研究主要是围绕上述文件中心、档案事务、档案机构、国家地区档案、档案人6个方面展开的。

21.4.2　高频关键词

表21.11是使用频率最高的15个高频关键词分布情况。15个使用频率最高的关键词共使用343频次,占全部样本的32.33%。也就是说,近1/3的文献所研究的内容与这15个关键词有关。其中使用频率最高的是“文件中心”(82频次),使用频率最低的是“规范化”(10频次),平均使用频率为23频次。

表 21.11 使用频率最高的 15 个高频关键词分布情况

序号	关键词	使用频率/次	占全部样本/%
1	文件中心	82	7.73
2	电子文件中心	46	4.34
3	电子文件	40	3.77
4	档案	26	2.45
5	数字档案馆	19	1.79
6	档案管理	19	1.79
7	档案馆	14	1.32
8	机关档案室	14	1.32
9	现行文件	14	1.32
10	文件生命周期理论	13	1.23
11	电子政务	12	1.13
12	商业性文件中心	12	1.13
13	标准化	11	1.04
14	发展	11	1.04
15	规范化	10	0.94
合计		343	32.33
总计		1061(篇)	100.00
平均		23	2.16

从关键词反映出的研究内容来看,文件中心研究关注度最高的 15 个问题可以归纳为文件中心、档案机构、档案事务、档案 4 个方面。它们占全部样本的 32.33%。

文件中心(文件中心、电子文件中心、电子文件、现行文件、文件生命周期理论、商业性文件中心),使用 207 频次,占比 19.51%。它是文件中心研究关注度最高的问题。简单地说,近 1/5 的文件中心研究是围绕上述 6 个主题进行的。

档案机构(数字档案馆、档案馆、机关档案室),使用 47 频次,占比 4.43%。研究集中在档案馆与档案室上。

档案事务(档案管理、电子政务、标准化、发展、规范化),使用 63 频次,占全部样本的 5.94%。它是文件中心研究关注度第二高的问题。

档案(档案)使用 26 频次,占比 2.45%。

因此说,文件中心研究内容广泛,近 1/3 的研究集中在文件中心、档案机构、档案事务、档案 4 类 15 个热词所涉及的问题上。

21.4.3 关键词共现矩阵

本节采用关键词共现分析的方法,对 1979—2018 年文件中心研究的 1061 篇文献进行分析。

矩阵提取使用频率最高的 20 个关键词,将这 20 个关键词形成 20×20 的共词矩阵。如果某两个关键词同时出现在一篇文章中,就表明这两者之间存在相关关系,关键词右侧或下方对应位置的数值表示篇数。图 21.2 是 1979—2018 年文件中心研究文献使用频率最高的 20 个高频关键词共现矩阵。

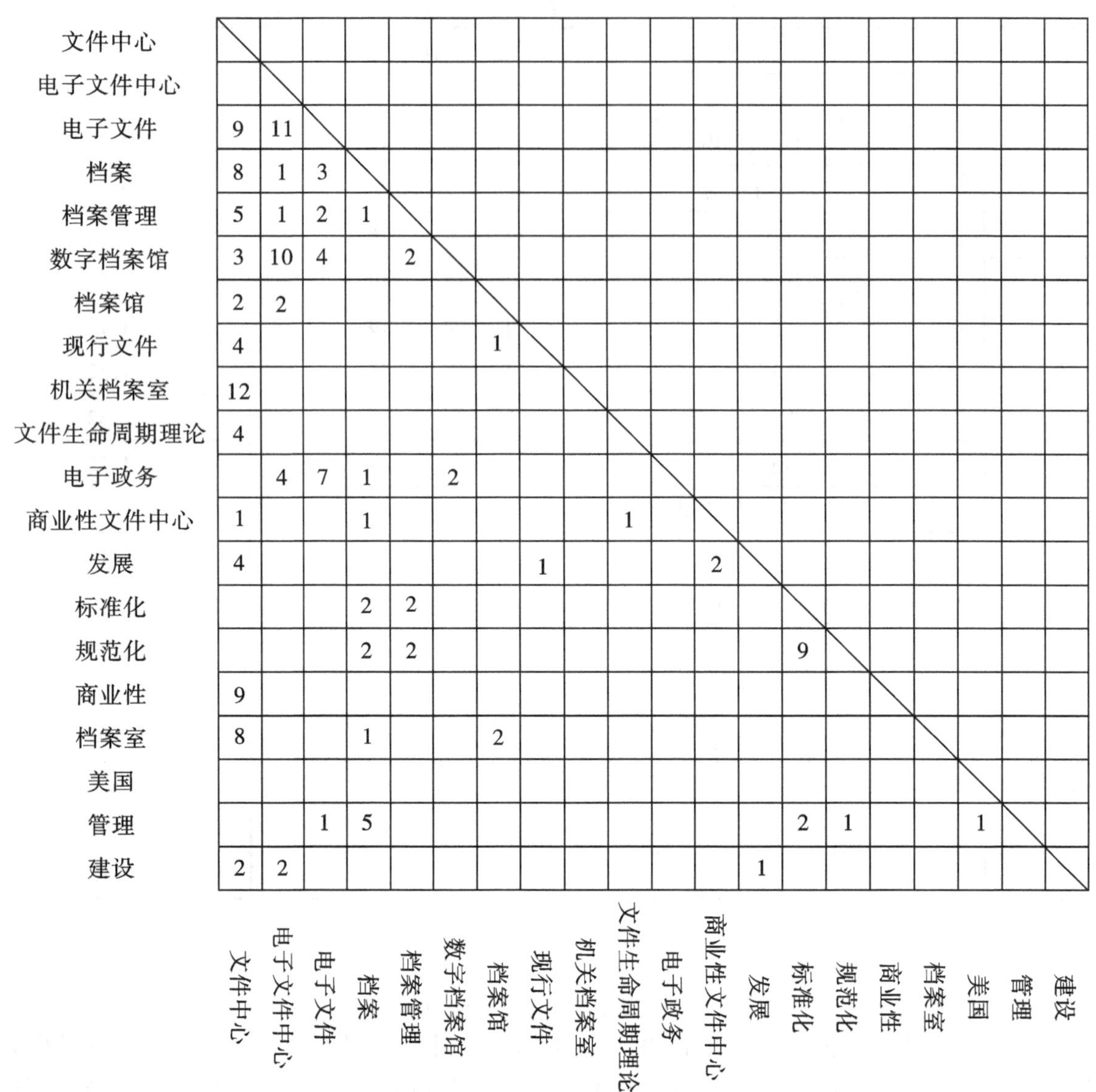

	文件中心	电子文件中心	电子文件	档案	档案管理	数字档案馆	档案馆	现行文件	机关档案室	文件生命周期理论	电子政务	商业性文件中心	发展	标准化	规范化	商业性	档案室	美国	管理	建设
文件中心																				
电子文件中心																				
电子文件	9	11																		
档案	8	1	3																	
档案管理	5	1	2	1																
数字档案馆	3	10	4		2															
档案馆	2	2																		
现行文件	4						1													
机关档案室	12																			
文件生命周期理论	4																			
电子政务		4	7	1		2														
商业性文件中心	1			1						1										
发展	4							1				2								
标准化				2	2															
规范化				2	2									9						
商业性	9																			
档案室	8			1			2													
美国																				
管理			1	5										2	1			1		
建设	2	2											1							

图21.2　1979—2018年文件中心研究文献高频关键词共现矩阵

图21.2显示,2017年文件中心研究文献关键词共现有46组,共现率为23%。共现次数10次以上(含10次)的关键词组合有3组,共现率为1.5%。共现次数6~9次的关键词组合有6组,共现率为3%。

以横轴为准计:

20组共现关键词中有13组与文件中心直接相关,占共现关键词的6.5%。

20组共现关键词中各有7组与电子文件中心、档案直接相关,分别占共现关键词的3.5%。

20组共现关键词中有5组与电子文件直接相关,占共现关键词的2.5%。

20组共现关键词中有3组与档案管理直接相关,占共现关键词的1.5%。

20组共现关键词中各有2组与档案馆、标准化直接相关,分别占共现关键词的1%。

余下的7组分别与现行文件、数字档案馆、文件生命周期理论、发展、规范化、美国、商业性文件中心7个关键词有关,但共现次数为1组,属于低相差度高频词。

另有机关档案室、电子政务、商业化、档案室、管理、建设6个无共现高频词。

共现次数在10次以上(含10次)的特高共现高频关键词有3组,分别是:

文件中心与机关档案室:12 次。

电子文件中心与电子文件:11 次。

电子文件中心与数字档案馆:10 次。

共现次数在 6 ~9 次的高共现高频关键词有 6 组,分别是:

文件中心与电子文件:9 次。

文件中心与档案:8 次。

文件中心与商业化:9 次。

文件中心与档案室:8 次。

电子文件与电子政务:7 次。

标准化与规范化:9 次。

归纳起来,1979—2018 年文件中心研究的重点集中在电子文件与文件中心两个方向上。或者说,1979—2018 年文件中心研究主要是在文件中心与电子文件两个主要方向上展开的。

从共现组数看,由于高共现频率的 20 个高频关键词的共现组数达 46 组,高共现词有 9 组,占到了全部共现组的 19.57%。可见,1979—2018 年文件中心研究形成了比较突出的高相关共现关键词群,研究的集中趋势明显。

共现矩阵显示,研究主要集中在电子文件与文件中心两个方向上,形成了比较突出的高相关共现关键词群,研究的集中趋势明显。

21.4.4 关键词共现网络

本节采用关键词共现分析的方法,对 1979—2018 年文件中心研究的 1061 篇文献进行分析。

在关键词共现网络中,关键词之间的关系可以用连线来表示,连线多少和粗细代表关键词间的亲疏程度,连线越多,代表该关键词与其他关键词的共现次数越多,越是研究领域极其重要的和热点研究内容。使用知网提供的工具,可获得 1979—2018 年文件中心研究高频词共词网络图谱(扫描二维码)。

从高频词中可以直观地看出:1979—2018 年文件中心研究可分为 6 个聚类群组。它们分别以“文件中心”、“电子文件中心”、“档案馆”、“现行文件”、“美国”、“文件生命周期理论”与“商业性文件中心”为核心关键词。“文件中心”“电子文件中心”“档案馆”“现行文件”“美国”为单核心群组,其中 3 个为单词群组。“文件生命周期理论”与“商业性文件中心”为双核心多词群组。

在以“文件中心”为核心的群组中一共有 8 个相关关键词,除了“文件中心”之外,还有“档案”与“档案管理”两个距离较近的关键词。“机关档案室”“商业性”两个距离相对较远,但共现率相对较高。总体来说,这个群组内各关键词间关联性相对松散。群组与其他 5 个群组除“美国”外均有关联,和“文件生命周期理论”与“商业性文件中心”相对较近,关联性较强,和“电子文件中心”群组交织性高。

“电子文件中心”群组虽然只有 4 个关键词,但相互之间关系密切,与“电子文件”距离最近,共现率最高,与“文件中心”、“档案馆”、“文件生命周期理论”与“商业性文件中心”有直接关联,与“现行文件”“美国”没有直接关联。

共现网络表明,“文件中心”“电子文件中心”是文件中心研究的高频高相关核心问题。“档案馆”“现行文件”“美国”处在整个网络外围的位置,属于非热点问题。

21.5　结语

综上,通过对1979—2018年文件中心研究文献的数据分析,我们可以得出如下结论:

自1979年首篇相关成果文献发表到2018年,从规模与发展速度上看,文件中心研究文献总量翻了10番多,年均增速为24.55%,少数年份(16年)是正向增速,11个年份增速在两位数以上,其中3年的增速达到了三位数。总体上呈现中角度不断上升的趋势。

从文献研究层次上看,文件中心研究涉及社会科学、自然科学、教育文化及其他4类8个不同层次,总体上属于社会科学范畴,同时偏重基础理论研究。

从文献类型分布情况看,在文件中心研究中,一般性论文占绝对优势,政策性、宏观性研究论文薄弱。

从资源类型分布情况看,文件中心研究形成了以学术期刊为主,硕士论文、会议论文为辅,报纸为点缀的研究资源体系。

从样本文献的学科分布情况看,文件中心研究在保持与档案学高相关性的同时,具备非常明显的跨学科特性。

从样本文献的基金分布情况看,文件中心研究有21篇文献获5种基金资助,其中国家资助高于地方、部门资助2倍多。提供地方资助的只有北京市。

从研究作者分布情况看,文件中心研究已经形成以高校作者为主的一批核心作者和高产作者群。

从研究机构分布情况看,文件中心研究已经形成稳定的研究机构。其中高校在机构数量及发表文献数量上均为最高,档案行政管理机关次之,事业单位位列第三。

从文献来源分布情况看,文件中心研究总体上已经形成以档案学期刊特别是档案学核心期刊为主,相关及其他期刊为辅助成果发布与交流体系。

从主题词使用频率看,研究主题集中在文件中心、档案机构、档案事务、国家地区、档案、档案人6个方面。

从高频率关键词分布情况看,文件中心研究关注的重点近1/3集中在文件中心、档案机构、档案事务、档案4类15个热词所涉及的问题上。

从高频词共现矩阵看,共现矩阵显示研究主要是在电子文件与文件中心两个方向上展开的,形成了比较突出的高相关共现关键词群,研究的集中趋势明显。

共现网络表明,“文件中心”“电子文件中心”是文件中心研究的高频高相关核心问题。“档案馆”“现行文件”“美国”处在整个网络外围的位置,属于非热点问题。

22　文件生命周期

文件生命周期，源于国外档案学者对文件中心的理论解释，1940 年由美国学者布鲁克斯（Philip Brooks）首次提出。不同国家对文件生命周期阶段的划分不尽一致。中国档案学者根据对档案形成规律的认识，一般将其划分为文件的制作与产生阶段、现实使用阶段、暂时保存阶段与永久保存阶段。对文件运动过程与规律的科学抽象被称为文件生命周期理论。

电子文件运动过程和规律的客观描述与科学抽象是研究电子文件从最初形成到最终销毁或永久保存的整个运动过程，以及电子文件属性与管理者主体行为之间关系的理论，是对文件生命周期理论的继承和发展。强调对电子文件实行有效的前端控制；将全过程管理和监控措施纳入统一的电子文件管理系统；不同阶段之间，变化可以跳跃，也可能逆向；电子文件的阶段性与其物理位置、保存场所没有对应关系。

22.1　样本选择

文件生命周期研究是档案学研究的热门内容之一，属于档案学科重要的组成部分，同时也是信息社会下档案工作与档案事业的重要组成部分。文件生命周期研究数据是重要的档案与档案学术资源，对文件生命周期研究数据进行定量研究，是用好用活档案资源，充分展示我国改革开放的历史进程、伟大成就和宝贵经验的一种方式。改革开放以来，文件生命周期研究得到了长足进步与发展。总结、回顾文件生命周期研究发展历程，不仅是档案学建设发展的需要，也是档案工作、档案事业发展的需要。

我们以中国知网为样本来源，检索范围：中国学术期刊网络出版总库，特色期刊，中国博士学位论文全文数据库，中国优秀硕士学位论文全文数据库，中国重要会议论文全文数据库，国际会议论文全文数据库，中国重要报纸全文数据库，中国学术辑刊全文数据库。检索年限：不限。检索时间：2018 年 10 月 23 日。发表时间 between（1979-01-01，2018-10-25）并且（主题 = 文件生命周期或者题名 = 文件生命周期）（模糊匹配）。样本文献总数：941 篇。

22.2　文献统计分析

本部分采用统计分析的方法，从文献总量、发展速度与年度分布，文献研究层次，文献类型，文献资源类型，文献学科分布 5 个方面入手，对样本文献进行分析。

22.2.1　文献总量、发展速度与年度分布

从总量上看,有文献发表的 30 年间,共发表文献 941 篇,以 1988 年 2 篇的基数计,30 年间翻了近 9 番。年均 31 篇,最少时(1990 年、1991 年)1 篇,最多时(2006 年)66 篇,30 年间增长了近 940 倍。中位数为 470 篇。总体趋势见图 22.1。

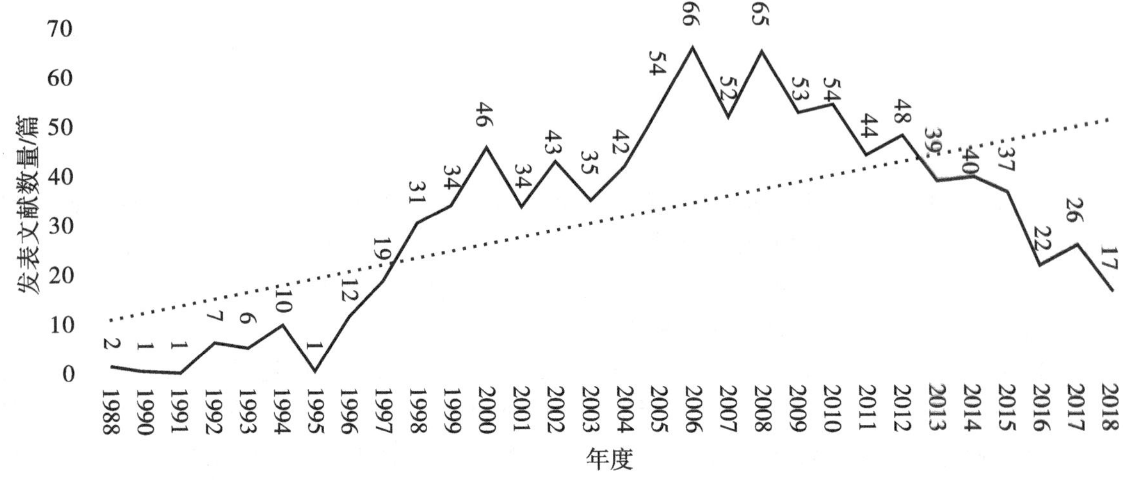

图 22.1　1988—2018 年文件生命周期研究文献发表数量及分布趋势

从年度分布情况看,1988—2018 年文件生命周期研究文献发表数量总体上呈现前升后降小角度上升的趋势。绝大多数年份(16 年)为上升状态,少数年份(12 年)为下降状态,1 年持平。

大体上可分为三个阶段:

第一阶段(1988—1995 年),年平均增长率为 85.40%,为低位发展期,总体体量小(28 篇),一直处在低位。

第二阶段(1996—2006 年),年平均增长率为 119.91%,为低位超高速增长期,年发表文献数量连上一个台阶,达到峰值。

第三阶段(2006—2018 年),年平均增长率为-8.57%,研究进入回落期。

具体的年度分布情况见表 22.1。

表 22.1　1988—2018 年文件生命周期研究文献年度分布情况

序号	年度	发表文献数量/篇	占全部样本/%	发展速度	年增速/%
1	1988	2	0.213		
2	1990	1	0.106	0.50	-50.00
3	1991	1	0.106	1.00	0.00
4	1992	7	0.744	7.00	600.00
5	1993	6	0.638	0.86	-14.29
6	1994	10	1.063	1.67	66.67
7	1995	1	0.106	0.10	-90.00
8	1996	12	1.275	12.00	1100.00

续表 22.1

序号	年度	发表文献数量/篇	占全部样本/%	发展速度	年增速/%
9	1997	19	2.019	1.58	58.33
10	1998	31	3.294	1.63	63.16
11	1999	34	3.613	1.10	9.68
12	2000	46	4.888	1.35	35.29
13	2001	34	3.613	0.74	-26.09
14	2002	43	4.570	1.26	26.47
15	2003	35	3.719	0.81	-18.60
16	2004	42	4.463	1.20	20.00
17	2005	54	5.739	1.29	28.57
18	2006	66	7.014	1.22	22.22
19	2007	52	5.526	0.79	-21.21
20	2008	65	6.908	1.25	25.00
21	2009	53	5.632	0.82	-18.46
22	2010	54	5.739	1.02	1.89
23	2011	44	4.676	0.81	-18.52
24	2012	48	5.101	1.09	9.09
25	2013	39	4.145	0.81	-18.75
26	2014	40	4.251	1.03	2.56
27	2015	37	3.932	0.93	-7.50
28	2016	22	2.338	0.59	-40.54
29	2017	26	2.763	1.18	18.18
30	2018	17	1.807	0.65	-34.62
合计		941	100.00	46.29	1 728.54
最高值		66	7.01	12.00	1 100.00
最低值		1	0.11	0.10	-90.00
平均值		31	3.33	1.60	59.60

自 1988 年首篇相关成果文献发表到 2018 年，文件生命周期研究文献总量翻了近 9 番，年均增速为 59.60%，过半数年份(16 年)是正向增速，12 个年份增速在两位数以上，其中 1 年的增速达到了三位数，1 年的增速达到了四位数。

22.2.2 文献研究层次

从文献研究层次分布情况看，941 篇样本文献涉及多个学科的 9 个不同层次。具体分布情况见表 22.2。

表22.2　1988—2018年文件生命周期研究文献层次分布情况

序号	学科	发表文献数量/篇	占全部样本/%
1	基础研究(社科)	596	63.34
2	行业指导(社科)	274	29.12
3	职业指导(社科)	35	3.72
4	工程技术(自科)	15	1.59
5	政策研究(社科)	6	0.64
6	大众科普	1	0.11
7	基础与应用基础研究(自科)	1	0.11
8	行业技术指导(自科)	1	0.11
9	其他	12	1.28
合计		941	100.00

从研究的学科大类看,可分为社会科学、自然科学、教育文化与其他4类。其中社会科学911篇,占96.81%;自然科学17篇,占1.81%;教育文化1篇,占0.11%;其他12篇,占1.28%。研究明显属于社会科学的范畴,同时涉及自然科学、教育文化及其他学科。

从基础理论研究与应用研究的角度看,属于基础理论研究的有597篇,占63.44%;属于应用研究的有344篇,占36.56%。研究偏重应用性研究。

总之,文件生命周期研究涉及社会科学、自然科学、教育文化及其他4类9个不同层次,总体上属于社会科学范畴,同时偏重基础理论研究。

22.2.3　文献类型

从文献类型分布情况看,941篇样本文献中,涉及综述类、政策研究类和其他3个不同类型。具体分布情况见表22.3。

表22.3　1988—2018年文件生命周期研究文献类型分布情况

序号	文献类型	发表文献数量/篇	占全部样本/%
1	综述类	34	3.61
2	政策研究类	6	0.64
3	其他	901	95.75
合计		941	100.00

从表22.3看,一般性论证(其他)文献占比超过95%,成为绝对主体;政策性(政策研究类)及宏观性(综述类)研究文献则显得十分单薄。

总之,在文件生命周期研究中,一般性论文占绝对优势,政策性、宏观性研究论文薄弱。

22.2.4　文献资源类型

从文献资源类型分布情况看,941篇样本文献分布在期刊、硕士、国内会议、特色期刊、博士、国际会议 6 种类型资源上。具体分布情况见表 22.4。

表 22.4 1988—2018 年文件生命周期研究文献资源类型分布情况

序号	资源类型	发表文献数/篇	占全部样本/%
1	期刊	848	90.12
2	硕士	53	5.63
3	国内会议	26	2.76
4	特色期刊	11	1.17
5	博士	2	0.21
6	国际会议	1	0.11
合计		941	100.00

有文献发表的 30 年间,期刊成为文件生命周期学术研究最主要的文献来源,文件生命周期研究者近 92% 的学术交流与沟通,有赖于这个平台。硕博论文、会议论文在总量上与期刊相差一个数量级,与期刊相比,只起着辅助作用。

总之,文件生命周期研究已经形成了以学术期刊为主,硕博论文、会议论文为辅的研究资源体系。

22.2.5 文献学科分布

从文献学科分布情况看,941 篇样本文献涉及学科超过 25 个。发表文献最多的 15 个学科分布情况见表 22.5。

表 22.5 1988—2018 年发表文献最多的 15 个学科分布情况

序号	学科	发表文献数量/篇	占全部样本/%
1	图书情报档案	885	94.05
2	教育	15	1.59
3	工商管理	7	0.74
4	公共管理	5	0.53
5	工业经济	4	0.43
6	法学	3	0.32
7	计算机	2	0.21
8	城市经济	1	0.11
9	国民经济	1	0.11
10	建筑科学	1	0.11
11	政治	1	0.11
12	财政	1	0.11
13	军事	1	0.11
14	管理学	1	0.11

续表 22.5

序号	学科	发表文献数量/篇	占全部样本/%
15	原子能	1	0.11
合计		929	98.72
总计		941	100.00

需要说明的是,按15个学科统计的文献数为929篇,占实际样本数的98.72%;而实际样本数为941篇;15个学科统计数多于实际文献数12篇。再考虑到实际涉及的学科超过25个,全部学科文献的数量之和可能超过实际样本更多。图书情报档案专业文献只有885篇,占全部样本的94.05%。可以推知,文件生命周期研究是一门具有学科交叉性的学科。除档案学本学科之外,与文件生命周期研究相关性最强的6个学科分别是:教育、工商管理、公共管理、工业经济、法学、计算机。

可以说,文件生命周期研究在保持与档案学学科高相关性的同时,具有跨学科特性。

22.3　文献计量分析

本部分采用计量分析的方法,从文献基金资助分布、文献作者分布、文献机构分布和文献来源分布4个方面对样本文献进行分析。

22.3.1　文献基金资助分布

从样本文献的基金分布情况看,941篇样本文献中有37篇得到9种基金项目的支持,占全部样本的3.932%。具体分布情况见表22.6。

表22.6　1988—2018年文件生命周期获得基金资助分布

序号	基金名称	文献数量/篇	占基金资助文献/%	占全部样本/%
1	国家社会科学基金	27	72.97	2.869
2	国家自然科学基金	2	5.41	0.213
3	湖南省社会科学基金	2	5.41	0.213
4	跨世纪优秀人才培养计划	1	2.70	0.106
5	教育部科学技术研究项目	1	2.70	0.106
6	江苏省科委社会发展基金	1	2.70	0.106
7	北京市教委科技发展基金	1	2.70	0.106
8	河南省软科学研究计划	1	2.70	0.106
9	国家科技支撑计划	1	2.70	0.106
合计		37	100.00	
总计		941		3.932

从基金的层次分布情况看,国家级基金3种30篇,占全部样本的3.188%,占基金资助文献的

81.08%;地方基金4种5篇,占全部样本的0.531%,占基金资助文献的13.51%;部门基金2种2篇,占全部样本的0.213%,占基金资助文献的5.41%。国家层面虽然种类少,但资助文献的数量远高于地方、部门基金的资助数量,是地方、部门基金资助数量之和的4倍多。

地方资助涉及北京、河南、湖南、江苏4个省份。

总之,文件生命周期研究有37篇文献获9种基金资助,其中国家资助高于地方、部门资助3倍多。提供地方资助的有4个省份。

22.3.2 文献作者分布

从作者的分布情况看,941篇文献中,前40位作者共发表文献227篇,占全部样本的24.12%。发表文献最多的40位作者分布情况见表22.7。

表22.7 发表文献最多的40位作者分布情况

序号	作者	发表文献数量/篇	占全部样本/%
1	吴品才	26	2.76
2	邹吉辉	18	1.91
3	王茂跃	14	1.49
4	潘连根	14	1.49
5	傅荣校	13	1.38
6	黄霄羽	11	1.17
7	刘东斌	10	1.06
8	黄存勋	7	0.74
9	何嘉荪	7	0.74
10	张长海	6	0.64
11	靳颖	5	0.53
12	张正强	5	0.53
13	李财富	4	0.43
14	张小慰	4	0.43
15	傅荣校	4	0.43
16	屠跃明	4	0.43
17	何嘉荪	4	0.43
18	张关雄	4	0.43
19	于英香	4	0.43
20	章燕华	3	0.32
21	归吉官	3	0.32
22	何宝梅	3	0.32
23	韩玉梅	3	0.32
24	张茜	3	0.32

续表 22.7

序号	作者	发表文献数量/篇	占全部样本/%
25	黄新荣	3	0.32
26	张茜	3	0.32
27	安小米	3	0.32
28	张东华	3	0.32
29	赵淑梅	3	0.32
30	黄项飞	3	0.32
31	李兆明	3	0.32
32	王霞	3	0.32
33	罗永平	3	0.32
34	徐拥军	3	0.32
35	史习人	3	0.32
36	张敏	3	0.32
37	赵屹	3	0.32
38	丁璇	3	0.32
39	程妍妍	3	0.32
40	何永斌	3	0.32
合计		227	24.12
总计		941	100.00

按照普赖斯提出的计算公式,核心作者候选人的最低发文数 $M=0.749\sqrt{N_{max}}$,其中 N_{max} 为最高产作者发文数量。有文献发表的 30 年间,文件生命周期研究文献作者中发表文献最多的为 26 篇,即 $N_{max}=26$,所以 $M=0.749\sqrt{26}\approx3.819$。因此,凡发表文献 4 篇及以上的作者为 1988—2018 年文件生命周期研究的重要作者。故表 22.7 中的吴品才、邹吉辉、王茂跃、潘连根、傅荣校、黄霄羽、刘东斌、黄存勋、何嘉荪、张长海、靳颖、张正强、李财富、张小慰、傅荣校、屠跃明、何嘉荪、张关雄、于英香是核心作者。

总之,文件生命周期研究已经形成了一批核心作者和以核心作者为基础的高产作者群。从整体上看,无论是作者数量,还是发表文献数量,高校作者都是文件生命周期研究的主力。

22.3.3　文献机构分布

从研究机构分布情况看,941 篇文献中,前 40 个机构发表文献 535 篇,占全部样本的 56.85%。如果使用普赖斯公式计算,核心机构的最低发文数 $M=0.749\sqrt{N_{max}}$,其中 N_{max} 为最高产机构发文数量。这里 $N_{max}=70$,所以 $M=0.749\sqrt{70}\approx6.267$,即发表文献 6 篇及以上的为核心研究机构。据此,发表文献6 篇以上(含 6 篇)的中国人民大学、苏州大学、浙江大学、南京政治学院、安徽大学、四川大学、武汉大学、绍兴文理学院、上海大学、攀枝花学院、安徽师范大学、辽宁大学、中山大学、天津师范大学、杭州大学、河南省濮阳市档案局、黑龙江大学、广西民族大学、云南大学、湘潭大学、吉林大学、山东大学、南京大学、郑州大学是核心研究机构中的高产机构。发表文献最多的 40 个机构分布情况见表 22.8。

表22.8　发表文献最多的40个机构分布情况

序号	机构	发表文献数量/篇	占全部样本/%
1	中国人民大学	70	7.44
2	苏州大学	58	6.16
3	浙江大学	48	5.10
4	南京政治学院	28	2.98
5	安徽大学	28	2.98
6	四川大学	21	2.23
7	武汉大学	21	2.23
8	绍兴文理学院	21	2.23
9	上海大学	19	2.02
10	攀枝花学院	18	1.91
11	安徽师范大学	17	1.81
12	辽宁大学	15	1.59
13	中山大学	15	1.59
14	天津师范大学	13	1.38
15	杭州大学	11	1.17
16	河南省濮阳市档案局	11	1.17
17	黑龙江大学	10	1.06
18	广西民族大学	8	0.85
19	云南大学	8	0.85
20	湘潭大学	7	0.74
21	吉林大学	7	0.74
22	山东大学	7	0.74
23	南京大学	7	0.74
24	郑州大学	6	0.64
25	郑州航空工业管理学院	5	0.53
26	南昌大学	5	0.53
27	湖北大学	5	0.53
28	陕西师范大学	4	0.43
29	广西民族学院	4	0.43
30	太原大学	4	0.43
31	河北大学	4	0.43
32	中国科学院	4	0.43
33	扬州大学	4	0.43
34	广东工业大学	4	0.43

续表 22.8

序号	机构	发表文献数量/篇	占全部样本/%
35	西北大学	3	0.32
36	福建省晋江市档案局	3	0.32
37	中国铁路物资总公司	3	0.32
38	盐城师范学院	3	0.32
39	山西省档案局	3	0.32
40	清华大学	3	0.32
合计		535	56.85
总计		941	100.00

前 40 个核心高产机构中有 36 个是高校(发表文献 515 篇,占核心研究机构发表文献数的 96.26%),充分表明高校是文件生命周期研究极其重要的高产机构群的主体。

从前 40 个机构中各类机构发表文献的数量及占比情况看,36 个高校,占 90%;发表文献 515 篇,占比达到了 54.73%。其中前 15 位均为高校。3 个档案局,占 7.5%;发表文献 17 篇,占比达到了 1.81%。1 个企业,占 2.5%;发表文献 3 篇,占比达到了 0.32%。

总之,文件生命周期研究已经形成稳定的研究机构。其中高校在机构数量及发表文献数量上均为最高,档案行政管理机关次之,企业位列第三。

22.3.4 文献来源分布

从文献来源分布情况看,941 篇样本文献中,发表文献最多的 11 种期刊发表文献 490 篇,占全部样本的 52.07%。具体分布情况见表 22.9。

表 22.9 发表文献最多的 11 种期刊分布情况

序号	期刊	发表文献数量/篇	占全部样本/%
1	《档案学通讯》	91	9.67
2	《兰台世界》	73	7.76
3	《浙江档案》	59	6.27
4	《档案管理》	55	5.84
5	《档案学研究》	49	5.21
6	《档案与建设》	40	4.25
7	《档案》	32	3.40
8	《北京档案》	31	3.29
9	《中国档案》	24	2.55
10	《上海档案》	19	2.02
11	《机电兵船档案》	17	1.81
合计		490	52.07
总计		941	100.00

按照布拉德福定律,941 篇文献可分为核心区、相关区和非相关区,各个区的论文数量相等(约314 篇)。故发表论文数量居前 5 位的《档案学通讯》《兰台世界》《浙江档案》《档案管理》《档案学研究》(327 篇)处于核心区之中。它们均为档案学期刊,其中档案学核心期刊 4 种,非核心期刊 1 种。

发表论文数量居第 6 ~ 11 位的《档案与建设》《档案》《北京档案》《中国档案》《上海档案》《机电兵船档案》(163 篇)处于相关区之中。它们均为档案学期刊,其中档案学核心期刊 3 种,非核心期刊 3 种。

其他发表论文数量 17 篇以下的期刊部分在相关区,部分在非相关区。

总体上讲,档案学期刊,特别是档案学核心期刊是文件生命周期研究成果发布与交流的主渠道、主阵地,承担着文件生命周期研究成果发布与交流的主体责任。

总之,文件生命周期研究总体上已经形成以档案学期刊,特别是档案学核心期刊为主,相关及其他期刊为辅的成果发布与交流体系。

22.4 文献关键词词频及共现分析

本部分采用词频分析的方法,从主题词、高频关键词、关键词共现矩阵、关键词共现网络分析 4 个方面对样本文献进行分析。

22.4.1 主题词

从主题词使用频率看,文件生命周期研究涉及内容广泛,集中在文件生命周期、机构、档案学、档案事务、国家地区、档案人 6 个方面。使用频率最高的 36 个主题词分布情况见表 22.10。

表 22.10 使用频率最高的 36 个主题词分布情况

序号	主题词	使用频率/次	占全部样本/%
1	文件生命周期	547	58.13
2	电子文件	196	20.83
3	文件中心	92	9.78
4	中间性档案馆	91	9.67
5	文件连续体理论	90	9.56
6	档案学	84	8.93
7	现行文件	80	8.50
8	档案管理	73	7.76
9	文件运动	71	7.55
10	文档一体化	70	7.44
11	文档一体化管理	61	6.48
12	思维形式	59	6.27
13	文件生命周期理论	57	6.06
14	档案室	52	5.53
15	档案工作	48	5.10

续表 22.10

序号	主题词	使用频率/次	占全部样本/%
16	前端控制	47	4.99
17	档案馆	40	4.25
18	文化机构	40	4.25
19	电子文件管理系统	35	3.72
20	文件归档	34	3.61
21	电子档案	33	3.51
22	来源原则	33	3.51
23	档案工作者	31	3.29
24	北美洲	31	3.29
25	文件运动阶段	30	3.19
26	文件运动理论	30	3.19
27	档案学研究	29	3.08
28	纸质文件	28	2.98
29	美利坚合众国	27	2.87
30	现代档案学	26	2.76
31	中华人民共和国	26	2.76
32	文书处理	26	2.76
33	全程管理	25	2.66
34	机关档案室	25	2.66
35	立卷归档	22	2.34
36	档案学者	21	2.23
合计		2310	245.48
总计		941(篇)	100.00
重叠		1369	145.48

从涉及的主题词看,使用频率最高的 36 个主题词共使用 2 310 频次,占全部样本的 245.48%。也就是说,上述 36 个主题词涵盖了全部样本两遍以上。其中使用频率最高的是“文件生命周期”(547 频次),使用频率最低的是“档案学者”(21 频次),平均使用频率为 64 频次。

从主题词反映出的研究内容看,文件生命周期研究关注的 36 个主要问题又可归并为文件生命周期、机构、档案学、档案事务、国家地区、档案人 6 个大类。

文件生命周期(文件生命周期、文件中心、文件连续体理论、现行文件、文件运动、文档一体化、文档一体化管理、文件生命周期理论、前端控制、文件归档、来源原则、文件运动阶段、文件运动理论、纸质文件、文书处理、全程管理、电子文件)共使用 1517 频次,占全部样本的 161.21%。它涵盖了与文件生命周期相关的多项内容,是档案学界文件生命周期研究与关注度最高的主题。

(中间性档案馆、档案室、档案馆、文化机构、机关档案室)共使用 248 频次,占全部样本的 26.35%。它是改革开放以来与档案事业、档案人关系最为密切的问题,也是档案学界一直关注的重要问题之一,主要集中在档案室与档案馆两个主体上。

档案事务(档案管理、档案工作、电子文件管理系统、电子档案、立卷归档)共使用211频次,占全部样本的22.42%。它是档案学界研究与关注度第三高的主题。但与文件生命周期研究相比,相差一个数量级。

档案学(档案学、思维形式、档案学研究、现代档案学)共使用198频次,占全部样本的21.04%。

国家地区(北美洲、美利坚合众国、中华人民共和国)共使用84频次,占全部样本的8.93%。

档案人(档案工作者、档案学者)共使用52频次,占全部样本的5.53%。

可以说,文件生命周期研究所涉及的内容虽然十分广泛,但全部样本包含在上述文件生命周期、机构、档案学、档案事务、国家地区、档案人6类问题中。或者说,文件生命周期研究主要是围绕上述文件生命周期、机构、档案学、档案事务、国家地区、档案人6个方面展开的。

22.4.2 高频关键词

表22.11是使用频率最高的15个高频关键词分布情况。15个使用频率最高的关键词共使用490频次,占全部样本的52.07%。也就是说,超过50%的文献研究的内容与这15个关键词有关。其中使用频率最高的是"电子文件"(90频次),使用频率最低的是"电子文件管理"(15频次),平均使用频率为33频次。

表22.11 使用频率最高的15个高频关键词分布情况

序号	关键词	使用频率/次	占全部样本/%
1	电子文件	90	9.56
2	文件生命周期理论	61	6.48
3	文件生命周期	41	4.36
4	档案	40	4.25
5	文档一体化	39	4.14
6	文件	34	3.61
7	档案管理	33	3.51
8	生命周期	26	2.76
9	文件连续体理论	25	2.66
10	档案学	18	1.91
11	文件中心	18	1.91
12	管理	17	1.81
13	文件运动	17	1.81
14	前端控制	16	1.70
15	电子文件管理	15	1.59
合计		490	52.07
总计		941(篇)	100.00

从关键词反映出的研究内容来看,文件生命周期研究关注度最高的15个问题可以归纳为文件生命周期、档案事务、档案、档案学4个方面。它们占全部样本的52.07%。

文件生命周期(电子文件、文件生命周期理论、文件生命周期、文档一体化、文件、生命周期、文件连续体理论、文件中心、文件运动、前端控制、电子文件管理),使用382频次,占比40.60%。它是文件生命周期研究关注度最高的问题。简单地说,2/5以上的文件生命周期研究是围绕上述内容展开的。

档案事务(档案管理、管理),使用50频次,占全部样本的5.31%。它是文件生命周期研究关注度第二高的问题。这反映出文件生命周期研究具有鲜明的管理性特征。

档案(档案),使用40频次,占比4.25%。

档案学(档案学),使用18频次,占比1.91%。

因此,文件生命周期研究内容广泛,半数以上的研究集中在文件生命周期、档案事务、档案、机构4类15个热词所涉及的问题上。

22.4.3　关键词共现矩阵

本部分采用关键词共现分析的方法,对1988—2018年文件生命周期研究的941篇文献进行分析。

矩阵提取使用频率最高的20个关键词,将这20个关键词形成20×20的共词矩阵。如果某两个关键词同时出现在一篇文章中,就表明这两者之间存在相关关系,关键词右侧或下方对应位置的数值表示篇数。图22.2是1988—2018年文件生命周期研究文献使用频率最高的20个高频关键词共现矩阵。

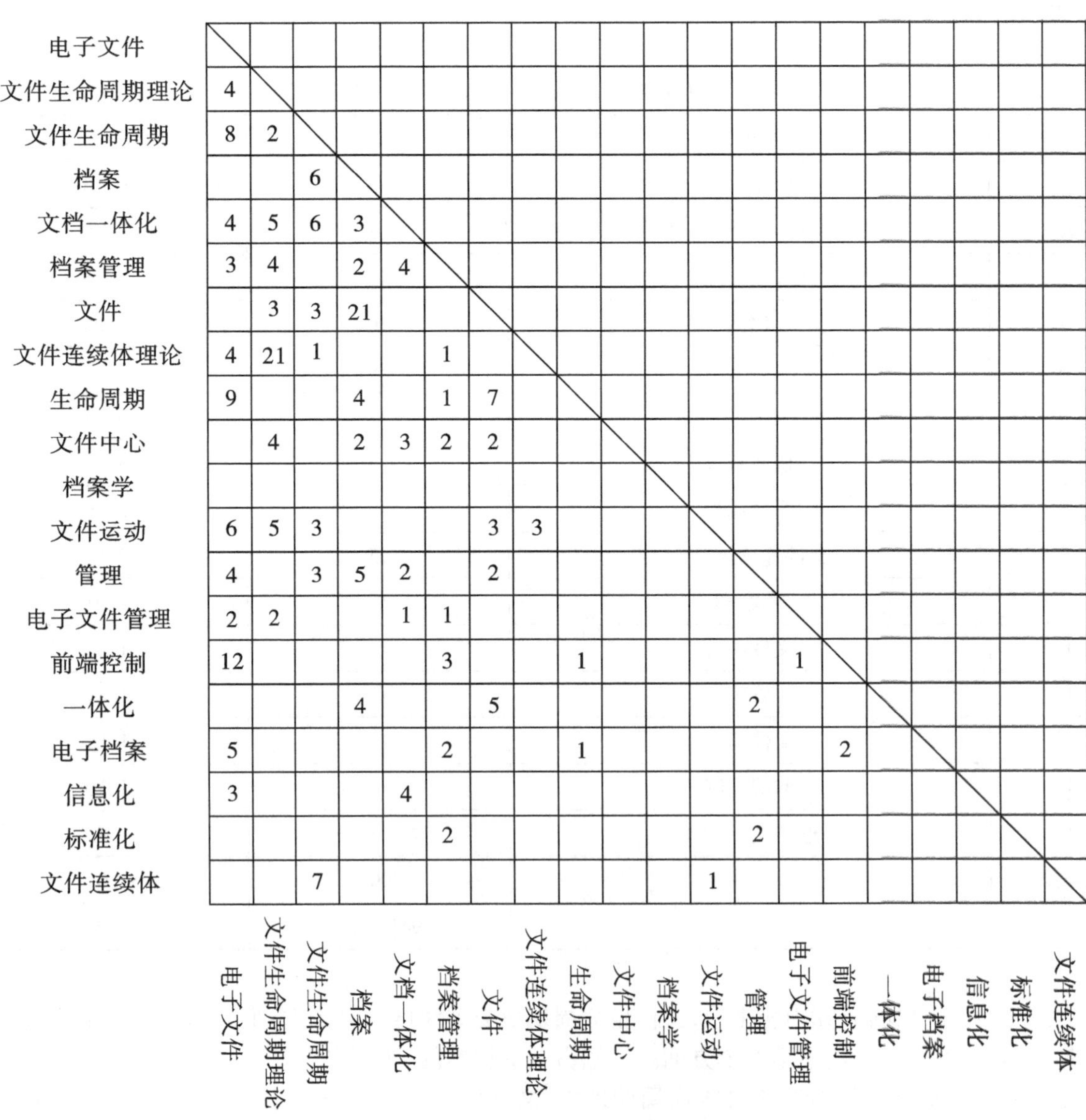

	电子文件	文件生命周期理论	文件生命周期	档案	文档一体化	档案管理	文件	文件连续体理论	生命周期	文件中心	档案学	文件运动	管理	电子文件管理	前端控制	一体化	电子档案	信息化	标准化	文件连续体
电子文件																				
文件生命周期理论	4																			
文件生命周期	8	2																		
档案			6																	
文档一体化	4	5	6	3																
档案管理	3	4		2	4															
文件		3	3	21																
文件连续体理论	4	21	1			1														
生命周期	9			4		1	7													
文件中心		4		2	3	2	2													
档案学																				
文件运动	6	5	3				3	3												
管理	4		3	5	2		2													
电子文件管理	2	2			1	1														
前端控制	12					3			1					1						
一体化				4			5						2							
电子档案	5					2			1						2					
信息化	3				4															
标准化						2							2							
文件连续体			7									1								

图22.2　1988—2018年文件生命周期研究文献高频关键词共现矩阵

图 22.2 显示,2017 年文件生命周期研究文献关键词共现有 59 组,共现率为 29.5%。共现次数 20 次以上的关键词组合有 2 组,共现率为 1%。共现次数 10~19 次的关键词组合有 1 组,共现率为 0.5%。共现次数 6~9 次的关键词组合有 7 组,共现率为 3.5%。

以横轴为准计:

20 组共现关键词中有 12 组与电子文件直接相关,占共现关键词的 6%。

20 组共现关键词中有 8 组与文件生命周期理论直接相关,占共现关键词的 4%。

20 组共现关键词中各有 7 组与文件生命周期、档案、档案管理直接相关,分别占共现关键词的 3.5%。

20 组共现关键词中各有 5 组与文档一体化、文件直接相关,分别占共现关键词的 2.5%。

20 组共现关键词中各有 2 组与生命周期、管理直接相关,分别占共现关键词的 1%。

余下的 3 组分别与文件连续体理论、文件运动、电子文件管理、前端控制 4 个关键词有关,但共现次数均为 1 组,属于低相差度高频词。

另有文件中心、档案学、一体化、电子档案、信息化、标准化、文件连续体 7 个无共现高频词。

共现次数在 20 次以上的特高共现高频关键词有 2 组,分别是:

文件生命周期理论与文件连续体理论:21 次。

档案与文件:21 次。

共现次数在 10~19 次的超高共现高频关键词有 1 组,即:

电子文件与前端控制:12 次。

共现次数在 6~9 次的高共现高频关键词有 7 组,分别是:

电子文件与文件生命周期:8 次。

电子文件与生命周期:9 次。

电子文件与文件运动:6 次。

文件生命周期与档案:6 次。

文件生命周期与文档一体化:6 次。

文件生命周期与文件连续体:7 次。

文件与生命周期:7 次。

归纳起来,1988—2018 年文件生命周期研究的重点集中在文件与生命周期两个方向上。或者说,1988—2018 年文件生命周期研究主要是在文件与生命周期两个主要方向上展开的。

从共现组数看,由于高共现频率的 20 个高频关键词的共现组数有 59 组,高共现词有 10 组,占到了全部共现组的 16.95%。可见,1988—2018 年文件生命周期研究形成高相关共现关键词群,研究的集中趋势较为明显。

共现矩阵显示,研究主要集中在文件与生命周期两个方向上,形成高相关共现关键词群,研究的集中趋势较为明显。

22.4.4　关键词共现网络

本部分采用关键词共现分析的方法,对 1988—2018 年文件生命周期研究的 941 篇文献进行分析。

在关键词共现网络中,关键词之间的关系可以用连线来表示,连线多少和粗细代表关键词间的亲疏程度,连线越多,代表该关键词与其他关键词的共现次数越多,越是研究领域极其重要的和热点研究内容。使用知网提供的工具,可获得 1988—2018 年文件生命周期研究高频词共词网络图谱(扫描二维码)。

从高频词共词网络图谱中可以直观地看出:1988—2018 年文件生命周期研

究可分为6个聚类群组。它们分别以“电子文件”、“档案学理论”、“电子文件管理”、“信息化”、“档案学”、“文件生命周期”与“文件连续体理论”为核心关键词。“电子文件”“档案学理论”“电子文件管理”“信息化”“档案学”为单核心群组,其中“档案学理论”“电子文件管理”“信息化”“档案学”为单词群组。“文件生命周期”与“文件连续体理论”为双核心双词群组。

在以“档案”为核心的群组中一共有14个相关关键词,除了“档案”之外,还有“文件生命周期理论”与“档案”两个次核心关键词。三者间的距离均较远,且联系微弱。群内实际上分为以“档案”和“文件生命周期理论”为中心的小群组。“档案”群组中,“档案”与“文件”互为强关系;“文件生命周期理论”群组中,“文件生命周期理论”与“文件运动”“文件连续体理论”互为强关系。群组内其他关键词联系稍弱,但整个群组联系较密切,呈团状分布。

以“档案”为核心的群组与除“档案学”之外的4个群组均有联系,并将“电子文件管理”“信息化”“文件生命周期”包裹其中,有着较强的关联性。

共现网络表明,“电子文件”“文件生命周期”“文件生命周期理论”是文件生命周期研究的高频高相关核心问题。“档案学”“档案学理论”处在整个网络外围的位置,属于非热点问题。

22.5　结语

综上,通过对1988—2018年文件生命周期研究文献的数据分析,我们可以得出如下结论:

自1988年首篇相关成果文献发表到2018年,从规模与发展速度上看,文件生命周期研究文献总量翻了近9番,年均增速为59.60%,过半数年份(16年)是正向增速,12个年份增速在两位数以上,其中1年的增速达到了三位数,1年的增速达到了四位数。总体上呈现前升后降小角度上升的趋势。

从文献研究层次上看,文件生命周期研究涉及社会科学、自然科学、教育文化及其他4类9个不同层次,总体上属于社会科学范畴,同时偏重基础理论研究。

从文献类型分布情况看,在文件生命周期研究中,一般性论文占绝对优势,政策性、宏观性研究论文薄弱。

从文献资源类型分布情况看,文件生命周期研究形成了以学术期刊为主,硕博论文、会议论文为辅的研究资源体系。

从样本文献的学科分布情况看,文件生命周期研究在保持与档案学高相关性的同时,具备跨学科特性。

从样本文献的基金分布情况看,文件生命周期研究有37篇文献获9种基金资助,其中国家资助高于地方、部门资助3倍多。提供地方资助的有4个省份。

从研究作者分布情况看,文件生命周期研究已经形成以高校作者为主的一批核心作者和以其为基础的高产作者群。

从研究机构分布情况看,文件生命周期研究已经形成稳定的研究机构。其中高校在机构数量及发表文献数量上均为最高,档案行政管理机关次之,企业位列第三。

从文献来源分布情况看,文件生命周期研究总体上已经形成以档案学期刊,特别是档案学核心期刊为主,相关及其他期刊为辅的成果发布与交流体系。

从主题词使用频率看,研究主题集中在文件生命周期、机构、档案学、档案事务、国家地区、档案人6个方面。

从高频率关键词分布情况看,文件生命周期研究关注的重点半数以上集中在文件生命周期、档案事务、档案、档案学4大类15个热词所涉及的问题上。

从高频词共现矩阵看，研究主要集中在文件与生命周期两个方向上，形成高相关共现关键词群，研究的集中趋势较为明显。

共现网络表明，“电子文件”“文件生命周期”“文件生命周期理论”是文件生命周期研究的高频高相关核心问题。“档案学”“档案学理论”处在整个网络外围的位置，属于非热点问题。

23 权力权利

权力是一种广泛存在的社会现象,是政治学、国际关系与国际政治学的核心概念。在政治学与国际关系研究中,对“权力”有以下4种定义:①“权力”作为个人或国家的追求目标。②“权力”作为影响力的度量尺度,即资源的内容与多寡。③“权力”作为政治斗争的结果。④“权力”作为一种宰制与被宰制关系的表述。权力:在反对情况下仍能实现自己意志的能力(米尔斯)。

关于上述定义,由于个别研究者的研究领域各有侧重,因此不同的文献和学者,可能使用不同的定义。例如,社会学、文化批判、论述研究(discourse studies)等领域可能侧重“宰制关系”。政治哲学侧重个人、团体、国家等单位追逐的目标的探讨。国际政治学则侧重国际行为者影响力的度量。

论权力的人多少可以分成两派,两种看法:一派是偏重在社会冲突的一方面,另一派是偏重在社会合作的一方面;两者各有偏重,所看到的不免也各有不同的地方 。

从社会冲突一方面着眼的,权力表现在社会不同团体或阶层间主从的形态里。在上的是握有权力的,他们利用权力去支配在下的,发施号令,以他们的意志去驱使被支配者的行动。权力,依这种观点说,是冲突过程的持续,是一种休战状态中的临时平衡。冲突的性质并没有消弭,但武力的阶段过去了,被支配的一方面已认了输,屈服了。但是他们并没有甘心接受胜利者所规定的条件,非心服也。于是在两方面的关系中发生了权力。权力是维持这种关系所必需的手段,它是压迫性质的,是上下之别。从这种观点上看去,政府,甚至国家组织,是统治者的工具。跟下去还可以说,政府甚至国家组织,只存在于阶级斗争的过程中。如果有一天“阶级斗争”的问题解决了,社会上不分阶级了,政府甚至国家组织,都会像秋风里的梧桐叶一般自己凋谢落地。——这种权力我们不妨称为横暴权力。

从社会合作一方面着眼的,却看到权力的另一性质。社会分工的结果每人都不能“不求人”而生活。分工对于每个人都有利的,因为这是经济的基础,人可以较少劳力得到较多收获;劳力是成本,是痛苦的,人靠了分工,减轻了生活担子,增加了享受。享受固然是人所乐从的,但贪了这种便宜,每个人都不能自足了,不能独善其身,不能不管“闲事”,因为如果别人不好好地安于其位地做他所分的工作,就会影响自己的生活。这时,为了自己,不能不干涉别人了。同样的,自己如果不尽其分,也会影响人家,受着别人的干涉。这样发生了权利和义务,从干涉别人一方面说是权利,从自己接受别人的干涉一方面说是义务。各人有维持各人的工作、维持各人可以互相监督的责任。没有人可以“任意”依自己的心情去做自己想做的事,而得遵守着大家同意分配的工作。可是这有什么保障呢?如果有人不遵守怎么办呢?这里发生共同授予的权力了。这种权力的基础是社会契约,是同意。社会分工愈复杂,这种权力也愈扩大。如果不愿意受这种权力的限制,只有回到“不求人”的境界里去做鲁滨孙,那时才真的顶天立地。不然,也得“小国寡民”以减少权力。再说得清楚些,得抛弃经济利益,不讲享受,像猿人一般回到原始生活水准上去。不然的话,这种权力总也解脱不了。——这种权力我们不妨称为同意权力。

这两种看法都有根据,并不冲突,因为在人类社会里这两种权力都存在,而且在事实层里,统治者、所谓政府,总同时代表着这两种权力,不过是配合的成分上有不同。原因是社会分化不容易,至少以已往的历史说,只有合作而没有冲突。这两种过程常是互相交割,错综混合,冲突里有合作,合作里有冲突,不很单纯的。所以上面两种性质的权力是概念上的区别,不常是事实上的区分。我们如果要明白一个社区的权力结构,不能不从这两种权力怎样配合上去分析。有的社区偏重在这方面,有的社区偏重在那方面;而且更可以在一社区中,某些人间发生那一种权力关系,某些人间发生另一种权力关系。譬如说美国,表面上是偏重同意权力的,但是种族之间,事实上,却依旧是横暴权力在发生作用。

公民的基本权利是公民依照宪法规定在政治、人身、经济、社会、文化等方面享有的主要权利,也叫宪法权利。它是公民最主要的,也是必不可少的权利。我国宪法规定,我国公民享有的基本权利大致可以分为以下几类:

(1)平等权。所有的公民都平等地享有权利和承担义务;所有公民的合法权益都平等地受到法律的保护;任何公民都不享有法律以外的特权;任何公民都不得强迫其他公民承担法律以外的义务。简言之,就是法律面前人人平等。这是我国公民的一项基本权利,也是社会主义法制的一个基本原则。这一宪法原则包括司法平等,即公民在适用法律上一律平等,也包括公民在守法上一律平等。

(2)政治权利。即宪法和法律规定公民有权参加国家政治生活的民主权利,及政治上表达个人见解和意见的自由。包括选举权和被选举权,言论、出版、集会、结社、游行、示威的自由。

(3)宗教信仰。我国宪法规定,公民有宗教信仰自由。任何国家机关、社会团体和个人不得强制公民信仰宗教或者不信仰宗教,不得歧视信仰宗教的公民和不信仰宗教的公民。正常的宗教活动受国家保护。但任何人不得利用宗教进行破坏社会秩序、损害公民身体健康、妨碍国家教育制度的活动。

(4)人身自由。公民的人身自由是公民正常地生活、学习和工作的保障,是公民参加各种社会活动、参加国家政治生活、享受其他权利和自由的前提条件,也是公民最基本的人身权利。我国公民的人身自由包括任何公民的人身不受非法侵犯,人格尊严不受侵犯,住宅不受侵犯,通信自由和通信秘密受法律保护等。

(5)监督权。我国宪法规定,公民对于任何国家机关和国家机关工作人员,有提出批评和建议的权利;对于任何国家机关和国家工作人员的违法失职行为,有向有关国家机关提出申诉、控告或者检举的权利;但是不得捏造或歪曲事实进行诬告陷害。为了保障公民的批评、建议和申诉、控告或者检举权利的行使,宪法还规定,对于公民的申诉、控告或者检举,有关国家机关必须查清事实,负责处理。任何人不得压制和打击报复。依据宪法,刑法对国家工作人员侵害公民行使上述权利的行为也做了惩罚性规定。宪法和国家赔偿法同时规定,由于国家机关和国家机关工作人员违法行使职权侵犯公民、法人和其他组织的合法权益造成损害的,受害人有依法取得赔偿的权利。

(6)社会经济权利。公民的社会经济权利,是公民参与国家政治生活的物质保障,宪法对公民享有的社会经济权利做了具体的规定。在我国,公民享有广泛的社会经济权利,这些权利包括公民的劳动权、休息权,以及退休人员生活保障权和物质帮助权。宪法规定公民享有劳动就业和获得相应劳动报酬的权利,以及为保护身体健康和提高劳动效率而休息和休养的权利。值得一提的是,劳动也是公民的一项光荣义务。有劳动能力的公民,必须通过积极参加劳动,为社会贡献自己的力量。宪法还规定了公民在退休后,有获得生活保障的权利;公民在年老、疾病或者丧失劳动能力后,有权从国家和社会获得帮助。

(7)文化权利。宪法规定了公民有受教育的权利和义务。公民接受教育,既是权利,又是义务。作为权利,公民只要达到一定的年龄,就有权进入各类学校或通过其他教育设施和途径学习科学文化知识;任何人包括其监护人在内都无权剥夺公民的受教育权;国家要重视发展教育事业,以保证公民受教育权的充分实现。同时,受教育作为一项义务,公民又必须按照国家的有关规定,在一定形式的教育设施中,接受科学文化知识的教育;其监护人也有责任帮助公民接受教育。另外,宪法还规定了公民有进行科学研究、文学艺术创作和其他文化活动的自由,国家对有益于人民的创造性工作,要给予鼓励和帮助。

(8)其他权利。宪法除对所有公民应普遍享有的权利和自由作出规定外,还对特定群体的公民作了专门规定,给予特别保护。主要是指保护妇女、未成年人、老年人、残疾人以及华侨、归侨、侨眷的合法权益等。

建立、保管、利用档案,是公民权利的组成部分。这一权利是宪法和民法、档案法等相关法律所赋予的,受法律保护。这种保护主要体现在两个方面:一是公民个人档案,非经公民同意,他人不得擅自使用;二是公民有权使用政府、企业、社会组织等公共机构形成和保管的档案。在这方面,政府、企业、社会组织等公共机构,承担着更多的责任与义务。要保障公民档案权利,就少不了档案开放。

23.1　样本选择

权力权利研究是档案学研究的重要内容,属于档案学科热点问题的组成部分,同时也是当今社会档案工作与档案事业的重要组成部分。权力权利研究数据是重要的档案与档案学术资源,对权力权利研究数据进行定量研究,是用好用活档案资源,充分展示我国改革开放的历史进程、伟大成就和宝贵经验的一种方式。改革开放以来,权力权利研究一度成为热门研究内容。总结、回顾权力权利研究历程,不仅是档案学建设发展的需要,也是档案工作、档案事业发展的需要。

我们以中国知网为样本来源,检索范围:中国学术期刊网络出版总库,特色期刊,中国博士学位论文全文数据库,中国优秀硕士学位论文全文数据库,中国重要会议论文全文数据库,国际会议论文全文数据库,中国重要报纸全文数据库,中国学术辑刊全文数据库。检索年限:不限。检索时间:2018 年 10 月 23 日。发表时间 between(1979-01-01,2018-10-23)并且(主题=权力清单或者题名=权力清单)或者(主题=责任清单或者题名=责任清单)或者(主题=权力或者题名=权力)或者(主题=权利或者题名=权利)或者(主题=权或者题名=权)(模糊匹配)。专辑导航:档案学、档案事业。数据库:文献跨库检索。样本文献总数:2204 篇。相关研究成果首次发表于 1982 年。

23.2　文献统计分析

本部分采用统计分析的方法,从文献总量、发展速度与年度分布,文献研究层次,文献类型,文献资源类型,文献学科分布 5 个方面入手,对样本文献进行分析。

23.2.1　文献总量、发展速度与年度分布

从总量上看,有文献发表的 37 年间,共发表文献 2204 篇,以 1982 年 3 篇的基数计,37 年间翻了 9 番多。年均 508 篇,最少时(1983 年)1 篇,最多时(2009 年)248 篇,37 年间增长了近 734 倍。中位数为 1102 篇。总体趋势见图 23.1。

从年度分布情况看,1982—2018 年权力权利研究文献发表数量总体上呈现前期低位慢行、中后期快起快落低角度上升的趋势。多数年份(21 年)为上升状态,少数年份(12 年)为下降状态,2 年持平。

大体上可分为五个阶段:

第一阶段(1982—2004 年),年平均增长率为 27.32%,为低位发展期,总体体量不大(385 篇),23 年只上了一个数量级。

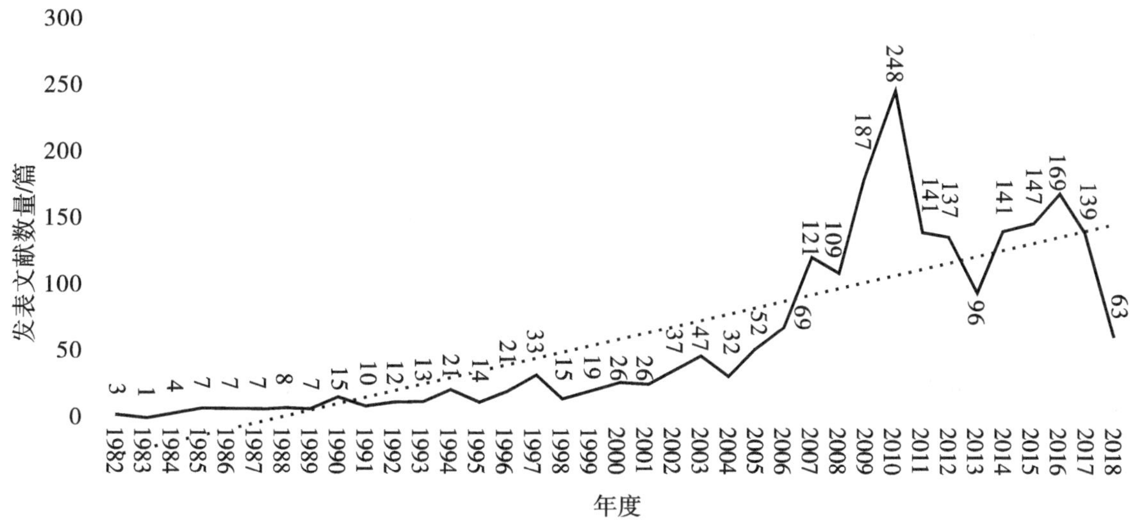

图 23.1　1982—2018 年权力权利研究文献发表数量及分布趋势

第二阶段(2005—2010 年),年平均增长率为 44.14%,为高速增长期,6 年发表文献数量上一个数量级。

第三阶段(2011—2013 年),年平均增长率为-25.30%,为快速下落期。

第四阶段(2014—2016 年),年平均增长率为 22.03%,为快速回升期。

第五阶段(2017—2018 年),年增长率为-36.21%,研究再次进入加速回落期。

具体的年度分布情况见表 23.1。

表 23.1　1982—2018 年权力权利研究文献年度分布情况

序号	年度	发表文献数量/篇	占全部样本/%	发展速度	年增速/%
1	1982	3	0.14		
2	1983	1	0.05	0.33	-66.67
3	1984	4	0.18	4.00	300.00
4	1985	7	0.32	1.75	75.00
5	1986	7	0.32	1.00	0.00
6	1987	7	0.32	1.00	0.00
7	1988	8	0.36	1.14	14.29
8	1989	7	0.32	0.88	-12.50
9	1990	15	0.68	2.14	114.29
10	1991	10	0.45	0.67	-33.33
11	1992	12	0.54	1.20	20.00
12	1993	13	0.59	1.08	8.33
13	1994	21	0.95	1.62	61.54
14	1995	14	0.64	0.67	-33.33
15	1996	21	0.95	1.50	50.00

续表 23.1

序号	年度	发表文献数量/篇	占全部样本/%	发展速度	年增速/%
16	1997	33	1.50	1.57	57.14
17	1998	15	0.68	0.45	-54.55
18	1999	19	0.86	1.27	26.67
19	2000	26	1.18	1.37	36.84
20	2001	26	1.18	1.00	0.00
21	2002	37	1.68	1.42	42.31
22	2003	47	2.13	1.27	27.03
23	2004	32	1.45	0.68	-31.91
24	2005	52	2.36	1.63	62.50
25	2006	69	3.13	1.33	32.69
26	2007	121	5.49	1.75	75.36
27	2008	109	4.95	0.90	-9.92
28	2009	187	8.48	1.72	71.56
29	2010	248	11.25	1.33	32.62
30	2011	141	6.40	0.57	-43.15
31	2012	137	6.22	0.97	-2.84
32	2013	96	4.36	0.70	-29.93
33	2014	141	6.40	1.47	46.88
34	2015	147	6.67	1.04	4.26
35	2016	169	7.67	1.15	14.97
36	2017	139	6.31	0.82	-17.75
37	2018	63	2.86	0.45	-54.68
合计		2204	100.00	43.84	783.71
最高值		248	11.25	4.00	300.00
最低值		1	0.05	0.33	-66.67
平均值		60	2.70	1.22	21.77

自1982年首篇相关成果文献发表到2018年,权力权利研究文献总量翻了9番多,年均增速为21.21%,多数年份(21年)是正向增速,19年增速在两位数以上,其中2年的增速达到了三位数。

23.2.2　文献研究层次

从文献研究层次分布情况看,2204篇样本文献涉及多个学科的16个不同层次。具体分布情况见表23.2。

表 23.2 1982—2018 年权力权利研究文献层次分布情况

序号	学科	发表文献数量/篇	占全部样本/%
1	基础研究(社科)	1310	59.44
2	行业指导(社科)	667	30.26
3	职业指导(社科)	94	4.26
4	政策研究(社科)	35	1.59
5	工程技术(自科)	17	0.77
6	大众文化	7	0.32
7	基础与应用基础研究(自科)	6	0.27
8	高级科普(社科)	3	0.14
9	大众科普	3	0.14
10	行业技术指导(自科)	2	0.09
11	专业实用技术(自科)	1	0.05
12	高等教育	1	0.05
13	政报、公报、公告、文告	1	0.05
14	文艺作品	1	0.05
15	经济信息	1	0.05
16	其他	55	2.50
合计		2204	100.00

从研究的学科大类看,可分为社会科学、自然科学、教育文化、信息与其他 5 类。其中社会科学 2109 篇,占 95.69%;自然科学 26 篇,占 1.18%;教育文化 12 篇,占 0.54%;信息 2 篇,占 0.09%;其他 55 篇,占 2.50%。研究明显属于社会科学的范畴,同时涉及自然科学、教育文化、信息及其他学科。

从基础理论研究与应用研究的角度看,属于基础理论研究的有 1 316 篇,占 59.71%;属于应用研究的有 894 篇,占 40.29%。研究略偏重基础理论研究。

总之,权力权利研究涉及社会科学、自然科学、教育文化、信息及其他 5 类 16 个不同层次,总体上属于社会科学范畴,略偏重基础理论研究。

23.2.3 文献类型

从文献类型分布情况看,2204 篇样本文献中,涉及综述类、政策研究类和其他 3 个不同类型。具体分布情况见表 23.3。

表 23.3 1982—2018 年权力权利研究文献类型分布情况

序号	文献类型	发表文献数量/篇	占全部样本/%
1	综述类	22	1.00
2	政策研究类	35	1.59
3	其他	2147	97.41
合计		2204	100.00

从表 23.3 看，一般性论证（其他）文献占比接近 98%，成为绝对主体；政策性（政策研究类）及宏观性（综述类）研究文献则显得十分单薄。

总之，在权力权利研究中，一般性论文占绝对优势，政策性、宏观性研究论文薄弱。

23.2.4　文献资源类型

从文献资源类型分布情况看，2204 篇样本文献分布在期刊、特色期刊、国内会议、硕士、报纸、学术辑刊、博士 7 种类型资源上。具体分布情况见表 23.4。

表 23.4　1982—2018 年权力权利研究文献资源类型分布情况

序号	资源类型	发表文献数/篇	占全部样本/%
1	期刊	1944	88.20
2	硕士	82	3.72
3	国内会议	73	3.31
4	特色期刊	58	2.63
5	报纸	36	1.63
6	学术辑刊	8	0.36
7	博士	3	0.14
合计		2204	100.00

有文献发表的 37 年间，期刊成为权力权利学术研究最主要的文献来源，权力权利研究者超过 90% 的学术交流与沟通，有赖于这个平台。硕博论文、会议论文、报纸在总量上与期刊相差两个数量级，与期刊相比，只起辅助作用。

总之，权力权利研究已经形成了以学术期刊为主，硕博论文、会议论文、报纸为辅的研究资源体系。

23.2.5　文献学科分布

从文献学科分布情况看，2204 篇样本文献涉及学科超过 30 个。发表文献最多的 15 个学科分布情况见表 23.5。

表 23.5　1982—2018 年发表文献最多的 15 个学科分布情况

序号	学科	发表文献数量/篇	占全部样本/%
1	图书情报档案	1899	86.16
2	法学	190	8.62
3	城市经济	60	2.72
4	农业经济	48	2.18
5	教育	22	1.00
6	政治	22	1.00

续表 23.5

序号	学科	发表文献数量/篇	占全部样本/%
7	历史	20	0.91
8	工商管理	14	0.64
9	公共管理	13	0.59
10	文化	12	0.54
11	公共卫生与预防医学	12	0.54
12	城乡规划与市政	6	0.27
13	工业经济	6	0.27
14	民族	5	0.23
15	交通运输经济	3	0.14
合计		2332	105.81
总计		2204	100.00
重叠		128	5.81

需要说明的是,按 15 个学科统计的文献数为 2332 篇,占实际样本数的 105.81%;而实际样本数为 2204 篇;15 个学科统计数多于实际文献数 128 篇。再考虑到实际涉及的学科超过 30 个,全部学科文献的数量之和可能超过实际样本更多。图书情报档案专业文献只有 1899 篇,占全部样本的 86.16%。可以推知,权力权利研究是一门具有明显学科交叉性的学科。除档案学本学科之外,与权力权利研究相关性最强的 10 个学科分别是:法学、城市经济、农业经济、教育、政治、历史、工商管理、公共管理、文化、公共卫生与预防医学。

可以说,权力权利研究在保持与档案学学科高相关性的同时,具有明显的跨学科特性。

23.3 文献计量分析

本部分采用计量分析的方法,从文献基金资助分布、文献作者分布、文献机构分布和文献来源分布 4 个方面对样本文献进行分析。

23.3.1 文献基金资助分布

从样本文献的基金分布情况看,2204 篇样本文献中有 52 篇得到 6 种基金项目的支持,占全部样本的 2.359%。具体分布情况见表 23.6。

表 23.6 1982—2018 年权力权利获得基金资助分布情况

序号	基金名称	文献数量/篇	占基金资助文献/%	占全部样本/%
1	国家社会科学基金	46	88.46	2.087
2	湖南省社会科学基金	2	3.85	0.091

续表 23.6

序号	基金名称	文献数量/篇	占基金资助文献/%	占全部样本/%
3	黑龙江省社会科学基金	1	1.92	0.045
4	北京市教委科技发展基金	1	1.92	0.045
5	中国博士后科学基金	1	1.92	0.045
6	安徽省软科学研究计划	1	1.92	0.045
合计		52	100.00	2.359
总计		2204		100.000

从基金的层次分布情况看,国家级基金 2 种 47 篇,占全部样本的 2.132%,占基金资助文献的 90.38%;地方基金 4 种 5 篇,占全部样本的 0.227%,占基金资助文献的 9.62%。国家层面虽然种类少,但资助文献的数量远高于地方基金的资助数量,是地方基金资助数量的 9 倍多。

地方资助涉及安徽、北京、黑龙江、湖南 4 个省份。

总之,权力权利研究有 52 篇文献获 6 种基金资助,其中国家资助高于地方资助 8 倍多。提供地方资助的只有 4 个省份。

23.3.2　文献作者分布

从作者的分布情况看,2204 篇文献中,前 40 位作者共发表文献 158 篇,占全部样本的 1.17%。发表文献最多的 40 位作者分布情况见表 23.7。

表 23.7　发表文献最多的 40 位作者分布情况

序号	作者	发表文献数量/篇	占全部样本/%
1	陈建	9	0.41
2	杨冬权	7	0.32
3	王小云	6	0.27
4	刘东斌	6	0.27
5	周毅	6	0.27
6	陈子丹	6	0.27
7	华林	6	0.27
8	吴雁平	6	0.27
9	谢君	5	0.23
10	郑锦霞	4	0.18
11	许书平	4	0.18
12	贾姝	4	0.18
13	刘丽	4	0.18
14	庞尊丽	4	0.18
15	罗军	4	0.18

续表 23.7

序号	作者	发表文献数量/篇	占全部样本/%
16	戴定丽	4	0.18
17	丁宁	4	0.18
18	张林华	3	0.14
19	胡红霞	3	0.14
20	李灵凤	3	0.14
21	赵连裕	3	0.14
22	黄凤平	3	0.14
23	赵局建	3	0.14
24	王运彬	3	0.14
25	张晓霞	3	0.14
26	张江珊	3	0.14
27	谭雪	3	0.14
28	邢变变	3	0.14
29	王玉珏	3	0.14
30	孔宁	3	0.14
31	陆阳	3	0.14
32	陈海静	3	0.14
33	张世林	3	0.14
34	连志英	3	0.14
35	方卫红	3	0.14
36	赵冬梅	3	0.14
37	李扬新	3	0.14
38	黄安法	3	0.14
39	赵景祥	3	0.14
40	黄项飞	3	0.14
合计		158	7.17
总计		2204	100.00

按照普赖斯提出的计算公式,核心作者候选人的最低发文数 $M=0.749\sqrt{N_{max}}$,其中 N_{max} 为最高产作者发文数量。有文献发表的 37 年间,权力权利研究文献作者中发表文献最多的为 9 篇,即$N_{max}=9$,所以 $M=0.749\sqrt{9}\approx 2.247$。因此,凡发表文献 2 篇及以上的作者均为 1982—2018 年权力权利研究的重要作者。故表 22.7 中的 40 位作者不仅是核心作者,而且是核心作者中的高产作者。

总之,权力权利研究已经形成了一批核心作者和以核心作者为基础的高产作者群。从整体上看,无论是作者数量,还是发表文献数量,高校作者都是权力权利研究的主力。

23.3.3　文献机构分布

从研究机构分布情况看,2204篇文献中,前40个机构发表文献558篇,占全部样本的25.32%。如果使用普赖斯公式计算,核心机构的最低发文数 $M=0.749\sqrt{N_{max}}$,其中 N_{max} 为最高产机构文章数量。这里 $N_{max}=57$,所以 $M=0.749\sqrt{57}\approx5.655$,即发表文献6篇及以上的为核心研究机构。据此,发表文献6篇以上(含6篇)的上海大学、苏州大学、中国人民大学、云南大学、山东大学、安徽大学、辽宁省档案局、国家档案局、武汉大学、黑龙江省档案局、南昌大学、云南省档案局、广西民族大学、郑州大学、湘潭大学、福建师范大学、南京大学、黑龙江大学、四川大学、中山大学、浙江省档案局、北京市档案局、吉林大学、河南省濮阳市档案局、西北民族大学、吉林省档案管理局、四川省档案局、辽宁大学、扬州大学、江苏省档案局、新乡学院、西南政法大学、华南农业大学、河南省开封市档案局、湖北大学、临沂师范学院36个机构全部是核心研究机构中的高产机构。发表文献最多的40个机构分布情况见表23.8。

表23.8　发表文献最多的40个机构分布情况

序号	机构	发表文献数量/篇	占全部样本/%
1	上海大学	57	2.59
2	苏州大学	39	1.77
3	中国人民大学	34	1.54
4	云南大学	32	1.45
5	山东大学	27	1.23
6	安徽大学	25	1.13
7	辽宁省档案局	22	1.00
8	国家档案局	19	0.86
9	武汉大学	18	0.82
10	黑龙江省档案局	17	0.77
11	南昌大学	16	0.73
12	云南省档案局	16	0.73
13	广西民族大学	15	0.68
14	郑州大学	14	0.64
15	湘潭大学	14	0.64
16	福建师范大学	12	0.54
17	南京大学	12	0.54
18	黑龙江大学	12	0.54
19	四川大学	11	0.50
20	中山大学	10	0.45
21	浙江省档案局	10	0.45
22	北京市档案局	10	0.45

续表 23.8

序号	机构	发表文献数量/篇	占全部样本/%
23	吉林大学	8	0.36
24	河南省濮阳市档案局	8	0.36
25	西北民族大学	8	0.36
26	吉林省档案管理局	8	0.36
27	四川省档案局	7	0.32
28	辽宁大学	7	0.32
29	扬州大学	7	0.32
30	江苏省档案局	7	0.32
31	新乡学院	6	0.27
32	西南政法大学	6	0.27
33	华南农业大学	6	0.27
34	河南省开封市档案局	6	0.27
35	湖北大学	6	0.27
36	临沂师范学院	6	0.27
37	云南省文山州档案局	5	0.23
38	河南省档案局	5	0.23
39	浙江大学	5	0.23
40	平原大学	5	0.23
合计		558	25.32
总计		2204	100.00

前40个核心高产机构中有27个是高校(发表文献417篇,占核心研究机构发表文献数的74.73%),充分表明高校是权力权利研究极其重要的高产机构群的主体。

从前40个机构中各类机构发表文献的数量及占比情况看,27个高校,占67.5%;发表文献417篇,占比达到了74.73%。其中前6位均为高校。13个档案局,占32.5%;发表文献141篇,占比达到了25.27%。

总之,权力权利研究已经形成稳定的研究机构。其中高校在机构数量及发表文献数量上均为最高,档案行政管理机关次之。

23.3.4　文献来源分布

从文献来源分布情况看,2204篇样本文献中,发表文献最多的15种期刊,发表文献1382篇,占全部样本的62.70%。具体分布情况见表23.9。

表23.9　发表文献最多的15种期刊分布情况

序号	期刊	发表文献数量/篇	占全部样本/%
1	《兰台世界》	253	11.48
2	《中国档案》	171	7.76
3	《黑龙江档案》	113	5.13
4	《档案与建设》	103	4.67
5	《浙江档案》	96	4.36
6	《北京档案》	90	4.08
7	《云南档案》	90	4.08
8	《档案管理》	74	3.36
9	《档案学通讯》	72	3.27
10	《档案》	59	2.68
11	《档案时空》	58	2.63
12	《山西档案》	53	2.40
13	《四川档案》	53	2.40
14	《档案学研究》	49	2.22
15	《陕西档案》	48	2.18
合计		1382	62.70
总计		2204	100.00

按照布拉德福定律,2204篇文献可分为核心区、相关区和非相关区,各个区的论文数量相等(约735篇)。故发表论文数量居前5位的《兰台世界》《中国档案》《黑龙江档案》《档案与建设》《浙江档案》(736篇)处于核心区之中。它们均为档案学期刊,其中档案学核心期刊3种,非核心期刊2种。

发表论文数量居第6~15位的《北京档案》《云南档案》《档案管理》《档案学通讯》《档案》《档案时空》《山西档案》《四川档案》《档案学研究》《陕西档案》(646篇)处于核心区之中。它们均为档案学期刊,其中档案学核心期刊4种,非核心期刊6种。

其他发表论文数量47篇及以下的期刊少部分在相关区,大部分在非相关区。

总体上讲,档案学期刊,主要是档案学核心期刊,是权力权利研究成果发布与交流的主渠道、主阵地,承担着权力权利研究成果发布与交流的主体责任。

总之,权力权利研究总体上已经形成以档案学期刊为主,相关及其他期刊为辅的成果发布与交流体系。

23.4　文献关键词词频及共现分析

本部分采用词频分析的方法,从主题词、高频关键词、关键词共现矩阵、关键词共现网络4个方面对样本文献进行分析。

23.4.1 主题词

从主题词使用频率看，权力权利研究涉及内容广泛，集中在权利权力、机构、人、档案事务、档案、法、文件 7 个方面。使用频率最高的 35 个主题词分布情况见表 23.10。

表 23.10 使用频率最高的 35 个主题词分布情况

序号	主题词	使用频率/次	占全部样本/%
1	权利主体	275	12.48
2	刘义权	239	10.84
3	杨冬权	203	9.21
4	国家档案局	198	8.98
5	档案工作	195	8.85
6	档案局	193	8.76
7	档案馆	157	7.12
8	知情权	152	6.90
9	文化机构	151	6.85
10	档案管理	119	5.40
11	《档案法》	102	4.63
12	档案工作者	94	4.26
13	档案事业	78	3.54
14	房地产权属档案	76	3.45
15	档案部门	74	3.36
16	隐私权	72	3.27
17	人事档案	71	3.22
18	档案信息	69	3.13
19	知识产权	67	3.04
20	档案利用	67	3.04
21	文件材料	63	2.86
22	著作权	59	2.68
23	档案提供利用	57	2.59
24	档案管理工作	57	2.59
25	确权登记	55	2.50
26	档案信息资源	54	2.45
27	中央档案馆	48	2.18
28	档案开放	47	2.13
29	集体林权制度改革	44	2.00
30	农村土地承包经营权	42	1.91

续表 23.10

序号	主题词	使用频率/次	占全部样本/%
31	先进事迹	41	1.86
32	模范事迹	41	1.86
33	房地产	40	1.81
34	利用者	40	1.81
35	著作权法	40	1.81
合计		3380	153.36
总计		2204(篇)	100.00
最高频率		275	12.48
最低频率		40	1.81
平均频率		97	4.38

从涉及的主题词看,使用频率最高的35个主题词共使用3380频次,占全部样本的153.36%。也就是说,37年来,上述35个主题词涵盖了全部样本一遍以上。其中使用频率最高的是“权利主体”(275频次),使用频率最低的是“房地产”“利用者”“著作权法”(各40频次),平均使用频率为97频次。

从主题词反映出的研究内容看,权力权利研究关注的36个主要问题又可归并为权利权力、机构、人、档案事务、档案、法、文件7个大类。

权力权利(权利主体、房地产权属档案、隐私权、知识产权、著作权、确权登记、集体林权制度改革、农村土地承包经营权、著作权法、知情权、房地产)共使用922频次,占全部样本的41.83%。它涵盖了与权力权利相关的多个内容,是档案学界权力权利研究与关注度最高的主题。

机构(国家档案局、档案局、档案馆、文化机构、档案部门、中央档案馆)共使用821频次,占全部样本的37.25%。主要集中在档案局、档案馆两个主体上。

人(刘义权、杨冬权、利用者、档案工作者、先进事迹、模范事迹)共使用658频次,占全部样本的29.85%。作为档案工作的主体,档案界研究的关注点从来没有离开过档案人自身和我们服务的对象。

档案事务(档案工作、档案管理、档案事业、档案提供利用、档案管理工作、档案开放)共使用553频次,占全部样本的25.09%。它涵盖了档案事务的多个层面。

档案(人事档案、档案信息、档案利用、档案信息资源)共使用261频次,占全部样本的11.84%。

法(《档案法》)共使用102频次,占全部样本的4.63%。

文件(文件材料)共使用63频次,占全部样本的2.82%。

可以说,权力权利研究所涉及的内容虽然十分广泛,但全部文献包含在上述权力权利、机构、人、档案事务、档案、法、文件7类问题上。或者说,权力权利研究主要是围绕上述权力权利、机构、人、档案事务、档案、法、文件7个方面展开的。

23.4.2　高频关键词

表23.11是使用频率最高的15个高频关键词分布情况。15个使用频率最高的关键词共使用602频次,占全部样本的27.31%。也就是说,超过1/4的文献研究的内容与这15个关键词有关。其中使用频率最高的是“档案”(95频次),使用频率最低的是“政府信息公开”“对策”(各17频次),平均使

用频率为 40 频次。

表 23.11 使用频率最高的 15 个高频关键词分布情况

序号	关键词	使用频率/次	占全部样本/%
1	档案	95	4.31
2	知情权	82	3.72
3	档案管理	77	3.49
4	人事档案	71	3.22
5	档案开放	44	2.00
6	档案利用	37	1.68
7	隐私权	36	1.63
8	著作权	27	1.23
9	保护	22	1.00
10	管理	20	0.91
11	利用	20	0.91
12	档案工作	19	0.86
13	房地产	18	0.82
14	政府信息公开	17	0.77
15	对策	17	0.77
合计		602	27.31
总计		2204(篇)	100.00
平均		40	1.82

从关键词反映出的研究内容来看,权力权利研究关注度最高的 15 个问题可以归纳为权力权利、档案事务、档案、信息公开 4 个方面。它们占全部样本的 27.31%。

权力权利(知情权、隐私权、著作权、房地产),使用 163 频次,占比 7.40%。它是权力权利研究关注度第二高的问题。简单地说,接近 1/10 的权力权利研究是围绕“个人权利”进行的。这反映出权力权利研究具有鲜明的个人主张特征。

档案事务(档案管理、档案开放、档案利用、保护、管理、利用、档案工作、对策),使用 256 频次,占全部样本的 11.62%。它是权力权利研究关注度最高的问题。简单地说,超过 10% 的权力权利研究是围绕“管理”与“利用”进行的。这反映出权力权利研究不仅具有鲜明的管理性特征,还具有突出的利用导向。

档案(档案、人事档案),使用 166 频次,占比 7.53%。研究与人相关的专门档案。

信息公开(政府信息公开),使用 17 频次,占比 0.77%。研究集中在与档案开放利用的信息公开上。

因此,权力权利研究内容相对集中,超过 1/4 的研究集中在权力权利、档案事务、档案、信息公开 4 类 15 个热词所涉及的问题上。

23.4.3　关键词共现矩阵

本部分采用关键词共现分析的方法,对 1982—2018 年权力权利研究的 2204 篇文献进行分析。

矩阵提取使用频率最高的 20 个关键词,将这 20 个关键词形成 20×20 的共词矩阵。如果某两个关键词同时出现在一篇文章中,就表明这两者之间存在相关关系,关键词右侧或下方对应位置的数值表示篇数。图 23.2 是 1982—2018 年权力权利研究文献使用频率最高的 20 个高频关键词共现矩阵。

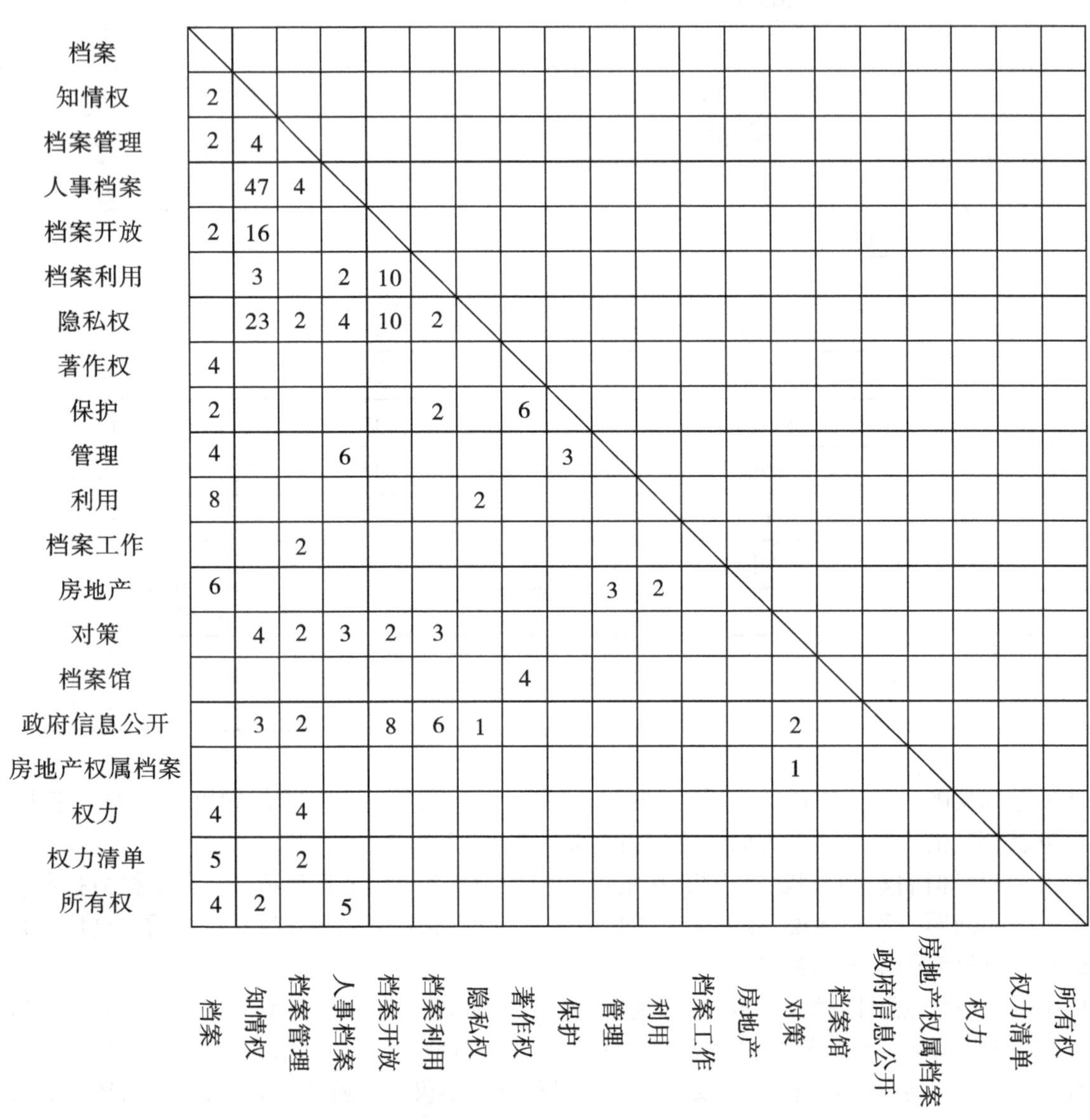

	档案	知情权	档案管理	人事档案	档案开放	档案利用	隐私权	著作权	保护	管理	利用	档案工作	房地产	对策	档案馆	政府信息公开	房地产权属档案	权力	权力清单	所有权
档案																				
知情权	2																			
档案管理	2	4																		
人事档案		47	4																	
档案开放	2	16																		
档案利用		3		2	10															
隐私权		23	2	4	10	2														
著作权	4																			
保护	2					2		6												
管理	4			6					3											
利用	8						2													
档案工作			2																	
房地产	6									3	2									
对策		4	2	3	2	3														
档案馆								4												
政府信息公开		3	2		8	6	1							2						
房地产权属档案														1						
权力	4		4																	
权力清单	5		2																	
所有权	4	2		5																

图 23.2　1982—2018 年权力权利研究文献高频关键词共现矩阵

图 23.2 显示,2017 年权力权利研究文献关键词共现有 48 组,共现率为 24%。共现次数 40 次以上的关键词组合有 1 组,共现率为0.5%。共现次数 20~29 次的关键词组合有 1 组,共现率为 0.5%。共现次数 10~19 次的关键词组合有 3 组,共现率为 1.5%。

以横轴为准计:

20 组共现关键词中有 11 组与档案直接相关,占共现关键词的 5.5%。

20 组共现关键词中有 8 组与知情权直接相关,占共现关键词的 4%。

20 组共现关键词中有 7 组与档案管理直接相关,占共现关键词的 3.5%。

20 组共现关键词中有 5 组与人事档案直接相关,占共现关键词的 2.5%。

20 组共现关键词中各有 4 组与档案开放、档案利用直接相关,分别占共现关键词的 2%。

20 组共现关键词中各有 2 组与隐私权、著作权、对策直接相关,分别占共现关键词的 1%。

余下的 3 组分别与保护、管理、利用 3 个关键词有关,但共现次数均为 1 组,属于低相差度高频词。

另有档案工作、房地产、档案馆、政府信息公开、房地产权属档案、权力、权力清单、所有权 8 个无共现高频词。

共现次数在 40 次以上的特高共现高频关键词有 1 组,即:

知情权与人事档案:47 次。

共现次数在 20~29 次的超高共现高频关键词有 1 组,即:

信知情权与隐私权:23 次。

共现次数在 10~19 次的高共现高频关键词有 3 组,分别是:

知情权与档案开放:16 次。

档案开放与档案利用:10 次。

档案开放与隐私权:10 次。

归纳起来,1982—2018 年权力权利研究的重点集中在知情权、隐私权、档案开放利用 3 个方向上。或者说,1982—2018 年权力权利研究主要是在知情权、隐私权、档案开放利用 3 个主要方向上展开的。

从共现组数看,由于高共现频率的 20 个高频关键词的共现组数达 48 组,高共现词有 5 组,占到了全部共现组的 10.42%。可见,1982—2018 年权力权利研究形成了相对突出的高相关共现关键词组,研究的集中趋势比较明显。

共现矩阵显示,研究主要在知情权、隐私权、档案开放利用 3 个方向上展开,形成了相对突出的高相关共现关键词组,研究的集中趋势比较明显。

23.4.4　关键词共现网络

本节采用关键词共现分析的方法,对 1982—2018 年权力权利研究的 2204 篇文献进行分析。

在关键词共现网络中,关键词之间的关系可以用连线来表示,连线多少和粗细代表关键词间的亲疏程度,连线越多,代表该关键词与其他关键词的共现次数越多,越是研究领域极其重要的和热点研究内容。使用知网提供的工具,可获得 1982—2018 年权力权利研究高频词共词网络图谱(扫描二维码)。

从高频词共词网络图谱中可以直观地看出:1982—2018 年权力权利研究可分为 6 个聚类群组。它们分别以"档案""知情权""著作权""所有权""档案工作""房地产权属档案"为核心关键词,均为单核心群组,其中"档案""知情权""著作权"3 个为单核心多词群组,"所有权""档案工作""房地产权属档案"3 个为单词群组。

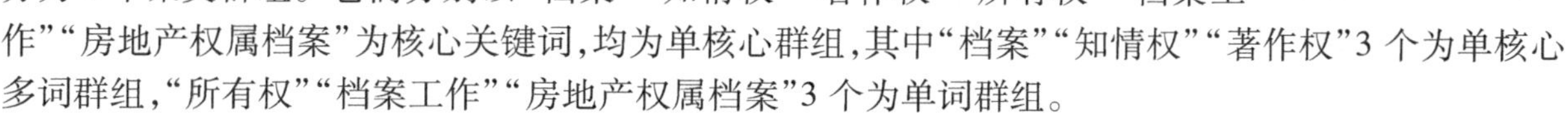

在以"档案"为核心的群组中一共有 7 个相关关键词,除了"档案"之外,还由"档案管理"1 个次核心关键词,"权力清单""权力""利用""管理""房地产"5 个低频关键词共同组成。群组间联系稀松。与"知情权""著作权""所有权""档案工作"群组有关联,但不密切。

"知情权"群组由"知情权""人事档案""档案利用""档案开放""隐私权""政府信息公开""对策"7 个关键词组成,包括"人事档案"1 个次核心关键词、"档案开放""隐私权""档案利用"3 个中频关键词和"政府信息公开""对策"两个低频关键词。群组间各关键词间联系相对密切,并与"档案工作"之外的"档案""著作权""所有权""房地产权属档案"各群组有关联,与"所有权""房地产权属档案"两个群组紧密。

“著作权”群组由“著作权”“档案馆”“保护”3 个关键词组成。群内联系松散，仅与“档案”“知情权”两个群组有关联。

共现网络表明，“档案”“知情权”“著作权”是权力权利研究的高频高相关核心问题。“档案工作”处在整个网络外围的位置，属于非热点问题。

23.5　结语

综上，通过对 1982—2018 年权力权利研究文献的数据分析，我们可以得出如下结论：

自 1982 年首篇相关成果文献发表到 2018 年，从规模与发展速度上看，权力权利研究文献总量翻了 9 番多，年均增速为 21.21%，多数年份（21 年）是正向增速，19 年增速在两位数以上，其中 2 年的增速达到了三位数。总体上呈现前期低位慢行、中后期快起快落低角度上升的趋势。

从文献研究层次上看，权力权利研究涉及社会科学、自然科学、教育文化、信息及其他 5 类 16 个不同层次，总体上属于社会科学范畴，略偏重基础理论研究。

从文献类型分布情况看，在权力权利研究中，一般性论文占绝对优势，政策性、宏观性研究论文薄弱。

从文献资源类型分布情况看，权力权利研究形成了以学术期刊为主，硕博论文、会议论文、报纸为辅的研究资源体系。

从样本文献的学科分布情况看，权力权利研究在保持与档案学高相关性的同时，具备明显的跨学科特性。

从样本文献的基金分布情况看，权力权利研究有 52 篇文献获 6 种基金资助，其中国家资助高于地方资助 8 倍多。提供地方资助的有 4 个省份。

从研究作者分布情况看，权力权利研究已经形成以高校作者为主的一批核心作者。

从研究机构分布情况看，权力权利研究已经形成稳定的研究机构。其中高校在机构数量及发表文献数量上均为最高，档案行政管理机关次之。

从文献来源分布情况看，权力权利研究总体上已经形成以档案学期刊为主，相关及其他期刊为辅的成果发布与交流体系。

从主题词使用频率看，研究主题集中在权利权力、机构、人、档案事务、档案、法、文件 7 个方面。

从高频率关键词分布情况看，权力权利研究内容相对集中，超过 1/4 的研究集中在权力权利、档案事务、档案、信息公开 4 类 15 个热词所涉及的问题上。特别关注档案开放利用上的个人权利。

从高频词共现矩阵看，研究主要在知情权、隐私权、档案开放利用 3 个方向上展开，形成了相对突出的高相关共现关键词组，研究的集中趋势比较明显。

共现网络表明，“档案”“知情权”“著作权”是权力权利研究的高频高相关核心问题。“档案工作”处在整个网络外围的位置，属于非热点问题。

24 信息公开

信息公开是指国家行政机关和法律、法规以及规章授权和委托的组织，在行使国家行政管理职权的过程中，通过法定形式和程序，主动将政府信息向社会公众或依申请而向特定的个人或组织公开的制度。

《中华人民共和国政府信息公开条例》（以下简称《条例》）已经于2007年1月17日国务院第165次常务会议通过，自2008年5月1日起施行。《条例》从基本原则、公开的范围、公开的方式和程序、监督和保障等方面进行明确的规定。它是我国政府信息公开的基本法规，是政府加强自身建设的重要法律制度，有利于推进社会主义民主法制建设，加强对行政权力的监督，更加有效地防治腐败。《条例》规定："各级人民政府应当加强对政府信息公开工作的组织领导。"

国家按照"公开为原则，不公开为例外"的基本要求，大力推行政务公开工作。电子政务是信息公开的重要载体。按照"统筹规划、资源共享、面向公众、保障安全"的要求，在加强电子政务建设的同时，构建网上信息公开平台。

政府信息公开具有行政性。政府信息具有行政性，政府信息公开同样具有行政性。一方面，政府信息是与行政行为有关的信息，或者是政府机关以职权获取的信息，这些信息都是与政府公共行政权力的运行有关，是行政权力运行过程或其结果的表现形式。没有行政权力，就没有我们所说的公共信息，也就没有政府信息公开。另一方面，政府信息公开也需要行政权力的运行，信息的产生离不开行政权力，信息的公开同样离不开行政权力，有时信息公开的过程也就是信息产生的过程，行政性贯穿始终。

政府信息公开具有权利性。信息公开是以公民获得政府信息的权利为基础的，而不是以行政权力为基础。现代宪政观念告诉我们，政府是否应当公开信息，是否向民众提供信息，这并不是政府的权力决定的，而是由民众的权利决定的，这种权利是民众所享有的宪法权利。所以，民众需要什么信息，政府就要提供什么信息，只有这样，相应的宪法上的权利才能够实现。公民个人根据宪法权利和具体的法律规定，自由地获取政府信息，是公民和公共权力机关之间关系的一项基本原则。

政府信息公开具有例外性。并不是所有的政府信息都是可以公开的，实际上，相当一部分政府信息是不可予以公开的。政府所掌握的很多信息是具有"秘密"等级的，这是基于国家安全的需要，也是世界各国普遍的做法。当政府信息的内容涉及国家的安全，公开会影响国家的利益时，其公开就会被严格禁止，并通过《保密法》予以严格规制。所以，政府信息公开具有例外规定。由于难以对可以公开的信息一一列举，因而，在立法技术上，一般把例外信息作为研究的重点，除去例外信息，其余政府信息均应当公开。

政府信息公开要以载体为依托。政府信息是无形的，它必须通过一定的方式体现出来，一定的方式实质就是一定的载体的表现形式。比如，通过政府公开刊物刊载出来，通过设立阅览室展现出来，等等，这些表现形式均离不开一定的载体，所以，政府信息公开要以载体为依托，离开载体，政府信息无法传递。载体的范围是多种多样的，既可以是纸张书面形式，也可以是电子形式，并且，随着科技的发展,通过计算机网络形式获得信息的方式更为普及。但是,不同载体的成本是不一样的,这就需要法律的规定与选择。因而,政府信息公开要以载体为依托的特性,尽管显得不那么重要,但它却影响着信息的传递,甚至也直接影响政府信息公开收费标准的确定。

行政机关应当将主动公开的政府信息,通过政府公报、政府网站、新闻发布会以及报刊、广播、电视等便于公众知晓的方式公开。各级人民政府应当在国家档案馆、公共图书馆设置政府信息查阅场所,并配备相应的设施、设备,为公民、法人或者其他组织获取政府信息提供便利。行政机关制作的政府信息,由制作该政府信息的行政机关负责公开;行政机关从公民、法人或者其他组织获取的政府信息,由保存该政府信息的行政机关负责公开。法律、法规对政府信息公开的权限另有规定的,从其规定。主动公开范围的政府信息,应当自该政府信息形成或者变更之日起20个工作日内予以公开。法律、法规对政府信息公开的期限另有规定的,从其规定。

行政机关应当编制公布政府信息公开指南和政府信息公开目录,并及时更新。行政机关认为申请公开的政府信息涉及商业秘密、个人隐私,并将决定公开的政府信息内容和理由书面通知第三方行政机关,依申请公开政府信息,应当按照申请人要求的形式予以提供;无法按照申请人要求的形式提供的,可以通过安排申请人查阅相关资料、提供复制件或者其他适当形式提供。行政机关依申请提供政府信息,除可以收取检索、复制、邮寄等成本费用外,不得收取其他费用。行政机关不得通过其他组织、个人以有偿服务方式提供政府信息。

24.1　样本选择

信息公开研究是档案学研究的重要内容,属于档案学科热点问题的组成部分,也是信息社会下档案工作与档案事业的组成部分。信息公开研究数据是重要的档案与档案学术资源,对信息公开研究数据进行定量研究,是用好用活档案资源,充分展示我国改革开放的历史进程、伟大成就和宝贵经验的一种方式。改革开放以来,信息公开研究得到长足进步与快速发展。总结、回顾信息公开研究历程,不仅是档案学学科建设发展的需要,也是档案工作、档案事业发展的需要。

我们以中国知网为样本来源,检索范围:中国学术期刊网络出版总库,特色期刊,中国博士学位论文全文数据库,中国优秀硕士学位论文全文数据库,中国重要会议论文全文数据库,国际会议论文全文数据库,中国重要报纸全文数据库,中国学术辑刊全文数据库。检索年限:不限。检索时间:2018年10月23日。发表时间 between(1979-01-01,2018-10-24)并且(主题=信息公开或者题名=信息公开)(模糊匹配)。专辑导航:档案学、档案事业。数据库:文献跨库检索。样本文献总数:1336篇。相关研究成果首次发表于1993年。

24.2　文献统计分析

本部分采用统计分析的方法,从文献总量、发展速度与年度分布,文献研究层次,文献类型,文献资源类型,文献学科分布5个方面入手,对样本文献进行分析。

24.2.1　文献总量、发展速度与年度分布

从总量上看,有文献发表的20年间,共发表文献1336篇,以1993年1篇的基数计,20年间翻了

10 番多。年均 67 篇,最少时(1993 年)1 篇,最多时(2008 年)145 篇,20 年间增长了近 1335 倍。中位数为 668 篇。总体趋势见图 24.1。

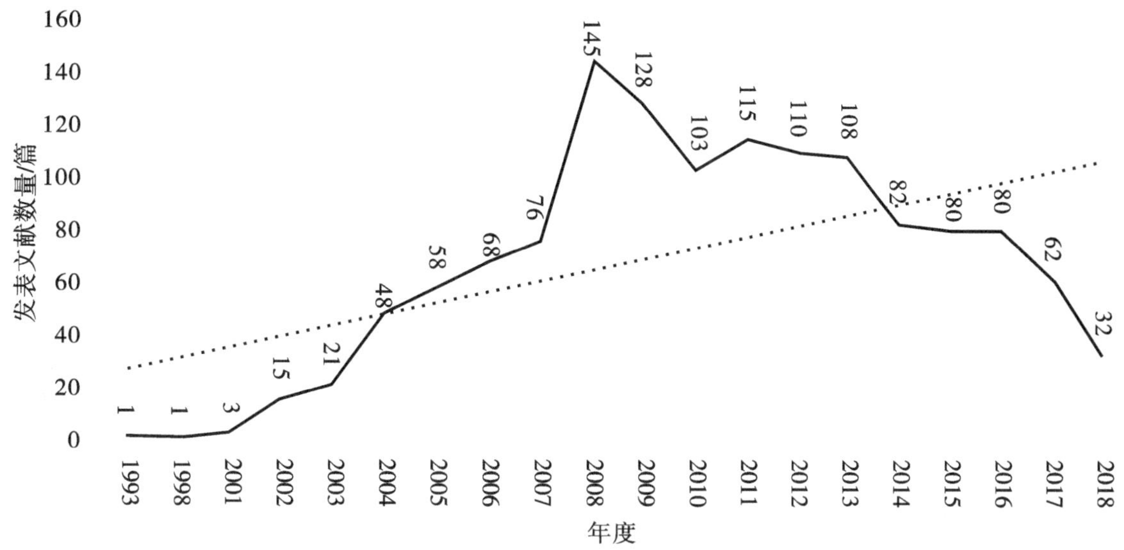

图 24.1 1993—2018 年信息公开研究文献发表数量及分布趋势

从年度分布情况看,1993—2018 年信息公开研究文献发表数量总体上呈现快升快降、先升后降,小角度上升的趋势。近半数年份(9 年)为上升状态,小半数年份(8 年)为下降状态,2 年持平。

大体上可分为两个阶段:

第一阶段(1993—2008 年),年平均增长率为 101.02%,为上升发展期,总体体量连续增加两个量级,直递峰值。

第二阶段(2009—2018 年),年平均增长率为-12.32%,研究进入回落期,总体下降了一个数量级。

具体的年度分布情况见表 24.1。

表 24.1 1993—2018 年信息公开研究文献年度分布情况

序号	年度	发表文献数量/篇	占全部样本/%	发展速度	年增速/%
1	1993	1	0.07		
2	1998	1	0.07	1.00	0.00
3	2001	3	0.22	3.00	200.00
4	2002	15	1.12	5.00	400.00
5	2003	21	1.57	1.40	40.00
6	2004	48	3.59	2.29	128.57
7	2005	58	4.34	1.21	20.83
8	2006	68	5.09	1.17	17.24
9	2007	76	5.69	1.12	11.76
10	2008	145	10.85	1.91	90.79
11	2009	128	9.58	0.88	-11.72
12	2010	103	7.71	0.80	-19.53
13	2011	115	8.61	1.12	11.65

续表 24.1

序号	年度	发表文献数量/篇	占全部样本/%	发展速度	年增速/%
14	2012	110	8.23	0.96	-4.35
15	2013	108	8.08	0.98	-1.82
16	2014	82	6.14	0.76	-24.07
17	2015	80	5.99	0.98	-2.44
18	2016	80	5.99	1.00	0.00
19	2017	62	4.64	0.78	-22.50
20	2018	32	2.40	0.52	-48.39
合计		1336	100.00	26.86	786.03
最高值		145	10.85	5.00	400.00
最低值		1	0.07	0.52	-48.39
平均值		67	5.00	1.41	41.37

自 1993 年首篇相关成果文献发表到 2018 年,信息公开研究文献总量翻了 10 番多,年均增速为 41.37%,近半数年份(9 年)是正向增速,9 年增速在两位数以上,其中 3 年的增速达到了三位数。

24.2.2 文献研究层次

从文献研究层次分布情况看,1336 篇样本文献涉及多个学科的 13 个不同层次。具体分布情况见表 24.2。

表 24.2 1993—2018 年信息公开研究文献层次分布情况

序号	学科	发表文献数量/篇	占全部样本/%
1	基础研究(社科)	815	61.00
2	行业指导(社科)	356	26.65
3	职业指导(社科)	49	3.67
4	政策研究(社科)	36	2.69
5	工程技术(自科)	12	0.90
6	大众文化	11	0.82
7	基础与应用基础研究(自科)	4	0.30
8	文艺作品	2	0.15
9	大众科普	2	0.15
10	高等教育	2	0.15
11	政报、公报、公告、文告	1	0.07
12	专业实用技术(自科)	1	0.07
13	其他	45	3.37
合计		1336	100.00

从研究的学科大类看,可分为社会科学、自然科学、教育文化、信息与其他 5 类。其中社会科学 1256 篇,占 94.01%;自然科学 17 篇,占 1.27%;教育文化 18 篇,占 1.35%;其他 45 篇,占 3.37%。研究明显属于社会科学的范畴,同时涉及自然科学、教育文化、信息及其他学科。

从基础理论研究与应用研究的角度看,属于基础理论研究的有 819 篇,占 61.30%;属于应用研究的有 517 篇,占 38.70%。研究偏重基础理论研究。

总之,信息公开研究涉及社会科学、自然科学、教育文化及其他 4 类 19 个不同层次,总体上属于社会科学范畴,同时偏重基础理论研究。

24.2.3 文献类型

从文献类型分布情况看,1336 篇样本文献中,涉及综述类、政策研究类和其他 3 个不同类型。具体分布情况见表 24.3。

表 24.3 1993—2018 年信息公开研究文献类型分布情况

序号	文献类型	发表文献数量/篇	占全部样本/%
1	综述类	18	1.35
2	政策研究类	36	2.69
3	其他	1282	95.96
合计		1336	100.00

从表 24.3 看,一般性论证(其他)文献占比接近 96%,成为绝对主体;政策性(政策研究类)及宏观性(综述类)研究文献则显得十分单薄。

总之,在信息公开研究中,一般性论文占绝对优势,政策性、宏观性研究论文薄弱。

24.2.4 文献资源类型

从文献资源类型分布情况看,1336 篇样本文献分布在期刊、硕士、特色期刊、国内会议、报纸、学术辑刊、博士 7 种类型资源上。具体分布情况见表 24.4。

表 24.4 1993—2018 年信息公开研究文献资源类型分布文献

序号	资源类型	发表文献数量/篇	占全部样本/%
1	期刊	1 095	81.96
2	硕士	128	9.58
3	特色期刊	61	4.57
4	国内会议	46	3.44
5	报纸	3	0.22
6	学术辑刊	2	0.15
7	博士	1	0.07
合计		1336	100.00

可见,期刊成为信息公开学术研究最主要的文献来源,信息公开研究者近87%的学术交流与沟通,有赖于这个平台。硕博论文在总量上与期刊相差一个数量级,与期刊相比,只起着辅助作用。会议论文在总量上与期刊相差两个数量级,与期刊相比,只起着辅助作用。报纸在总量上与期刊相差三个数量级,与期刊相比,只起着点缀作用。

总之,信息公开研究已经形成了以学术期刊为主,硕博论文、会议论文为辅,报纸为点缀的研究资源体系。

24.2.5 文献学科分布

从文献学科分布情况看,1336篇样本文献涉及15个学科。15个学科发表文献的数量及其在全部样本中的占比情况见表24.5。

表24.5 1993—2018年发表文献最多的15个学科分布情况

序号	学科	发表文献数量/篇	占全部样本/%
1	图书情报档案	1216	91.02
2	法学	99	7.41
3	公共管理	73	5.46
4	教育	22	1.65
5	城市经济	8	0.60
6	政治	8	0.60
7	工商管理	5	0.37
8	公共卫生与预防医学	3	0.22
9	军事	2	0.15
10	国民经济	2	0.15
11	公安	2	0.15
12	金融	1	0.07
13	历史	1	0.07
14	农业经济	1	0.07
15	计算机	1	0.07
合计		1444	108.08
总计		1336	100.00
超出		108	8.08

需要说明的是,按15个学科统计的文献数为1444篇,占实际样本数的108.08%;而实际样本数为1336篇;15个学科统计数多于实际文献数108篇。考虑到实际涉及的学科超过15个,全部学科文献的数量之和可能超过实际样本更多。其中图书情报档案专业文献只有1216篇,占全部样本的91.02%。可以推知,信息公开研究是一门具有明显学科交叉性的学科。除档案学本学科之外,与信息公开研究相关性最强的10个学科分别是:法学、公共管理、教育、城市经济、政治、工商管理、公共卫生与预防医学、军事、国民经济、公安。

可以说,信息公开研究在保持与档案学学科高相关性的同时,具有明显的跨学科特性。

24.3 文献计量分析

本部分采用计量分析的方法,从文献基金资助分布、文献作者分布、文献机构分布和文献来源分布4个方面对样本文献进行分析。

24.3.1 文献基金资助分布

从样本文献的基金分布情况看,1336篇样本文献中有43篇得到10种基金项目的支持,占全部样本的3.219%。具体分布情况见表24.6。

表24.6 1993—2018年信息公开获得基金资助分布情况

序号	基金名称	发表文献数量/篇	占基金资助文献/%	占全部样本/%
1	国家社会科学基金	30	69.77	2.246
2	江苏省教育厅人文社会科学研究基金	4	9.30	0.299
3	湖南省教委科研基金	2	4.65	0.150
4	北京市教委科技发展基金	1	2.33	0.075
5	安徽省教育厅科研基金	1	2.33	0.075
6	湖南省社会科学基金	1	2.33	0.075
7	中国博士后科学基金	1	2.33	0.075
8	辽宁省教育厅高校科研基金	1	2.33	0.075
9	陕西省教委基金	1	2.33	0.075
10	国家自然科学基金	1	2.33	0.075
合计		43	100.00	3.219
总计		1336		100.000

从基金的层次分布情况看,国家级基金3种32篇,占全部样本的2.395%,占基金资助文献的74.42%;地方基金7种11篇,占全部样本的0.823%,占基金资助文献的25.58%。国家层面虽然种类少,但资助文献的数量高于地方的资助数量,约是地方基金资助数量的3倍。

地方资助涉及安徽、北京、湖南、江苏、辽宁、陕西6个省份。

总之,信息公开研究有43篇文献获10种基金资助,其中国家资助高于地方资助约2倍。提供地方资助的有6个省份。

24.3.2 文献作者分布

从作者的分布情况看,1336篇文献中,前40位作者共发表文献148篇,占全部样本的11.08%。发表文献最多的40位作者分布情况见表24.7。

表24.7　发表文献最多的40位作者分布情况

序号	作者	发表文献数量/篇	占全部样本/%
1	周毅	11	0.82
2	张江珊	6	0.45
3	张林华	6	0.45
4	赵力华	6	0.45
5	晋平	5	0.37
6	李扬新	5	0.37
7	李财富	5	0.37
8	贺军	5	0.37
9	黄存勋	5	0.37
10	邓敏	4	0.30
11	魏玉玲	4	0.30
12	张家英	4	0.30
13	王协舟	4	0.30
14	马仁杰	4	0.30
15	马玉杰	4	0.30
16	吴文革	4	0.30
17	李扬新	3	0.22
18	张锐	3	0.22
19	陈艳红	3	0.22
20	陈春华	3	0.22
21	韩淑华	3	0.22
22	俞伦祥	3	0.22
23	贺凯	3	0.22
24	王娅	3	0.22
25	胡春霞	3	0.22
26	李英	3	0.22
27	姚笑云	3	0.22
28	聂云霞	3	0.22
29	王茂跃	3	0.22
30	马英杰	3	0.22
31	周林兴	3	0.22
32	陈海静	3	0.22
33	周甜甜	3	0.22
34	匡定发	3	0.22
35	徐燕	2	0.15

续表 24.7

序号	作者	发表文献数量/篇	占全部样本/%
36	张丽	2	0.15
37	向立文	2	0.15
38	高成嘉	2	0.15
39	杨笑雄	2	0.15
40	杨奕	2	0.15
合计		148	11.08
总计		1336	100.00

按照普赖斯提出的计算公式,核心作者候选人的最低发文数 $M=0.749\sqrt{N_{max}}$,其中 N_{max} 为最高产作者发文数量。有文献发表的 20 年间,信息公开研究文献作者中发表文献最多的为 11 篇,即 $N_{max}=11$,所以 $M=0.749\sqrt{11}\approx2.484$。因此,凡发表文献 2 篇以上(含 2 篇)的作者均为 1993—2018 年信息公开研究的重要作者。故表 24.7 中的 40 位作者不仅是核心作者,而且是核心作者中的高产作者。

总之,信息公开研究已经形成了一批核心作者和以核心作者为基础的高产作者群。从整体上看,无论是作者数量,还是发表文献数量,高校作者都是信息公开研究的主力。

24.3.3 文献机构分布

从研究机构分布情况看,1336 篇文献中,前 40 个机构发表文献 535 篇,占全部样本的 40.04%。如果使用普赖斯公式计算,核心机构的最低发文数 $M=0.749\sqrt{N_{max}}$,其中 N_{max} 为高产机构发文数量。这里 $N_{max}=44$,所以 $M=0.749\sqrt{44}\approx3.177$,即发表文献 3 篇及以上的为核心研究机构。据此,发表文献最多的 40 个机构全部是核心研究机构中的高产机构。发表文献最多的 40 个机构分布情况见表 24.8。

表 24.8 发表文献最多的 40 个机构分布情况

序号	机构	发表文献数量/篇	占全部样本/%
1	苏州大学	44	3.29
2	安徽大学	40	2.99
3	四川大学	33	2.47
4	上海大学	33	2.47
5	黑龙江大学	31	2.32
6	中国人民大学	30	2.25
7	中山大学	21	1.57
8	广西民族大学	20	1.50
9	山东大学	18	1.35
10	武汉大学	17	1.27

续表 24.8

序号	机构	发表文献数量/篇	占全部样本/%
11	郑州大学	17	1.27
12	湘潭大学	15	1.12
13	河北大学	14	1.05
14	北京市档案局	14	1.05
15	浙江省档案局	13	0.97
16	辽宁大学	13	0.97
17	浙江大学	13	0.97
18	南京大学	12	0.90
19	南昌大学	11	0.82
20	扬州大学	10	0.75
21	辽宁省档案局	8	0.60
22	河北科技师范学院	8	0.60
23	天津师范大学	7	0.52
24	福建师范大学	7	0.52
25	安徽农业大学	6	0.45
26	云南大学	6	0.45
27	江苏省南通市档案局	6	0.45
28	贵州省贵阳市档案局	6	0.45
29	陕西师范大学	6	0.45
30	上海市档案局	6	0.45
31	开封大学	6	0.45
32	北京联合大学	5	0.37
33	吉林大学	5	0.37
34	成都市档案馆	5	0.37
35	华南农业大学	5	0.37
36	首都师范大学	5	0.37
37	广州市城市建设档案馆	5	0.37
38	江苏省常州市档案局	5	0.37
39	河南省档案局	5	0.37
40	广东省档案局	4	0.30
合计		535	40.04
总计		1336	100.00

前40个核心高产机构中有29个是高校(发表文献458篇,占核心高产研究机构发表文献数的85.61%),充分表明高校是信息公开研究极其重要的高产机构群的主体。

从前40个机构中各类机构发表文献的数量及占比情况看,29个高校,占72.5%;发表文献458

篇,占比达到了85.61%。其中前13位均为高校。9个档案局(馆),占22.5%;发表文献67篇,占比达到了12.52%。2个档案馆,占5%;发表文献10篇,占比达到了1.87%。

可见,信息公开研究已经形成稳定的研究机构。其中高校在机构数量及发表文献数量上均为最高,档案行政管理机关次之,档案馆位列第三。

24.3.4 文献来源分布

从文献来源分布情况看,1336篇样本文献中,发表文献最多的14种期刊发表文献652篇,占全部样本的48.80%。具体分布情况见表24.9。

表24.9 发表文献最多的14种期刊分布情况

序号	期刊	发表文献数量/篇	占全部样本/%
1	《兰台世界》	158	11.83
2	《档案与建设》	58	4.34
3	《浙江档案》	56	4.19
4	《北京档案》	48	3.59
5	《档案学通讯》	46	3.44
6	《中国档案》	44	3.29
7	《黑龙江档案》	39	2.92
8	《档案学研究》	38	2.84
9	《档案管理》	35	2.62
10	《山西档案》	30	2.25
11	《上海档案》	29	2.17
12	《云南档案》	25	1.87
13	《办公室业务》	24	1.80
14	《档案》	22	1.65
合计		652	48.80
总计		1336	100.00

按照布拉德福定律,1336篇文献可分为核心区、相关区和非相关区,各个区的论文数量相等(约445篇)。故发表论文数量居前7位的《兰台世界》《档案与建设》《浙江档案》《北京档案》《档案学通讯》《中国档案》《黑龙江档案》(449篇)处于核心区之中。它们均为档案学期刊,其中档案学核心期刊5种,非核心期刊2种。

发表论文数量居第8~14位的《档案学研究》《档案管理》《山西档案》《上海档案》《云南档案》《办公室业务》《档案》(203篇)处于核心区之中。其中6种为档案学期刊,包括档案学核心期刊2种,非核心期刊4种;1种为其他相关专业期刊。

其他发表论文数量22篇及以下的期刊部分在相关区,大部分在非相关区。

总体上讲,档案学期刊,特别是档案学核心期刊,是信息公开研究成果发布与交流的主渠道、主阵地,承担着信息公开研究成果发布与交流的主体责任。

总之,信息公开研究总体上已经形成以档案学期刊特别是档案学核心期刊为主,辅以相关及其他期刊的成果发布与交流体系。

24.4　文献关键词词频及共现分析

本部分采用词频分析的方法,从主题词、高频关键词、关键词共现矩阵、关键词共现网络4个方面对样本文献进行分析。

24.4.1　主题词

从主题词使用频率看,信息公开研究涉及内容广泛,集中在信息公开、档案开放利用、档案机构、档案事务、人、文件6个方面。使用频率最高的37个主题词分布情况见表24.10。

表24.10　使用频率最高的37个主题词分布情况

序号	主题词	使用频率/次	占全部样本/%
1	政府信息公开	451	33.76
2	现行文件	251	18.79
3	档案馆	245	18.34
4	文化机构	244	18.26
5	信息公开	140	10.48
6	档案信息	134	10.03
7	档案工作	116	8.68
8	档案部门	105	7.86
9	档案开放	105	7.86
10	档案局	98	7.34
11	档案信息资源	94	7.04
12	《档案法》	87	6.51
13	政务信息	70	5.24
14	档案提供利用	66	4.94
15	档案利用	58	4.34
16	综合档案馆	51	3.82
17	政务公开	50	3.74
18	政府信息公开服务	48	3.59
19	机关档案室	46	3.44
20	知情权	40	2.99
21	档案开放利用	39	2.92
22	利用者	37	2.77
23	《政府信息公开条例》	37	2.77

续表 24.10

序号	主题词	使用频率/次	占全部样本/%
24	国家档案馆	36	2.69
25	民生档案	35	2.62
26	档案管理	34	2.54
27	档案信息化建设	33	2.47
28	人事档案信息	31	2.32
29	数字档案馆	30	2.25
30	行政机关	30	2.25
31	档案网站	29	2.17
32	电子文件	29	2.17
33	档案室	27	2.02
34	开放利用	27	2.02
35	档案服务	27	2.02
36	国家档案局	25	1.87
37	档案事业	25	1.87
合计		3030	226.80
总计		1336(篇)	100.00
最高频率		451	33.76
最低频率		25	1.87
平均频率		82	6.13

从涉及的主题词看,使用频率最高的37个主题词共使用3030频次,占全部样本的226.80%。也就是说,上述37个主题词涵盖了全部样本两遍多。其中使用频率最高的是“政府信息公开”(451频次),使用频率最低的是“档案事业”“国家档案局”(各25频次),平均使用频率为82频次。

从主题词反映出的研究内容看,信息公开研究关注的37个主要问题又可归并为信息公开、档案开放利用、档案机构、档案事务、人、文件6个大类。

信息公开(政府信息公开、现行文件、信息公开、政务信息、政务公开、政府信息公开服务、知情权、《政府信息公开条例》)共使用1087频次,占全部样本的81.36%。它涵盖了信息公开的多个层面,主要集中在政务信息公开上,是档案学界信息公开研究与关注度最高的主题。

档案机构(档案馆、文化机构、档案部门、档案局、综合档案馆、机关档案室、国家档案馆、数字档案馆、行政机关、档案室、国家档案局)共使用937频次,占全部样本的70.13%。研究集中在档案局、档案馆、档案室三大主体上。

档案开放利用(开放利用、档案开放、档案提供利用、档案利用、档案开放利用、人事档案信息、档案信息、档案信息资源、档案信息化建设、档案服务、民生档案)共使用649频次,占全部样本的48.58%。从涉及的主题看,主要集中在档案信息与开放利用两个方面。

档案事务(档案工作、《档案法》、档案管理、档案网站、档案事业)共使用291频次,占全部样本的21.78%。与信息公开研究相比,相差一个数量级。

人(利用者)共使用37频次,占全部样本的2.77%。关注点在我们服务的对象身上。

文件(电子文件)共使用29频次,占全部样本的2.17%。

可以说,信息公开研究所涉及的内容广泛,但全部文献包含在上述信息公开、档案开放利用、档案机构、档案事务、人、文件6类问题中。或者说,信息公开研究主要是围绕上述信息公开、档案开放利用、档案机构、档案事务、人、文件6个方面展开的。

24.4.2　高频关键词

表24.11是使用频率最高的15个高频关键词。15个使用频率最高的关键词共使用817频次,占全部样本的61.15%。也就是说,超过60%的文献所研究的内容与这15个关键词有关。其中使用频率最高的是“政府信息公开”(165频次),使用频率最低的是“人事档案”(22频次),平均使用频率为54频次。

表24.11　使用频率最高的15个高频关键词分布情况

序号	关键词	使用频率/次	占全部样本/%
1	政府信息公开	165	12.35
2	信息公开	104	7.78
3	档案馆	76	5.69
4	档案开放	75	5.61
5	档案	59	4.42
6	档案利用	48	3.59
7	现行文件	47	3.52
8	档案管理	44	3.29
9	政府信息	41	3.07
10	档案信息	35	2.62
11	公共档案馆	27	2.02
12	公开	26	1.95
13	档案工作	25	1.87
14	开放	23	1.72
15	人事档案	22	1.65
合计		817	61.15
总计		1336(篇)	100.00
平均		54	4.08

从关键词反映出的研究内容来看,信息公开研究关注度最高的15个问题可以归纳为信息公开、档案开放利用、档案机构、档案、档案事务5个方面。它们占全部样本文献的61.15%。

信息公开(政府信息公开、信息公开、现行文件、政府信息、公开),使用383频次,占比28.67%。它是信息公开研究关注度最高的问题。简单地说,近30%的信息公开研究是围绕上述内容进行的。

档案开放利用(开放、档案开放、档案利用),使用146频次,占比10.93%。研究偏重开放利用。

档案(档案、档案信息、人事档案),使用116频次,占比8.68%。

档案机构(档案馆、公共档案馆),使用103频次,占比7.71%。研究集中在档案馆。

档案事务（档案管理、档案工作），使用 69 频次，占全部样本的 5.16%。

因此，信息公开研究内容广泛，超 60% 的研究集中在信息公开、档案开放利用、档案机构、档案、档案事务 5 类 15 个热词所涉及的问题上。

24.4.3 关键词共现矩阵

本部分采用关键词共现分析的方法，对 1993—2018 年信息公开研究的 1336 篇文献进行分析。

矩阵提取使用频率最高的 20 个关键词，将这 20 个关键词形成 20×20 的共词矩阵。如果某两个关键词同时出现在一篇文章中，就表明这两者之间存在相关关系，关键词右侧或下方对应位置的数值表示篇数。图 24.2 是 1993—2018 年信息公开研究文献使用频率最高的 20 个高频关键词共现矩阵。

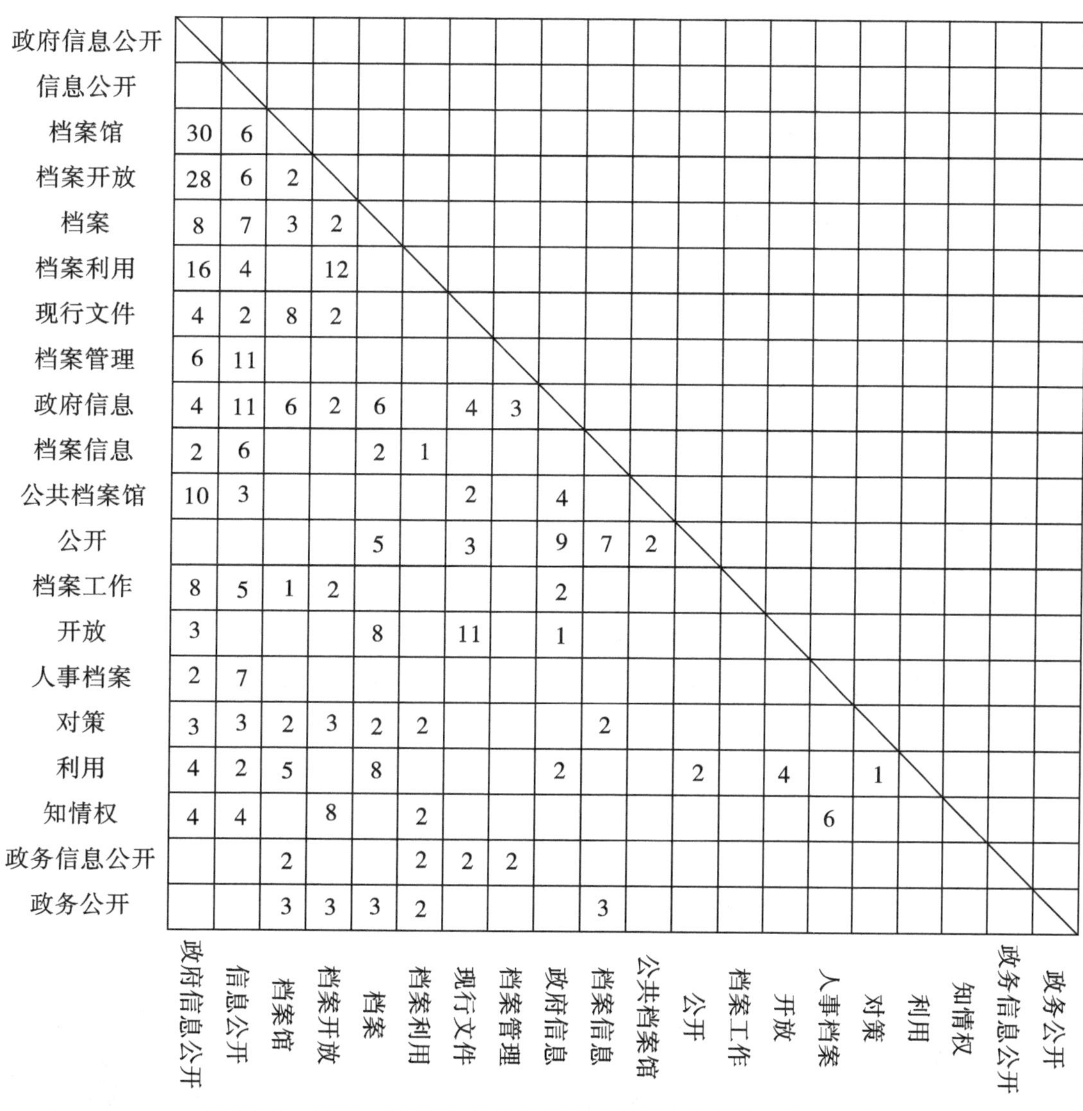

	政府信息公开	信息公开	档案馆	档案开放	档案	档案利用	现行文件	档案管理	政府信息	档案信息	公共档案馆	公开	档案工作	开放	人事档案	对策	利用	知情权	政务信息公开	政务公开
政府信息公开																				
信息公开																				
档案馆	30	6																		
档案开放	28	6	2																	
档案	8	7	3	2																
档案利用	16	4		12																
现行文件	4	2	8	2																
档案管理	6	11																		
政府信息	4	11	6	2	6		4	3												
档案信息	2	6			2	1														
公共档案馆	10	3					2		4											
公开					5		3		9	7	2									
档案工作	8	5	1	2					2											
开放	3				8		11		1											
人事档案	2	7																		
对策	3	3	2	3	2	2				2										
利用	4	2	5		8				2			2		4		1				
知情权	4	4		8		2									6					
政务信息公开			2			2	2	2												
政务公开			3	3	3	2				3										

图 24.2 1993—2018 年信息公开研究文献高频关键词共现矩阵

图 24.2 显示，2017 年信息公开研究文献关键词共现有 78 组，共现率为 39%。共现次数 30 次及以上的关键词组合有 1 组，共现率为 0.5%。共现次数 20～29 次的关键词组合有 1 组，共现率为 0.5%。共现次数 10～19 次的关键词组合有 6 组，共现率为 3%。

以横轴为准计：

20 组共现关键词中有 15 组与政府信息公开直接相关,占共现关键词的 7.5%。

20 组共现关键词中有 14 组与信息公开直接相关,占共现关键词的 7%。

20 组共现关键词中有 9 组与档案馆直接相关,占共现关键词的 4.5%。

20 组共现关键词中有 8 组与档案开放直接相关,占共现关键词的 4%。

20 组共现关键词中有 7 组与档案直接相关,占共现关键词的 3.5%。

20 组共现关键词中各有 5 组与档案利用、现行文件、政府信息直接相关,分别占共现关键词的 2.5%。

20 组共现关键词中有 3 组与档案信息直接相关,占共现关键词的 1.5%。

20 组共现关键词中有 2 组与档案直接相关,占共现关键词的 1%。

余下的 5 组分别与公共档案馆、公开、开放、人事档案、对策 5 个关键词有关,但共现次数均为 1 组,属于低相差度高频词。

另有档案工作、利用、知情权、政务信息公开、政务公开 5 个无共现高频词。

共现次数在 30 次的特高共现高频关键词有 1 组,即:

政府信息公开与档案馆:30 次。

共现次数在 20 ~ 29 次的超高共现高频关键词有 1 组,即:

政府信息公开与档案开放:28 次。

共现次数在 10 ~ 19 次的高共现高频关键词有 6 组,分别是:

政府信息公开与档案利用:16 次。

政府信息公开与公共档案馆:10 次。

信息公开与档案管理:11 次。

信息公开与政府信息:11 次。

档案开放与档案利用:12 次。

现行文件与开放:11 次。

归纳起来,1993—2018 年信息公开研究的重点集中在政府信息公开与档案开放利用两个方向上。或者说,1993—2018 年信息公开研究主要是在政府信息公开与档案开放利用两个主要方向上展开的。

从共现组数看,由于高共现频率的 20 个高频关键词的共现组数达 78 组,高共现词有 8 组,占全部共现组的 10.26%。可见,1993—2018 年信息公开研究形成了明显的高相关共现关键词群,研究的集中趋势明显。

共现矩阵显示,信息公开研究主要在政府信息公开与档案开放利用两个主要方向上展开,形成了明显的高相关共现关键词群,研究的集中趋势明显。

24.4.4　关键词共现网络

本部分采用关键词共现分析的方法,对 1993—2018 年信息公开研究的 1336 篇文献进行分析。

在关键词共现网络中,关键词之间的关系可以用连线来表示,连线多少和粗细代表关键词间的亲疏程度,连线越多,代表该关键词与其他关键词的共现次数越多,越是研究领域极其重要的和热点研究内容。使用知网提供的工具,可获得 1993—2018 年信息公开研究高频词共词网络图谱(扫描二维码)。

从高频词共词网络图谱中可以直观地看出:1993—2018 年信息公开研究可分为 6 个聚类群组。它们分别以“政府信息公开”、“政务信息公开”、“对策”、“政务公开”、“档案信息”、“人事档案”与“知情权”为核心关键词。除“人事档案”与“知情权”为双核心单词群组外,“政府信息公开”“政务信息公开”“对策”“政务公开”“档案信息”均为单核心群组,其中“政务信息公开”“对策”“政务公开”“档案信息”为单词群组。

在以“政府信息公开”为核心的群组中一共有 14 个相关关键词，除了“政府信息公开”之外，还有“档案开放”“信息公开”“档案馆”3 个次核心关键词。三者与核心关键词“政府信息公开”间的距离一个相对较近且共现率高(档案馆)，一个相对较远且联系较弱(信息公开)、共现率低，一个距离居中且共现率高(档案开放)。群组中有多数关键词均在这 4 个核心与次核心关键词围成的矩阵之中。群组内各关键词间关联性相对密切。群组与其他 5 个群组均有关联，多数群组陷于主群组中间，与主群组多个关键词相关联，但关联性不强。

共现网络表明，“政府信息公开”“档案开放”“信息公开”“档案馆”是信息公开研究的高频高相关核心问题。

24.5 结语

综上，通过对 1993—2018 年信息公开研究文献的数据分析，我们可以得出如下结论：

自 1993 年首篇相关成果文献发表到 2018 年，从规模与发展速度上看，20 年间，信息公开研究文献总量翻了 10 番多，年均增速为 41.37%，近半数年份(9 年)是正向增速，9 年增速在两位数以上，其中 3 年的增速达到了三位数，总体上呈现快升快降、先升后降，小角度上升的趋势。

从文献研究层次上看，信息公开研究涉及社会科学、自然科学、教育文化及其他 4 类 19 个不同层次，总体上属于社会科学范畴，同时偏重基础理论研究。

从文献类型分布情况看，在信息公开研究中，一般性论文占绝对优势，政策性、宏观性研究论文薄弱。

从文献资源类型分布情况看，信息公开研究形成了以学术期刊为主，硕博论文、会议论文为辅，报纸为点缀的研究资源体系。

从样本文献的学科分布情况看，信息公开研究在保持与档案学高相关性的同时，具备非常明显的跨学科特性。

从样本文献的基金分布情况看，信息公开研究有 43 篇文献获 10 种基金资助，其中国家资助高于地方资助约 2 倍。提供地方资助的有 6 个省份。

从研究作者分布情况看，信息公开研究已经形成以高校作者为主的一批核心作者和以其为基础的高产作者群。

从研究机构分布情况看，信息公开研究已经形成稳定的研究机构。其中高校在机构数量及发表文献数量上均为最高，档案行政管理机关次之，档案馆位列第三。

从文献来源分布情况看，信息公开研究总体上已经形成以档案学期刊特别是档案学核心期刊为主，辅以相关及其他期刊的成果发布与交流体系。

从主题词使用频率看，研究主题集中在信息公开、档案开放利用、档案机构、档案事务、人、文件 6 个方面。

从高频率关键词分布情况看，信息公开研究关注的重点 60% 以上集中在信息公开、档案开放利用、档案机构、档案、档案事务 5 类 15 个热词所涉及的问题上。

从高频词共现矩阵看，信息公开研究主要在政府信息公开与档案开放利用两个主要方向上展开，形成了明显的高相关共现关键词群，研究的集中趋势明显。

共现网络表明，“政府信息公开”“档案开放”“信息公开”“档案馆”是信息公开研究的高频高相关核心问题。

后　记

总结与回顾改革开放40年来中国档案事业的发展历程，不仅是档案学学科发展的需要，也是档案工作发展的需要，更是中国档案事业发展的需要。以改革开放40年为节点，对中国档案事业40年的发展过程进行梳理与总结，是我们这代档案人义不容辞的责任与义务。正是出于这份责任，我们发起并撰写了这部书。

档案学热点研究文献是重要的档案学术资源，也是重要的档案资源。这部书对40年来中国档案期刊发展状况进行梳理，不属于那种基于传统演绎推理方法的学术著作，也算不上典型的档案编研成果，但却是一部有档案价值、基于数据分析方法的研究型专著。无论水平如何，在大数据时代，能够尝试着运用数据方法，做成这样一件事，已是我们的机遇与荣幸。

今后，改革开放50年、60年……100年的节点记录，将由下一代和数代档案人去完成。

跑完这棒，跑好这一棒，是我们的义务，

起个头，蹚个路，是我们的责任。

长江后浪推前浪，档案自有后来人。

我们坚信，档案后来人一定会将这一“棒”，接下来，传下去，书写出更新更美的画卷。

编者

2019年11月23日